中国汽车综合测评技术研究报告

2024

中国汽车工程研究院股份有限公司　组编

China Automotive
Comprehensive Assessment Technology
Research　Report
(2024)

《中国汽车综合测评技术研究报告（2024）》（以下简称"《测评报告》"）由中国汽车工程研究院股份有限公司（以下简称"中国汽研"）主编、机械工业出版社出版，是关于中国汽车测试评价行业的年度研究性报告，也是中国首份聚焦汽车测评技术的分析研究报告，集合了行业研究人员及专家的智慧，是一部较为全面论述中国汽车测评技术的权威著作，现已发布2020版、2021版和2022版。

在新的发展潮流和消费者需求之下，汽车"新三化"进程加快，智能网联新能源汽车占比持续提升，为消费者带来了全新的使用、体验革命，也对汽车技术创新、服务创新、品牌创新提出了更高的要求。中国汽研作为汽车行业第三方权威技术服务机构，持续创新推出汽车指数测评研究，建立了具备一定行业影响力的汽车测评体系，以"服务国家战略、服务汽车技术升级、服务消费者买车用车"为使命。

本年度报告主要包括总报告、汽车指数发展篇、测评技术研究篇、附录四个部分。总报告综述了"新三化"下的中国汽车测评发展、基于中国真实道路交通事故研究成果；汽车指数发展篇包含中国汽车指数发展报告、中国汽车指数测评发现篇章，中国汽车指数发展报告介绍了中国汽车指数发展历程、价值主张、愿景并阐述了指数取得的核心成果，中国汽车指数测评发现包含汽车安全篇、汽车智能篇、汽车健康篇，重点阐述了C-IASI中国保险汽车安全指数、IVISTA中国智能汽车指数、C-AHI中国汽车健康指数2023版测评规程升级要点，以及2020版的测评规程、测评结果及研究发现，为整车企业汽车综合性能开发和汽车安全、智能、健康等领域技术进步提供重要参考；测评技术研究篇整合了行业智慧，收录了国内知名高校、主流整车企业在中国汽车测评领域的核心技术成果，有力支撑中国汽车测评体系迭代升级。

《中国汽车综合测评技术研究报告（2024）》在2022版的基础上，从社会科学角度，以翔实的测评数据对中国汽车测评技术进行全面梳理和系统分析，旨在为汽车行业管理部门、研究机构、汽车和零部件企业提供技术支撑，为消费者购车提供客观科学的参考。

图书在版编目（CIP）数据

中国汽车综合测评技术研究报告. 2024／中国汽车工程研究院股份有限公司组编. -- 北京：机械工业出版社，2024.6. -- ISBN 978－7－111－75982－9

Ⅰ. U46－12

中国国家版本馆 CIP 数据核字第2024D8G865号

机械工业出版社（北京市百万庄大街22号　邮政编码100037）
策划编辑：孙　鹏　　　　　责任编辑：孙　鹏
责任校对：潘　蕊　李　婷　责任印制：单爱军
北京虎彩文化传播有限公司印刷
2024年7月第1版第1次印刷
169mm×239mm・25.25印张・451千字
标准书号：ISBN 978－7－111－75982－9
定价：199.90元

电话服务　　　　　　　　　网络服务
客服电话：010－88361066　　机　工　官　网：www.cmpbook.com
　　　　　010－88379833　　机　工　官　博：weibo.com/cmp1952
　　　　　010－68326294　　金　　书　　网：www.golden-book.com
封底无防伪标均为盗版　机工教育服务网：www.cmpedu.com

编委会

顾　　问
陈清泉　中国工程院/英国皇家工程院/世界电动汽车协会

编委会主任
万鑫铭　中国检验认证集团

编委会副主任
刘安民　中国汽车工程研究院股份有限公司

编委会委员（按姓氏笔画排序）
王　方　长沙理工大学
朱西产　同济大学
任立海　重庆理工大学
汤　靖　北京理想汽车有限公司
许剑伟　中国科学院
许　楠　吉林大学
孙长银　安徽大学
孙　剑　同济大学
杜魁善　比亚迪汽车工业有限公司
李从胜　中国信息通信研究院
李桂兵　湖南科技大学
张冠军　湖南大学
周　青　清华大学
郭　钢　重庆大学
唐如意　重庆赛力斯凤凰智创科技有限公司

主　　编　抄佩佩

副 主 编　阮廷勇　刘　明　赵　会　宫宝利　张　强
　　　　　　王国杰　欧　阳　罗非白　贺晓娜

参　　编（按姓氏笔画排序）

马巾慧　马国胜　王明亮　王　鹏　田　野　刘　煜
苏星溢　那雨虹　李　松　李欣怡　李　琦　李雪玲
汪　俊　余　浩　张文君　范体强　赵　晖　唐　宇
黄大荣　崔柳村　崔淑娟　睢　岩　薛　敏

技 术 支 持（按姓氏笔画排序）

丁进舟　马会君　王沛丰　王　毅　韦金敏　孔　岩
龙永程　叶　彬　米　波　邢春鸿　朱宗强　向　倩
刘丹凤　刘　芳　刘佳林　刘　洋　刘　俏　白　琴
江　楠　牟　柯　李永吉　李　杨　李　昊　李　斌
邬晓凡　苏延旭　何海峰　余荣杰　罗少华　林华南
欧文永　尚世秋　罗院明　房　科　张江民　张振源
张辉达　杨　睿　赵晓聪　胡钜奇　胡孟夏　柏世涛
段吉超　姜宏伟　高阳春　郭观勇　郭胜辉　唐秋阳
黄文姣　黄　癸　黄俊富　常　意　韩中海　曾　成
熊英志

主编单位简介

中国汽车工程研究院股份有限公司（股票简称：中国汽研，股票代码：601965）始建于1965年3月，原名重庆重型汽车研究所，系国家一类科研院所。2001年，更名为重庆汽车研究所，同时转制为科技型企业。2003年，划归国务院国资委管理。2006年，与中国通用技术（集团）控股有限责任公司联合重组，成为其全资子企业。2007年，更名为中国汽车工程研究院，并整体改制为有限责任公司。2010年11月，整体变更设立为中国汽车工程研究院股份有限公司。2012年6月11日，中国汽研在上海证券交易所正式挂牌上市。2023年1月，通过央企专业化整合正式重组并入中国检验认证（集团）有限公司。

中国汽研积极服务国家战略和行业发展，深刻践行央企责任使命，构建起以重庆本部为核心，辐射全国主要汽车产业集群的技术服务布局；拥有国家燃气汽车工程技术研究中心、汽车噪声振动和安全技术国家重点实验室、替代燃料国家地方联合实验室、国家智能清洁能源汽车质量检验检测中心、国家机器人检测与评定中心（重庆）、国家机动车质量检验检测中心（重庆）、国家氢能动力质量检验检测中心、国家机动车质量检验检测中心（广东）等国家级平台，是我国汽车产品开发、试验研究、质量检测的公共科技创新平台，推动汽车产业技术进步。

中国汽研坚持基础研究投入，现已构建起北京院、苏州院、深圳院三大区域总部，检测工程事业部、能源动力事业部、信息智能事业部、装备事业部、后市场事业部（筹）为一体的集群体系，并设有标准认证中心、政研咨询中心、品牌宣传中心、数据信息中心专业化平台。公司聚焦"安全""绿色""体验"三大技术领域，提供解决方案、软件数据、装备产业三类产品，为汽车行业高质量持续发展提供科技支撑、为汽车企业品牌与品质提升提供技术服务、为消费者公正合理消费提供顾问支持，致力成为以标准为核心，集成技术服务、数据应用、装备推广的科技平台公司。

面向未来，中国汽研始终牢记为汽车工业发展注入强劲科技动力的使命，秉承创新、拼搏、担当、快乐的企业精神，践行数字化、平台化、国际化发展理念，努力建成核心竞争优势和特色优势突出，引领行业发展的百亿元级国际化上市公司。

序

汽车产业是国民经济的重要支柱，是技术进步和国际竞争的重要推动力量。党中央、国务院高度重视汽车产业发展，习近平总书记多次做出重要指示批示，强调：我们要成为制造业强国，就要做汽车强国。

当前，汽车行业正处于百年变局的转折点，汽车与能源、交通、通信、人工智能等领域的前沿技术正加速融合，电动化、智能化、网联化、低碳化已成为汽车产业的发展潮流和趋势。在国家政策与技术双重驱动下，一批核心技术相继取得突破，中国新能源汽车产销量已连续九年位居世界第一。截至2023年年底，新能源乘用车L2级及以上的辅助驾驶功能装车率已经达到55.3%。汽车正向第三生活空间快速进化，为消费者带来全新的使用体验。新产品、新技术、新体验都需要新的测评工具引导技术进步和服务消费升级。

汽车强国的建设离不开标准的支撑和引领，健全完善汽车标准法规与测试评价体系，是支撑汽车产业高质量发展的重要举措。中国汽研作为业内权威的第三方服务平台和行业合作平台，于2014年立足自身优势，联合行业专家、学者提前开展了汽车指数测评研究，旨在创新性打造连接前沿技术运用和汽车消费趋势的重要数据平台，为我国强化汽车产业的标准体系建设注入了科技动力，推动汽车产业高质量发展。

经过持续研究，汽车指数已经形成安全、智能、健康三大评价体系，并对大量主流产品进行了科学测评与公正评价，推动汽车综合性能明显改善、消费者用车成本逐年降低，汽车指数已成为消费者心中最有分量的权威标尺。

《中国汽车综合测评技术研究报告（2024）》全面、系统、专业地展示和分析了我国汽车测评发展格局、汽车测评研究成果，为汽车产业管理部门、研究机构、整车和零部件企业、社会公众等掌握中国汽车测评技术发展情况提供借鉴和参考，为满足人民对美好出行生活的向往，提升全民安全、绿色出行意识，打造更加美好的和谐汽车社会，发挥积极作用。

前言

《中国汽车综合测评技术研究报告（2024）》由中国汽车工程研究院股份有限公司（以下简称"中国汽研"）主编、机械工业出版社出版，是关于中国汽车测试评价行业的权威年度研究性报告，也是中国首部聚焦汽车测评技术的分析研究报告，集合了行业研究人员及专家智慧，是一部较为全面论述中国汽车测评技术的权威著作，现已发布2020版、2021版、2022版。

本书内容分为四个部分。第一部分为总报告，包含新三化背景下的中国汽车测评发展研究和基于FASS数据的中国道路交通事故特征研究。新三化背景下的中国汽车测评发展报告主要介绍了从乘用车市场发展新趋势、用户新需求、汽车测评新要求和未来发展趋势展望方面进行论述。基于FASS中国道路交通事故特征研究报告介绍了国内外开展交通事故深度调查的现状，并基于未来出行交通事故场景研究FASS数据库，重点对中国特征的新能源车辆事故特征、VRU（弱势道路使用者）事故胸部损伤特征进行分析，为相关标准制定、车辆技术改进研究等提供数据支撑。

第二部分为汽车指数发展篇，包含中国汽车指数发展报告、中国汽车指数研究发现报告。中国汽车指数发展报告重点介绍了中国汽车指数综述、发展历程、价值主张，阐述了C-IASI中国保险汽车安全指数、IVISTA中国智能汽车指数、C-AHI中国汽车健康指数的2023版测试评价规程升级背景及要点。中国汽车指数研究发现报告对C-IASI中国保险汽车安全指数、IVISTA中国智能汽车指数、C-AHI中国汽车健康指数的2021—2023年测评车型测评结果进行了深入分析和解读，为整车企业汽车综合性能开发和汽车安全、智能、健康等领域技术进步提供重要参考。

第三部分为测评技术研究篇，包含智能安全测评系列研究报告和绿色健康测评系列研究报告。智能安全测评系列研究报告涵盖了汽车碰撞安全虚拟测评、VRU主被动一体化测评、汽车正面碰撞典型离位乘员碰撞损伤边界、人体骨骼力学特性测试、纯电动汽车侧柱碰高压安全设计、自动驾驶测试公共服务平台构建、智能座舱车载屏软件人机交互测试评价、记忆泊车系统测试评价和智能网联车群协同容错控制等领域最新研究成果。绿色健康测评系列研究报告涵盖了微生物和细菌对车内健康的影响、电动汽车电磁辐射技术、车内空气环境健康及评价、Low-E 玻璃整车降能耗、多能量源车辆的全局优化控制等领域最新研究成果。

第四部分为附录，收录了 2023 年度中国汽车指数测评结果。

中国汽研联合高校、科研机构及企业，通过丰富、详实的测评数据，从社会科学的角度对中国汽车测评技术进行深入而系统的梳理与分析，形成了《中国汽车综合测评技术研究报告（2024 年）》。该报告旨在为汽车行业管理部门、研究机构、汽车及零部件企业提供技术支持，为消费者购车提供客观科学的参考依据，同时也为全球汽车测评技术的发展贡献了中国智慧和中国力量。

编者

2024 年 6 月 13 日于重庆

目 录

序
前言

总报告

第 1 章　"新三化"下的中国汽车测评发展 / 001
第 2 章　基于 FASS 数据的中国道路交通事故特征研究 / 019

汽车指数发展篇

第 3 章　中国汽车指数发展报告 / 033
第 4 章　中国汽车指数研究发现 / 078

测评技术研究篇

第一部分　智能安全测评

第 5 章　汽车碰撞安全虚拟测评研究现状 / 125
第 6 章　VRU 主被动一体化测评方案研究报告 / 142

第 7 章　汽车正面碰撞中典型离位乘员碰撞损伤边界探索 / 154

第 8 章　人体骨骼力学特性测试与材料参数识别方法 / 199

第 9 章　纯电动汽车侧柱碰高压安全设计研究 / 233

第 10 章　自动驾驶测试公共服务平台构建技术及应用 / 249

第 11 章　智能座舱车载屏软件人机交互易用性和安全性测试评价技术研究 / 266

第 12 章　记忆泊车系统测试评价技术研究 / 281

第 13 章　零信任架构下全信息链驱动的智能网联车群协同容错控制：机会与挑战 / 294

第二部分　绿色健康测评

第 14 章　微生物和细菌对车内健康的影响 / 309

第 15 章　电动汽车电磁辐射相关技术研究 / 316

第 16 章　车内空气环境健康及评价研究 / 339

第 17 章　Low-E 玻璃整车降能耗效果研究 / 347

第 18 章　多能量源车辆的全局优化控制 / 355

附录

中国汽车指数测评统计表 / 391

总报告

第1章 "新三化"下的中国汽车测评发展

抄佩佩　阮廷勇　刘　明

摘要：《新能源汽车产业发展规划（2021—2035年）》对新能源汽车未来发展进行了总体思路部署，阐述了"电动化""网联化"和"智能化"是未来的发展方向。"电动化"是新一代汽车的基础，"智能化"满足人机交互和轻松驾驶的体验，"网联化"构建"人－车－路－云"的智慧交通体系。发展新能源汽车是应对气候变化、推动绿色发展的战略举措，更是我国从汽车大国迈向汽车强国的必由之路。新能源汽车这场变革，让自主品牌影响力越来越大。安全性依旧是用户最为关心的话题，智能网联功能在用户心目中的地位快速提升。新汽车需求背景下，还需满足电池安全、充电安全和数据安全，以及续驶充电达标、车内健康环境达标等，汽车制造商面临新的挑战。作为第三方测评机构必须牢牢把握新发展背景下的全新需求，更好地服务于广大消费者，并助力中国品牌汽车走向国际市场。

关键词：新三化，新能源汽车，智能驾驶，第三方测评

一、"新三化"背景下，乘用车市场发展新趋势

2023 年，我国乘用车市场销量达到 2 606.3 万辆，同比增长 10.6%，市场增量均来自于新能源汽车。在这场"新三化"市场转变之中，中国品牌异军突起，成为产品和技术革新的引领者。

（一）新能源汽车成为市场增长的核心驱动力

2023 年，我国乘用车市场月度销量走势呈现"前低后高"的特点。1 月份乘用车市场销售 146 万辆，以后销量逐月攀升，到 12 月份销量达到 278 万辆。2023 年乘用车市场销量向上的势头较为强劲，摆脱了疫情和政策刺激效果递减的影响，走势相对 2022 年更符合季节规律（图 1-1）。

图 1-1　2023 年乘用车市场月度销量走势（单位：万辆）

数据来源：中国汽车工业协会。

1. 乘用车市场实现恢复性增长，但走势仍偏弱

2023 年乘用车月度销量总体保持逐月增加的态势，但销量规模一直围绕 250 万辆的水平线附近，数据表现出的是稳中求进，核心因素有三个方面：

首先，是我国汽车产业发展周期的影响。一般情况下，产业发展周期分为 4 个阶段，即：起步阶段、发展阶段、成熟阶段和衰退阶段。当前我国汽车市场处于发展阶段向成熟阶段跨越的阶段，这一时期的特征是：汽车保有量大、销量基数大，但增长速度有明显的下降，复合增长率（CAGR）保持在 1%～5% 的范围内。

其次，疫情降低了用户消费信心。国内宏观经济大趋势是增速下行、高质量发展，叠加疫情对宏观经济的冲击，消费者购买能力和消费信心都打了折扣，

老百姓捂紧钱袋子而推迟了购车计划。

最后,汽车产业政策刺激效果递减。拉动汽车消费,新能源补贴、购置税优惠、汽车下乡、地方补贴等在最近3年应用尽用,起到了较好的效果,但利好出尽是利空,政策对汽车消费的促进效果大不如从前。

2. 新能源汽车成为乘用车市场增长的核心驱动力量

2023年传统燃油乘用车销售1 656.8万辆,基本与去年持平;新能源乘用车销售949.5万辆,同比增长37.9%(图1-2)。从成长性上看,新能源汽车销量高速增长,燃油车同比下滑,二者形成鲜明对比。乘用车市场,新能源汽车替代传统燃油汽车的发展趋势一目了然。尽管燃油车规模上仍具备明显优势,但按照当前的趋势发展,新能源汽车在规模上迅速赶上,只是时间问题。

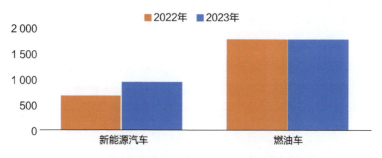

图1-2 2023年乘用车市场新能源汽车销量走势(单位:万辆)

数据来源:中国汽车工业协会。

2023年乘用车市场新能源渗透率为35%,新能源汽车对燃油汽车的替换从"高、低两端优先渗透"转变为"全市场、全方位渗透"。新能源汽车起步于微型车,然后是中大型车市场。全谱系发展策略的比亚迪销量崛起之后,紧凑型市场新能源车对燃油车的渗透加快。

选择新能源汽车成为用户的一种消费趋势。用户购买新能源汽车的核心理由是:顺应消费大势,安静的驾驶体验,省钱,体验智能科技。新能源汽车的吸引力不仅仅是由于政策的绿灯,更重要的是在费用上的显著优势和技术上的创新性。这种发展趋势类似智能手机的普及路径,一旦趋势潮水般地涌来,完全不可逆转。

3. 预期2025年新能源汽车渗透率有望达到50%

汽车产业是传统产业,但智能汽车却是新兴产业。新技术赋能的汽车,能实现商业模式的创新,电动汽车、智能汽车、网联汽车,渗透率将快速增长。

预期到2025年，新能源乘用车的渗透率达到50%以上，规模超过1 000万辆。

第一，随着续驶里程的增加，纯电动汽车产品使用场景和燃油车一致。

日常出行半径在50km以内，此类场景符合绝大部分人群的习惯。因此，实际续驶达400km，需求上完全够用，技术上完全可以实现。对续驶里程的焦虑，背后真实原因是害怕极端状况的出现，例如：恶劣天气、恶劣路段、充电排长龙等。一方面国家充电补能基础设施建设仍在提速，另一方面固态电池和高压充电等技术仍在进步。如果真实续驶里程达到了800km，纯电动汽车产品的使用场景将大幅拓展，和传统燃油车将基本一致。

第二，插电混动汽车可油可电，成为新的增长力量。

在比亚迪和理想的带动下，插电混动汽车市场高速发展。可油可电的技术很好地解决了续驶里程焦虑问题。同时，用户还可以享受新能源的智能科技，享受低油耗带来的节省。未来一段时期，更多有实力企业加入对插电混动汽车市场的拓展，该市场规模将延续快速增长的态势。

第三，选择将价格作为续命工具，传统燃油车走上不归之路。

燃油车市场销量下降，传统燃油车品牌拿起价格武器，对抗新能源汽车，起到了一定效果。但不幸的是，将眼光往长远看，燃油车的对抗手段，反倒是新能源汽车的未来优势。新能源汽车电池价格远期仍有下行空间，技术降本也将在智能汽车范畴实现。此外，降价让燃油车保值率高的优势不复存在，这将加速被新能源汽车替换的进程。因此，使用价格武器对抗新能源汽车，燃油车走上不归之路。

（二）中国品牌异军突起，乘用车市场竞争格局巨变

新能源汽车替代传统燃油车的这场变革，与智能手机替换传统非智能手机如出一辙。回顾过去，智能手机普及过程中，品牌竞争格局发生巨变。一是诺基亚衰落，苹果和华为成为新的龙头；二是国外品牌摩托罗拉、索爱、LG等排位下降，国产品牌小米、OPPO、vivo崛起。汽车市场发生的事情，几乎一模一样：一是比亚迪和特斯拉成为新龙头；二是理想、蔚来、小鹏、极氪、长安深蓝、吉利银河等国产品牌影响力越来越大。

1. 中国品牌实现逆袭，2023年乘用车市场份额实现反超

2023年中国品牌乘用车的市场份额达到56%，相比2022年提高了6个百分点，相比2020年提高了18个百分点，实现对合资品牌的反超。相反，合资品牌市场份额一路下行到2023年的44%，较中国品牌少12个百分点（图1-3）。

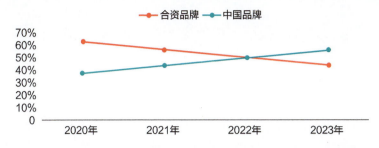

图1-3 2020—2023年乘用车市场合资品牌和中国品牌市场份额走势

数据来源：中国汽车工业协会。

2023年乘用车市场品牌TOP15销量排名中，中国品牌占据8席。比亚迪超越大众汽车成为销量最高的品牌，奇瑞、吉利、长安、传祺汽车进入前10位（图1-4）。中国品牌的进步并非偶然，是持续的深耕、踏踏实实的努力赢得的。中国品牌成功的关键并非千篇一律，有的凭借产业链和成本优势（如比亚迪），有的凭借多种路径的产品线组合（如长安），有的凭借对特定细分人群需求的挖掘（如理想）。中国品牌的逆袭，核心是站在了新能源汽车大发展的风口，以及对新能源汽车技术和产品的持续研发投入。

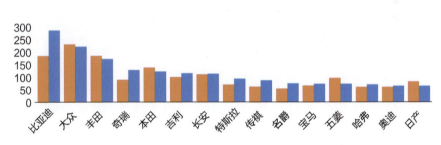

图1-4 2023年乘用车市场品牌销量排名TOP15（单位：万辆）

数据来源：中国汽车工业协会。

新能源汽车市场，2023年中国品牌市场份额为80%，合资品牌仅为20%。2023年Q1—Q3新能源汽车销量TOP15排名中，仅有特斯拉、大众和宝马3家外资品牌进入榜单（图1-5）。

2. 比亚迪成为新的龙头企业

2023年比亚迪实现销量288万辆，同比增长55%（图1-6）。比亚迪超过南北大众合计销量66万辆之多。比亚迪乘用车销量从2020年40万辆提升到当前的280万辆以上的水平，仅仅用了4年的时间。

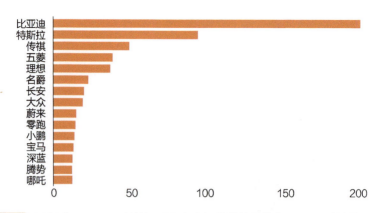

图1-5 2023年Q1—Q3新能源乘用车市场品牌销量排名TOP15（单位：万辆）

数据来源：中国汽车工业协会。

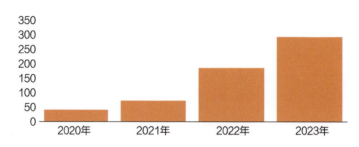

图1-6 2020—2023年Q1—Q3比亚迪品牌乘用车销量走势（单位：万辆）

数据来源：中国汽车工业协会。

第一，比亚迪在技术上获得了真正的领先。

比亚迪财务报表数据显示，2023年上半年研发投入142亿元，同比增长120%。比亚迪掌握了刀片电池技术、DM-i超级混动技术、易四方平台技术、云辇技术、超级混动越野平台技术等。据数据统计，目前比亚迪掌握电动汽车相关的专利数量达到13 000多项。

第二，比亚迪新能源汽车产品布局上更有远见。

在新能源汽车产业供应链建设层面，比亚迪非常重视自研，这一举措让比亚迪拥有较强的成本控制能力。新能源产品规划层面，比亚迪坚持纯电和插电混动两种动力同步发展，采用"全谱系"+"多品牌"的策略，布局小型、紧凑型、中型和大型4个细分市场，成立了腾势、仰望和方程豹3个新品牌。

第三，比亚迪重视品牌形象的塑造。

比亚迪全新产品在外观和做工上相比以往有非常大的进步。比亚迪持续塑造"技术领先""品质领先""市场领先"等形象，仰望品牌吸睛无数，100万元以上的价格，完全改变了国产汽车廉价的认知。比亚迪大力布局海外市场，产品已经进入20多个国家和地区，海外定价同样颠覆了传统认知，被海外用户视为高价值的、豪华的产品。

3. 中国品牌高端化发展迅猛，多个全新品牌发布

除了比亚迪，其他中国品牌也有着非常明显的进步。中国品牌高端化的发展趋势逐步显现，一大批中高端全新品牌发布，并获得了相应的市场份额。这些中高端品牌中，包括起步较早的新势力"蔚小理"，还包括极氪、问界、岚图、阿维塔、智己等（图1-7）。2023年理想L7+L8+L9组合销量达到了38万辆，品牌成交均价超过35万元，站稳高端市场并获得了良好的市场口碑。

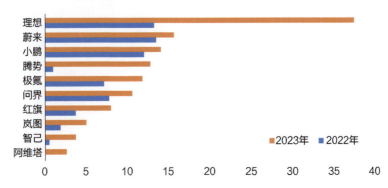

图1-7 2023年乘用车市场高端中国品牌销量排名TOP10（单位：万辆）

数据来源：中国汽车工业协会。

4. 未来乘用车市场竞争的变数增多，但强者恒强

2023年10月，全球第四大汽车企业集团STELLANTIS计划向零跑汽车投资约15亿欧元，两家公司将以51%：49%的比例成立"零跑国际"合资公司。STELLANTIS旗下拥有玛莎拉蒂、阿尔法·罗密欧、菲亚特和雪铁龙等知名品牌，历史悠久且实力雄厚。STELLANTIS拟借助零跑汽车的资源实现"Dare Forward 2030"战略目标。无独有偶，2023年7月，大众汽车投资50亿元入股小鹏汽车，双方共同面向中国汽车市场开发两款电动车型。

乘用车市场面临各种变数，具体包括：①技术之争，智能汽车比拼的不再是传统三大硬件，还包括能源类型的选择、补能技术和布局、车机系统、辅助驾驶能力等；②产品之争，内外饰设计、性能调校、配置组合、成本或价格，以及产品的布局和投放策略等；③品牌之争，全新品牌形象的塑造，品牌定位的策略等；④区域之争，中国品牌迈出"全球化"的发展步伐，海外品牌也看

到中国市场的广阔，走出去和引进来紧密结合。

当前汽车市场的玩家过多，整合即将到来，这种整合不仅仅在国内，更是面向全球。资源整合能力和软件定义汽车的能力，是决定去留的关键因素。

（三）智能水平逐步成为产品核心竞争力

智能汽车由单纯交通运输工具逐步转变为智能移动空间，是新一代汽车。智能或不智能，智能水平高还是低，影响用户的购买决策。调研数据显示，用户对技术领先汽车特征的核心标准包括四个方面：①安全性能好；②动力系统好；③自动驾驶能力强，座舱智能化水平高；④造型设计领先。有40%的用户认为，智能座舱和自动驾驶是判定产品是否领先的标准。

1. 智能汽车产品利益被消费者认知

乘联会数据显示，2023年我国燃油车L2+级辅助驾驶ADAS配置装配率达到24%，新能源车达到38%。其中，20万元以上高端新能源汽车ADAS配置装配率超过50%。从调研数据可以发现，用户对智能驾驶的期望更多是"具备丰富的人机交互，实现辅助驾驶功能"（图1-8）。

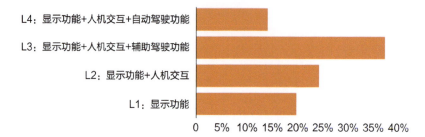

图1-8 乘用车用户对汽车智能化功能的需求

数据来源：消费者调研，样本量4 200个。

汽车是用户的第三空间，而不再是简单的通行工具。智能汽车给用户带来的核心利益包括：更安全、更便捷和更有趣。

第一，智能汽车让日常驾驶更加安心。例如：用户可以通过AEB（紧急制动系统）减少追尾事故，可以通过车道偏离预警系统和车道保持辅助系统避免剐蹭事故，可以使用全景影像顺利通过狭窄路段。

第二，智能汽车让开车更轻松。例如：用户可以使用手机App远程控制车辆，可以一键寻车，可以自动开锁，还可以开启车内空调等。

第三，智能汽车让用户驾乘更有趣。例如：蔚来汽车可以通过语音交互实现与 NOMI 的对话，极越 01 可以在车内玩《狂野飙车 9》游戏等。

2. 华为影响力逐步上升，加速汽车智能化的发展进程

2023 年 9 月 12 日，问界 M7 宣布上市，官方指导价格为 24.98 万 ~ 32.98 万元。AITO 汽车（问界）官方消息表示，截至 10 月 15 日问界 M7 累计大定突破 60 000 辆。

对外宣称不造车的华为，先后同北京汽车、小康汽车、长安汽车、奇瑞汽车等深度合作，相关企业超过 30 家，目前华为产业链已经初具规模。随着 5G 技术的快速发展，华为推动高级自动驾驶功能的推广，迎接无人驾驶时代的到来。华为自主开发的智能驾驶车载 OS 系统应用需求扩张，将成为引领全球的重要力量。车规级芯片国产替代放量在即，华为有望推动传统汽车供应链的再次重塑，提高产品自研的比例，彻底摆脱卡脖子的问题。

二、"新三化"背景下，汽车用户呈现新需求

用户调查数据显示，2023 年用户购买新能源汽车的核心驱动因素相比去年发生较大变化。用户对政策上的利益看重程度下降，对产品新功能更加重视。"不限行"和"补贴"两项因素影响力分别下降 4 个百分点和 2 个百分点，"安静""省钱""操作简单"和"智能驾驶"分别增加 1 ~ 5 个百分点不等（图 1 - 9）。

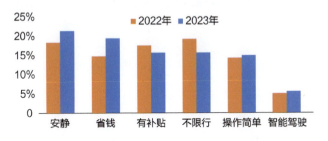

图 1 - 9　乘用车用户购买新能源汽车的核心原因

数据来源：消费者调研，样本量 4 200 个。

（一）汽车安全依旧是用户首要关注的问题

调研数据显示，乘用车用户购买汽车主要关注的因素依次为：安全性、品牌、操控性、舒适性、空间、动力性、设计、智能网联功能等。安全性在用户购车因素中排名第一位，比第二位高出 28 个百分点。不论新能源汽车还是传统燃油车，安全永远是用户考虑的最为重要的因素（图 1 - 10）。

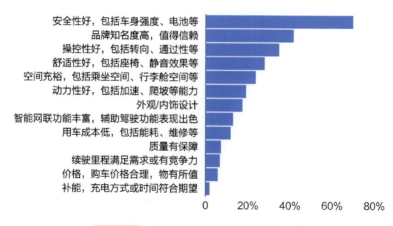

图1-10 乘用车用户购车核心关注因素

数据来源：消费者调研，样本量4 200个。

"新三化"背景下，智能化和网联化让汽车更加聪明，操控更加简单便捷，但是智能网联新技术的应用，也给用户带来新的问题，包括：技术是否成熟、可靠性是否放心。新能源汽车渗透率增加，但电池的安全问题仍未彻底解决，汽车因种种原因导致的自燃事故仍在频繁发生。汽车是速度较高的出行工具，发生碰撞后，车内车外人员的安全防护永远是需要高度重视的问题。

综上所述，不论任何时候，不论技术多么先进，汽车安全话题永远值得关注。汽车安全标准的制定、汽车安全的测试评价更需要与时俱进，站在更前瞻的角度为用户保驾护航。

（二）智能汽车的应用空间被拓展，"好用"变为"常用"

2023年，AEB在新车中基本实现标配，ACC功能在中高端新能源汽车上也基本实现标配。以往用户需要自动驾驶的主要场景是高速公路，当前城市道路非拥堵路段的自动驾驶需求也很多，甚至对低速路段、恶劣天气、狭窄路段也有用户愿意尝试。例如，华为技术加持的阿维塔11智能驾驶能力出色，被用户称为"老司机"；百度与吉利联合打造的极越01搭载了百度Apollo高阶智驾系统，该车从浦东—外滩经南浦大桥—浦东，全程15.8km，实现全程零接管。

除了驾驶层面的需求，用户也期望通过智能配置，实现在车内休息、社交、办公、看电影等更为广泛的应用场景。体验智能驾驶带来的便利，尝鲜新技术的领先功能，用户乐此不疲。技术的成熟度越来越高，用户逐步从"敢用"过渡到"常用"，智能驾驶各种功能将实现快速普及，以迎接未来全面自动驾驶时代的到来。

（三） 车机系统总被吐槽，网联体验越来越重要

汽车门网关于汽车服务投诉的数据显示，车机系统投诉量位居第二位，仅次于降价问题（图1-11）。某日系品牌的燃油车被用户投诉，投诉内容是："一次OTA升级都没有，自带地图软件难用，市场出现无法准确显示车辆位置的问题，车机互联功能都没有，更没有后续服务"。某德系品牌新能源车型被用户投诉，投诉内容是："车机多次无网络，手机互联App无法更新车辆状态，行驶数据均为乱码，汽车仪表盘、地图黑屏无法使用，重启、断电都无法解决"。某造车新势力某品牌的纯电动车型被用户投诉，投诉内容是："高架上行驶时，车机和仪表突然黑屏，看不到任何驾驶信息，更新车机系统后仍发生车机死机情况，严重影响驾驶安全"。

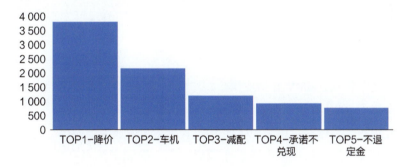

图1-11 2023年上半年汽车质量投诉典型问题（单位：个）

数据来源：汽车门网投诉指数。

汽车的智能互联功能非常吸睛，受到广大汽车用户的追捧，尤其是年轻用户。车机系统包括软件、硬件、服务等多个领域，其中任何一个环节出现问题，都会导致智能变"智障"的事故出现，小则影响功能体验，大则影响人身安全。例如：出于成本考虑，汽车企业配置的车机使用落后的芯片，车机性能只能勉强满足一些基础功能，当然也无法远程升级。随着汽车的智能化水平越来越高，车机流畅性和OTA系统升级效果尤为重要。

三、"新三化"背景下，市场对汽车测评提出新要求

一辆出色的新能源汽车，需要满足碰撞安全、电池安全、充电安全、数据安全等安全层面的要求，同时还要满足电耗、车内健康环境、排放环保达标等法律法规层面的规定。

（一）"新三化"的汽车技术发展现状

1. 补能问题亟待解决，固态电池有望在 2030 年量产

解决续驶里程焦虑问题有两套方案。一是固态电池，提高电池的效率，续驶里程达到用户期望的 CLTC 实测续驶 800km 以上；二是高压充电，解决充电效率，实现用户期望的 15min 新增续驶里程 300km 以上。

固态电池领域，有望在 2030 年实现量产。丰田汽车对外宣称，2027 年或者 2028 年将大规模量产固态电池，电池续驶里程可以达到 1 200km，能在 10min 内充电 80%。宁德时代、中航锂电、国轩高科、比亚迪等企业都在积极布局固态电池技术，清华大学、北京大学深圳研究院、电子科技大学、中科院物理所等机构正持续推进固态锂电池关键材料、制造装备及单体电池制造技术研发。我国部分企业已进入固态离子电池中试阶段，2025 年前或可实现量产，例如：赣锋锂业合作开发的固态电池在东风风神 E70 示范运行，蔚来 ET7 搭载了 150kW·h 半固态电池。

高压充电领域，800V 开始应用。2023 年，比亚迪、长安、吉利、长城等多家企业发布了 800V 技术布局，宁德时代的麒麟电池 4C 快充技术也在推广。高压充电应用的车型包括：蔚来旗下阿尔卑斯产品、理想纯电 MPV、小鹏 G9、阿维塔 11、极氪 001、长城机甲龙、东风岚图等。受制于成本，高压充电主要搭载在高端车型。随着技术进步，中低端车型有望获得快速应用。

2. 自动驾驶技术试探突破 L3

新能源辅助驾驶功能推广速度较快，但 L3 级自动驾驶推广发展较慢。一是 L3 级自动驾驶受制于法律、法规、标准的建立，以及推广政策的扶持；二是受制于自动驾驶核心技术的进步，包括：自动驾驶芯片的算力、智能驾驶系统的逐步完善、硬件功能的提升等；三是受制于软硬件成本，如：雷达、摄像头、芯片等。

政策层面，国家已经制定了相应的发展规划，地方政府也在积极推进落地。节能与新能源技术路线图战略咨询委员会和中国汽车工程学会《节能与新能源汽车技术路线图》提出"三纵三横"新技术架构。《国家综合立体交通网规划纲要》规划，2035 年智能联网汽车技术达到世界先进水平。深圳市发布的《深圳经济特区智能网联汽车管理条例》有望成为国内首部规范智能网联汽车管理的法规，从而填补法律空白。

技术层面，自动驾驶技术不断迭代。2015 年，L1 级别实现普及；2020 年，

L2级高级驾驶辅助系统广泛使用；预期2025年将推行L3级别自动驾驶，技术上已经没有问题，应用上仍处于测试阶段。Strategy Analytics（全球著名信息技术、通信行业和消费科技市场研究机构，总部位于波士顿）预测数据显示，全球自动驾驶汽车2025年L3级渗透率约为1%，2035年L3级渗透率约为10%；更高级别的自动驾驶，预期2035年L4级渗透率约为9%，L5级渗透率约为1%（图1-12）。

图1-12　2025—2035年全球自动驾驶汽车渗透率走势

数据来源：Strategy Analytics。

随着自动驾驶应用的推广渗透，规模效应将逐步实现成本的降低。

3. 座舱系统和智驾系统远期将会逐步走向一统化

关于座舱系统和智驾系统，网络评论提及率较高的品牌包括：特斯拉、小鹏、华为、蔚来、理想等，华为在车机系统和智驾系统领域均有强大的影响力。2023年，华为手机芯片推出麒麟9000S，车载芯片发布了麒麟9610A，在芯片领域的突围，让全世界震惊。华为麒麟9610A可实现自动驾驶、智能导航、语音识别、车联网等功能，算力达到了2000KDMIPS，超越了目前市场上主流的高通骁龙8155和英伟达泰格拉X1。从当前发展看，华为在车机系统和智能驾驶系统等领域，软硬件均做到领先。

2023年8月，华为HarmonyOS4发布，HarmonyOS4新增个性主题、趣味心情主题、全景天气壁纸、个性表盘等全新视觉和交互体验，让用户充分彰显个性，表达情绪；通过通知中心和实况窗，带来信息处理效率的提升，满足用户高效生活和工作；在AI大模型支持下，小艺（语音助手）在智慧交互、生产力提升和个性化服务三个方向持续增强；HarmonyOS4相比上一代，滑动流畅性提升20%，续航增加30min。2023年4月华为ADS 2.0发布，华为ADS 2.0感知能力和范围比人眼更广，逆光、眩光、视线遮挡、行人"鬼探头"等突发场景均可应对；城区通勤能实现高效跟车、占道主动避让、城区无保护左转等复杂路况功能；能自动搜索车位、支持用手机遥控泊进泊出超窄车位。

随着竞争加剧，全栈自研的模式不具备成本优势。智能座舱系统和智能驾驶系统也不需要有那么多，正如手机领域，两三个解决方案已经足够。大众汽车和小鹏汽车的合作，STELLANTIS 集团和零跑的合作，全球视野的跨国汽车集团开始寻求合作拓展新能源汽车市场和技术创新，害怕失去"灵魂"的汽车制造商也将重新审视，座舱系统和智驾系统有望走向一统化和共享化。

（二）"新三化"背景下的测评新需求

汽车电动化、智能化、网联化发展带来一系列的不确定性问题，需要第三方检验检测机构的深度介入。检测内容包括传统燃油车的内容，也包括智能网联新能源汽车带来的全新测评内容，如：电池安全、功能安全、信息安全、高阶智能驾驶、车内健康、续驶能效、低碳节能等。

1. 测评需要为新汽车系好新的"安全带"

第一是电池安全。一辆新能源汽车电池发生故障引发自燃，电池从肉眼可见的白烟到燃烧，只有短短的几十秒或几秒的时间。电池燃烧或爆炸还可能引燃周边的车辆或易燃物品，危害极大。对电池安全问题进行第三方测评是有必要的，对于汽车制造商和汽车用户，均有益处。

第二是智能功能安全。软件定义汽车的大背景下，包括智能网联和辅助驾驶功能的安全是全新的领域。汽车先进驾驶辅助系统（ADAS）本意是集成先进技术以提高行车安全并增强驾驶体验，但每个品牌的硬件配置、技术方案和计算能力不尽相同，效果良莠不齐。如何保证行车的安全，例如：制动不会失灵，ACC（自适应巡航）控制可以保证随时被驾驶员接管，障碍物识别能力达到基本要求等，因此亟需专业的第三方测评予以引导提升。

第三是信息安全。智能汽车产生海量数据信息，数据泄漏事件发生，会给个人带来隐私扩散的问题，会给企业带来商业机密被他人获取的风险。汽车企业解决安全领域的挑战，需要做好 3 件事。一是搭建体系，需要建立一整套严谨的开发流程，依照流程进行产品研发；二是提升技术，做好软件设计、FEMA 分析、诊断电路的设计等；三是完善行业标准和认证，如：芯片或传感器的安全认证，政府、机构、协会等团体需要研究和建立相应标准，并授权相应机构来进行检测。

2. 新汽车应用场景增加，车内健康越来越受到重视

智能汽车时代，汽车是移动的第三空间。汽车是出行工具，还是用户的起

居室，也是用户的办公室，还可能是用户的游戏厅，用户在车内活动和休息的时间大幅增加。因此，汽车车内健康测评是非常必要的，测评内容包括：车内空气质量、车内电磁辐射、车内致敏物、抗菌防霉等。

有数据统计，人们平均每天待在汽车上的时间要超过1h，而车内空气质量通常比住宅或办公室差一些。汽车座椅、仪表板、脚垫等都是由塑料、皮革、织物等材料制成的，部分物质会释放出挥发性的化学物质，浓度超过一定限值会对人体造成伤害。电场和磁场相互转换时所产生的电磁波，部分会向外界发射能量，此类电磁辐射对人体有一定的副作用，长期接触人体可能会诱发细胞受损、基因突变和白血病等问题。新能源汽车带电量较大，电压较高，用户长期在车内驻留，对电磁辐射进行检测存在必要性。在高温条件下，汽车内饰材料部分散发的致敏气味物质，会对易过敏的人群健康造成潜在危害，也需要引起注意。

参照世界卫生组织（WHO）等机构的标准，定期对车内空气质量进行检测，对普通用户来说是一项必要的服务。

3. 新汽车的智能评价被推上舞台中央

政策角度，智能驾驶L3级法规或标准未来有望落地。在政策指导下，智能网联汽车检测预期将会走向强制化检验检测。2023年发布的《国家车联网产业标准体系建设指南（智能网联汽车）》强调，要加速标准体系建设和落地节奏，提出将智能网联汽车"多支柱法"作为智能网联汽车评价体系的基础。

需求角度，用户将智能化水平作为评价汽车产品竞争力的一项重要指标，企业为了提升自身竞争能力，将主动测试和验证自己产品的各项智能化指标的水准，做到扬长避短。

IVISTA中国智能汽车指数作为链接企业和消费者的桥梁，可为消费者提供"公平、公正、专业、权威"的汽车智能化水平测评结果。可以预判，未来一辆汽车是否有竞争力，智能水平的高低是非常重要的指标。

4. 应对海外市场政策法规，绿色认证需求增多

2023年中国乘用车出口412万辆，同比增长65%，中国品牌开始面对全球知名品牌，因此面临的挑战较为严峻。2023年10月初，欧盟对中国制造的电动汽车启动反补贴调查，以抽样方式选择比亚迪、上汽集团和吉利汽车作为调查目标。根据预期判断，反补贴调查最终结果可能是提出反补贴关税。除此之外，中国品牌汽车在海外还将面临另外一个政策壁垒——碳足迹核算。按欧盟

新电池法和碳足迹规则，企业需要完成电池碳足迹核算，还必须建立相应的供应链管理体系，并通过欧盟指定认证机构的审核，动力电池要求在2025年2月前完成审核认证。碳足迹的核算，对国内汽车制造商和动力电池企业来说，是一项复杂的、全新的课题，2023版C-AHI中国汽车健康指数全新推出"绿色出行"分指数，将积极支撑汽车低碳技术升级，助力中国汽车出海之路行稳致远。

四、汽车测评未来发展趋势展望

汽车产业是国民经济发展的支柱产业，2023年我国汽车销量（含出口）累计完成3 009.4万辆，同比增长12%；新能源汽车销量达到949.5万辆（含出口），同比增长37.9%。预计当前及未来一段时期我国汽车产销量将保持持续向好趋势。汽车测评产业将与汽车产业的发展呈现出相互促进、协同发展的良好态势。同时，电动化、智能化、网联化等新技术的迅猛发展，将为汽车测评产业带来强劲的发展动能和全新的发展方向。

（一）"新三化" 助力汽车测评产业发展新动能

汽车新三化给测评行业带来新的发展动能。市场监管总局（国家认监委）统计显示，2023年我国各类测评机构向社会出具检测报告6.66亿份，全行业全年实现营业收入约4 700亿元，同比增长超9%。

1. 全新产品大幅增加，新车测评需求持续扩大

根据乘联会数据，2023年共推出148款新车，相较于2020年的126款、2021年的126款和2022年的167款，呈现出增长趋势。2020—2023年，汽油车新品数量从59款减少到27款，纯电动和增程式车型的新品数量从2020年的15款增加到2023年的43款。

未来新能源汽车领域仍会有全新产品投放。新能源汽车市场两端优先发展，因此微小型和中大型汽车产品较多，但作为乘用车市场潜力最大的紧凑型汽车，产品数量仍会有较大增长空间。当前新能源汽车市场中国品牌主导，合资品牌在2025年后预期才会大面积投放全新产品。

2. 智能汽车背景下，汽车测评项目不断增多

2023年6月，公安部交通管理科学研究所起草，中国汽车工程研究院股份有限公司、重庆市公安局交通巡逻警察总队等单位参与制定的国标《新能源汽

车运行安全性能检验规程》征求意见稿发布。该规程对新能源汽车运行安全性能进行补充检验，所需检测包括：动力蓄电池安全、驱动电机安全、电控系统安全和电气安全四大检测项目。《国家车联网产业标准体系建设指南（智能网联汽车）》制定了智能网联汽车标准体系框架，2023年发布更新文件。最新版体系框架第二层级的通用规范部分细化了"功能安全""信息安全""功能评价"分类，新增"地图与定位""电磁兼容"分类。《国家车联网产业标准体系建设指南（智能网联汽车）》提出将智能网联汽车"多支柱法"作为智能网联汽车评价体系的基础，多支柱法的第一步就是具备"审核和认证"能力，更要求有资质、经验的机构承担检测职责。

当前我国智能网联汽车检测属于非强制检测，这跟该领域市场空间智能汽车的渗透率有关，同时也跟研发外包比例相关。新势力和新实力企业在智能驾驶领域储备较早，传统汽车企业也将持续跟进。在此背景下，关于智能网联汽车的第三方测评显得尤为关键，智能网联汽车相关测评或认证的市场潜力非常巨大。

3. 新能源汽车强制年检标准正式获批，有望近期发布

公安部交通管理科学研究所联合多家企业共同起草《新能源汽车运行安全性能检测规程》相关标准推行到"批准"阶段。因前期的政策缺失，新能源车与燃油车采用同一检测标准。新能源车的动力电池、电机、电控等部件的检测手段处于缺失状态。该规程从定量技术检验角度提出对动力电池、驱动电机、电控系统、电气安全的检验规定。新规程的实施将填补这一领域的空白。

据悉，全国现有约1.5万家检测站均需增购新能源汽车检测设备，预计铺设高峰期为前3~4年的时间，检测企业将迎来新业务增长机遇。

4. 智驾检测快速扩容，前瞻布局的检测机构较少

我国智能汽车渗透率快速增长，L3级别的智能驾驶车辆从测试示范和准入试点逐步走向量产。工信部、公安部、住房和城乡建设部、交通运输部等四部委于2023年11月发布《四部委关于开展智能网联汽车准入和上路通行试点工作的通知》，2024年中国第一批L3级别的智能驾驶车辆有望落地。

高级别智能汽车的试行和落地，将推动智能驾驶检测项目的开展。具体包括：虚拟仿真、封闭道路测试和封闭道路测试三大板块。提前布局智驾检测相关业务的机构凤毛麟角，尤其是能够提供智能网联试验场的更加稀缺。

(二) 未来汽车测评产业发展方向

在软件定义汽车背景下，智能汽车产品迭代速度将加快，产品开发周期也会缩短。汽车制造商"卷"出新的高度，汽车测评产业也必将面临新的挑战。

1. 把控汽车智能化发展方向

汽车测评产业需要不断跟进汽车产业的技术发展动态，针对新能源汽车、智能网联汽车等新技术、新产品、新模式的特点和需求，开展相关的技术研究和测评标准制定，完善和更新检测设备和方法，提高测评的科学性、准确性、可靠性和有效性。

中国汽车工程研究院股份有限公司拥有 C-IASI 中国保险汽车安全指数、IVISTA 中国智能汽车指数、C-AHI 中国汽车健康指数三大测评体系，始终聚焦大安全与大健康，未来将紧紧围绕汽车电动化、智能化、网联化、低碳化发展趋势，持续以高质量、引领性的测评标准推动汽车行业技术发展和进步。

2. 助力中国品牌汽车走出去

当前汽车海外发展面临诸多挑战。汽车企业对市场环境不熟悉，缺少专业、独立机构或 NGO 机构助力，面临风险和不确定性因素较多。

国内领先的检验或测评机构可针对重点汽车出口国家和地区，开展专门的海外检测认证服务或测评赋能服务，积极赋能国内汽车企业出海之路行稳致远。在这个过程中，可采用强强联合的方式，分别在不同的领域、针对不同的区域开展相应的课题研究，从测评认证的角度制定服务，以满足汽车产品出口的需要。此外，还可提供咨询性服务，如：发布对外投资合作发展报告、国别指南，为企业开拓国际市场提供专业指引和信息服务。

参考文献

[1] 王少南. 自动驾驶逐步升级，摄像头+激光雷达星辰大海 [R]. 深圳：五矿证券，2022.
[2] YAO B. 数字赋能电动化、网联化、智能化、共享化 [R]. 上海：海通国际，2023.
[3] 黄细里. 汽车检测行业深度报告 [R]. 苏州：东吴证券，2023.
[4] 周颖. 汽车研发阶段检测服务供应商，受益汽车行业研发投入提升 [R]. 长春：东北证券，2023.

第2章 基于FASS数据的中国道路交通事故特征研究

崔淑娟　石亮亮　刘念松　陈　杰　李亭仪　程　阔

摘要：我国道路交通安全形势严峻，系统开展道路交通事故的深入研究，是科学预防道路交通事故、减少事故人员伤亡的基础。本文首先介绍了国内外开展交通事故深度调查的现状，并基于未来出行交通事故场景研究FASS数据库，重点对中国特征的新能源车辆事故特征、VRU（弱势道路使用者）事故胸部损伤特征进行分析，为相关标准制定、车辆技术改进研究等提供数据支撑。

关键词：交通事故深度调查，FASS新能源车辆事故，VRU事故胸部损伤

一、国内外交通事故调查现状

（一）交通事故调查的必要性

交通安全一直是全球关注的热点问题。每年全球因道路交通事故死亡人数高达125万人。据美国交通部数据统计，2021年美国有42 915人死于交通事故。2021年日本全年交通事故死亡人数为2 610人，为历史最少。同发达国家相比，我国的交通安全形势依然严峻，目前已成为交通事故伤害最严重的国家。2021年我国机动车保有量3.95亿万辆，发生交通事故273 098起，死亡人数为61 703人，造成直接财产损失145 036万元，人员伤亡、财产损失巨大。

通过交通事故深度调查，在一定的区域范围内抽样采集事故涉及的车辆受损信息、人员伤亡信息、道路基础设施信息和事故周边环境信息等，并对事故信息进行数据化，同时对事故进行仿真重构，可以获得大量有价值的道路交通安全数据。通过深入分析汽车结构设计和安全装置在交通事故中对车内人员和车外交通参与者的保护效果，能够发现汽车在设计、制造等方面存在的质量问题和安全隐患，并为车辆安全设计改进或性能提升提供直接的数据支持，对于大量减少交通事故伤害和改善交通安全水平具有重大作用。交通事故深度调查为政府和科研机构开展道路交通安全法规与标准，以及车辆安全技术标准制修订提供大数据支撑，为政府和科研机构开展事故发生机理研究、事故预防和政策制定提供深度数据支撑。因此，开展道路交通事故深度调查工作意义重大，非常有必要。

（二）国外交通事故调查概况

德国联邦公路研究所和汽车技术研究协会自 1999 年 7 月以来，在汉诺威和德累斯顿两个城市共同开展了道路交通事故深度调查项目 Germany In-Depth Accident Studies（GIDAS）。采集的标准是对出现人员伤亡或死亡的交通事故进行采集，并在事故现场进行数据采集，随后进入医院对事故中的受伤人员进行数据采集，后期还会从警察处获得相关的事故报告。运用 Auto-CAD、PC-Crash 等软件对采集的事故数据进行事故模拟再现和分析，最后形成事故分析报告并将所有事故信息录入到数据库中，全年采集 2 000 个左右的事故案例。GIDAS 多年来已经在欧盟汽车安全法规及标准制定、企业车辆主被动安全设计、驾驶行为研究、生物力学研究、道路交通事故营救、道路设计与改进以及 Euro-NCAP 的提升等方面发挥了重要作用。

美国交通事故深度调查及研究工作主要由国家公路交通安全管理局（NHTSA）统一组织实施，并于 1975 年开始先后建立了多个事故深度调查数据库系统，包括死亡事故报告系统（Fatality Analysis Reporting System，FARS）、国家车辆抽样系统（National Automotive Sampling System，NASS）、特殊事故调查系统（Special Crash Investigation System，SCIS）、国家数据系统与事故后果评估系统（State Data Program & Crash Outcome Data Evaluation System，SDP & CODES）、商用车分析报告系统（Commercial Vehicle Analysis Reporting System，CVARS）和乘员保护装置使用调查系统（National Occupant Protection USE Survey，NOPUS）六大部分，全面支撑汽车缺陷调查、标准符合性调查和标准实验检测、机动车安全标准制定研究、车辆主被动安全研究等。

日本交通研究和数据分析研究所（Institute for Traffic Accident Research and Data Analysis，ITARDA）由日本交通省、建设省和警察部门于 1992 年联合建立。ITARDA 的工作分为宏观调查和微观调查两个方面。宏观调查是将警察厅提供的道路交通事故数据和驾驶人数据与国土交通省提供的道路数据和车辆数据进行整合，形成统一的全国道路交通综合数据库并对各类数据进行统计分析。微观调查是有选择性地对其中部分事故进行深度调查研究，调查采集的内容包括交通事故中涉及的人、车、路、环境等各方面的信息。每年会对约 300 起交通事故进行深度调查，调查事故类型除了死亡事故和受伤事故外，也包括有财产损失的事故，力争反映全日本道路交通事故的基本特征。

（三） 中国交通事故调查概况

我国目前开展交通事故深度调查的机构主要有国家质检总局缺陷产品管理中心开展的国家车辆事故深度调查（National Automobile Accident In-depth Investigation System，NAAIS），中国汽车技术研究中心开展的中国交通事故深入研究项目 China In-Depth Accident Studies（CIDAS），以及中国汽车工程研究院股份有限公司开展的未来出行交通事故场景研究（Future mobile traffic Accident Scenario Study，FASS）。其中，NAIS 在全国目前有 8 家合作单位，在全国范围开展事故调查。NAIS 的主要目标是基于车辆事故深度调查开展车辆缺陷分析研究，服务于国家的汽车召回工作。CIDAS 目前采集区域覆盖全国 10 个城市，旨在为汽车厂家开展汽车安全改进研究提供事故数据支撑，并应用于汽车安全标准制修订。

中国汽车工程研究院股份有限公司于 2020 年开始交通事故深度调查研究，并于 2023 年与企业共同成立了未来出行交通事故场景研究（FASS）工作组，目前在全国黑龙江省、山东省、广东省、湖南省、四川省、云南省、上海市、天津市、重庆市 9 个省、市开展交通事故深度调查。根据采集条件、应用目标、采集内容的不同，采集事故分为深度事故、核心事故、视频事故三种不同类型，不同的事故数据类型主要目标不同，灵活互补。采集的内容涵盖了道路、环境、车辆、人员等全方位的静态、动态信息。FASS 的主要目标是支持政府制定交通出行相关政策与法规、发现并解决汽车"新四化"下的交通出行安全新问题、推动车辆主被动安全防护技术的提升、支撑并引导行业测评体系的制定。

（四） 未来出行交通事故场景研究（FASS）体系概况

1. 调查条件

FASS 对事故案例采集有严格的要求，目前主要分为两大类，后续根据实际工作情况及研究热点可能做微调。深度事故与核心事故的采集条件为：至少有一辆四轮或以上的汽车参与，事故现场未变动，车辆扣留，有人伤。视频事故的采集条件为：至少有一辆四轮或以上的汽车参与，有事故过程视频。

2. 调查内容

针对满足采集要求的案例，按照表 2-1 进行事故信息的采集。采集数据内容主要包含：事故现场环境信息、事故参与方车辆与人员信息、事故过程视频等。并基于以上信息，进行事故现场制图与事故重建。

表 2–1　FASS 事故信息内容

信息分类	信息内容
现场信息	环境特征、道路特征、事故参与人员询问、现场散落物、痕迹
车辆信息	车辆基本尺寸、VRU（弱势道路使用者）与车辆接触点、车辆变形、车辆损坏等
人员信息	人员基本特征、人员伤情
碰撞信息	事故过程笔录、事故视频
重建分析	CAD 事故现场图、PC-Crash 事故再现

3. 调查流程

FASS 调查流程如下：

1）判断：事故发生后，判断是否符合采集条件，若不符合，简易采集事故信息并登记。

2）采集：若符合，采集表 2–1 中内容并进行事故重建分析。

3）归档：按照 FASS 事故调查规范中规定的标准格式进行采集内容的数据归档。

4）录入：按照不同事故类型分类存储，将采集数据和分析数据录入到 FASS 数据库中。

录入员对事故采集内容、事故过程进行判断与自查；审核员对事故结构化数据、非结构化数据进行审核；发布员系统性地对事故信息及事故再现过程进行审核，并在必要时，组织多位专家进行集体讨论，最终审核发布。经过以上三级审批过程，严格把控事故质量。

基于 FASS 数据库采集到的事故案例，并结合当前研究热点，以下主要从新能源车辆事故研究、VRU 胸部损伤研究进行介绍。

二、典型事故类型研究

（一）新能源车辆事故研究

据公安部统计，截至 2022 年年底，全国新能源汽车保有量达 1 310 万辆，占汽车总保有量的 4.1%，同比增长 67.1%，呈高速增长态势。同时，公安部的统计数据显示，2018—2020 年间，全国新能源汽车发生了 9 780 起事故，导致 1 717 人死亡、9 423 人受伤。本节基于 FASS 数据库在 2018—2021 年间采集到的 4 947 起事故案例数据，筛选出参与方涉及新能源汽车的事故案例 278 起作为分析样本。

1. 事故总览

据公安部及 FASS 数据库数据，如图 2–1 所示，新能源车从 2018 年到

2021年保有量占比及事故数量占比均逐年增高，同时，新能源车在事故中的占比始终高于其保有量的占比，说明新能源车事故发生率相对更高，应得到更大的关注。

图2-1 2018—2021年新能源汽车保有量占比与新能源汽车事故占比

对278起新能源车辆参与的交通事故的碰撞形态进行分析，发现新能源车与二轮车的碰撞事故最多，占比高达47.1%；其次是与行人发生碰撞的事故，占比21.9%，即新能源车辆与弱势道路使用者（非机动车和行人）发生碰撞的事故居多，占新能源车碰撞事故总体数量的69.1%。此外，本研究对其余4669起传统车辆事故进行了统计分析，发现在传统车辆事故中，车与二轮车的碰撞事故占比最高，为49.9%；其次是与行人发生碰撞的事故，占比22.8%。对比分析表明，新能源车事故的事故类型整体占比情况与传统车辆事故的事故类型占比情况相似，如图2-2所示。

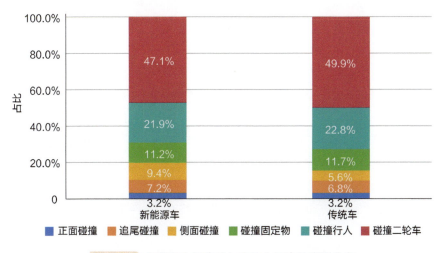

图2-2 新能源车辆事故与传统车辆事故类型分布

2. 人员特征

278 起新能源车辆事故中，新能源车辆的驾乘人员 400 人，其中 388 人已知性别，男性 341 人，占已知性别人数的 87.9%；女性 47 人，占已知性别人数的 12.1%，新能源车辆驾乘人员以男性居多，如图 2-3 所示。

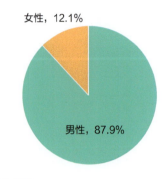

图 2-3 新能源车辆驾乘人员性别分布

对 2018—2021 年调查的事故中涉及新能源车辆事故中新能源车内的 400 名乘员（其中年龄已知的有 350 人）和传统车辆事故中的 7 409 名车内乘员（其中年龄已知的有 6 653 人）进行分析，图 2-4 为车内乘员年龄已知的传统车辆事故中的车内乘员年龄分布与新能源车辆事故中新能源车内乘员的年龄分析图，可知无论是传统车还是新能源车，占据主导地位的年龄段是 19～60 岁；同时，31～40 岁年龄段的乘员最多，分别占乘员总数的 38.0% 和 36.0%。

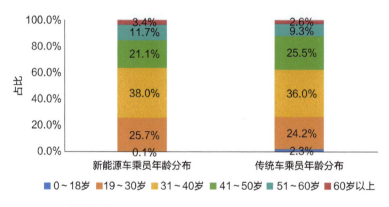

图 2-4 新能源车与传统车辆车内乘员年龄分布

图 2-5 为新能源车内 400 名乘员中已知身高的 174 人和传统车事故中的 7 409 名车内乘员中已知身高的 3 404 人的身高分布。

数据显示，新能源车和传统车车内的乘员都是身高在 171～180cm 的人员占比最多，分别达 60.9% 和 50.7%，其次是身高在 161～170cm 的人员，占比分别为 31.6% 和 38.3%。

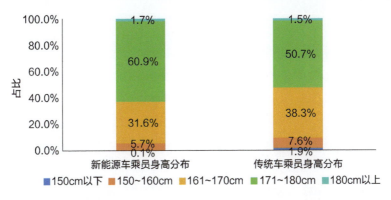

图2-5 新能源车与传统车辆车内乘员身高分布

3. 车辆特征

278起新能源车辆事故涉及283辆新能源车辆,新能源车辆主要使用电池和混合动力作为能源,其中纯电动车辆占总数的54.1%,混合动力车辆占总数的37.8%,合计占总数的91.9%,如图2-6所示。

对传统车辆事故中5 996辆车和新能源车辆事故中283辆新能源车的车辆类型进行的统计分析如图2-7所示。数据显示,无论是传统车还是新能源车,都是轿车最多,其次是货车和SUV。对比发现,新能源车的轿车和客车占比明显比传统车高,而传统车的货车和微型客车占比比新能源车高。

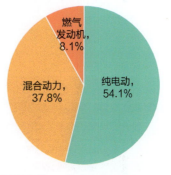

图2-6 新能源车能源类型分布

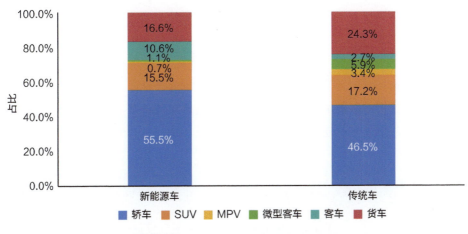

图2-7 新能源车与传统车辆类型分布

4. 损伤特征

图 2-8 为新能源车辆事故中新能源车辆已知伤情的 398 个车内乘员和传统车辆事故中已知伤情的 7 360 个车内乘员的受伤情况比例分布。从图中可以看出，新能源车事故中车内乘员的整体受伤情况较为良好。新能源车内的未受伤乘员占比为 83.7%，传统车事故中车内乘员未受伤人员占比为 78.4%，相比于传统车辆事故，新能源车内未受伤的乘员占比更高；MAIS3+ 比例方面，新能源车事故中车内乘员占比为 7.5%，而传统车事故中车内乘员占比则为 12.1%，相比于传统车辆事故，新能源车车内重伤乘员的比例偏低。

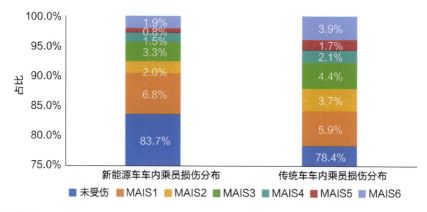

图 2-8 新能源车事故中车内受伤乘员和传统车辆事故中车内受伤乘员的损伤情况分布

5. 小结

本节主要从事故整体分布、人员特征、车辆特征、损伤特征维度进行分析，对新能源车辆事故与传统车辆事故进行对比。事故类型、人员特征方面，新能源车辆与传统车辆事故类型分布基本一致。人员损伤方面，事故中新能源车车内乘员重伤比例相对传统车辆来说偏低，这可能与近些年生产的新能源车通常配备更多主被动安全装置有关。除传统事故类型外，基于新能源车辆自身的结构特点，一些新的事故类型也是研究热点，例如新能源车辆托底刮底事故、新能源车辆火灾事故等，这将是后续研究重点。

（二）VRU 事故胸部损伤研究

1. 事故总览

弱势道路使用者（Vulnerable Road Users, VRU）是指行人、骑自行车的人和骑摩托车的人。VRU 事故在我国频发，且影响我国经济和社会的发展，

VRU 安全问题不容忽视。近年来，胸部损伤成为 VRU 保护的研究热点，本节基于 FASS 数据库 2018—2021 年间的 2 824 起 VRU 与乘用车碰撞事故进行分析。

VRU 事故类型分布如图 2-9 所示，在乘用车与 VRU 的 2 824 起事故中，行人事故占比为 37.4%；二/三轮车事故占比为 62.6%。

图 2-9 事故类型分布

2. 人员特征

人员性别分布如图 2-10 所示，已知性别的共计 3 116 名 VRU 人员，性别占比中男性占比 66.4%，远大于女性，这与我国人口男女比例 104.3∶100 差异较大。从事故类型进一步分析，主要是因为 VRU 事故中的二/三轮车驾驶员以男性居多。

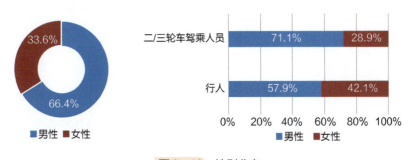

图 2-10 性别分布

将 VRU 人员年龄以 10 岁间隔为一组进行区间划分，涉及事故的人员年龄分布如图 2-11 所示。行人事故中已知年龄的 VRU 人员为 1079；二/三轮车事故中已知年龄的 VRU 人员为 1875。行人和二/三轮车驾乘人员的年龄都集中在 40~69 岁这个区间，分别占到总人数的 55.4% 和 61.4%，这与我国人口数据中

40~69岁人员占比41.2%相差较大,VRU事故中涉及车外人员以中老年为主。

VRU人员的身高分布如图2-12所示。男性样本量为1 241,女性样本量为586。男性身高集中在170~180cm,平均值169cm,中位数170cm,有11.6%的男性身高170cm;女性身高集中在160~170cm,平均值158cm,中位数160cm,有14.2%的女性身高160cm。这与我国人口的男女性身高分布基本一致。

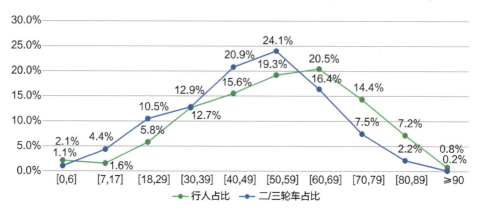

图2-11 年龄分布

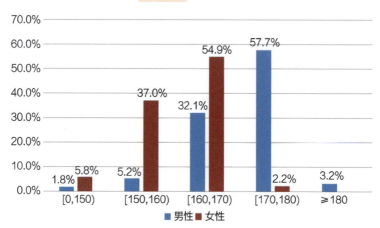

图2-12 身高分布

3. 车辆特征

车辆类型分布如图2-13所示,行人事故为1 056起,二/三轮车事故为1 768起。车辆类型占比均是轿车＞SUV＞MPV＞微型客车。行人事故中,轿车数量最多,占比达59.7%;其次是SUV,占比为25.2%;MPV数量最少,占比为4.3%。在二/三轮车事故中,轿车数量最大,占比达64.3%;其次是SUV,占比为23.8%;MPV数量最少,占比为5.1%。

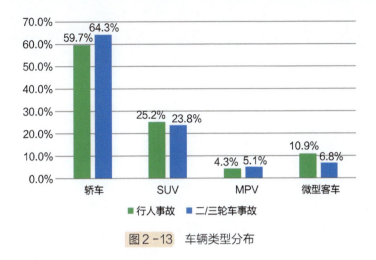

图 2-13 车辆类型分布

4. 损伤特征

VRU 受伤情况如图 2-14 所示。行人事故中人员为 1 115 人,二/三轮车骑乘人员为 2 014 人。在行人事故中,死亡率较高,占比为 55.9%,重伤率次之,占比为 35.2%。在二/三轮车事故中,重伤率较高,占比为 46.8%,死亡率次之,占比为 32.5%。行人事故中人员伤亡率为 99.5%,二/三轮车事故中人员伤亡率为 96.8%。

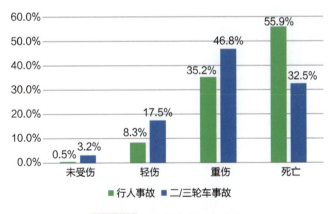

图 2-14 人员伤亡情况分布

从 VRU 所有伤口的损伤部位分布来看,如表 2-2 所示,行人主要损伤部位集中在头部、下肢和胸部,分别为 35.2%、19.3% 和 11.8%。二/三轮车驾乘人员的损伤部位同样集中在头部、下肢和胸部,占比分别为 35.3%、21.3% 和 9.2%。

表 2-2 所有伤口损伤部位分布

	样本量	头部	下肢	胸部	面部	上肢	脊柱	体表	腹部	颈部
行人事故	$N=970$	35.2%	19.3%	11.8%	7.8%	7.6%	8.6%	6.1%	3.4%	0.3%
二/三轮车事故	$N=784$	35.3%	21.3%	9.2%	8.8%	8.3%	4.2%	9.1%	3.6%	0.1%

进一步对所有 AIS3+伤口进行分析,如表 2-3 所示,损伤部位分布排在前三位的仍然是头部、胸部与下肢。但胸部受伤的严重程度高于下肢。综合来看,胸部受伤率高且易受到重伤。

表 2-3 所有 AIS3+伤口损伤部位分布

	样本量	头部	胸部	下肢	腹部	脊柱	面部	上肢	颈部	体表
行人事故	$N=259$	60.2%	21.6%	15.8%	1.5%	0.4%	0.4%	—	—	—
二/三轮车事故	$N=211$	60.7%	18.5%	12.8%	3.8%	2.4%	—	1.4%	0.5%	—

从胸部损伤具体伤情来看,如图 2-15 所示,已知由车辆造成胸部损伤的伤口样本量为 96 个,主要集中在肋骨骨折,占比 46.9%,其次为肺挫伤,占比 20.8%。同时,对肺挫伤人员进行进一步分析,其中 85% 同时伴有肋骨骨折。因此,VRU 胸部损伤类型需要重点关注肋骨骨折这一损伤类型。

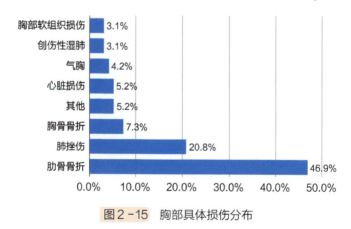

图 2-15 胸部具体损伤分布

5. 小结

以上对 VRU 事故进行分析,重点对近年研究热点 VRU 事故胸部损伤进行研究。整体来看,VRU 事故以中老年为主,胸部受伤率高且易受到重伤,胸部损伤类型以肋骨骨折为主。

三、展望

车辆事故深度调查数据是汽车安全研究的基础数据,近年来,伴随汽车"新四化"的发展趋势,智能车辆与传统车辆混合运行,车辆事故发展形势将更复杂和多样。未来出行交通事故场景研究(FASS)将主要围绕新型交通事故特征的调查技术、分析技术、科学研究能力持续深耕,将 FASS 数据库建成中国汽车安全研究的基础数据库之一,为我国汽车安全标准法规的制定、汽车安全技术提升做出贡献,最终实现"交通事故零伤亡"愿景。

参考文献

[1] 李一兵,孙岳霆,等. 基于交通事故数据的汽车安全技术发展趋势分析 [J]. 汽车安全与节能学报,2016,7(3):242-243.

[2] 公安部交通管理局. 中华人民共和国道路交通事故统计年报2021年度 [R]. 北京:公安部交通管理局,2022.

[3] 肖凌云,王琰. 车辆事故深度调查概论 [M]. 北京:中国标准出版社,2019.

[4] OTTE D. Safety level of vulnerable road users on european roads-a statement of In-Depth-Investigation GIDAS [C] //Infats Proceedings of the 5th International Forum of Automotive Traffic Safety,2007-12-07.

[5] 郑卫华,等. 美国汽车召回管理 [M]. 北京:清华大学出版社,2008.

[6] 廖静倩,张道文,高立,等. 基于 NAIS 事故数据聚类的丁字路口危险场景研究 [J]. 汽车安全与节能学报,2021,12(3):336-345.

[7] 国务院. 关于进一步加强道路交通安全工作的通知 [EB/OL]. (2023-01-11) [2024-03-27]. https://www.gov.cn/xinwen/2023-01/11/content_5736281.htm.

[8] 刘煜. 面向骑车人保护的车辆安全测评体系与预测模型研究 [D]. 长沙:湖南大学,2022.

2024

中国汽车综合测评
技术研究报告

汽车指数发展篇

第 3 章　中国汽车指数发展报告

赵　会　贺晓娜　刘　煜　汪　俊　马国胜　张文君

摘要："十三五"时期以来，我国汽车产业发展提速，从汽车大国向汽车强国加速迈进，汽车强国建设离不开标准的支撑。中国汽研作为行业权威的第三方机构，自 2014 年启动汽车指数测评体系研究，推出中国汽车指数，推动了汽车产业的技术创新和升级，服务国家战略、服务汽车技术升级、服务消费者买车用车。

本报告重点介绍了中国汽车指数综述、发展历程、价值主张，阐述了 C-IASI 中国保险汽车安全指数、IVISTA 中国智能汽车指数、C-AHI 中国汽车健康指数的 2023 版测试评价规程升级背景及要点。

关键词：中国汽车指数，发展历程，价值主张

一、指数介绍

2009年，我国汽车产销突破1 360万辆，首次位居全球第一，我国已发展成为全球汽车生产规模最大的国家，但汽车产业大而不强、关键核心技术缺失、自主品牌竞争力弱等问题突出，汽车产业面临转型升级。早期汽车法规和标准主要借鉴欧美标准体系，与我国实际道路交通情况不完全相符，也不利于我国汽车产业发展，因此加强和完善中国汽车产业标准体系建设成为行业共识。

在此背景下，中国汽研积极践行央企责任，依托近20年的汽车检验检测及工程技术开发经验以及千余项国家地方课题前瞻研究积累，于2014年围绕汽车安全、汽车智能化、车内环境健康等领域自筹经费开展测评技术研究，形成了完整的汽车指数测评体系及标准规范，并且始终坚持创新与引领，以3年为周期进行迭代和升级，以高质量标准持续践行服务国家战略、服务汽车技术升级、服务消费者买车用车的使命。

中国汽研以"大安全"理念为核心，先后发布了中国保险汽车安全指数（C-IASI）、中国智能汽车指数（IVISTA）、中国汽车健康指数（C-AHI），3个指数各有侧重，相互补充，全面构建了链接汽车供给、需求两端的"桥梁"，为整车企业优化产品设计提供输入，为消费者买车用车提供参考。

（一）中国保险汽车安全指数（C-IASI）

为应对新形势下的新需求和新要求，加速保险行业与汽车产业的协同创新，探索保险角度的汽车安全技术研究路径，在中国保险行业协会指导下，中国汽研和中保研联合开展了"中国保险汽车安全指数"的研究工作，首次从汽车的持有使用环节，将汽车作为承保标的物对其安全风险进行系统、深入的试验研究。

从2014年开始立项，历经3年，结合中国道路交通情况，经过大量的理论研究和摸底测试，推出中国保险汽车安全指数（C-IASI）。该体系包含：耐撞性与维修经济性指数、车内乘员安全指数、车外行人安全指数和车辆辅助安全指数4个维度，分别从汽车保有环节的财产风险、事故伤亡风险等方面，以指数为呈现形式，将汽车产品隐性特征显性化和定量化，从汽车使用者和保险的角度客观评价车辆的安全特征及使用经济性。

中国保险汽车安全指数（C-IASI）分别于2017年7月发布了2017版规程、

2021年2月发布了2020版规程、2023年8月发布了2023版规程，最新发布的2023版规程包含83项标准，同时结合我国新能源汽车产业发展需求开展新能源汽车安全专项标准研究，将以修订版形式引入2023版规程。

2018—2023年，中国保险汽车安全指数（C-IASI）累计对外发布测评车型149款，涵盖50余个品牌，形成了广泛的社会影响力，结果发布获中央电视台、人民网、新华网、学习强国等官媒报道，成为广大消费者购车用车的重要参考。

（二）中国智能汽车指数（IVISTA）

中国智能汽车指数是全球首个智能网联汽车第三方测评体系，目前已被40余家车企纳入开发标准。同时，智能汽车指数积极与国家车辆事故深度调查体系NAIS合作，并在中国汽车工程学会和中国汽车工业协会的指导下，打造权威数据分析应用的示范样板。相关成果荣获2021年中国汽车工业科技进步一等奖，金砖国家工业创新大赛唯一一项一等奖（工业互联赛道最高奖）。

随着汽车与能源、交通、通信、人工智能等领域的前沿技术加速融合，电动化、智能化、低碳化已成为汽车产业的发展潮流和趋势，以安全为先的智能汽车成为行业共识。作为汽车行业第三方权威技术服务机构，2023年，中国汽研围绕汽车产业共同关注的趋势和热点问题，提出"安全护航，智慧出行"理念，在保证安全底线基础上，更科学、合理、客观地表征车辆智能化水平。

截至目前，IVISTA中国智能汽车指数于2018年5月发布了2018版规程，2021年2月发布了2020版规程，2023年10月发布了2023版规程，最新发布的2023版规程包含57项标准。

（三）中国汽车健康指数（C-AHI）

为应对新形势下人们对车内环境健康的新需求和新要求，探索汽车领域与医疗健康领域的深度结合，加速汽车行业与医疗健康相关行业协同创新发展，中国汽研整合汽车、医疗、通信等行业的研究资源，在国际交通医学会指导下，广泛听取行业及消费者意见，研究制定集消费者、汽车企业、国家政策三位一体的第三方评价体系——中国汽车健康指数（C-AHI），旨在通过公正、公开、真实的评价数据，建立中国汽车健康新标准，助力健康中国国家战略建设。

2023年，在"双碳目标""健康中国"等国家战略部署下，汽车产业迎来数字赋能、绿色健康转型新征程。面对行业变局，中国汽研作为行业权威的第三方科研机构，围绕汽车产业共同关注的趋势和热点问题，提出"绿色低碳、健康出行"理念，同时考察车辆对驾乘人员以及对环境的健康，引导行业开发既健康又环保的大健康汽车。

截至目前，中国汽车健康指数于2018年4月发布了2018版规程，2021年2月发布了2020版规程，2023年9月发布了2023版规程，最新发布的2023版规程包含20项标准。

二、发展历程

（一）探索期（2014—2017）

2014年6月，成立中国保险汽车安全指数联合工作组。
2016年11月，发布中国保险汽车安全指数体系框架。
2017年6月，发布中国智能汽车指数体系框架。
2017年7月，发布中国保险汽车安全指数测评规程（2017版）。
2017年9月，发布中国汽车健康指数测评体系框架。
从无到有，初步搭建中国汽车指数体系架构。

（二）成长期（2018—2020）

2018年5月，发布中国智能汽车指数测评规程（2018版）。
2018年8月，发布中国汽车健康指数车内挥发性有机物与车内气味强度（VOC/VOI）测评规程。
2018年12月，发布中国汽车健康指数车辆电磁辐射（EMR）测评规程。
2020年6月，发布中国汽车健康指数车内空气中颗粒物（PM）测评规程。
2020年9月，发布中国汽车健康指数车内致敏物风险（VAR）测评规程。
2020年12月，发布中国智能汽车指数测评规程（2020版）。
中国汽车指数体系逐步趋于完整，形成3大指数测评规程，行业影响力初步显现。

（三）升级期（2021—）

2021年2月，发布中国保险汽车安全指数测评规程（2020版）。
2021年5月，发布中国智能汽车指数智能能效测评规程（2020版）。
2022年2月，发布中国汽车健康指数测评规程（2020版）。
2022年4月，发布中国保险汽车安全指数测评规程（2020版2022年修订）。

2022年9月，发布中国智能汽车指数导航智能驾驶测评规程。
2023年8月，发布中国保险汽车安全指数测评规程（2023版）。
2023年10月，发布中国智能汽车指数测评规程（2023版）。
2023年10月，中国汽车健康指数测评规程（2023版）发布。

中国汽车指数正式步入2.0，立足公平、公正、专业、权威的原则，做深做实指数技术内涵，持续升级指数测评体系，以高质量的标准引领中国汽车产业高质量发展。

三、价值主张

（一）指数三大使命

1）服务国家战略，助推产业高质量发展。
2）服务汽车技术升级，引导企业产品优化。
3）服务消费者买车用车，为消费者合理消费提供参考。

（二）技术主线聚焦

1. 大安全

聚焦交通安全、被动安全、智能安全、动力电池安全、信息安全、功能安全等大安全领域，推出中国保险汽车安全指数（C-IASI）、中国智能汽车指数（IVISTA）。

2. 大健康

聚焦节能、减排、健康、全生命周期材料利用及可持续绿色发展等大健康领域，推出中国汽车健康指数（C-AHI）。

（三）理念与愿景

中国汽车指数秉承三大使命，坚守"公平、公正、专业、权威"的核心原则，以消费者需求为中心，以推动汽车行业标准及技术升级作为导向，共筑"零愿景"，为构建和谐汽车社会"加油提速"。

（四）指数发展规划

中国汽车指数致力于成为最具国际影响力和中国特色的汽车指数。
在技术创新方面，中国汽车指数将围绕汽车电动化、智能化、低碳化发展趋势，依托中国道路交通事故数据研究成果，重点开展汽车主被动安全测评技术、中国化测试场景和测试装备开发、高等级汽车自动驾驶功能测试标准、汽车健康及低碳测评技术等研究工作，持续推动测评体系迭代升级，以高质量标准引领产业高质量发展。

在国际合作方面，持续强化与国际权威测评机构的技术交流，积极吸收全球先进经验，助力中国汽车指数与时俱进、更具国际视野，更好地帮助中国车企应对国际市场要求、服务车企出海战略；同时，分享中国汽车指数在安全、智能、健康等领域的创新成果与测评方案，为推动全球汽车发展持续贡献中国智慧。

在社会公益方面，中国汽车指数将通过打造行业标杆，积极赋能优秀汽车品牌。同时，联合行业机构、汽车企业、权威媒体等共同构建公益互助的生态链，倡导"科技向善"的公益理念，从公益发布、公益募捐、公益科普、公益巡展四大维度展开指数公益行动，提升全民安全、绿色出行意识，打造更加美好的和谐汽车社会。

中国汽车指数将不忘初心使命，持续以高质量、引领性的标准推动中国汽车产品品质提升和品牌向上，同时为全球汽车技术发展提供中国方案、贡献中国智慧。

四、核心成果

（一）试验成果

中国保险汽车安全指数：车内乘员安全、车外行人安全以及车辆辅助安全累计开展试验1 300＋，涵盖50余个车企品牌，149款车型。在中国保险汽车安全指数推动下，事故中能起到关键防护效果的安全装置的配置率逐年稳步提升，正面安全气囊、后排侧气囊、侧气帘搭载率连续三年达到100%，测试车型全系标配AEB（自动紧急制动）/LSS（车道辅助系统）比例稳步提高，已由2018年的22%提升至2023年的77%；同时，随着整车企业愈加重视车辆安全性能设计，测评结果显示，车内乘员安全全优车型逐年增加，已由2014年的13%提升至2023年的94%。

中国智能汽车指数：针对智能行车、智能泊车、智能安全、智能交互和智能能效展开试验330＋次，涵盖43个车企品牌、61种车型。在中国智能汽车指数推动下，车企愈加重视智能汽车产品安全性要求，持续提升以自动紧急制动（AEB）、车道辅助（LSS）、侧向辅助（SSS）等为代表的应急辅助功能的安全水平，为消费者提供更可靠的用车安全保障；随着自主品牌持续的智能研发投入，自主品牌车型中智能行车优秀评价占比超过83%，在以自适应巡航（ACC）、交通拥堵辅助（TJA）、高速公路辅助（HWA）为代表的行车类智能驾驶功能上表现优秀；91%的自主品牌智能汽车搭载了泊车类智能驾驶功能，在解决中国消费者用车"最后1公里"的痛点上自主品牌整体表现更加优秀。

中国汽车健康指数：累计测试车型涵盖40个车企品牌、48种车型。在中国汽车健康指数推动下，近年来车内异味明显降低，甲醛健康危害值平均值下降50%，测评车辆车内空气质量明显改善；同时，随着整车企业加强了车辆健康防护功能配置，车辆对驾乘人员的健康守护能力逐渐增强。

（二）研究成果

基于中国汽车指数研究工作，累计发布企业标准167项，形成国内首个基于保险视角的汽车安全风险研究第三方测评体系；形成国内首个L2自动驾驶辅助测评标准，解决了汽车智能化系统量化评价和评价维度单一难题；形成国内首个车内环境污染综合测评标准，通过多维测评综合考察车内污染对人体健康影响。2023版三大指数测评规程均被纳入CARHS全球汽车安全开发标准。

五、中国汽车指数测试评价规程

（一）C-IASI 中国保险汽车安全指数

C-IASI 2023版规程相较于2020版，主要迭代更新的内容详见表3–1。

表3–1 C-IASI 2023版规程主要升级点

分指数	C-IASI 2020版规程	C-IASI 2023版规程
耐撞性与维修经济性	正面低速结构碰撞	正面低速结构碰撞
	追尾低速结构碰撞	追尾低速结构碰撞
	保险杠全宽正面碰撞	保险杠全宽正面碰撞
	保险杠全宽追尾碰撞	保险杠全宽追尾碰撞
	保险杠静态测试	保险杠静态测试
	—	保险杠角度碰撞（选做项）
	—	低速主动安全

（续）

分指数	C-IASI 2020 版规程	C-IASI 2023 版规程
车内乘员安全	正面 25% 偏置碰撞	正面 25% 偏置碰撞（增加后排女性假人评价）
	—	正面 50% 偏置碰撞
	侧面碰撞	侧面碰撞（增加远端乘员保护监测）
	座椅/头枕（驾驶员座椅）	座椅/头枕（前排座椅测试、后排座椅审查）
	车顶强度（单侧加载）	车顶强度（双侧加载）
	—	附加项目（儿童座椅安装检查、安全带提醒）
车外行人安全	行人碰撞保护（行人）	VRU 碰撞保护（行人 + 两轮车骑行人）
	—	自动紧急制动 – 车对行人与骑行者 AEB C2VRU（并入车外行人安全指数）
车辆辅助安全	自动紧急制动 – 车对车 AEB C2C	自动紧急制动 – 车对车 AEB C2C（增加乘用车目标物偏置工况、货车目标物静止测试场景）
	自动紧急制动 – 车对行人与骑行者 AEB C2VRU	—
	车道偏离辅助 LSS	车道偏离辅助 LSS（增加 ELK 场景）
	整车前照灯 Headlamp	整车前照灯 Headlamp
	附加险项目（紧急救援服务 E-call）	附加项目（紧急救援服务 E-call、驾驶员监测 DMS）

资料来源：中国汽研整理。

耐撞性与维修经济性指数方面，2023 版在开展车辆传统碰撞损失测评的同时，强化了智能安全设备对出险率影响的测评，与国际同步首次推出了低速主动安全测试，补齐了我国车辆低速 AEB 测评短板。

车内乘员安全指数方面，正面 25% 偏置碰撞工况增加后排女性假人评价；新增正面 50% 偏置碰撞工况，考核车辆碰撞兼容性；侧面碰撞工况中壁障调整，引入全新 AC – MDB，同时调整部分假人评价指标，开展远端乘员保护监测；鞭打工况，调整颈部 NIC 指标，同时将驾驶员座椅测试拓展到前排座椅，增加第二排右侧座椅审查；车顶强度工况由单侧加载调整为双侧加载；新增车用 ISOFIX 下固定点和上拉带固定点（儿童座椅安装检查）、安全带提醒系统测试，进一步优化车内乘员安全指数整体评价方法，2023 版将更加显性化地评价车内乘员安全保护性能。

车外行人安全指数方面，行人碰撞试验由2020版的二选一方案切换为aPLI腿型和上腿型（测量合力），增加两轮车头部保护区域，采用成人头型进行试验；将车对道路弱势使用者自动紧急制动系统AEB VRU测试调整到车外行人安全分指数，并进行整体评价，2023版将更加全面地评价车辆对VRU的主被动安全保护性能。

车辆辅助安全指数方面，2023版规程紧跟辅助安全技术发展的水平，升级了AEB试验工况，增加乘用车目标测试的偏置工况及十字路口左转场景，并引入C2T卡车目标物静止测试场景；车道辅助系统LSS新增ELK测试场景；整车前照灯微调高级前照灯评分方法；紧急救援服务系统E-call，增加正面50%偏置碰撞试验后的自动触发功能测试，并将驾驶员状态监测系统DMS测试引入规程。

1. 耐撞性与维修经济性指数

在耐撞性与维修经济性指数方面，增加保险杠角度碰撞工况（选做项）、低速主动安全测试，同时扩展评价维度，在耐撞性、可维修性、维修经济性、碰撞兼容性评价维度基础上，增加低速主动安全评价（图3-1）。

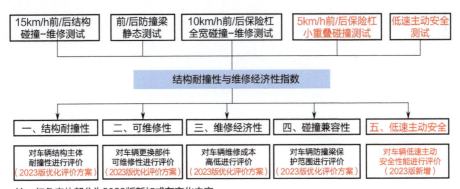

图3-1 耐撞性与维修经济性指数2023版主要变化

资料来源：中国汽研整理。

耐撞性与维修经济性指数2023版整体评价详见图3-2；整体评价规程中，也明确了以下几点要求：

1）总体评价缺陷值最低为0，计算值小于0计为0。

2）若总体得分≤4，且结构耐撞性得M，则总体评级降为A。

3）碰撞中气囊起爆，则整体评价等级降一级。

低速碰撞对应整体评价级别表：

	优秀	良好	一般	较差
结构耐撞性	0	2	4	8
可维修性	0	1	3	6
维修经济性	0	2	4	8
碰撞兼容性	0	1	2	4

低速主动安全对应整体评价级别表：

	优秀（SUPERIOR）	先进（ADVANCED）	基本（BASIC）
低速主动安全	−3	−2	−1

整体得分对应整体评价级别表：

	优秀+（G+）	优秀（G）	良好（A）	一般（M）	较差（P）
缺陷值	0	≤4	≤8	≤16	>16

图3-2 耐撞性与维修经济性指数2023版整体评价

资料来源：中国汽研整理。

2. 车内乘员安全指数

车内乘员安全指数2023版规程，在保持2020版测评内容基本稳定基础上，进行规程更新改版；同时结合交通事故研究及测评过程中暴露的问题，对测评工况设置、评价指标进行优化。

（1）正面25%偏置碰撞

试验规程方面，与2020版相比，2023版测试内容无更新（图3-3）。

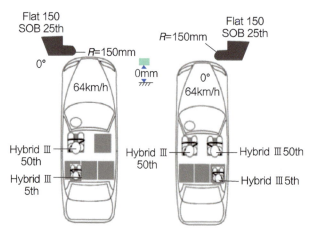

图3-3 正面25%偏置碰撞2023版试验设置

资料来源：中国汽研整理。

评价规程方面，与 2020 版相比，2023 版将后排假人监测项调整为评价项，评价维度保持三部分不变。车体结构、假人伤害、约束系统与假人运动、总体评价的主要变化见表 3-2。

表 3-2　C-IASI 2023 版正面 25% 偏置碰撞评价规程主要变化

测试项目	评价规程	主要变化
正面 25% 偏置碰撞	车体结构	车辆结构评价：侵入量测量值评定、燃料和高压系统完整性评价内容，与 2020 版保持一致，调整定性观察车辆结构等级要求（新增前围大面积撕裂的判定）
	假人伤害	1. HybridⅢ 50th 假人各部位评价指标，与 2020 版保持一致，暂无调整 2. HybridⅢ 5th 假人伤害评价：在 2020 版监测（提供参考值）基础上，调整 5 项评价指标［HIC15、拉伸力 $F_z(kN)$、压缩变形量 $D(mm)$、黏性指标 (m/s)、压缩力 $F_z(kN)$］阈值
	约束系统与假人运动	1. 驾驶员/前排乘员：调整 4 项指标（新增头部发生气囊触底、安全带解锁力判定，更新头部硬接触、座椅不稳定的定义） 2. 后排乘员：在 2020 版监测（提供参考值）的基础上，调整 6 项指标（侧面头部保护充分/有限、安全气囊未展开、头部硬接触、乘员前倾过度、安全带解锁力、假人下潜的判定及定义更新）
	总体评价	1. 乘员侧正面 25% 偏置碰撞：综合驾驶员、前排乘员和后排乘员保护等表现，划分为四个评价等级（基于缺陷数） 2. 驾驶员侧正面 25% 偏置碰撞：综合驾驶员和后排乘员保护等表现，划分为四个评价等级（基于缺陷数）

资料来源：中国汽研整理。

（2）正面 50% 偏置碰撞

在试验规程方面，壁障质量 1 400kg，碰撞速度 50km/h，重叠率 50%，假人布置（THOR 50th、HⅢ 50th、Q6、Q10）（图 3-4）。

在评价规程方面，评价维度分为三部分（车体结构及兼容性、假人伤害、约束系统和假人运动）；前排假人为考核项，后排儿童假人仅作为监测项。

车体结构及兼容性、假人伤害、约束系统与假人运动、总体评价的主要考核内容见表 3-3。

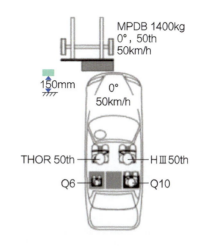

图 3-4　正面 50% 偏置碰撞 2023 版试验设置

资料来源：中国汽研整理。

表 3-3　C-IASI 2023 版正面 50% 偏置碰撞评价规程主要变化

测试项目	评价规程	主要变化
正面 50% 偏置碰撞	车体结构及兼容性	1. 车体结构等级评定：车辆结构等级用侵入量测量值进行评定，并根据乘员舱结构完整性的定性观察结果对等级进行修正（降级）。 2. 车辆兼容性评定：根据台车前端壁障蜂窝铝变形量标准偏差（SD）、台车乘员载荷准则（OLC）和壁障侵入深度（是否"击穿"）三个指标来评价被测车辆兼容性 3. 车体结构及兼容性评价：综合车辆结构等级评定、车辆兼容性评定、燃料和高压系统完整性（降级处理）进行评级
	假人伤害	1. THOR 50th 假人伤害指标阈值：基于假人损伤风险量化评价曲线和国内事故数据分析，构建了 50 分位 THOR 假人的损伤评价阈值 2. Hybrid Ⅲ 50th 假人伤害指标阈值：与正面 25% 偏置碰撞工况一致
	约束系统与假人运动	驾驶员/前排乘员：包含头颈部保护、胸腹部保护、膝部及骨盆保护、腿部及脚部保护、乘员保护和其他
	总体评价	总体评价：综合车辆结构及兼容性、驾驶员和前排乘员保护（假人伤害、约束系统与假人运动），划分为四个评价等级（基于缺陷数）

资料来源：中国汽研整理。

（3）侧面碰撞

试验规程方面，与 2020 版相比，2023 版主要变化为全新壁障引入、壁障离地高度调整，新增 WS-50 假人（监测）（图 3-5）。

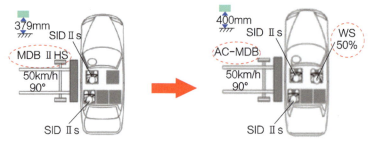

图 3-5　侧面碰撞 2023 版试验规程变化

资料来源：中国汽研整理。

评价规程方面，与 2020 版相比，2023 版评价维度保持三部分不变，包含车体结构、假人伤害、约束系统与假人运动（在头部运动保护基础上，增加乘员防护和其他),见表 3-4。

表 3-4 C-IASI 2023 版侧面碰撞评价规程主要变化

测试项目	评价规程	主要变化
侧面碰撞	车体结构	车辆结构等级评定:车辆结构侵入量的 GAMP 评级阈值均已调整(G 的阈值:12.5mm → 18.0mm,A 的阈值:5.0mm → 14.0mm,M 的阈值:0 → 10.0mm)
	假人伤害	假人伤害评价指标:在 2020 版基础上,调整 2 项评价指标阈值(肋骨压缩量、髋骨和髂骨合力)、删去 6 项评价指标(髂骨力、髋骨力、大腿力 F_x 及 F_y、大腿力矩 M_x 及 M_y)
	约束系统与假人运动	约束系统与假人运动等级评定:假人头部运动保护的评级要求(GAMP)已更新,新增头部合成加速度、安全带解锁力考核
	总体评价	总体评价:在 2020 版基础上,新增试验后不借助工具开启车门要求,并调整部分单项评价、总体评价缺陷数

资料来源:中国汽研整理。

(4)车顶强度

试验规程方面,与 2020 版相比,2023 版主要变化为加载方式调整(单侧加载→双侧加载)。

随机选取并完成车辆第一侧加载测试后,再视情况进行另外一侧的加载测试。车辆第一侧加载,以 4 倍力或者 127mm 位移为压板停止条件,二者达其一则停止加载;车辆第二侧加载,压板位移为 127mm,如图 3-6 所示。

图 3-6 车顶强度 2023 版试验示例
资料来源:中国汽研整理。

评价规程方面,与 2020 版相比,2023 版主要变化为对车顶两侧抗压能力进行全面考核,评级区间保持不变,见表 3-5。

表 3-5 C-IASI 2023 版车顶强度规程简介

序号	车辆第一侧加载	车辆第二侧加载	整体评价	备注
1	4 倍力	≥3 倍力	G	—
	4 倍力	<3 倍力	A	—
2	127mm 位移	—	≤A	根据 SWR 评价

资料来源:中国汽研整理。

（5）座椅/头枕

试验规程方面，与2020版相比，2023版主要变化为考核范围拓展，前排座椅（驾驶员座椅→驾驶员与前排乘员座椅）测试，新增第二排座椅测试并作为审查项，台车试验波形保持不变（中等强度波形16km/h）。

评价规程方面，主要调整颈部损伤NIC指标（NIC分级将较低等级和低等级合并成低等级，并保留中等级、高等级）。

单个座椅及头枕评价：取静态评价、动态评价中成绩差的一方；当前排两侧座椅结构对称时，仅测试驾驶员座椅；若不对称，则分别测试两侧座椅，以等级较低一侧作为前排座椅评价结果，如图3－7所示。

C-IASI 2020版	
NIC值	NIC分级
NIC≤15	较低
15<NIC≤18	低
18<NIC≤23	中
NIC>23	高

→

C-IASI 2023版	
NIC值	NIC分级
NIC≤15	低
15<NIC≤23	中
NIC>23	高

图3－7 座椅/头枕2023版规程变化

资料来源：中国汽研整理。

（6）车用ISOFIX下固定点及上拉带固定点（儿童座椅安全检查LATCH）

试验规程方面，通过规定ISOFIX下固定点及其上拉带固定点的通用要求，定性提高车辆ISOFIX接口易操作性，见表3－6。

表3－6 C-IASI 2023版儿童座椅安全检查测试要求

LATCH测试	具体要求
下固定点使用要求	1. 深度要求：对于非外露式接口，深度小于20mm；对于外露式接口，最大可见角大于60° 2. 间隙角度大于54°；若间隙角度测量工具无法连接至下固定点，则不满足间隙角度要求 3. 连接力小于178N；若连接力测量工具无法连接至下固定点，则不满足连接力要求
上固定点使用要求	1. 上拉带固定点位于搁物架上或座椅椅背上部85%的区域内 2. 不存在和上拉带固定点产生混淆的硬件；若存在易混淆的硬件，则需在距离上拉带固定点75mm范围内有明显标识

资料来源：中国汽研整理。

评价规程方面，仅对ISOFIX固定点最完备的两个位置进行评估，按表3－7进行评价等级划分。

表 3–7　C-IASI 2023 版儿童座椅安全检查评价要求

LATCH 评价	具体要求
优秀（G）	两个位置的 ISOFIX 固定点满足表 3–6 中所有要求
良好（A）	两个位置的 ISOFIX 固定点满足：至少两条下固定点要求且至少一条上拉带固定点要求
一般（M）	至少一个位置的 ISOFIX 固定点满足其中一条要求：①至少一条下固定点要求及至少一条上拉带固定点要求；②ISOFIX 下固定点接口中其中两条或三条要求，不满足上拉带固定点要求
较差（P）	其中一个或两个位置的 ISOFIX 固定点满足：①不满足下固定点所有要求；或者②满足一条下固定点要求，不满足上拉带固定点所有要求

资料来源：中国汽研整理。

（7）安全带提醒

安全带提醒试验矩阵及系统要求：前排及第二排座椅位置的初始听觉信号提醒时刻、视觉信号持续时间、声压等级（仅前排）（表 3–8）。

表 3–8　C-IASI 2023 版安全带提醒试验矩阵及系统要求

测试项目	前排座椅位置	第二排座椅位置
安全带状态调整	处于未系状态	已系状态→未系状态	已系状态→未系状态
速度区间：10~40km/h	初始听觉信号提醒时刻：30s 内开始	
速度区间：>40km/h	初始听觉信号提醒时刻：2s 内开始	
速度点：24+(0~8)km/h 速度点：40+(0~8)km/h	记录初始听觉信号持续时间 声压等级：初始听觉信号比车舱内背景噪声至少高 6dB	记录初始听觉信号持续时间
备注	视觉信号持续时间>90s	视觉信号持续时间>30s（未系状态>60s）

资料来源：中国汽研整理。

测试车辆在速度点 24+(0~8)km/h、40+(0~8)km/h 时，根据前排座椅安全带的初始听觉信号持续时间、系统要求划分评价等级（表 3–9）。

表 3–9　C-IASI 2023 版安全带提醒评级要求

初始听觉信号：持续时间	前排、第二排：$T>90s$	前排：$T>90s$	前排：$30s \leq T<90s$	前排：$T<30s$
安全带提醒系统要求：前排	√	√	√	—
安全带提醒系统要求：第二排	√	—	—	—
评价等级	优秀（G）	良好（A）	一般（M）	较差（P）

资料来源：中国汽研整理。

(8) 整体评价

车内乘员安全指数2023版分为测试项目、附加项目和审查项。其中，测试项目包含驾驶员侧正面25%偏置碰撞、乘员侧正面25%偏置碰撞、正面50%偏置碰撞、侧面碰撞、车顶强度和座椅/头枕测试工况，附加项目包含车用ISOFIX下固定点和上拉带固定点、安全带提醒检查；审查项包含后排座椅/头枕、远端乘员保护台车测试。

车内乘员安全指数整体评价，在2020版基础上新增优秀+（G+）评级，共分为优秀+（G+）、优秀（G）、良好（A）、一般（M）和较差（P）五个评价等级（表3-10）。

表3-10 C-IASI 2023版车内乘员安全整体评价

驾驶员侧正面25%偏置碰撞	乘员侧正面25%偏置碰撞	正面50%偏置碰撞	侧面碰撞	车顶强度	座椅/头枕	整体评级	备注
六项评价均为优秀（G）							优秀+（G+）	审查项：通过；附加项目：评价均为优秀（G）
五项评价均为优秀（G），一项评价≥良好（A）							优秀（G）	附加项目：评价均≥良好（A）
五项评价均≥良好（A），一项评价≥一般（M）							良好（A）	—
五项评价均≥一般（M），一项评价≥较差（P）							一般（M）	—
其他							较差（P）	—

资料来源：中国汽研整理。

3. 车外行人安全指数

车行人安全指数2023版，主要更新内容汇总见表3-11。

表3-11 C-IASI 2023版车外行人安全规程总览

分指数	C-IASI 2023版测评规程		主要更新内容
车外行人安全	被动安全部分	头型试验	增加两轮车骑车人头部测试区域，完善主动机罩的验证方法
		腿型试验	切换为aPLI腿型+TRL腿型（合力）
	主动安全部分	AEB行人	场景优化，速度提升
		AEB自行车	速度提升
		AEB踏板式两轮车	新增横穿和交叉路口场景
	总体评价		得分比例调整，得分率要求提升

资料来源：中国汽研整理。

头型试验方面,按前缘参考线高度(850mm)区分高、低前缘车型,低前缘车型包络线标记至WAD2300,高前缘车型标记至WAD2100;新增两轮车头部保护区域,采用成人头型试验,碰撞角度为45°。

取消默认绿点;位于风窗玻璃区域,被绿色点包围的绿色点(可排除点),不进行试验点抽查,不参与修正系数计算;对于玻璃上被预测为绿色的点,若试验中发生2级及以上跳色,并满足非典型破裂条件(UN R127),提供相关证明材料,可由企业申请进行重复试验:

1)最多额外进行2次重复试验。

2)在3次试验中,如果有任意两次得分相同则采用该得分。若3次试验得分均不相同,则采用中间值的得分(图3-8)。

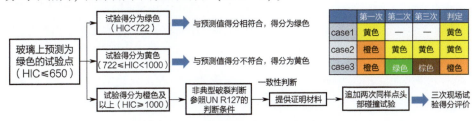

图3-8 头型试验绿色点处理流程

资料来源:中国汽研整理。

腿型试验方面,由2020版修订版中的二选一方案切换为aPLI腿型和上腿型(测量合力),评价指标保持不变;aPLI腿型线缆间隙进行调整(股骨overload cable由9.1mm调整为13.6mm,胫骨overload cable由10.3mm调整为11.3mm)。

主动部分AEB C2VRU功能考核的主要内容见表3-12。

表3-12 C-IASI 2023版车外行人安全AEB C2VRU主要变化

测试项目	目标物	场景		更新内容
AEB C2VRU	车对行人	车与行人横穿	车与成人近端横穿 CPNA-25%	与2020版车辆辅助安全指数的场景,保持一致
			车与成人远端横穿 单侧遮挡 CPFOA-50%	
			车与儿童近端横穿 单侧遮挡 CPNSOC-50%	
			车与儿童近端横穿 双侧遮挡 CPNDOC-50%	
		车与行人纵向	车与成人纵向追尾 CPLA-25%	
		车与自行车横穿	车与成人自行车骑行者近端横穿 CBNA-50%	
		车与自行车纵向	车与成人自行车骑行者纵向追尾 CBLA-50%	
	车对两轮车	车与踏板式两轮车横穿	车与踏板车骑行者远端横穿 CSFA-50%	—
		车与踏板式两轮车交叉路口	车左转与踏板车骑行者穿行 CSFtap-50%	新增场景

资料来源:中国汽研整理。

主动部分 AEB C2VRU 功能考核的主要内容（与 2020 版对比）见表 3-13。

表 3-13　C-IASI 2023 版车外行人安全 AEB C2VRU 主要变化（与 2020 版对比）

	测试项目		C-IASI 2020 版	C-IASI 2023 版	
AEB C2VRU	行人	成人近端横穿 CPNA-25	20/40/60-5、白天+夜晚	20/40/60-5、夜间	取消白天工况
		成人远端横穿遮挡 CPFOA-50	20/30-5、夜晚	20/40-5、夜晚	修订速度点
		成人纵向追尾 CPLA-25	25/45-5、白天	35/55-5、白天	修订速度点
		儿童近端横穿单侧遮挡 CPNSOC-50	20/40/60-5、白天	40/60-5、白天	修订速度点
		儿童近端横穿双侧遮挡 CPNDOC-50	20/30-5、白天	20/30-5、白天	保持不变
	自行车骑行者	自行车骑行者近端横穿 CBNA-50	35/55-15、白天	45/65-15、白天	修订速度点
		自行车骑行者纵向追尾 CBLA-50	FCW：55-15、白天	FCW：65-15、白天	修订速度点
	踏板车骑行者		—	20/40/60-20、白天	新增
		踏板车骑行者远端横穿 CSFA-50	—	20/40/60-20、白天	新增
		主车左转-踏板车骑行者对向直行 CSFtap-50	—	15-20、白天	新增

资料来源：中国汽研整理。

车外行人安全指数 2023 版整体评价，在 2020 版基础上进一步优化调整，对行人保护的被动部分和主动部分进行综合评价（计算总体得分率），并增加优秀+(G+)评级，具体变化见表 3-14。

表 3-14　C-IASI 2023 版车外行人安全整体评价主要变化

分类	测试内容	2020 版	2023 版
被动部分	头型	24 分	18 分
	小腿	3 分	3 分
	MCL	3 分	3 分
	大腿	6 分	3 分
	骨盆		3 分
主动部分	AEB 行人	辅助安全指数测试项	6 分
	AEB 自行车		6 分
	AEB 踏板式两轮车		6 分
	总分	36 分	48 分 (30+18)

（续）

分类	测试内容	2020版	2023版
总体评价	优秀+（G+）	—	≥75%
	优秀（G）	≥65%	≥70%且<75%
	良好（A）	≥50%且<65%	≥60%且<70%
	一般（M）	≥40%且<50%	≥50%且<60%
	较差（P）	<40%	<50%
额外要求	—	—	1. 被动安全最低15分（50%），才能加AEB的计算得分 2. "G+"评价要求：测试车辆总体得分率≥75%、全系标配AEB C2VRU功能、单个场景不能得0分，且头型、aPLI腿型和上腿型得分中任意一项不能得0分 3. "G"评价要求：测试车辆总体得分率≥70%，头型、腿型和骨盆得分中任意一项不能得0分

资料来源：中国汽研整理。

4. 车辆辅助安全指数

车辆辅助安全指数2023版规程，在保持2020版测评内容基本稳定基础上，完成规程更新换版；同时结合交通事故研究及测评过程中暴露的问题，对测评工况设置、评价指标进行优化（表3－15）。

表3－15　C-IASI 2023版车辆辅助安全规程总览

分指数	C-IASI 2020版	C-IASI 2023版	主要更新内容
车辆辅助安全	车对车自动紧急制动系统（AEB C2C）	车对车自动紧急制动系统（AEB C2C）	增加货车目标车场景、主车转弯－目标车对向直行场景，调整部分场景的速度点及重叠率，删除FCW目标车减速场景
	行人与骑行者自动紧急制动系统（AEB VRU）	—	移入车外行人安全指数
	车道辅助系统（LSS）	车道辅助系统（LSS）	增加紧急车道保持ELK场景，调整LDW、LDP试验工况偏离速度点，调整LDW弯道偏离试验方法
	整车前照灯（Headlamp）	整车前照灯（Headlamp）	调整高级前照灯功能评价得分
	附加项目（E-call）	附加项目（E-call、DMS）	调整E-call测试场景，新增DMS场景

资料来源：中国汽研整理。

（1）AEB C2C

2023 版 AEB C2C 规程升级总览见表 3-16。

表 3-16　C-IASI 2023 版车辆辅助安全 AEB C2C 规程总览

测试项目		C-IASI 2020 版	C-IASI 2023 版	说明
FCW	目标车静止 CCRs	72-0（乘用车目标车）	72-0（乘用车、货车目标车）	修订目标车类型
	目标车减速 CCRb	72-72、-3	—	删除
	目标车低速 CCRm	72-32	80-20	修订速度点
AEB	乘用车目标车静止 CCRs	30/50-0@100%	30/50-0@±50%、40-0@100%	修订速度点与重叠率
	货车目标车静止 CCRs	—	45/55-0、白天 50/60-0、夜间	新增
	目标车低速 CCRm	50/70-20	60/70/80-20	修订速度点
	主车转弯-目标车对向直行	—	主车 15-目标车 30	新增
高级辅助驾驶功能	FCW 辅助报警形式 主动式安全带预警功能 紧急转向避撞功能	√	√	保持不变
	V2X 功能	—	√	新增

资料来源：中国汽研整理。

AEB C2C 高级辅助功能验证试验要求，在 2020 版考核 FCW 辅助报警形式、主动式安全带预警功能、紧急转向避撞功能的基础上，新增了 V2X 功能考核，具体要求见表 3-17。

表 3-17　C-IASI 2023 版车辆辅助安全 AEB C2C 规程总览

C-IASI 2020 版	C-IASI 2023 版	试验方法
FCW 辅助报警形式	FCW 辅助报警形式	根据车对车-AEB 功能试验-目标车低速场景中主车 80km/h、目标车 20km/h 的目标车低速试验工况，判定 FCW 的辅助报警形式
主动式安全带预紧功能	主动式安全带预紧功能	根据车对车-AEB 功能试验-目标车低速场景中主车 80km/h、目标车 20km/h 的目标车低速试验工况，判定是否具备主动式安全带预紧功能（要求可重复使用）
紧急转向避撞功能	紧急转向避撞功能	根据车辆制造商提供的验证方案进行验证
—	V2X 功能	根据车辆制造商提供的验证方案进行验证

资料来源：中国汽研整理。

2023 版 AEB C2C 测评总分 44 分，其中 FCW 功能试验 2 分、AEB 功能试验 38 分、高级辅助功能验证试验 4 分，见表 3–18。

表 3–18　C-IASI 2023 版车辆辅助安全 AEB C2C 得分分布

项目	试验场景	主车车速 /(km/h)	目标车车速 /(km/h)	评价指标	分值	总分
FCW	乘用车、货车目标车静止	72	0	报警时刻 TTC≥2.1s	1	2
	目标车低速	80	20	报警时刻 TTC≥2.0s	1	
AEB	乘用车目标车静止	30	0	避免或减轻碰撞	3	38
		40	0		4	
		50	0		5	
	货车目标物静止	45	0		1.5	
		50	0		2	
		55	0		2.5	
		60	0		3	
	目标车低速	60	20		4	
		70	20		5	
		80	20		6	
	主车转弯–目标车对向直行	15	30	避撞	2	
高级辅助驾驶功能	FCW 辅助报警形式	80	20	安全带振动或其他触觉形式的报警	1	4
	主动式安全带预警功能	80	20	具有自动预紧功能且预紧时刻合理	1	
	紧急转向避撞功能	—	—	根据车辆制造商提供的验证方案进行验证并通过	1	
	V2X 功能	—	—	根据车辆制造商提供的验证方案进行验证并通过	1	

资料来源：中国汽研整理。

（2）LSS

2023 版 LSS 规程升级总览见表 3–19。

表 3–19　C-IASI 2023 版车辆辅助安全 LSS 规程总览

测试项目		C-IASI 2020 版	C-IASI 2023 版	说明
LDP	直道偏离抑制	车速：max｛(72±1) km/h, (制造商申报最低激活车速 + 1km/h)｝±1.0km/h 偏离速度：0.2m/s, 0.5m/s	车速：max｛(72±1) km/h, (制造商申报最低激活车速 + 1km/h)｝±1.0km/h 偏离速度：0.5m/s	修订偏离速度

(续)

测试项目		C-IASI 2020 版	C-IASI 2023 版	说明
LDW	直道偏离预警	车速：max｛(72±1)km/h,（制造商申报最低激活车速+1km/h）±1.0km/h｝偏离速度：0.2m/s，0.5m/s	车速：max｛(72±1)km/h,（制造商申报最低激活车速+1km/h）±1.0km/h｝偏离速度：0.5m/s	修订偏离速度
	弯道偏离预警	车速：max｛(72±1)km/h,（制造商申报最低激活车速+1km/h）±1.0km/h｝偏离速度：0.2m/s，0.5m/s	车速：max｛(72±1)km/h,（制造商申报最低激活车速+1km/h）±1.0km/h｝偏离速度：0.5m/s	修订偏离速度、试验方法
ELK	偏离车道线紧急车道保持	—	车速：max｛(72±1)km/h,（制造商申报最低激活车速+1km/h）±1.0km/h｝偏离速度：0.5m/s	新增
	驶向路沿紧急车道保持	—	车速：max｛(72±1)km/h,（制造商申报最低激活车速+1km/h）±1.0km/h｝偏离速度：0.5m/s	新增

资料来源：中国汽研整理。

2023 版 LSS 测评总分 14 分，包括 LDP 功能试验 6 分、LDW 功能试验 4 分、ELK 功能试验 4 分，见表 3–20。

表 3–20 C-IASI 2023 版车辆辅助安全 LSS 得分分布

测试项目		试验场景	偏离方向	评价指标	分值	总分
LSS	LDP	直道偏离抑制	向左偏离	偏移侧前轮外沿与地面接触点越过车道边界内侧的实际距离不超过允许的最大距离	3	6
			向右偏离		3	
	LDW	直道偏离预警	向左偏离	在报警时刻偏移侧前轮外沿与地面接触点越过车道边界内侧的实际距离不超过允许的最大距离	1	4
			向右偏离		1	
		弯道偏离预警	左转弯向外偏离	偏离后能及时报警	1	
			右转弯向外偏离		1	
	ELK	偏离车道线紧急车道保持	向左偏离	偏移侧前轮外沿与地面接触点越过车道边界内侧的实际距离不超过允许的最大距离	2	4
		驶向路沿紧急车道保持	向右偏离	偏移侧前轮外沿与地面接触点越过路面与草坪边界的实际距离不超过允许的最大距离	2	

资料来源：中国汽研整理。

（3）Headlamp

2023 版 Headlamp 规程测试内容与 2020 版相同，具体测试项目见表 3 – 21。

表 3 – 21 C-IASI 2023 版车辆辅助安全 Headlamp 规程总览

测试项目		C-IASI 2020 版	C-IASI 2023 版
近光灯	能见度测评	直道	直道
		$R=150m$ 右弯道、右弯道	$R=150m$ 右弯道、右弯道
		$R=250m$ 左弯道、右弯道	$R=250m$ 左弯道、右弯道
	炫光测评	直道	直道
		$R=150m$ 右弯道、右弯道	$R=150m$ 右弯道、右弯道
		$R=250m$ 左弯道、右弯道	$R=250m$ 左弯道、右弯道
远光灯	能见度测评	直道	直道
		$R=150m$ 右弯道、右弯道	$R=150m$ 右弯道、右弯道
		$R=250m$ 左弯道、右弯道	$R=250m$ 左弯道、右弯道
高级前照灯功能评价		自适应远光灯、自动远近光切换、自动前照灯调平系统	自适应远光灯、自动远近光切换、自动前照灯调平系统

资料来源：中国汽研整理。

2023 版 Headlamp 测评总分 22 分，其中近光灯 15 分、远光灯 5 分、高级前照灯功能 2 分；近光灯、远光灯评分方法与 2020 版相同，并对高级前照灯评分方法进行了微调，见表 3 – 22。

表 3 – 22 C-IASI 2023 版车辆辅助安全 Headlamp 规程总览

试验场景	评价指标		总分
	C-IASI 2020 版	C-IASI 2023 版	
自动远近光切换	具有自适应远光灯功能得 1.5 分，具有自动远近光灯切换功能得 1 分，否则不得分	具有自适应远光灯功能得 1.5 分，具有自动远近光灯切换功能得 0.5 分，否则不得分，最高得 1.5 分	2
自适应远光灯			
自动前照灯调平系统	具有该功能得 0.5 分，否则不得分	具有该功能得 0.5 分，否则不得分	

资料来源：中国汽研整理。

（4）E-call

2023 版 E-call 得分（满分）调整为 3 分，其中自动触发 2 分、手动触发 1 分；并对自动触发与手动触发的评价指标进行微调，具体要求见表 3 – 23。

表 3-23　C-IASI 2023 版车辆辅助安全 E-call 规程主要变化

触发方式	试验场景	评价指标	满分
自动触发	重复性试验	按照正面 25% 偏置碰撞、正面 50% 偏置碰撞、侧面碰撞试验要求进行碰撞测试，4 次均通过	2
手动触发	重复性试验	3 次试验中至少 2 次通过	1

资料来源：中国汽研整理。

（5）DMS

DMS 为 2023 版车辆辅助安全指数新增测试项目，对车辆 DMS 功能的驾驶员识别能力进行考核。DMS 测试时，基础项目须符合驾驶员注意力监测系统的驾驶员识别能力评价要求，且任一试验人员各测试项目不通过的试验次数须小于其该测试项目总试验次数的 5%；系统评价得分是各测试项目得分的总和。DMS 测试评价的具体要求见表 3-24。

表 3-24　C-IASI 2023 版车辆辅助安全 DMS 规程总览

项目	行为	提示信息条件	评价指标	评分（得分）
基础项目	闭眼	闭眼持续时间≥3s	报警响应时间：达到提示条件后 1.5s 内报警可通过；超过 1.5s 报警不通过	1
	头部姿态异常	头部姿态异常持续时间≥3s		1
	接打手持电话	接打手持电话持续时间≥3s		1
监测项目	打哈欠	打哈欠持续时间≥3s		—
	抽烟	抽烟持续时间≥2s		—

资料来源：中国汽研整理。

（6）整体评价

车辆辅助安全指数 2023 版整体评价，在 2020 版基础上新增优秀＋（G＋）评级，共分为优秀＋（G＋）、优秀（G）、良好（A）、一般（M）和较差（P）五个评价等级。通过计算测试车型综合得分及综合得分率，进行评价等级划分，详见表 3-25。

表 3-25　C-IASI 2023 版车辆辅助安全整体评价规程总览

评价方法	综合得分率≥85%	综合得分率≥75%	65%≤综合得分率＜75%	50%≤综合得分率＜65%	综合得分率＜50%
评价等级	优秀＋（G＋）	优秀（G）	良好（A）	一般（M）	较差（P）

资料来源：中国汽研整理。

综合得分率是由测试车型总得分除以总分（83 分）得到的，并四舍五入后保留一位小数得到，综合得分率 =（AEB C2C 得分 + LSS 得分 + Headlamp 得分+E-call 得分+DMS 得分）/83。其中，测试车型总得分为 AEB C2C、LSS、Headlamp、E-call 得分、DMS 功能得分之和，但不超过分项总分，满分为 83 分。

优秀+（G+）：综合得分率≥85%，E-call 得分≥2 分、DMS 得分≥2 分，且全系标配 AEB C2C、LSS 功能。

优秀（G）：综合得分率≥75%。

良好（A）：65%≤综合得分率<75%。

一般（M）：50%≤综合得分率<65%。

较差（P）：综合得分率<50%。

（二）IVISTA 中国智能汽车指数

1. 体系框架介绍

（1）框架综述

IVISTA 中国智能汽车指数（简称"智能指数"）是中国汽研在中国汽车工业协会和中国汽车工程学会指导下，基于我国第二个国家智能汽车试验示范区，与召回中心国家车辆事故深度调查体系（NAIS）、保险、高校等开展跨领域多元合作，结合中国自然驾驶数据和交通事故数据研究成果，打造的全球首个面向消费者的公平、公正、专业、权威的智能网联汽车第三方测试评价体系。

智能指数自 2016 年启动了智能网联汽车关键测试评价技术与测试装备研究，2018 年发布了首个测评规程，包含 ACC、AEB、LDW、BSD、APS 的测试评价；2020 年对规程进行了升级，在原有基于五大系统的测评规程的基础上升级为智能安全、智能行车、智能泊车、智能交互以及智能能效五大分指数；2022 年发布了 2020 版修订规程，在智能行车分指数中引入导航智能驾驶测评项目，形成 NP 测评规程；2023 年发布的新版规程对测试场景和评价方法进行了挖掘和研究，引入了更多测试场景、目标物以及天气条件，在智能安全分指数引入了被动安全和电气安全，来实现对安全的更全面的评价。

智能指数现已累计对 40 余个品牌的 101 款智能汽车进行测评并发布结果，涵盖消费者关注的 90% 以上热点车型，被 50 余家车企及供应商纳入技术开发标准体系，被 CARHS 纳入全球汽车安全开发标准，拥有已授权的国内外发明专利 50 余项，相关成果荣获中国汽车工业科技进步一等奖、金砖国家工业创新大赛一等奖、中国检验检测学会科技进步一等奖、日内瓦国际发明展金奖。

未来，面向快速发展的汽车智能化、网联化浪潮，智能指数将加强加深行业合作，持续迭代测评规程，创新研究更高等级智能驾驶汽车的测评方法，引领行业技术高质量发展，推动我国汽车企业核心技术和创新能力持续提升。

（2）框架最新变化

2020版智能指数规程的实施时间为2021年4月1日至2024年3月31日，包括智能安全、智能行车、智能泊车、智能交互、智能能效五大分指数，并首次引入"智能星级"评价，由五大分指数评价结果综合评定，最高评级为"5星智能（☆☆☆☆☆）。

最新发布的2023版规程取消了"智能星级"综合评价，于2024年3月31日实施，按智能行车、智能泊车、智能交互、智能安全四大分指数发布车型测评结果，每个分指数的整体评价分为优秀+（G+）、优秀（G）、良好（A）、一般（M）、较差（P）共五个评价等级。智能行车分指数包括对行车辅助和导航智驾的测评；智能泊车分指数包括对泊车辅助和记忆泊车的测评；智能交互包括语音触屏和乘员监测的测评；智能安全包括对辅助安全、被动安全和电气安全的测评，如图3-9和图3-10所示。

图3-9 IVISTA中国智能汽车指数2023版整体框架

图3-10 IVISTA中国智能汽车指数2023版评价变化

不管从企业产品开发、第三方测试还是政府监管的角度，以安全为先的智能网联汽车已经成为行业的共识，也是整个产业健康可持续发展的基础。

已发布2018版、2020版和2020版修订版规程，在行业内率先引入智能行车、智能泊车、导航智能驾驶等测评规程及中国特色测评场景，走在技术发展前沿。2023版IVISTA中国智能汽车指数升级，秉承"安全护航、智慧出行"的目标，"公平、公正、专业、权威"的原则，在保证车辆"安全底线"的基础上表征车辆的智能化水平，旨在更加科学、合理、客观地对智能汽车"安全底线"和"智能化引领"两个维度进行综合测评。

此次升级，智能行车分指数包括行车辅助与导航智驾，智能泊车分指数包括泊车辅助与记忆泊车，智能交互分指数包括语音触屏与乘员监测，智能安全分指数在辅助安全的基础上引入被动安全和电气安全，强化对智能汽车"安全底线"的坚守，智能能效并入其他测评体系。

2. 2023版规程主要变化介绍

智能指数基于对中国道路交通安全的研究、智能汽车技术发展趋势研究以及试验验证，结合2020版规程的测评数据分析，对规程进行了全面升级。

（1）智能行车指数

2023版智能行车指数对测评体系框架和测评内容均进行了优化升级。

从测评体系框架来看，相较于2020版智能行车指数规程和2020版修订版导航智能驾驶系统测评规程，2023版智能行车指数分为行车辅助和导航智驾两个部分。其中行车辅助是面向1级驾驶自动化系统和2级驾驶自动化系统（即L1级和L2级）的测评规程；导航智驾测评规程分为导航智能驾驶系统（高速公路）测评规程（Highway Navigation Pilot，HNP）和导航智能驾驶系统（城市道路）测评规程（City Navigation Pilot，CNP），分别对于搭载导航智驾系统的待测车辆在不同ODD范围内进行测试评价。

从测评内容来看，相较于2020版智能行车指数规程和2020版修订版导航智能驾驶系统测评规程，2023版智能行车指数分别针对行车辅助规程和高速公路导航智能驾驶测评规程进行更新升级，并新增城市导航智能驾驶系统测评相关内容。

对于2023版智能行车指数行车辅助测评规程，升级了目标车静止场景的测试速度点，新增了目标车切出场景、直道入弯（弯道中有静止目标车）场景和限速标志响应场景，删除了前车切入场景，新增了直道入弯场景和换道辅助场景的体验指标，创新性新增中国交通特色柔性目标物——快递三轮车目标物。

对于2023版智能行车指数高速公路导航智能驾驶测评规程，新增了模拟仿真测评内容，其中模拟仿真测试包含基础场景测试和场景泛化测试；优化了封闭场地测试内容，其中包括优化前方乘用车静止场景中目标车的偏置位置，删除了前车静止（直道）场景，新增前方防撞缓冲车静止场景。新增了开放道路测试路线；调整高速公路导航智能驾驶系统评价规程评分分数、加分项/罚分项细则和获得 G＋评级的标准。

新增 2023 版智能行车指数城市导航智能驾驶测评规程，其中包含模拟仿真测评、封闭场地测评和开放道路测评。其中模拟仿真测试包含基础场景测试和场景泛化测试；封闭场地测试主要测评被测车辆在典型场景下的避撞能力，其中包括前方目标车静止（夜间）场景、行人近端横穿遮挡（夜间）场景、踏板车骑行者慢行（雨天）场景、前方皮卡货物散落场景、道路施工窄道通行场景、主车右转—前方目标物静止场景、主车右转—前方 VRU 群近端横穿场景和主车左转—前方 VRU 群远端横穿场景；开放道路测试主要测评被测车辆在城市导航智能驾驶功能激活条件下能否顺利完成不同场景下的驾驶任务，其中包括拥堵走停场景、急弯通行场景、车道减少场景、车道选择场景、路口通行场景、环岛通行场景和掉头通行场景，见表 3 – 26。

表 3 – 26　智能行车指数主要变化内容

智能行车	2020 版规程	2023 版规程	备注
行车辅助	目标车静止场景	目标车静止场景	修订：速度点
	目标车低速场景	目标车低速场景	—
	目标车减速场景	目标车减速场景	—
	直道居中行驶场景	—	删除
	前车切入场景	—	删除
	—	目标车切出场景 – 第二目标车静止场景 目标车切出场景 – 第二目标车慢行场景	新增：目标车切出场景、快递三轮车目标物、切出场景安全评价指标和体验评价指标
	直道驶入弯道场景	直道入弯（弯道中无车）场景 直道入弯（弯道中有车）场景	新增：弯道中有车场景、大半径弯道（$R = 500m$）侧向加速度限值、自车减速度及减速度变化率限值、弯道中有车场景安全评价指标
	换道辅助能力 – 盲区无车换道场景	换道辅助场景 – 盲区无车换道场景	新增：体验评价指标
	换道辅助能力 – 盲区有车换道场景	换道辅助场景 – 盲区有车换道场景	新增：体验评价指标、安全评价指标
	—	限速标志响应场景	新增：测试场景、安全评价指标

（续）

智能行车	2020 版规程	2023 版规程	备注
高速公路导航智驾	模拟仿真测试	模拟仿真测试 – 基础场景测试 模拟仿真测试 – 场景泛化测试	新增基础场景测试和场景泛化测试、仿真置信度评价
	封闭场地测试 – 前车静止（直道）	—	删除
	封闭场地测试 – 前车静止（直道）– 目标车偏置	封闭场地测试 – 前方乘用车静止	修订：自车与车道线的相对位置
	封闭场地测试 – 前车静止（直道）– 目标车斜置	封闭场地测试 – 前方乘用车静止（直道）– 目标车斜置	修订：自车与车道线的相对位置
	封闭场地测试 – 前车静止（弯道）	封闭场地测试 – 前方乘用车静止（弯道）	修订：自车与车道线的相对位置
	封闭场地测试 – 前车切入	封闭场地测试 – 乘用车目标车切入	—
	封闭场地测试 – 前车切出	封闭场地测试 – 乘用车目标车切出	—
	封闭场地测试 – 交通锥避让	封闭场地测试 – 交通锥避让	—
	—	封闭场地测试 – 前方防撞缓冲车静止	新增：防撞缓冲车目标物
	开放道路测试 – 测试路线	开放道路测试 – 测试路线	新增：大足东方向和雍溪方向的测试路线
	总体评价 – 评分规则	总体评价 – 评分规则	修订：获得优秀+(G+)评级的得分率不低于75%
城市道路导航智驾	—	模拟仿真测试 – 基础场景测试 模拟仿真测试 – 场景泛化测试	新增
	—	封闭场地测试 – 前方目标车静止（夜间）场景	新增
	—	封闭场地测试 – 行人近端横穿遮挡（夜间）场景	新增

(续)

智能行车	2020 版规程	2023 版规程	备注
城市道路导航智驾	—	封闭场地测试 – 踏板车骑行者慢行（雨天）场景	新增
	—	封闭场地测试 – 前方皮卡货物散落场景	新增
	—	封闭场地测试 – 道路施工窄道通行场景	新增
	—	封闭场地测试 – 主车右转 – 前方目标物静止场景	新增
	—	封闭场地测试 – 主车右转 – 前方 VRU 群近端横穿场景	新增
	—	封闭场地测试 – 主车左转 – 前方 VRU 群远端横穿场景	新增
	—	开放道路测试 – 拥堵走停场景	新增
	—	开放道路测试 – 急弯通行场景	新增
	—	开放道路测试 – 车道减少场景	新增
	—	开放道路测试 – 车道选择场景	新增
	—	开放道路测试 – 路口通行场景	新增
	—	开放道路测试 – 环岛通行场景	新增
	—	开放道路测试 – 调头通行场景	新增

智能行车指数基于行车辅助和导航智驾进行综合评价，分为优秀+（G+）、优秀（G）、良好（A）、一般（M）、较差（P）共五个等级。对于智能行车优秀+（G+）评价，被测车辆需在行车辅助测评中取得优秀（G）评级后，并且导航智驾测评（包括高速公路导航智能驾驶测评和/或城市导航智能驾驶测评）得分率不低于75%，则获得优秀+（G+）评级，为消费者选车用车提供参考。

（2）智能泊车指数

2023 版智能泊车指数对泊车辅助进行了升级和调整，在对泊车辅助调整升级的基础上，引入了记忆泊车的测评内容，其中泊车辅助为必测项，记忆泊车为选做项，企业可自主申请测试。

泊车辅助的主要变化：泊车能力测评中引入了平行车位成人干扰和垂直车位儿童干扰两个新的行人相关测试场景，在平行车位测试中新增了泊出试验工况，在泊入工况评价指标中新增了"最大纵向加速度绝对值"，调整了双边界平行车位、方柱单边界垂直车位场景、双边界斜向车位的场景设置参数，删除了双边界垂直车位场景和（无边界）标线车位场景；遥控泊车测评在泊入工况评价中新增"揉库次数""偏角""距离路沿距离""是否在目标区域""最大纵向加速度绝对值"五项指标，调整了垂直车位场景的设置，由原来的双边界车位调整为方柱单边界车位，删除了垂直车位直进直出的测试；安全提示审查新增"功能提示"的审查内容，关注功能必要的人机交互提醒内容和方式，并扩充"用户手册"的含义，接受视频、动画、答题等多种功能学习方式。

记忆泊车包含两个测评项目：封闭场地测评和开放停车场测评，评价记忆泊车功能学习建图和泊车应用的能力。

智能泊车指数基于泊车辅助和记忆泊车进行综合评价，分为优秀＋（G＋）、优秀（G）、良好（A）、一般（M）、较差（P）共五个等级。对于智能泊车优秀＋（G＋）评价，需综合考虑车辆在泊车辅助和记忆泊车两个方面的泊车性能（表3–27）。

表3–27 智能泊车指数主要变化内容

2020版规程	2023版规程	主要变化内容
泊车能力测评	泊车能力测评	新增：平行车位成人干扰场景、垂直车位儿童干扰场景、平行车位泊出试验工况、泊入工况评价指标"最大纵向加速度绝对值" 调整：双边界平行车位场景、方柱单边界垂直车位场景、双边界斜向车位场景、单个场景试验次数 删除：双边界垂直车位场景、（无边界）标线车位场景
新功能测评	遥控泊车测评	新增：泊入工况评价指标"揉库次数""偏角""距离路沿距离""是否在目标区域""最大纵向加速度绝对值" 调整：垂直车位场景 删除：垂直车位直进直出测试
用户手册评价	安全提示审查	新增："功能提示"内容 调整："用户手册"含义覆盖范围

（3）智能交互指数

2023版智能交互指数对语音触屏和乘员监测进行了调整。语音触屏分为四个部分：语音交互、触屏交互、终端互联和抬头显示。语音交互部分新增了声源定位测试和噪声屏蔽测试，其中声源定位测试为根据车内不同位置分别测试车辆的语音指令识别能力，噪声屏蔽测试为在典型噪声工况下测试车辆的语音唤醒识别能力。触屏交互部分增加交互安全度测试内容，测试驾驶员在驾驶过程中执行驾驶次任务时的安全性。终端互联部分增加终端互联测评内容，对手机与车机互联进行测试，包括远程控制类、远程显示类及热点互联。抬头显示部分增加抬头显示测评内容，针对抬头显示主流功能进行测试，包括导航显示、车速显示、限速提示以及辅助驾驶状态显示。

乘员监测增加驾驶员状态监测和儿童遗留监测，其中驾驶员状态监测分别为分心监测和疲劳监测，儿童遗留监测为儿童遗留监测报警，见表 3 – 28。

表 3 – 28　智能交互指数主要变化内容

智能交互	2020 版规程	2023 版规程	主要变化内容
语音触屏	语音交互	语音交互	修订：语音交互测评内容 新增：声源定位、噪声屏蔽测评场景
	触屏交互	触屏交互	修订：触屏交互测评内容 删除：部分丰富度评价内容 新增：交互安全度测试场景
	—	终端互联	新增：手机 – 车端互联
	—	抬头显示	新增：抬头显示功能丰富度
乘员监测	—	驾驶员状态监测	新增：驾驶员分心监测、疲劳监测
	—	儿童遗留监测	新增：儿童遗留监测报警

智能交互指数根据语音触屏和乘员监测进行综合评价，分为优秀 +（G +）、优秀（G）、良好（A）、一般（M）、较差（P）共五个等级。

（4）智能安全指数

2023 版智能安全指数对辅助安全进行了升级和调整，在对辅助安全调整升级的基础上，引入了电气安全和被动安全的测评内容，其中辅助安全和电气安全为必测项，被动安全为选做项，企业可自主申请测试。

辅助安全的主要变化：自动紧急制动（AEB）测评中引入了新的目标物类型、碰撞风险类型、天气条件和对 V2X 功能的测评，调整了部分测试场景的速度点、重叠率和光照条件；车道辅助系统（LSS）测评中引入了对紧急车道保持（ELK）的测评，调整了车道偏离报警（LDW）和车道偏离抑制（LDP）的偏离速度和测试次数；侧向辅助系统 SSS 调整了盲区监测（BSD）的速度点，调整了高级辅助功能验证的测评项。

电气安全包含底部碰撞试验，共有三个测评项目：整车刮底、整车托底和整车涉水，适用于动力电池包布置在车辆底部的新能源汽车。

被动安全包含两个测评项目：正面碰撞和侧面碰撞，评价车辆对乘员的保护性能。

智能安全指数基于辅助安全、电气安全和被动安全进行综合评价，分为优秀 +（G +）、优秀（G）、良好（A）、一般（M）、较差（P）共五个等级。对于智能安全优秀 +（G +）评价，需综合考虑车辆在辅助安全、被动安全、电气安全三个方面的安全性能，见表 3 – 29。

表 3-29 智能安全指数主要变化内容

智能安全		2020 版规程		2023 版规程	备注
辅助安全	FCW	目标车静止	FCW	目标车静止	新增：卡车目标物
		目标车低速		目标车低速	修订：速度点
		目标车减速		—	删除
	AEB 车对车	目标车静止	AEB 车对车	乘用车目标车静止	新增：雨天工况 修订：重叠率
				卡车目标车静止	新增：卡车目标物、夜间工况
		目标车低速		乘用车目标车低速	修订：速度点
				快递三轮车目标车低速	新增：快递三轮车目标物
		—		目标车远端穿行	新增
		—		主车左转 - 目标车对向直行场景	新增
		FCW 辅助报警形式		FCW 辅助报警形式	修订：速度点
		主动式安全带预警功能		主动式安全带预警功能	修订：速度点
		紧急转向避撞功能		紧急转向避撞功能	—
		—		V2X 功能评价	新增
	AEB 车对行人	CPLA-25	AEB 车对行人与骑行者	成人纵向追尾 25% 场景（CPLA-25）	新增：雨天工况 修订：速度点
		CPNA-25		成人近端横穿 25% 场景（CPNA-25）	修订：夜间工况
		CPFOA-50		成人远端横穿遮挡 50% 场景（CPFOA-50）	修订：速度点
		CPNSOC-50		儿童近端横穿单侧遮挡 50% 场景（CPNSOC-50）	修订：速度点
		CPNDOC-50		儿童近端横穿双侧遮挡场景（CPNDOC-50）	—
		—		主车左转 - 成人对向直行场景（CPTA-50）	新增
	AEB 车对自行车骑行者	CBLA-50		自行车骑行者纵向追尾 50% 场景（CBLA-50）	—
		CBNA-50		自行车骑行者近端横穿 50% 场景（CBNA-50）	修订：速度点
		—		踏板车骑行者远端横穿 50% 场景（CSFA-50）	新增
		—		主车左转 - 踏板车骑行者对向直行场景（CSFtap-50）	新增

（续）

智能安全	2020 版规程		2023 版规程		备注
辅助安全	—	—	异形目标物识别与响应	异形目标静止工况	新增
	车道辅助 LSS	LDP 直道偏离抑制	车道辅助 LSS	LDP 直道偏离抑制	修订：偏离速度、试验次数
		LDW 直道偏离报警		LDW 直道偏离预警	修订：偏离速度、试验次数
		LDW 弯道偏离报警		LDW 弯道偏离预警	修订：偏离速度、试验次数
		—		ELK 偏离车道线紧急车道保持	新增
		—		ELK 驶向路沿紧急车道保持	新增
	侧向辅助 SSS	BSD 目标车超越主车	侧向辅助 SSS	BSD 乘用车目标车超越主车	修订：速度点、试验次数
		BSD 两轮目标车超越主车		BSD 两轮目标车超越主车	修订：试验次数
		DOW 两轮车目标车超越主车		DOW 两轮车目标车超越主车	修订：试验次数
		RCW 功能		RCW 功能	
		DOW 后排独立报警功能		DOW 后排独立报警功能	
		RTCA 功能		—	删除
被动安全	—	—	被动安全	驾驶员侧正面 25% 偏置碰撞	新增
				乘员侧正面 25% 偏置碰撞	新增
				正面 50% 偏置碰撞	新增
				侧面碰撞	新增
电气安全	—	—	电气安全	底部碰撞（刮底、托底）测评	新增

（三）中国汽车健康指数

1. 体系框架介绍

为应对新形势下人们对车内环境健康的新需求和新要求，探索汽车领域与医疗健康领域的深度结合，加速汽车行业与医疗健康相关行业协同创新发展，中国汽车工程研究院股份有限公司整合汽车行业、医疗行业、通信行业的研究资源,在国际交通医学会指导下,制定的集消费者、汽车企业、国家政策三位一体的第三方评价体系,旨在通过公正、公开、真实的评价数据,建立中国汽车健康新标准。中国汽车健康指数1.0版测评体系框架包括5个板块,有车内挥发性有机化合物(VOC)、车内气味强度(VOI)、电磁辐射(EMR)、车内颗粒物(PM)、车内致敏风险(VAR),涵盖了所有车内环境的污染源和驾乘人员健康威胁,旨在向消费者传递"健康车"和"健康用车"理念,普及车辆健康知识,引导"健康车"消费。

从2024年将启用2023版健康指数测评规程,如图3-11所示为新版健康指数规程,主要包含清新空气、健康防护、绿色出行三大分指数,其中,清新空气分指数中包含车内空气质量和车内颗粒物两个板块;健康防护分指数中包含车内致敏风险、车辆电磁辐射、抗菌防霉三大板块。

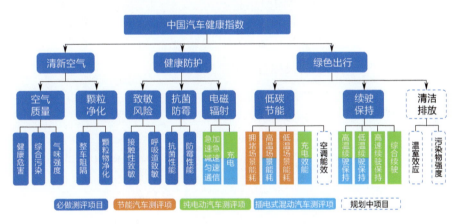

图3-11 2023版健康指数规程框架结构

资料来源:中国汽研整理。

2. 2023版规程主要变化介绍

(1)清新空气分指数

如图3-12所示为清新空气分指数的框架结构,清新空气分指数主要包含车内空气质量和车内颗粒物两个板块,加权总分100分,其中车内空气质量板块总分占比60%,车内颗粒物板块总分占比40%,最终结果进行百分制的星级评价。与健康指数原有1.0版测评规程相比,2023版规

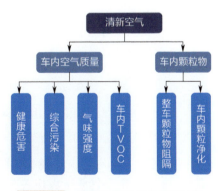

图3-12 清新空气分指数框架结构

资料来源:中国汽研整理。

程在车内空气质量板块中新增常温工况 TVOC 指标、车内颗粒物板块沿用原有版本的规程体系。

1）车内空气质量

车内空气质量板块的试验过程分为五个阶段，试验流程示意图如图 3-13 所示，主要分为以下几个阶段：

第一阶段：常温下对车辆乘员舱内空气进行采样。

第二阶段：常温下对车辆乘员舱内气味强度进行评价。

第三阶段：引入阳光模拟系统，高温下对车辆乘员舱内空气进行采样。

第四阶段：高温下对车辆乘员舱内气味强度进行评价。

第五阶段：关闭阳光模拟系统，进入乘员舱起动发动机，起动空调，高温下对车辆乘员舱内空气进行采样。

以上五个阶段的车内空气采样和车内气味强度评价均在 VOC 测试环境舱内进行。后文中将第一阶段和第二阶段统称为常温阶段，将第三阶段和第四阶段统称为高温阶段，将第五阶段称为通风阶段。

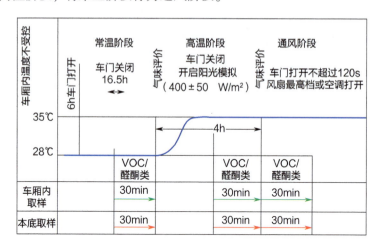

图 3-13 试验流程示意图

资料来源：中国汽研整理。

车内空气质量板块总分由健康危害、综合污染、常温工况车内 TVOC、车内气味四部分得分之和计算得出，如公式（3-1）所示。

$$V = V1 + V2 + V3 + V4 \quad (3-1)$$

式中，V 为车内空气质量板块总分；$V1$ 为健康危害得分；$V2$ 为综合污染得分；$V3$ 为车内气味得分；$V4$ 为常温工况车内 TVOC 得分。

车内空气质量板块的评价维度中健康危害主要测评苯、甲醛健康危害,综合污染主要测评"五苯三醛"对车内环境的综合污染程度;TVOC 主要评价车内空气中 C6～C16 之间所有化合物的浓度。

2) 车内颗粒物

TVOC 浓度指标已广泛用于评估室内空气质量和对建筑材料进行分类。在相关标准中规定,医院、住宅等Ⅰ级民用建筑 TVOC 和装饰材料的 TVOC 浓度限值为 0.5 mg/m³;写字楼和购物中心等Ⅱ类民用建筑 TVOC 浓度限值为 0.6mg/m³。GB/T 18883—2002《室内空气质量标准》规定 TVOC 浓度应低于 0.6mg/m³。

清新空气板块新增常温工况 TVOC,TVOC 是利用 Tenax 等吸附剂采集,并用极性指数小于 10 的气相色谱柱分离,保留时间在正己烷和正十六烷之间的挥发性有机化合物量值的总和。

如图 3-14 所示为 C6、C16 单标的气质图谱,TVOC 包括总离子流图(TIC)中从正己烷到正十六烷之间的所有化合物的量值。计算标准曲线中已鉴定和定量的挥发性有机物浓度(Sid),用甲苯的响应系数计算未鉴定的挥发性有机物中前 25 个最大峰的浓度(Sun),Sid 和 Sun 之和为 TVOC 的浓度,通过该种计算方法更能显示有害污染物对人体的健康风险。计算公式如公式(3-2)所示:

$$C = Sid + Sun \qquad (3-2)$$

式中,Sid 为标准曲线中已鉴定和定量的挥发性有机物浓度;Sun 为用甲苯的响应系数计算未鉴定的挥发性有机物中前 25 个最大峰的浓度。

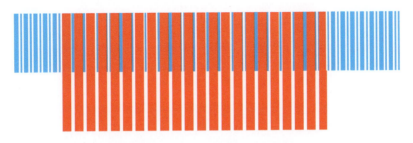

图 3-14 C6、C16 单标的气质图谱

资料来源:中国汽研整理。

TVOC 的评价方式则是参考国内外相关的法规标准采用插值法进行评价,具体评价阶梯如表 3-30 和表 3-31 所示。

表3-30　常温状态下车内TVOC评分标准

TVOC 浓度/(mg/m³)	得分情况
$C_{TVOC} \leq 1$	得权重100%分数
$1 < C_{TVOC} \leq 2$	(100%，90%] 线性插值
$2 < C_{TVOC} \leq 3$	(90%，80%] 线性插值
$3 < C_{TVOC} \leq 4$	(80%，70%] 线性插值
$4 < C_{TVOC} \leq 5$	(70%，60%] 线性插值
$5 < C_{TVOC} \leq 6$	(60%，50%] 线性插值
$C_{TVOC} > 6$	得权重40%分数

资料来源：中国汽研整理。

表3-31　常温状态下车内TVOC评分线性插值表

分值/分	TVOC 浓度区间/(mg/m³)	TVOC 浓度	得分率
10	$1 < C_{TVOC} \leq 2$	1.1	99%
		1.2	98%
		1.3	97%
		…	…
	$2 < C_{TVOC} \leq 3$	2.1	89%
		2.2	88%
		2.3	87%
		…	…
	$3 < C_{TVOC} \leq 4$	3.1	79%
		3.2	78%
		3.3	77%
		…	…
	$4 < C_{TVOC} \leq 5$	4.1	69%
		4.2	68%
		4.3	67%
		…	…
	$5 < C_{TVOC} \leq 6$	5.1	59%
		5.2	58%
		5.3	57%
		…	…

资料来源：中国汽研整理。

依据国内外相关标准将车内空气质量依据TVOC浓度展开相应的级别划分，并对不同浓度区间的受检车辆通过插值法赋以不同的得分权重。

2023版健康指数测评规程中，将原车内颗粒物（PM）板块测评内容纳入了"清新空气"分指数，测评方法沿用《CAHI-SM-PM-2022-车内颗粒物（PM）测试评价规程》，在2023版测评规程结果评价时，"清新空气"分指数总分为100分，车内颗粒物（PM）板块总分占比40%。

（2）健康防护分指数

如图3-15所示为健康防护分指数的框架结构，健康防护分指数主要包含致敏风险、抗菌防霉、电磁辐射三个板块，加权总分100分，其中致敏风险板块总分占比40%，抗菌防霉总分占比30%，电磁辐射总分占比30%，最终结果进行百分制的星级评价。与健康指数原有1.0版测评规程相比，

图3-15 健康防护分指数框架结构

2023版规程中，致敏风险修改了原致敏风险的部分限值，在呼吸致敏板块中新增了空调滤清器的防螨性能测试；抗菌防霉板块为新增板块；电磁辐射保留了原有4个工况，新增了充电工况。

1）致敏风险

致敏风险板块仍然沿用1.0规程中的接触致敏风险和呼吸致敏风险两部分内容。VAR新规程下，测试部位相应发生了变化，调整为：方向盘、扶手箱、座椅、空调滤清器。在皮肤接触性致敏中，检测项目仍然包含了pH值、甲醛、可萃取重金属、多溴联苯和多溴二苯醚、有害染料、多环芳烃、邻苯二甲酸酯7个大项共119种物质。呼吸致敏中，甲醛和二甲苯依然是考察的重点，将空调滤清器的防螨性能加入进来，如图3-16所示。

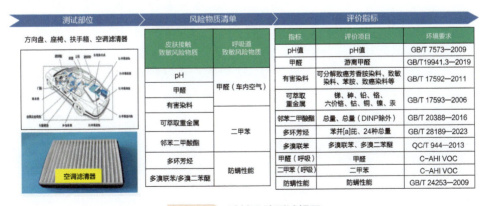

图3-16 致敏风险测试规程

接触性致敏部分对重金属铬的指标进行了微调，从2.0调整为5.0；致敏呼吸版块的二甲苯限值做了同步调整，从0.05调整为0.1，呼吸版块的结果范围以及权重也有细微的变化，如图3-17所示。

皮肤接触致敏风险—评分细则

测试项目	满分	限值	结果范围-分区	权重系数
皮肤接触致敏（pH、甲醛、多溴联苯及多溴二苯醚、可萃取重金属、有害染料、邻苯二甲酸酯、多环芳烃）	270	重金属Cr 2.0→5.0 其余限值参考《车内致敏物测评规程》征求意见稿	≤0.01	1
			>0.01且≤0.1	0.8
			>0.1且≤0.4	0.6
			>0.4且≤0.7	0.3
			>0.7且≤0.9	0.1
			>0.9且≤1	0.01
			>1	0

呼吸道致敏风险—评分细则

测试项目（呼吸道致敏）	满分	限值	结果范围-分区	权重系数
甲醛	15	0.1	≤0.1	1
			>0.1且≤0.2	0.7
			>0.2且≤0.4	0.5
二甲苯	15	0.1	>0.4且≤0.7	0.3
			>0.7且≤0.9	0.1
			>0.9且≤1	0.01
			>1	0

图3-17 致敏风险评分细则

2023版规程全新升级，呼吸致敏版块新增了空调滤清器防螨性能的测试。

致敏规程中适用的标准为《纺织品 防螨性能的评价》（GB/T 24253—2009），采用的驱避率法，试验螨虫为粉尘螨，截取58mm的原片试样3片，进行预处理后，培养螨虫24h，计算驱避率 $Y = (B-T)/B$。

根据摸底车的防螨性能结果分析，结合《纺织品 防螨性能的评价》（GB/T 24253—2009）标准中的评价方案，制定了关于健康指数致敏版块防螨性能的评价标准，见表3-32。

表3-32 健康指数致敏版块防螨性能的评价标准

防螨性能	满分	驱避率（%）	驱避率（%）-分区	权重系数	评价
空调滤清器滤布	100	≥95	≥95	1.0	样品具有极强的防螨效果
		[80, 95)	[90, 95)	0.95	样品具有较强的防螨效果
			[85, 90)	0.90	
			[80, 85)	0.85	
		[60, 80)	[75, 80)	0.75	样品具有防螨效果
			[70, 75)	0.70	
			[65, 70)	0.65	
			[60, 65)	0.60	
		<60	<60	0	样品不具有防螨性能

综合以上内容，2023 年致敏版块新的测评规程中，测试部位为方向盘、座椅、扶手箱、空调滤清器，总分为 400 分，各车型所得总分除以 4 即为该车型在致敏版块的最终得分。

2）抗菌防霉

微生物是一类单细胞或多细胞的微小生物体，常见的微生物有真菌、细菌、病毒等。汽车内饰处在一个相对封闭的座舱环境，内饰材料种类丰富、结构复杂，且车辆内饰清洗频率低，各个角落残留的头发、皮屑、角质碎片、食物残渣等难以完全清洁干净，加上适宜的温湿度环境，为微生物的生存繁殖提供了有利条件。近年来，汽车内饰件抗菌、防霉改性功能性材料应运而生，抗菌材料是一种通过加入抗菌剂起到抗菌作用的新型功能材料，可以分为有机、无机和天然抗菌材料三种类型。

中国汽车健康指数 2023 版"健康防护指数"中，加入了车内抗菌防霉测评内容，测评对象包括座椅表皮、空调滤芯两个部件材料，试验样品将在整车上切割取样。综合汽车行业管控现状，将样品材质分为纺织品、真皮和人造革，其中，人造革包含了 PP、PVC 超纤等非纺织品和真皮的所有材质。在抗菌性能测试方面，纺织品材质的样品按照 GB/T 20944.3—2008《纺织品抗菌性能的评价 第 3 部分：振荡法》进行检验，真皮、人造革材质的样品按照 QB/T 4341—2012《抗菌聚氨酯合成革—抗菌性能试验方法和抗菌效果》进行检验。菌种均采用金黄色葡萄球菌、大肠杆菌、白色念珠菌。在防霉性能测试方面，纺织品材质的样品按照 GB/T 24346—2009《纺织品 防霉性能的评价》进行检验。试验菌种采用黑曲霉、球毛壳、绳状青霉、绿色木霉。真皮材质的样品按照 QB/T 4199—2011《皮革 防霉性能测试方法》进行检验。菌种采用黄曲霉、黑曲霉、大毛霉、产黄青霉、桔灰青霉、变幻青霉、马氏拟青霉、绿色木霉。人造革材质的样品按照 QB/T 4341—2012《抗菌聚氨酯合成革—抗菌性能试验方法和抗菌效果》进行检验。菌种采用黑曲霉、土曲霉、宛氏拟青霉、绳状青霉、出芽短梗霉、球毛壳。

抗菌性能方面，分别定量接种金黄色葡萄球菌、大肠杆菌、白色念珠菌于试验样品和对照样品上，经过（24±1）h 培养后，测得两组样品中存活菌数，对比并计算出样品的抗菌率或抑菌率。

①纺织品用金黄色葡萄球菌、大肠杆菌、白色念珠菌抑菌率表征。

$$Y = \frac{W_t - Q_t}{W_t} \times 100\% \quad (3-3)$$

式中，Y 为试样的抑菌率；W_t 为 3 个对照样 18h 振荡接触后烧瓶内的活菌浓度的平均值（CFU/mL）；Q_t 为 3 个抗菌织物（或 3 个未抗菌处理织物）试样 18h 振荡接触后烧瓶内的活菌浓度的平均值。

②真皮、人造革使用金黄色葡萄球菌、大肠杆菌、白色念珠菌的抗菌率表征。

$$R = \frac{B-A}{B} \times 100\% \qquad (3-4)$$

式中，R 为抗菌率；B 为空白样平均回收菌数（CFU/片）；A 为抗菌试验样平均回收菌数（CFU/片）。

抗菌性能的评价方式参考国内外相关的法规标准采用梯度法进行评价，具体评价如表 3-33 所示。

表 3-33　汽车内饰件抗菌性能评分标准

抑菌率（X）	权重系数
$X \geq 99\%$	1.0
$95\% \leq X < 99\%$	0.9
$90\% \leq X < 95\%$	0.8
$80\% \leq X < 90\%$	0.7
$70\% \leq X < 80\%$	0.6
$X < 70\%$	0.5

防霉性能结果表征：

将一定量的孢子悬液喷在纺织品、真皮、人造革等材质试样和培养基上，通过直接观察长霉程度来评价材料的防霉性能，若两个平行样品的等级之差超过 1 级，则试验无效，重新测试。防霉性能的评价方式参考国内外相关的法规标准采用梯度法进行评价，具体评价如表 3-34 所示。

表 3-34　汽车内饰件抗菌性能评分标准

长霉情况	防霉等级	权重系数
在显微镜下无明显长霉	0	1.0
霉菌生长稀少或局部生长，在样品表面的覆盖面积小于10%	1	0.9
霉菌在样品表面的覆盖面积小于30%（10%~30%）	2	0.8
霉菌在样品表面的覆盖面积小于60%（30%~60%）	3	0.6
霉菌在样品表面的覆盖面积达到或超过60%	4	0.5

3）电磁辐射

2023 版车辆电磁辐射（EMR）测试评价规程在原有四大工况（匀速行驶工况、急加速行驶工况、急减速行驶工况、通信工况）基础上增加充电工况。

充电工况的工况描述：车辆静止，Off 状态，充电时电池 SOC 大于 20% 小于 80%（优先选用直流快充模式）。

充电工况测试频段为 10Hz～30MHz 磁场。

充电区域测试点位为：充电口中心水平及垂直线上，测量探头紧贴充电枪上下左右四个点位（9、10、11、12），点位 13 充电线距充电口 0.5m 位置，充电线缆垂直悬挂部分距车体 100～300mm，如图 3-18 所示。

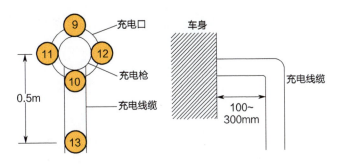

图 3-18 充电区域测试点位示意图

充电工况所对应的评价指标为充电磁场辐射指标（GMRI）。该指标满分 5 分，实行扣分机制。2023 版"中国汽车健康指数—EMR 部分"总分（S）由匀速磁场辐射指标（CMRI）、急加速磁场辐射指标（AMRI）、急减速磁场辐射指标（DMRI）及通信电场辐射指标（CERI）得分之和再减去充电磁场辐射指标（GMRI）的扣分得到（表 3-35），如式（3-5）所示：

$$S = S_{CMRI} + S_{AMRI} + S_{DMRI} + S_{CERI} + S_{GMRI} - 5 \qquad (3-5)$$

表 3-35 EM 具体评分标准、层级和权重分配情况表

指标	满分分值	工况层分配	区域层分配		单点层评分标准
匀速磁场辐射指标	65 分	每个测试区域均匀分配权重	主驾驶位	前排乘员及左右乘员位	以 GB 8702—2014 为参考基准 -100 分，值≥基准值 200%； 0 分，基准值 100%≤值＜基准值 200%； 20 分，基准值 50%≤值＜基准值 100%； 50 分，基准值 10%≤值＜基准值 50%； 100 分，值＜基准值 10%
急加速磁场辐射指标	10 分		头部、胸部、裆部各占 25%	头部、胸部、裆部各占 30%	
急减速磁场辐射指标	5 分				
通信电场辐射指标	20 分		脚部、中控区域各点各占 5%	脚部各点各占 5%	
充电磁场辐射指标	5 分（扣分项）		充电区域 5 个测试点位分别 20%		

(3) 绿色出行分指数

如图 3-19 所示为绿色出行分指数的框架结构,绿色出行分指数包括低碳节能和续驶保持两个板块,将清洁排放纳入后续预研中。根据能源动力不同,传统燃油乘用车侧重考察低碳节能性能,评价项包括常温、高温、低温和拥堵能耗;混合动力(含增程)乘用车除了能耗板块,评价项还包括高低温续驶保持;纯电动乘用车侧重考察

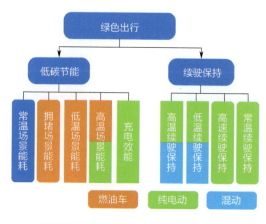

图 3-19 绿色出行分指数框架结构

续驶保持能力,此外,将充电效能与常温 WLTC 能耗纳入评价中。与健康指数原有 2.0 版测评规程相比,绿色出行分指数为 2023 版规程新增项,重点考察汽车的能耗、能效和续驶里程,进一步提升车辆环境健康的水平,为用户购车、用车提供参考。

1) 在燃油乘用车板块,下设 4 个考察指标,分别为拥堵、高温、低温和常温能耗。针对消费者关注的城市市区上下班通勤场景,引入由全球统一的轻型车测试循环(WLTC)的低速段、低速段、中速段、低速段,四部分依次组成模拟拥堵工况,考察车辆在早晚高峰堵车情况下的节能性能。高温、低温能耗分别针对消费者关注的夏季高温开制冷空调和冬季低温开启暖风装置时车辆节能情况。常温能耗引用该车型在中国汽车能源消耗量查询系统申报值,不单独进行测试。高温场景环境舱温度设置为(35±23)℃,充分考虑了夏季炎热的气温,车辆在试验前将在开启光照(太阳辐照强度:1 000W/m²)的条件下进行充分浸车,模拟夏天车辆停放在户外的过程,以更真实反映汽车空调的性能,试验过程中设置空调温度,使车内温度保持在 23~25℃,满足驾乘人员的舒适性。低温场景环境舱温度设置为(-7±3)℃,试验前进行浸车 12h,模拟寒冷的冬季夜间停车。

2) 在插混(含增程)乘用车板块,分别考察常温电量消耗量(CD 模式)、常温燃料消耗量(CS 模式)、高温空调油耗增加率(CS 模式)、高温和低温等效全电里程(EAER)衰减率(CD 模式)。常温电量消耗量(CD 模式)和燃料消耗量(CS 模式)引用该车型在中国汽车能源消耗量查询系统申报值,不进行测试,考察插混车型常温下的节能性能。参照《轻型混合动力电动汽车能量

消耗量试验方法》(GB/T 19753—2021)的测试方法,在低温(-7±3)℃和高温(35±2)℃条件下,测试 EAER,利用不同环境下的 EAER 衰减率,评价插混(含增程)的纯电行驶能力的耐环境性能、热管理、能量管理能力。参照 GB/T 19233—2020 的测试方法,在高温(35±2)℃条件下,测试电量消耗模式情况下的空调开时的燃料消耗量,经过重复性检验,计算空调油耗增加率,解决目前国标无混动车型空调油耗评价问题。

3)在纯电动乘用车板块,重点考察车辆的续驶保持能力,对于很多新能源车型来说,续驶达成率测试可以说是这一类车型被消费者最为关注的方面之一。根据车身长度不同分为纯电动常规车(车身长度≥4m)和纯电动微型车(车身长度小于4m)。纯电动常规车包含常温、高温、低温 WLTC 和等速 120km/h 的 4 个续驶测试场景,以及百公里充电时间和常温 WLTC 工况的百公里电耗。主要考察不同环境温度下和高速场景纯电动车型的续驶保持能力,竭力解决用户的里程焦虑,百公里充电时间为模拟车辆快速补电能力,消除消费者的补能焦虑。纯电动微型车测评项目包括常温、高温、低温 WLTC 续驶里程衰减率,以及常温 WLTC 工况的百公里电耗。

未来,健康指数将继续推进低碳绿色健康发展,希望通过公开、科学的绿色健康汽车评价,能够为消费者在选择和购买绿色健康汽车时提供参考和借鉴,为消费者绿色出行提供支撑。

参考文献

[1] 中国保险汽车安全指数测试评价规程(2023版)[R]. 重庆:中国汽车工程研究院股份有限公司,2023.

[2] 中国智能汽车测试评价规程(2023版)[R]. 重庆:中国汽车工程研究院股份有限公司,2023.

[3] 中国汽车健康指数测试评价规程(2023版)[R]. 重庆:中国汽车工程研究院股份有限公司,2023.

第4章 中国汽车指数研究发现

汪俊　唐宇　李琦　王鹏

摘要：本报告对 C-IASI 中国保险汽车安全指数、IVISTA 中国智能汽车指数、C-AHI 中国汽车健康指数的 2021—2023 年测评车型测评结果进行了深入分析和解读，为整车企业汽车综合性能开发和汽车安全、智能、健康等领域技术进步提供重要参考。

关键词：中国汽车指数，测评结果，研究发现

一、汽车安全篇

（一）测评车型

中国保险汽车安全指数于 2017 年 7 月发布 2017 版测评规程，2018 年开始实施测评，并于 2021 年 2 月发布 2020 版测评规程，2021 年 3 月正式实施。截至目前，累计完成 149 款测试车型结果发布，其中 2021—2023 年按 2020 版测评规程开展试验，参与测评车型为 75 款，测试车型概览如图 4-1 和图 4-2 所示。

2021—2023 年测试车型中，包含轿车 24 款（占比 32%）、SUV 46 款（占比 61%）、MPV 3 款（占比 4%）、皮卡 2 款（占比 3%），如图 4-3 所示。

测试车型国别分布方面，涵盖自主（占比 41.0%）、日系（占比 25.0%）、德系（占比 15.0%）、美系（占比 14.0%）、韩系（4.0%）、法系（1.0%）等，如图 4-4 所示。

图 4-1　C-IASI 2021—2023 年测评车型概览 -1

第 4 章　中国汽车指数研究发现

图 4-2　C-IASI 2021—2023 年测评车型概览-2
资料来源：中国汽研整理。

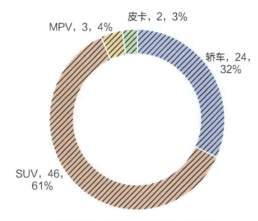

图 4-3　C-IASI 2021—2023 年测试车辆类型分布
资料来源：中国汽研整理。

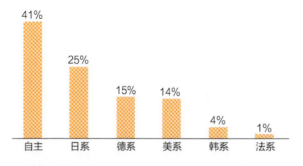

图 4-4　C-IASI 2021—2023 年测试车型国别分布
资料来源：中国汽研整理。

079

75 款测试车型中新能源车型 30 款,占比 40.0%;测试车型的平均整备质量为 1 829kg,如图 4-5 所示。

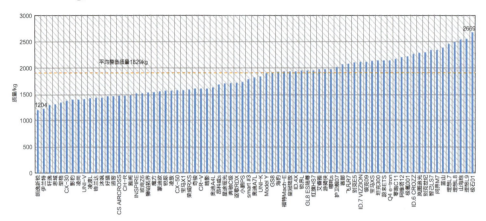

图 4-5 C-IASI 2021—2023 年测试车型整备质量统计

资料来源:中国汽研整理。

测试车型价格区间为 10 万~60 万元,平均价格约为 22.91 万元,其中,10 万~20 万元车型 38 款,20 万~30 万元车型 21 款,30 万~40 万元车型 12 款,40 万元以上车型 4 款,如图 4-6 所示。

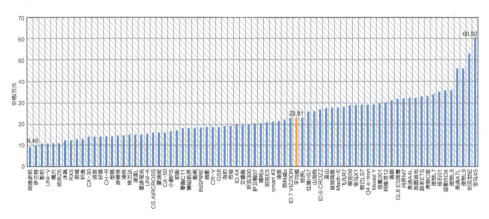

图 4-6 C-IASI 2021—2023 年测试车型价格区间分布

资料来源:中国汽研整理。

2021—2023 年 75 款测试车型中,正面安全气囊、前排侧气囊、侧气帘配置率均已达 100%,膝部气囊配置率为 25%、后排侧气囊配置率为 19%、前排中间气囊配置率为 5%,如图 4-7 所示。

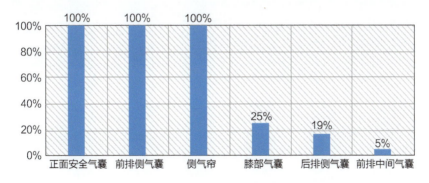

图4-7 C-IASI 2021—2023年测试车型气囊配置统计

资料来源：中国汽研整理。

2021—2023年75款测试车型中，74款车型搭载了AEB/LSS配置，搭载率为98.7%；其中46款全系标配AEB/LSS，标配率为61.3%，如图4-8所示。

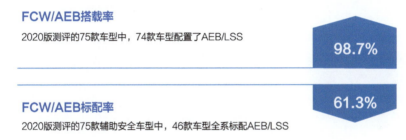

图4-8 C-IASI 2021—2023年测试车型主动安全配置统计

资料来源：中国汽研整理。

（二）测评成绩

中国保险汽车安全指数2021—2023年测评结果概况如下：

在耐撞性与维修经济性指数方面，测试车型获得良好及以上评级的比例约22%；在车内乘员安全指数、车外行人安全指数方面，测试车型获得良好及以上评级的比例均已达100%；在车辆辅助安全指数方面，测试车型获得良好及以上评价的比例达99%，如图4-9所示。

1. 耐撞性与维修经济性指数

有2款车型评价优秀（G），有14款车型评价良好（A），36款车型评价一般（M），其余23款车型获得较差（P）评价，优秀率仅为3%。

2021—2023年低速碰撞测试车型的结构耐撞性得分方面，41%的车型获得优秀的成绩，87%的车型获得一般及以上的成绩，如图4-10所示。

图4-9 C-IASI 2021—2023年各分指数测评结果分布

资料来源：中国汽研整理。

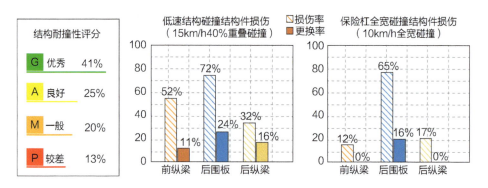

图4-10 C-IASI 2021—2023年测试车型结构耐撞性

资料来源：中保研整理。

2021—2023年低速碰撞测试车型中，68%的车型可维修性可以获得一般及以上的成绩，获得优秀的车型占比较少。测试车辆可维修性扣分主要来源于前机盖、前照灯、前翼子板、行李舱盖、散热器等高价值配件的损失，如图4-11所示。

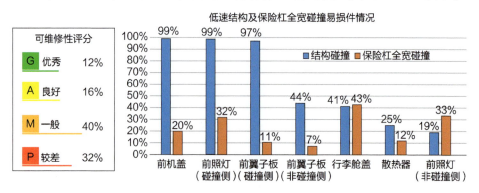

图4-11 C-IASI 2021—2023年测试车型可维修性

资料来源：中保研整理。

2021—2023年低速碰撞测试车型中，有79%的车型获得一般及以上的成绩。正面碰撞维修比值明显高于整车追尾碰撞维修比值，平均正面碰撞损失几乎是追尾碰撞损失的四倍，如图4-12所示。

图4-12　C-IASI 2021—2023年测试车型维修经济性

资料来源：中保研整理。

2021—2023年75款低速碰撞测试车型，碰撞兼容性中有超过89%的车型获得一般及以上的成绩。前部碰撞兼容性评分整体优于追尾碰撞兼容性，如图4-13所示。

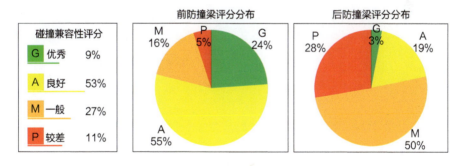

图4-13　C-IASI 2021—2023年测试车型前后防撞梁碰撞兼容性

资料来源：中保研整理。

2. 车内乘员安全指数

车内乘员安全指数方面，有70款车型评价优秀（G），5款车型评价良好（A），车内乘员整体结果优秀率占比为93%，如图4-14所示。

车内乘员安全指数包含驾驶员侧小偏、侧面碰撞、车顶强度、座椅/头枕四个项目。2021—2023年75款测评车型各项目评级分布，如图4-15所示。

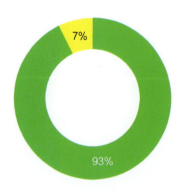

图 4-14 C-IASI 2021—2023 年测评车内乘员整体评价结果

资料来源：中国汽研整理。

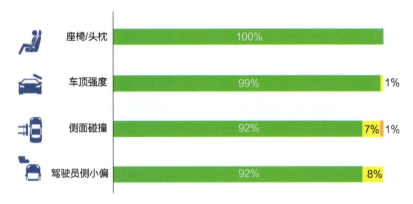

图 4-15 C-IASI 2021—2023 年测评车型车内乘员结果分布

资料来源：中国汽研整理。

正面 25% 偏置碰撞工况中，69 款车型评价优秀（G），6 款车型评价良好（A），获得良好及以上评价的车型占比 100%。侧面碰撞工况中，69 款车型评价优秀（G），5 款车型评价良好（A），获得良好及以上评价的车型占比 99%。顶压工况中，74 款车型评价优秀（G），1 款车型评价良好（A），获得良好及以上评价的车型占比 100%。座椅/头枕工况中，40 款车型全部评价优秀（G），占比 100%。

正面 25% 偏置碰撞的车辆结构强度评级提升明显，乘员舱侵入量整体水平较好，平均值均在优秀阈值范围内，如图 4-16 所示。

侧面碰撞工况方面，69 款车型评价优秀（G），5 款车型评价良好（A），获得良好及以上评价的车型占比 99%。

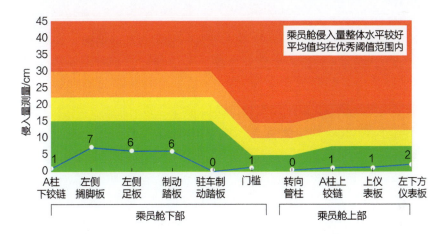

图4-16　C-IASI 2021—2023年测评车型结构侵入量

资料来源：中国汽研整理。

车辆结构评价获得优秀（G）的车型比例为95%；驾驶员头部保护评价获得优秀（G）的车型比例为93%；驾驶员躯干评价获得优秀（G）的比例为81%；后排乘员头部保护评价获得优秀（G）的比例为97%；后排乘员骨盆/腿部评价获得优秀（G）的比例为97%，如图4-17所示。

图4-17　C-IASI 2021—2023年测评车型侧面碰撞各项评价优秀率

资料来源：中国汽研整理。

侧面碰撞头部运动保护评价分项中，2021—2023年测评的75款车型均配置侧气帘，另外，6款车型的驾驶员/后排乘员头部运动保护存在不足。驾驶员头部运动保护中70款车型驾驶员头部运动保护评级为优秀，优秀率占比93%，

2款车型驾驶员头部运动保护评级为良好，3款车型驾驶员头部运动保护评价为一般；后排乘员头部运动保护中73款车型后排乘员头部运动保护评级为优秀，优秀率占比97%，剩余2款车型后排乘员头部运动保护评级分别为良好和一般。

车辆结构评价显示，B柱与驾驶员座椅中线之间的距离平均值为22.1cm，其中大于等于12.5cm判定为优秀。其中73款车型获得了优秀评价，占比97%，如图4-18所示。

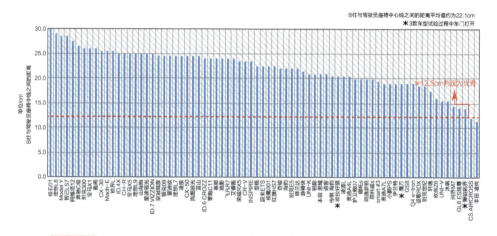

图4-18　C-IASI 2021—2023年测评车型B柱与驾驶员座椅中线之间的距离

资料来源：中国汽研整理。

假人伤害评价显示，驾驶员头颈部优秀率为100%，后排乘员头颈部优秀率为99%，说明侧气帘对前后排乘员起到了很好的保护作用；上部躯干优秀率相差较大，驾驶员优秀率为81%，后排乘员优秀率已高达100%；在骨盆/腿部评价方面，驾驶员、后排乘员的优秀率均达到90%以上，如图4-19所示。

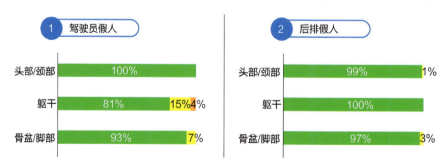

图4-19　C-IASI 2021—2023年测评车型侧面碰撞假人伤害

资料来源：中国汽研整理。

车顶强度工况中，74款车型评价优秀（G），1款车型评价良好（A），获得优秀评价的车型占比99%。在座椅/头枕（挥鞭伤）工况中，75款车型评价均为优秀（G），获得优秀评价的车型占比达100%。75款车型中有30款车型峰值载荷超过100 000N，如图4－20所示。

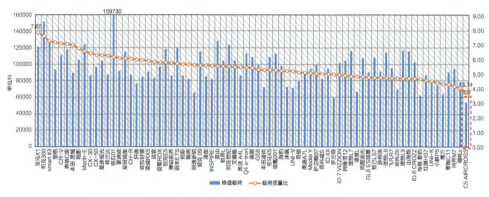

图4－20　C-IASI 2021—2023年测评车型车顶强度峰值载荷

资料来源：中国汽研整理。

3. 车外行人安全指数

车外行人安全指数方面，75款车型中有69款车型评价优秀（G），6款车型评价良好（A），优秀率为92%，行人保护平均得分率为74%，如图4－21和图4－22所示。

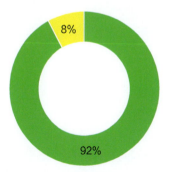

图4－21　C-IASI 2021—2023年测评结果车外行人安全测评表现

4. 车辆辅助安全指数

车辆辅助安全方面，74款搭载FCW/AEB的测评型中，70款车型评价优秀（G），3款车型评价良好（A），1款车型评价一般（M），优秀率为95%，如图4－23所示。

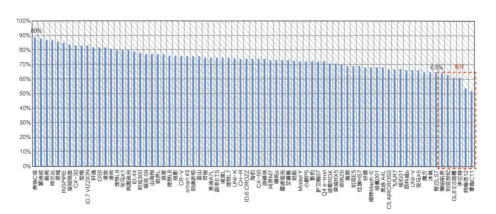

图4-22 C-IASI 2021—2023年测评车型行人保护得分率

资料来源：中国汽研整理。

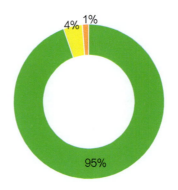

图4-23 C-IASI 2021—2023年测评结果车辆辅助安全测评表现

资料来源：中国汽研整理。

报告发现，74款测试车型中，ADAS传感器采用"摄像头+毫米波雷达"融合解决方案为59款，占比80%，采用"单目摄像头"为13款，占比17%，如图4-24所示。

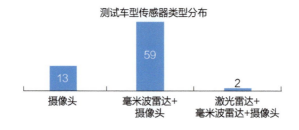

图4-24 C-IASI 2021—2023年测试车型传感器类型分布

资料来源：中国汽研整理。

2021—2023 年 74 款车型的车辆辅助安全平均得分率为 89.1%，得分率 90% 以上的有 37 款车型，占比 50%，如图 4-25 所示。

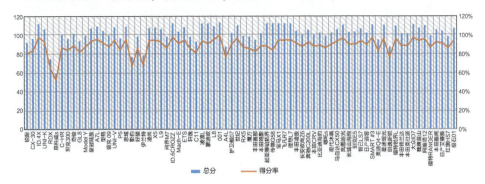

图 4-25　C-IASI 2021—2023 年测评车型车辆辅助安全得分率

资料来源：中国汽研整理。

74 款测试车型的 AEB C2C 平均得分为 19.7，整体表现相对较好；FCW、AEB 满分率均超过 70%，高级辅助功能测试得分率 59%。其中，FCW 得分（满分 3 分）有 54 款车型获得满分，平均得分为 2.6；AEB 得分（满分 16 分）有 67 款车型获得满分，平均得分为 15.8；高级辅助功能得分（满分 3 分）有 44 款车型获得 1 分及以上，如图 4-26 所示。

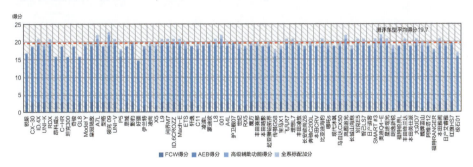

图 4-26　C-IASI 2021—2023 年测评车型 AEB C2C 得分

资料来源：中国汽研整理。

74 款测试车型的 AEB VRU 平均得分为 51.1，整体表现相对较好，其中 28 款车型获得满分 56 分，满分率 37.8%，占比较低。其中，AEB 行人得分（满分 40 分）有 25 款车型获得满分，平均得分为 35.6；AEB 自行车骑行者得分（满分 14 分）有 44 款车型获得满分，平均得分为 12.6；FCW 自行车骑行者功能得分（满分 2 分）有 69 款获得满分，平均得分 1.9，如图 4-27 所示。

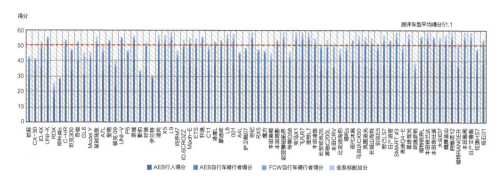

图4-27　C-IASI 2021—2023年测评车型AEB VRU得分

资料来源：中国汽研整理。

74款测试车型的AEB LSS平均得分为13.5，其中62款车型获得满分14分，满分率占比84%，整体表现优异。其中，LDP直道偏离抑制得分（满分8分）有69款车型获得满分，平均得分为7.6；LDW直道偏离报警得分（满分4分）有73款车型均获得满分；LDW弯道偏离报警得分（满分2分）有63款获得满分，如图4-28所示。

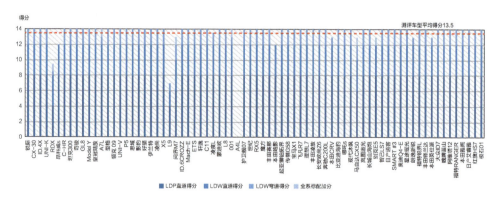

图4-28　C-IASI 2021—2023年测评车型LSS得分

资料来源：中国汽研整理。

74款测试车型的前照灯平均得分为16.6，其中2款车型获得满分22分，满分率仅3%，占比较低。其中，近光灯得分（满分15分）有22款车型获得满分，平均得分为13.12；远光灯得分（满分5分）仅5款车型获得满分，平均得分为2.24；高级前照灯功能得分（满分2分）12款获得满分，如图4-29所示。

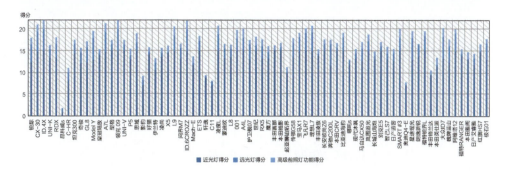

图 4-29　C-IASI 2021—2023 年测评车型 Headlamp 得分

资料来源：中国汽研整理。

75 款车型中有 58 款车型配备 E-call 紧急救援服务系统，其中有 7 款车型仅高配车型配备，标配率较低。

51 款标配 E-call 车型中获得满分车型有 37 款，12 款车型得 1 分，2 款车型得 0 分，满分率 72.5%，如图 4-30 所示。

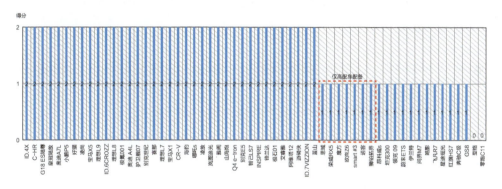

图 4-30　C-IASI 2021—2023 年测评车型 E-call 得分

资料来源：中国汽研整理。

（三）测评发现

耐撞性与维修经济性指数推动车辆低速碰撞约束系统误起爆率下降明显。测评结果显示，低速碰撞约束系统误起爆率由 2018 年的 30%，降低到 2023 年的 11%（图 4-31），迅速趋近于国外同类研究机构试验车型约束系统起爆率（<5%）水平。根据安全指数前期测评统计，仅低速约束系统误起爆一项，便可造成维修成本提升近万元，安全指数引导生产企业优化设计，降低约束系统误起爆率的同时，也将帮助消费者降低用车成本，为商业车险综合改革的顺利推进创造有利条件。

图 4-31　C-IASI 历年测试车型低速气囊误起爆率统计

资料来源：中保研整理。

测评结果显示，碰撞兼容性评分逐年向好，前防撞梁兼容性良好及以上占比由 58% 提升至 89%；后防撞梁兼容性良好及以上占比由 25% 提升至 29%，如图 4-32 所示。

图 4-32　C-IASI 历年测试车型低速纵梁维修情况统计

资料来源：中保研整理。

车内乘员安全指数全优车型占比逐年增加，2023 年测评全优车型占比达 97%，如图 4-33 所示。

图 4-33　C-IASI 历年测试车型车内乘员安全表现

资料来源：中国汽研整理。

测试车型行人保护方面，表现稳定。车外行人安全测评表现整体较好，2020版测评良好及以上车型占比连续3年达100%，如图4-34所示。

图4-34　C-IASI 历年测试车型车外行人安全表现

资料来源：中国汽研整理。

测评车型安全气囊配置率稳步提升。测评车型前排侧气囊、侧气帘配置率已连续三年达100%，2022年首次出现了测试车型配置前排中间气囊，且有增长的趋势，如图4-35和图4-36所示。

图4-35　C-IASI 历年测试车型侧气帘配置率统计

图4-36　C-IASI 历年测试车型安全气囊配置率统计

资料来源：中国汽研整理。

测试车型 AEB 搭载率保持较高水平，标配率仍有较大提升空间。2020 版测试车型 AEB 搭载率 99%，标配率 61%；毫米波雷达+摄像头的融合解决方案已被车企广泛采用，如图 4-37 所示。

图 4-37　C-IASI 历年测试车型 AEB 标配率统计

资料来源：中国汽研整理。

新能源汽车测评车型的安全性表现突出。新能源汽车测评车型在车内乘员、车外行人、车辆辅助获得良好及以上比例均达 100%，表现亮眼；在耐撞性与维修经济性上获得良好及以上比例仅 25%，仍有较大提升空间，如图 4-38 所示。

图 4-38　C-IASI 历年测试新能源车型表现

资料来源：中国汽研整理。

二、汽车智能篇

（一）测评车型

1. IVISTA 2020 版规程测评车型

IVISTA 中国汽车智能指数（2020 版）从 2021 年 4 月 1 日开始实施，至

2023 年 7 月累计测评了 24 款车型。自主品牌和合资/外资品牌分别有 12 款，均占 50%。

全部 24 款车型全部搭载 L2 级自动驾驶功能。

电动、燃油、混合动力、增程式车型分别有 11 款、9 款、3 款、1 款，分别占全部 24 款车型的比例为 46%、38%、12%、4%，如图 4-39 所示。

15 万元以下、15 万~25 万元、25 万~35 万元、35 万~45 万元价格区间的车型分别有 5、10、6、3 款，分别占全部 24 款车型的比例为 21%、42%、25%、12%，如图 4-40 所示。

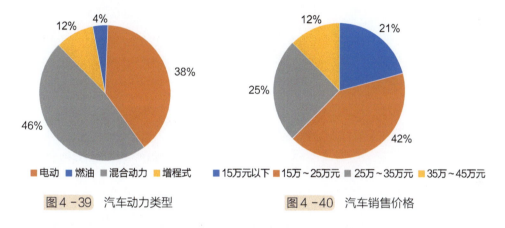

图 4-39　汽车动力类型　　　　图 4-40　汽车销售价格

2020 版规程测评 24 款测评车型统计信息如表 4-1 所示。

表 4-1　2020 版规程测评车型统计信息表

品牌	车型	国别	动力类型	智能驾驶级别	指导价/万元	年款	车型种类
吉利	星瑞	自主	燃油	L2	14.97	2021 款 旗舰型	轿车
小鹏	P7	自主	电动	L2	27.09	2020 款后驱长续航智享版	轿车
现代	途胜 L	韩系	燃油	L2	20.18	2021 款 1.5T TOP 旗舰型	SUV
魏牌	摩卡	自主	混合动力	L2	23.18	2021 款 2.0T 两驱特酿版	SUV
捷豹	XEL	欧系	燃油	L2	38.08	2021 款 2.0T 250PS R-DYNAMIC HSE 豪华运动版	轿车

（续）

品牌	车型	国别	动力类型	智能驾驶级别	指导价/万元	年款	车型种类
沃尔沃	XC40 新能源	欧系	电动	L2	31.5	2022 款 P8 纯电四驱智雅运动版	SUV
斯巴鲁	傲虎	日系	燃油	L2	33.08	2021 款 2.5i 旗舰版 EyeSight	SUV
坦克	300	自主	燃油	L2	23	2021 款 城市版 2.0T 必须型	SUV
宝马	iX3	德系	电动	L2	35.5	2022 款 领先型	SUV
本田	思域	日系	燃油	L2	16.39	2022 款 240TURBO CVT 燃擎版	轿车
北京现代	伊兰特	韩系	燃油	L2	13.38	2022 款 1.5L 旗舰版	轿车
东风日产	奇骏	日系	混合动力	L2	26.29	2021 款 VC-Turbo 300 CVT 4WD 至尊版	SUV
传祺	影豹	自主	燃油	L2	12.8	2021 款 270T J16	轿车
长安	UNI–V	自主	燃油	L2	13.19	2022 款 1.5T 智慧领航型	轿车
福特	领睿	美系	燃油	L2	16.55	2022 款改款 EcoBoost170 尊领型 PLUS	SUV
小鹏	P5	自主	电动	L2	21.19	2021 款 550E	轿车
理想	L9	自主	增程式	L2	45.98	2022 款 Max	SUV
比亚迪	护卫舰 07	自主	混合动力	L2	28.98	2023 款 175KM 四驱旗舰型	SUV
哪吒	V	自主	电动	L2	8.99	2022 款 潮 400	轿车
极狐	阿尔法 S	自主	电动	L2	35.03	2022 款 HI 版高阶版	轿车
零跑	C11	自主	电动	L2	23.58	2021 款 性能版	SUV

(续)

品牌	车型	国别	动力类型	智能驾驶级别	指导价/万元	年款	车型种类
大众	凌渡 L	德系	燃油	L2	19.09	2022 款 280TSI DSG 超辣旗舰版	轿车
玛斯丹	Mach-E	美系	电动	L2	24.99	2021 款跃世后驱版（标准续航）	SUV
本田	e：NP1 极湃 1	日系	电动	L2	21.8	2023 款 510km 绽极版	轿车

2. 导航智能驾驶测评车型

IVISTA 中国汽车智能指数（2020 修订版）导航智能驾驶测评（高速公路）从 2022 年 7 月 1 日开始实施，至 2023 年 9 月累计测评了 4 款车型。自主品牌有 3 款，分别是极狐 阿尔法 S、吉利 博越 L、理想 L9，外资品牌有特斯拉 MODEL Y。

导航智能驾驶 4 款测评车型统计信息如表 4-2 所示。

表 4-2 导航智能驾驶测评车型统计表

车辆信息							车型种类
品牌	车型	国别	动力类型	智能驾驶级别	指导价/万元	智能行车	
极狐	阿尔法 S	自主品牌	电动	L2	35.03	2022 款 HI 版高阶版	轿车
特斯拉	MODEL Y	美系	电动	L2	26.39	2022 款后轮驱动版	轿车
理想	L9	自主品牌	增程式	L2	45.98	2022 款 MAX	SUV
吉利	博越 L	自主品牌	燃油	L2	15.37	2022 款 2.0TD DCT 旗舰型	SUV

（二）测评成绩

2020 版规程所测评的 24 款车型中获得 5 星评价的智能汽车有 12 辆，占比 50.00%；4 星评价的智能汽车有 7 辆，占比 29.17%；3 星评价的智能汽车有 2 辆，占比 8.33%；2 星评价的智能汽车有 3 辆，占比 12.50%，如图 4-41 所示。

分析各分指数智能测评成绩为 G 的比例变化，2021—2023 年的智能行车和智能安全的测评情况变化不大，智能安全总体有较高的得分率，测评成绩为 G 的比例稳定在 87.5% 以上；智能交互为 G 的比例逐年上升；2021—2023 年的测试车辆中搭载智能泊车系统的数量分别有 4 辆、4 辆和 7 辆，新能源车辆的数量分别为 2 辆、2 辆、5 辆，搭载智能泊车系统的车辆数量有较大提升，且测评成绩为 G 的比例也有所上升，说明智能泊车系统整体在技术上有提升；而智能能效在新能源车辆数量增多后，测评成绩为 G 的比例反而下降，说明新能源汽车的能耗效率还有较大提升空间，如图 4-42 所示。

图 4-41　2020 版规程测评车型星级分布

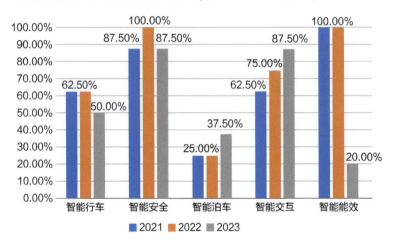

图 4-42　分指数测评成绩为 G 的比例

1. 智能安全测评成绩

2020 版规程在 2021—2023 年期间共测评车型 24 款，22 款车型的测评成绩为 G，占比为 91.67%，1 款车型的测评成绩为 A，1 款车型的测评成绩为 M。大部分车型在智能安全的测评成绩为优秀，如图 4-43 所示。

分析 24 款车型的得分率，得分率为 90%~100% 的车型有 12 款，其占比为 50%；得分率为 80%~90% 的车型有 9 款，其占比为 37.5%，得分率为 70%~80%、60%~70%、小于 60% 的车型各有 1 款，占比分别为 4.17%，如图 4-44 所示。

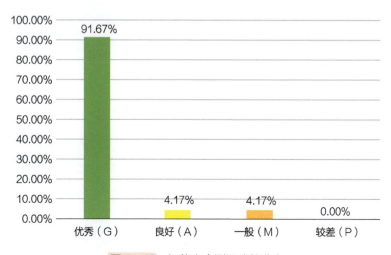

图4-43 智能安全测评成绩分布

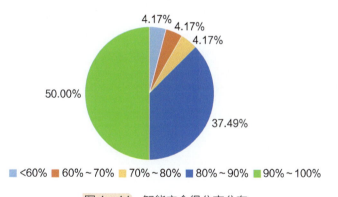

图4-44 智能安全得分率分布

（1）自动紧急制动系统（车对车）测评成绩

自动紧急制动系统（车对车）测评满分为22分，24款车型的平均分为19.5，平均得分率为88.64%，得分中位数为19，在自动紧急制动系统（车对车）的测评上整体表现好。其中有10款车型标配该系统，此外有5款车型有紧急转向避撞功能，4款车型有安全带预紧功能。

（2）自动紧急制动系统（车对VRU）测评成绩

自动紧急制动系统（车对VRU）测评满分为56分，24款车型的平均分为50.83，平均得分率为90.77%，得分中位数为53，在自动紧急制动系统（车对VRU）的测评上整体表现好。其中有9款车型标配该系统。

（3）车道辅助测评成绩

车道辅助系统测评满分为14分，24款车型的平均分为13.06，平均得分率为93.30%，得分中位数为14，在车道辅助系统的测评上整体表现好。其中有10款车型标配该系统。

(4) 侧向辅助测评成绩

侧向辅助系统测评满分为15分，24款车型的平均分为10.96，平均得分率为73.06%，得分中位数为11.75，在侧向辅助系统的测评有较大区分度，大部分车型的表现好，有6款车型的得分率低于60%，有1款车型侧向辅助系统功能表现较差，BSD的报警时间均不满足要求。其中有8款车型标配该系统。

2. 智能行车测评成绩

智能行车测评结果获得优秀（G）评级的车型有14款，占比58.33%；获得良好（A）评级的车型有9款，占比37.50%；获得一般（M）评级的车型有1款，占比4.17%；无车型获得较差（P）评级，如图4-45所示。

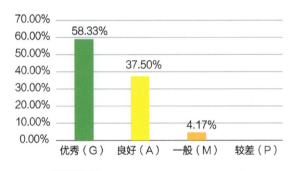

图4-45 智能行车测评车型评级占比

智能行车测评规程主要考察自适应巡航控制系统（ACC）、交通拥堵辅助系统（TJA）、高速公路辅助系统（HWA）等L1级至L2级智能驾驶系统的性能和功能表现。智能行车测评规程满分为32分，其中2021年共测评8款车型，平均得分为24.93分，平均得分率为77.91%；2022年共测评8款车型，平均得分为25.55分，平均得分率为79.84%；截至2023年7月，共测评8款车型，平均得分为25.50分，平均得分率为79.69%。对2021年至2023年7月的测评结果进行统计，共测评24款车型，平均分为25.325分，平均得分率为79.14%。

3. 智能泊车测评成绩

截至2023年10月，基于IVISTA 2020版测评规程共针对24款车型开展了测评，其中搭载智能泊车功能并开展智能泊车测评的车型共有15款，搭载率为

63%，如图4-46所示。

(1) 测评等级分布

在这15款车型中，获得智能泊车评级为"优秀""良好""一般""较差"的车型数量分别是7款、6款、2款、0款，优秀率达到了47%，如图4-47所示。

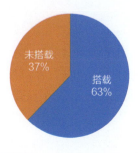

图4-46 IVISTA历史测试车型智能泊车功能搭载情况

(2) 中国自主品牌优秀率最高

在获得智能泊车评级为"优秀"的7款车型中，中国自主品牌车型的数量占比达到了86%，遥遥领先于外资品牌，外资品牌中欧美系品牌的车型占比为14%，而日韩系品牌没有获得"优秀"的车型，如图4-48所示。

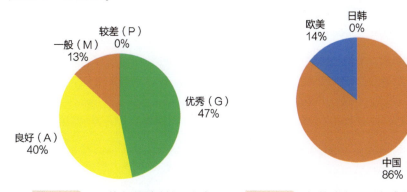

图4-47 15款车型测试结果占比　　图4-48 智能泊车评级为"优秀"的占比

(3) 获得优秀的难度较高，总体稳步提升

基于IVISTA 2020版规程开展测试的车型结果自2021年开始发布，2021年、2022年、2023年获得评级为"优秀"的车型数量分别是2款、2款、3款，由此可见获得智能泊车"优秀"的评级仍然是较为困难的，总体稳中有升，如图4-49所示。

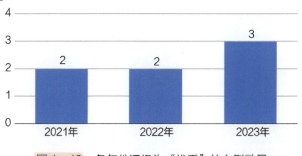

图4-49 各年份评级为"优秀"的车型数量

4. 智能交互测评成绩

2020 版规程所测评的 24 款车型中，在智能交互部分获得 5 星评价的智能汽车有 11 辆，占比 45.83%；4 星评价的智能汽车有 7 辆，占比 29.17%；3 星和 2 星评价的智能汽车各有 3 辆，各占比 12.50%，如图 4-50 所示。

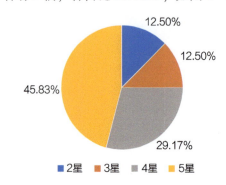

图 4-50　2020 版规程测评智能交互部分车型星级分布

自 2021 年来，在智能交互部分，测评成绩为 G 的车辆占比在逐年上升，如图 4-51 所示。

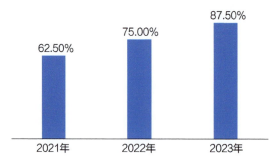

图 4-51　智能交互部分测评成绩为 G 的车辆比例

5. 智能能效测评成绩

2020 版智能能效规程共测评 9 款车型，2021 年至 2023 年分别测评了 2 辆、2 辆和 5 辆智能汽车。总得分在 85 分以上，获得优秀（G）评价的智能汽车有 5 辆，占比 55.56%；总得分在 75 分至 85 分区间，获得良好（A）评价的智能汽车有 3 辆，占比 33.33%；总得分在 60 分至 75 分区间，获得一般（M）评价的智能汽车有 1 辆，占比 11.11%，如图 4-52 所示。

2021 年和 2022 年测评成绩为 G 的车辆比例均为 100%，而 2023 年测评成绩为 G 的车辆仅占 20%，可见新能源汽车的能耗和续驶里程衰减方面仍然是行业当前的痛点问题。

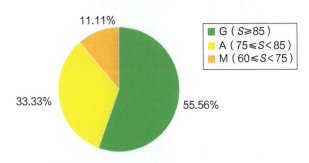

图4-52 2020版智能能效测评成绩分布

对比分析2021年至2023年的各单项评分，常温WLTC续驶里程衰减得分平均值分别为85.16、90.31和70.32，评价等级分别为G、G和M，2023年该项评分下滑明显；常温WLTC能耗得分平均值分别为87.11、96.15和83.04，评价等级分别为G、G和A，2023年该项评分下滑较为明显，2023年测评车型数量由2辆增加至5辆，测评车型数量增加的同时，常温续驶里程衰减和能耗结果仍然不够理想。

低温WLTC续驶里程衰减得分平均值分别为84.95、85.57和74.19，评价等级分别为G、G、M，2023年该项评分下滑明显，相比于前两年的测评车型，2023的测评车型在高温环境下的里程衰减问题未能得到很好的改善。高温WLTC续驶里程衰减得分平均值分别为75.37、59.79和86.44，评价等级分别为A、M、G，2022年该项评分下滑明显，2023年该项评分有明显提升，相比于前两年的测评结果，2023的测评车型在低温环境下的里程保持有较为明显的提升，如图4-53所示。

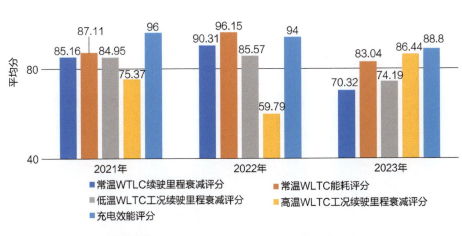

图4-53 2021—2023年各项测评年平均值结果

6. 导航智能驾驶测评成绩

IVISTA中国智能汽车指数2020版修订版–导航智能驾驶（NP）测评规程于2022年9月正式发布，其间共测评4款车型，分别为吉利博越L 2022款2.0TD DCT旗舰型、特斯拉Model Y 2022款后轮驱动版、理想L9 2022款MAX和极狐阿尔法S 2022款HI版高阶版。其中车辆安全性测评得分平均分为76.99分，功能完成度测评得分为92.12。从测评结果可以看出，参与测评车型的功能完成度得分较高，说明测评车型在开放道路测评中，可以给予驾乘人员优秀的驾乘感受，但封闭场地测评中，面对典型的危险工况时，性能仍有提升空间，尤其是面对施工场景下，测评车辆对锥桶的识别避撞能力有待增强。

（三）测评发现

1. 智能安全

对IVISTA智能安全分指数（2020版）的测试结果分析，自动紧急制动系统测评的整体表现好，但VRU目标物依然对该系统有较大的挑战，有20款车型对VRU部分场景存在不能完全避撞或AEB未能激活的情况。其中儿童目标物的场景中，儿童近端横穿单侧遮挡50%场景和儿童近端横穿双侧遮挡50%场景的挑战较大，有7款车型全部或部分儿童近端横穿单侧遮挡50%场景不能避撞，有3款车型全部或部分儿童近端横穿双侧遮挡50%场景不能避撞，有1款车型这两个场景下AEB未激活；成人目标物场景中，有5款车型全部或部分成人近端横穿25%场景不能避撞，有1款车型对横穿行人和同向行走的行人识别较晚。车辆和行人目标物的相对速度较大时，也有部分车辆无法避撞；自行车骑行者场景中，有4款车型全部或部分自行车骑行者近端横穿50%场景未能触发AEB功能。

车道辅助系统整体表现好，共有三款车型存在问题，分别为：1款车型弯道场景中未触发报警，1款车型无听觉和触觉报警，1款车型转弯左偏场景在0.5m/s偏离速度下报警距离超过限值。

侧向辅助系统中BSD功能有9款车型在相对车速较高时全部或部分场景报警时间不满足要求。

2. 智能行车

IVISTA中国智能汽车指数–智能行车（2020版）从2021年至2023年7月总共测评24款车型，其中自主品牌车型12款，合资/外资品牌车型12款，超过83%的自主品牌测评车型智能行车测评达到优秀（G）评级，显著优于合资/外资品牌车型33%的优秀率。在测评车型中自主品牌测评车型达到优秀（G）评级的车型有10款，达到良好（A）评级的车型有2款；合资/外资品牌测评车型达到优秀（G）评级的车型有4款，达到良好（A）评级的车型有7款，达到一般（M）的评级车型有1款，如图4-54～图4-56所示。

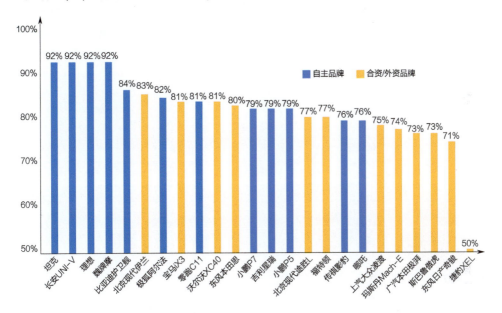

图4-54　智能行车测评结果得分率统计

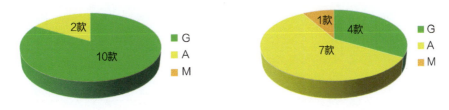

图4-55　自主品牌测评车型结果统计　　图4-56　合资/外资品牌测评车型结果统计

根据表4-3所示的IVISTA中国智能汽车指数-智能行车测评规程（2020版）测评项目的得分率，我们可以发现参与测评的车型在单车道纵向控制能力测评项均有不俗表现；单车道横向控制能力测评项的满分率为91.67%，测评结果差异性很小；单车道纵横向控制能力测评项各车型得分率差异明显，尤其是在高速测试工况下难以应对，在高速进入弯道过程中，横向控制能力表现参差不齐；换道辅助能力得分率较低，仅为29.17%，具体表现在测评车型不具有换道辅助能力，建议车辆制造商加强针对换道辅助功能的开发，同时智能行车指数在后续测评中会增加体验测评指标；关联功能（包括 C – V2X、DMS 和 HUD）搭载率仍有待提高，其保证驾乘安全和提升驾乘体验的作用较为明显。

表 4 – 3　智能行车测评项目得分率统计表

品牌	测评项目得分率				
	单车道纵向控制能力	单车道横向控制能力	单车道纵横向控制能力	换道辅助能力	关联功能
坦克 300	96.6%	100%	87.5%	100%	50%
斯巴鲁傲虎	79.1%	100%	65.0%	0	50%
沃尔沃 XC40	94.7%	100%	65.0%	0	0
捷豹 XEL	66.7%	0	0	0	0
魏牌摩卡	94.2%	100%	87.5%	100%	75%
现代途胜 L	88.9%	100%	65.0%	0	0
吉利星瑞	88.9%	100%	70.0%	0	0
小鹏 P7	88.0%	100%	52.5%	100%	0
现代伊兰特	97.8%	100%	65.0%	0	0
日产奇骏	79.1%	100%	60.0%	0	25%
传祺影豹	80.4%	100%	82.5%	0	50%
宝马 iX3	88.9%	100%	75.0%	0	50%
本田思域	94.7%	100%	55.0%	0	0
零跑 C11	82.2%	100%	75.0%	100%	50%
上汽大众凌渡 L	84.0%	100%	62.5%	0	25%
极狐阿尔法 S	91.11%	100%	15.0%	100%	75%
玛斯丹 Mach-E	77.78%	100%	70.0%	0	75%
广汽本田 极湃 1	88.0%	0	42.5%	0	50%
理想 L9	93.3%	100%	87.5Z%	100%	75%
哪吒 V	93.3%	100%	35.0%	0	0
比亚迪 护卫舰 07	90.2%	100%	37.5%	100%	75%
福特领睿	86.67%	100%	37.5%	0	0
小鹏 P5	85.78%	100%	35.0%	100%	50%
长安 UNI – V	95.56%	100%	87.5%	100%	50%

3. 智能泊车

从各车型智能泊车测评得分率可以看出魏牌摩卡得分率最高，已经达到了 98%，接近满分；而得分率最低的为哪吒 V，只有 49%，两款车得分率有将近 50% 的差距。不过两款车价格也有较大差距，应客观全面看待，如图 4–57 所示。

得分率前三的车型均属于中国自主品牌，由此可见中国自主品牌汽车厂商在智能泊车技术领域投入较大，且取得了不错的成绩。

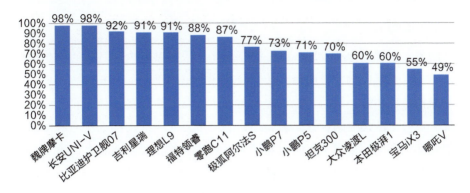

图 4-57 各车型智能泊车测评得分率

根据智能泊车泊车能力测试各场景的平均得分率，可以明显看出以下规律：①整体来看垂直车位测试场景、平行车位测试场景、斜向车位场景的得分率依次降低，其中双边界垂直车位场景得分率最高，泊车难度最低，而双边界斜向车位场景得分率最低，泊车难度最高；②由车辆、方柱构成的空间车位泊车场景得分率大于标线车位泊车场景，而在平行与斜向车位场景下，标线车位的泊车场景得分率又大于边界车辆构成的空间车位泊车场景；③方柱垂直车位-右方柱、方柱垂直车位-左方柱两种泊车场景得分率基本一致，不过方柱垂直车位-右方柱场景得分率要略高一些；④白色标线垂直车位、白色标线平行车位得分率相近，且处于各类测试场景得分率中间位置，可能的原因是车载视觉摄像头搭载率不高，相信未来随着摄像头成本降低，以及智能泊车技术升级，这些场景能够被轻松应对，如图4-58所示。

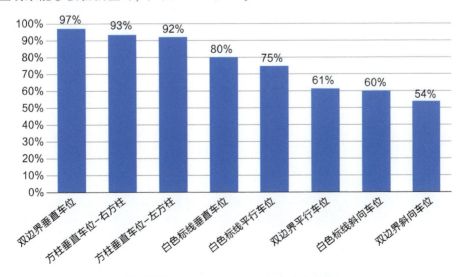

图 4-58 泊车能力测试各场景平均得分率

4. 智能交互

随着座舱智能化的发展，语音交互功能已成为座舱内最具代表性的智能化功能。语音交互依然是目前最直接、最高效和最人性化的交互方式：通过语音指令操作各种功能，帮助驾驶者降低对车内设备的手动操作依赖，从而增加驾驶安全性。无论是上到百万元级，还是下至十万元级，均有不少品牌车企配备了语音交互系统，希望为车内交互带来更智能化的体验。随着车内屏幕类型越来越丰富，传统的机械按钮逐渐被触屏交互所取代。触屏交互的可视化能为舱内交互带来更有趣的体验。

尽管语音交互功能和触屏交互功能是行业技术发展的热点，但其实用效果仍有待考验。通过对24辆车的测评我们发现得分率在84以上（包含84）的12辆测评车型中，有8辆是自主品牌车型，而仅有4辆是外资/合资品牌；得分率在84以下的12辆测评车型中，合资/外资测评车型较多，共有8辆，如图4-59~图4-61所示。

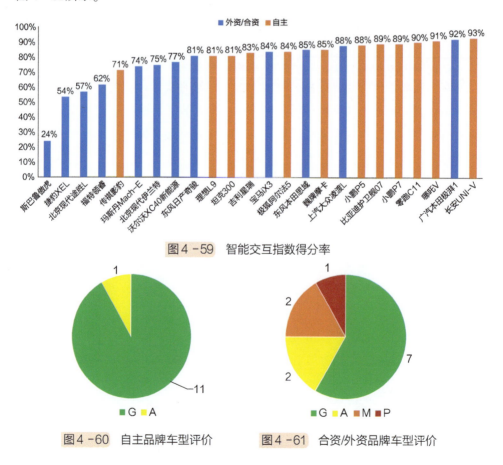

图4-59 智能交互指数得分率

图4-60 自主品牌车型评价

图4-61 合资/外资品牌车型评价

从品牌而言，大于91%的自主品牌测评车型获得了智能交互优秀评价，而获得优秀的合资/外资品牌车型仅有58.3%。相比于合资/外资品牌，自主品牌的智能汽车产品的智能交互功能更加具有优势，也更加贴近中国消费者的使用需求。

5. 智能能效

针对新能源车的工况适应性、环境适应性以及充电效能开展测试，9款车的整体测评结果显示，充电效能版块得分率较高，工况适应性和环境适应性方面得分率较低，新能源车仍存在冬天"怕冷"，夏天"怕热"的情况，可见新能源汽车的"工况适应性"和"环境适应性"等指标仍然需要继续得到提升和优化。

2021、2022年共4款车，其常温WLTC续驶里程衰减率均在20%以下，衰减率较低；2023年共5款车型，常温续驶里程衰减率最高达到31.57%，最低为8.20%，整体衰减率偏高，如图4-62所示。

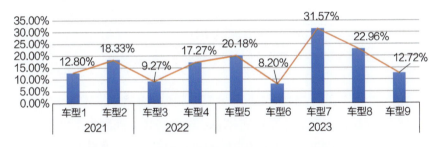

图4-62 常温WLTC续驶里程衰减测评结果（%）

测试中，9款车的常温WLTC能耗整体测评结果较好，其中6款车常温能耗较低，能耗在19kW·h/100km以下，评价等级都能达到G，而另外3款车常温能耗分别为21.6、23.2、19.5kW·h/100km，评价等级为M，能耗水平有待提高，如图4-63所示。

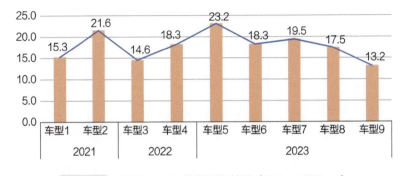

图4-63 常温WLTC能耗测评结果（kW·h/100km）

高温 WLTC 续驶里程衰减率整体上均低于低温 WLTC 续驶里程衰减率，低温环境下，5 款车辆续驶里程衰减率评价等级已达到 G，但低温衰减率整体水平较高，较高的 3 款车衰减率分别为 41.29%、41.92%、49.43%，超出市场平均值 10% 以上，在低温环境下，新能源汽车"怕冷"情况依然严峻；高温环境下，4 款车辆高温 WLTC 续驶里程衰减率评价等级达到 G，测评结果良好，但整体仍不够理想，其中衰减率最高的车辆已到 16.43%，测评结果已不达标，所以环境适应性方面，新能源车的技术和产品性能均有待提高，如图 4-64 所示。

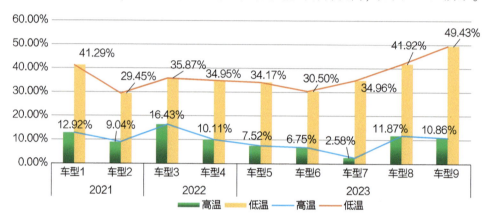

图 4-64 高/低温 WLTC 续驶里程衰减测评结果（%）

9 款车辆的 100km 充电时间均在 20min 以内，其中有两款车型的充电时间达到了 18min，评价等级为 A，剩余车辆测评等级均为 G，整体充电效能测评情况表现良好，如图 4-65 所示。

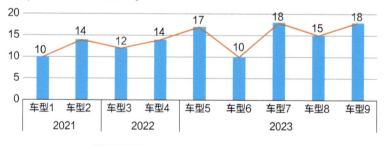

图 4-65 充电效能测评结果（min）

三、汽车健康篇

（一）测评车型

2023 年，健康指数各板块共完成测评加摸底车型共计 22 款，其中轿车 6 款，占比 27%；SUV16 款，占比 73%。按品牌分类，自主品牌 16 款，占比

73%；合资品牌5款，占比23%；进口品牌1款，占比4%。

（二）测评成绩

1. VOC/VOI 测评成绩

VOC 板块 2023 年的测评结果如图 4-66 所示，整体来说，测评车型的整体结果在 90 分左右，各企业的车内空气质量水平相差不大，如图 4-66 所示。

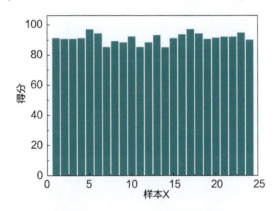

图 4-66　2023 年测评车型分数统计

2. PM 测评成绩

PM 板块从测评结果来看，随着消费者、汽车企业对车辆过滤防护性能的关注，国内汽车产品对颗粒物过滤防护性能持续提升。

22 款测评车型 PM 板块平均得分为 92.0 分，有三款车型获得满分 100 分，最低一款车型为 75.6 分。各测评车型评价总分对比图如图 4-67 所示。

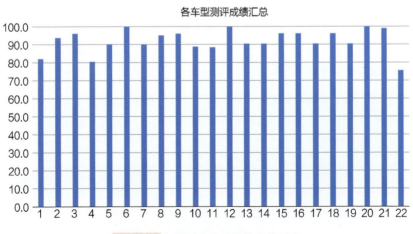

图 4-67　各测评车型评价总分对比

各测评车型具体得分如表4-4所示。

表4-4 各测评车型具体得分表

样车序号	1	2	3	4	5	6	7	8	9	10	11
得分	82.0	93.6	96.0	80.4	90.0	100.0	90.0	95.0	96	88.8	88.4
样车序号	12	13	14	15	16	17	18	19	20	21	22
得分	100	90.4	90.4	96	96	90.4	96	90.4	100	99	75.6

根据中国汽车健康指数PM板块V2.0版测评规程，22款测评及摸底车型中，测评结果为五星级的有17款，占比77%；四星级的有2款，占比9%；三星级有2款，占比9%；二星级有1款，占比5%，如图4-68所示。

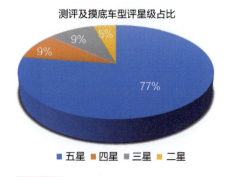

图4-68 测评及摸底车型评星级占比

3. VAR测评成绩

2023年度摸底加测评约33辆车型，包含了理想、北汽、吉利、大众等众多品牌。其中轿车12辆，占比36.4%；SUV21辆，占比63.6%。按品牌分类，自主品牌21款，占比63.6%；合资品牌8辆，占比24.3%；进口品牌4款，占比12.1%，如图4-69所示。从摸底测评车型来看，SUV的占比在逐渐上升，反超轿车的占比，可见，SUV的受众面略胜轿车；另外，随着经济的飞速发展，中国的汽车产业正在逐渐崛起，目前国内的自主品牌已达63.6%，远远超过合资品牌和进口品牌，从侧面反映出，中国的汽车更加关注车内的环境健康。在易感人群逐渐上升的今天，关注车内致敏风险，降低患病风险，是我们共同的目标！

在这33款车型中，平均分为91.7分，其中最高分是96.5分，最低分是83.2分，成绩主要集中在87~95分之间，如图4-70和表4-5所示。

第4章 中国汽车指数研究发现

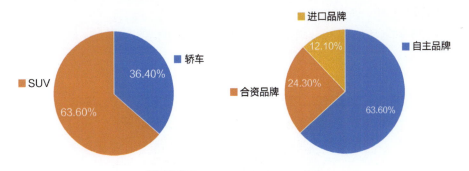

图4-69 测评及摸底车型占比图

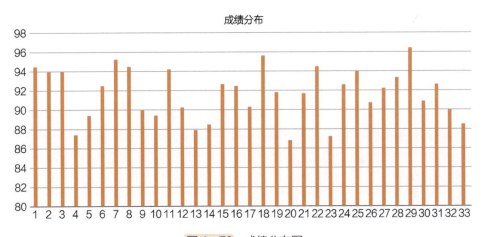

图4-70 成绩分布图

表4-5 各测评车型具体得分表

样车号	1	2	3	4	5	6	7	8	9	10	11
得分	94.5	94.0	94.0	87.3	89.4	92.5	95.3	94.6	90.1	89.4	94.2
样车号	12	13	14	15	16	17	18	19	20	21	22
得分	93.2	87.9	88.4	92.6	92.5	90.3	95.7	91.8	86.8	91.7	94.6
样车号	23	24	25	26	27	28	29	30	31	32	33
得分	87.2	92.6	94.0	90.7	92.2	93.4	96.5	90.9	92.7	90.0	88.5

由表4-5成绩可见，在2021年，致敏版块调整了评分标准，改成阶梯式打分，2022年VAR（V2.0）版规程正式发布之后，得到零部件厂、车企、行业等的积极响应，纷纷前来参加健康指数的检测。2023年约有50余辆车展开了测试，表4-5是统计出来的33款车型，由结果可见，新规程下，合理地避开了95以上成绩扎堆的现象，不仅有效促进企业的指标优化，更拉开了企业在

致敏版块的差距，更好地引导消费者合理购车。

在33款车型中，90分以上，获得五星成绩的车型共24款，占比72.7%；80分以上，获得四星成绩的车型共9款，占比27.3%，如图4-71所示。

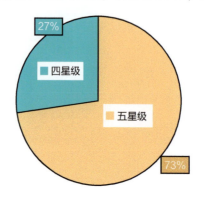

图4-71　星级分布图

四星车主要集中在合资品牌和进口品牌，在致敏版块，国内的自主品牌整体来看，更加注重一些。近年来，中国过敏性疾病的患病率急剧上升，影响40%人口的生活质量，车作为人们的第二个生活空间，车内的环境安全也是非常重要的。

4. EMR测评成绩

2023年EMR板块总共对14款车进行测评，总体来看，该板块被测车型表现良好，平均分96.8，其中四星1款，五星13款，满分车型4款。

（三）测评发现

1. VOC/VOI 测评发现

从中国汽车健康指数2017年至2023年VOC/VOI板块测评结果来看，主要有以下几个特点：

从车内空气中苯、甲苯、乙苯、二甲苯、苯乙烯、甲醛、乙醛、丙烯醛的测评结果看，常温条件下，乙醛管控水平较差；高温条件下，甲醛管控水平较差。

如图4-72中所示为各企业在健康危害、综合污染和气味等级等三个方面的得分情况分布，从图中可以发现，仅有少数23%的受检车辆健康危害的得分率（平均得分率为92%）超过综合污染，77%受检车辆主要是靠综合污染得分（平均得分率为95%），这也表明车企对苯、甲醛的管控难度较大。

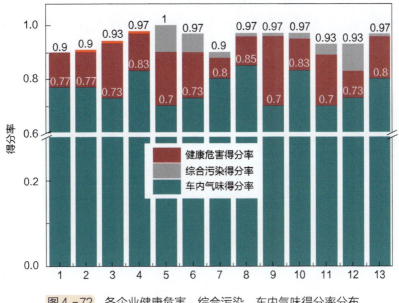

图4-72　各企业健康危害、综合污染、车内气味得分率分布

资料整理：中国汽研整理。

具体到每一种挥发性有机化合物来看，苯无论在常温、高温或通风状态下，未检出比例均较高，常温状态下，26%的受检车辆苯未检出；高温状态下，22%的受检车辆苯未检出；通风状态下，61%的受检车辆苯未检出，如图4-73所示。

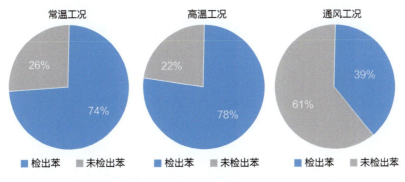

图4-73　常温、高温和通风状态下苯的检出情况

资料整理：中国汽研整理。

将检测结果转化为苯健康危害，可以看出常温、高温、通风三种工况下苯健康危害均为无健康危害或健康风险可接受，如表4-6所示。

表4-6 常温、高温和通风状态下车内空气中苯的健康危害值

苯健康危害	常温	高温	通风
零	26%	21%	61%
10^{-7}数量级	0%	9%	17%
10^{-6}数量级	70%	57%	22%
10^{-5}数量级	4%	13%	0%
10^{-4}数量级	0%	0%	0%

资料整理：中国汽研整理。

如图4-74所示为常温工况和高温甲醛的检出情况，在通风工况条件下甲醛的检出率较低，与苯不同，甲醛无论在常温、高温状态下均有检出。常温状态下，17%的受检车辆甲醛低于限值，74%的受检车辆甲醛低于限值一半以上，9%的受检车辆高于限值；高温状态下，所有的甲醛检出值都高于0.1mg/m³，且有13%的受检车辆甲醛浓度超过限值8倍；通风状态下，4%受检车辆甲醛浓度低于限值，96%受检车辆甲醛浓度低于限值一半以上。

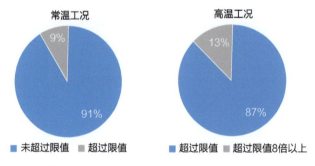

图4-74 常温、高温状态下甲醛的检出情况

资料整理：中国汽研整理。

将检测结果转化为甲醛健康危害，可以看出通风工况下甲醛健康风险可接受，常温工况下甲醛健康危害91%是可接受的，高温工况下所有受检车辆健康风险较大，如表4-7所示。

表4-7 常温、高温和通风状态下车内空气中甲醛的健康危害值

甲醛健康危害	常温	高温	通风
10^{-6}数量级	0%	0%	22%
10^{-5}数量级	91%	0%	78%
10^{-4}数量级	9%	87%	0%
10^{-3}数量级	0%	13%	0%

资料整理：中国汽研整理。

车内乙醛是常温工况下超过国标最多的一种物质,也被车企、材料企业视为最难管控的物质,乙醛在三个工况条件下与国标限值的对比情况如图 4-75 所示。

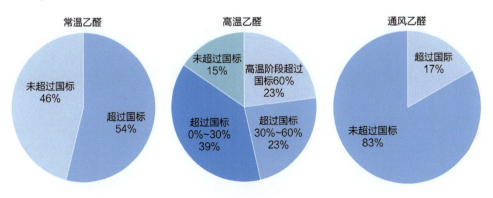

图 4-75 各工况条件下乙醛与国标限值对比情况

资料整理:中国汽研整理。

首先,在常温工况条件下,车内乙醛有 54% 的受检车辆出现超标现象,未超过国标限值的车辆占 46%,随着车内温度的升高,车内乙醛浓度逐渐增加,高温工况条件下仅有 15% 的车辆未超过国标限值,超过国标限值 30% 以内、超过国标限值 30%~60% 以及超过国标限值 60% 以上的分别占 39%、23%、23%,这也表明高温条件下随着温度的升高车内 VOC 浓度会有所增加;通风工况条件下的乙醛浓度有所降低,这也是由于空调滤芯对车内 VOC 的过滤效果,通风条件下仅有 17% 的受检车辆超过国标限值。

从前面的数据分析可以发现车内气味在整车的车内空气质量板块中得分率较低,进一步对受检样车进行常温和高温工况条件下的车内气味等级分析发现,常温工况条件下,车内气味平均等级为 3.0 级,高温工况条件下,车内气味平均等级为 3.5 级,通过对车内空气全谱解析发现,车内空气中除了五苯三醛以外,仍存在较多种其他物质,如长链烷烃、芳香烃、酯类、醇类等,这些物质对车内气味强度的影响较大,如图 4-76 所示。

综上所述,车内环境中苯系物的浓度有所改善,而醛酮总体并没有明显降低,车内气味等级较高,说明车内空气质量还需进一步改善提升。甲醛和乙醛主要来自于汽车座椅、顶棚、地毯、车门内饰板、立柱护板、密封条等车内非金属部件。这些重点零部件的管控对于健康车内环境的打造具有重要意义。

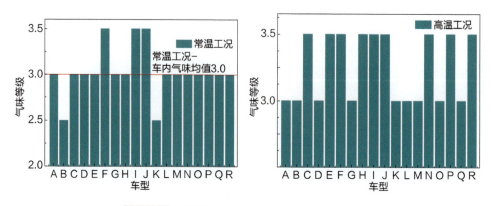

图4-76 常温和高温工况条件下车内气味等级

2. PM 测评发现

(1) "整车颗粒物阻隔 (Z)" 测评分析

整车颗粒物阻隔 (Z) 测试结果反应了车辆在停车状态下，车辆对外界颗粒物浸入车内的阻隔能力。本年度22款车型整车颗粒物阻隔 (Z) 测试结果平均值为 $5\mu g/m^3$，有1款车型Z值测试结果为 $0\mu g/m^3$，有1款车型Z值测试结果为 $24\mu g/m^3$。从测试结果来看，该指标整体表现良好，有12款车型Z值测试结果 $\leq 3\mu g/m^3$，满分率为55%，反映了大部分测评样车对外界 $PM_{2.5}$ 阻隔防护表现优良，但部分车辆阻隔性较差，不同品牌、不同车型的表现有一定的差距。整车颗粒物阻隔 (Z) 指标主要与车辆气密性息息相关，随着我国汽车工业的高速发展，车企在车辆舒适性方面投入了大量的资源，随着车辆NVH水平的提升，不仅能够解决车内噪声等舒适性问题，也能提升车辆静置状态下对外界污染的防护能力。测评样车 "整车颗粒物阻隔 (Z)" 测试结果对比，如图4-77所示。

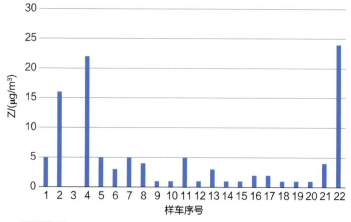

图4-77 测评样车 "整车颗粒物阻隔 (Z)" 测试结果对比

22款测评车型"整车颗粒物阻隔（Z）"测试结果见表4-8。

表4-8 各测评车型"整车颗粒物阻隔（Z）"测试结果表

序号	1	2	3	4	5	6	7	8	9	10	11
Z/(μg/m³)	5	16	0	22	5	3	5	4	1	1	5
序号	12	13	14	15	16	17	18	19	20	21	22
Z/(μg/m³)	1	3	1	1	2	2	1	1	1	4	24

从"整车颗粒物阻隔（Z）"指标测试结果评分来看，22款测评车型平均得分为18.3分，获得满分20分的有13款车型，占比59%，得分率在80%以上的有19款车型，优良率86%，有两款车型得分最低，为10分。各车型"整车颗粒物阻隔（Z）"指标得分见表4-9。

表4-9 各测评车型"整车颗粒物阻隔（Z）"得分表

序号	1	2	3	4	5	6	7	8	9	10	11
Z得分	18.0	13.6	20.0	10.0	18.0	20.0	18.0	19.0	20	20	18
序号	12	13	14	15	16	17	18	19	20	21	22
Z得分	20	20	20	20	20	20	20	20	20	19	10

（2）"车内颗粒物过滤能力（E）"测评分析

本年度测评的22款测评车型，"车内颗粒物过滤能力（E）"指标测试均在中国汽车健康指数PM板块测评规程规定的15min内，将车内$PM_{2.5}$浓度从(2000 ± 400)μg/m³净化至35μg/m³以下，但不同车型净化时间差异较大，其中，净化时间最短的为1.7min，最长的为9.4min，平均值为3.9min，净化时间小于3min的有11款车型，占比50%，净化时间大于5min的有3款车型，占比14%。各车型"车内颗粒物过滤能力（E）"指标净化时间测试结果对比如图4-78所示。

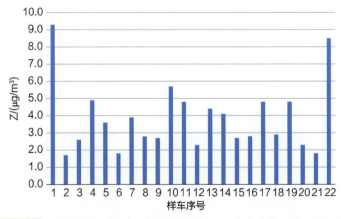

图4-78 测评样车"车内颗粒物过滤能力（E）"指标净化时间对比

22款测评车型"车内颗粒物过滤能力（E）"指标净化时间测试结果见表4-10。

表4-10 各测评车型"车内颗粒物过滤能力（E）"测试结果表

序号	1	2	3	4	5	6	7	8	9	10	11
净化时间/min	9.3	1.7	2.6	4.9	3.6	1.8	3.9	2.8	2.7	5.7	4.8
序号	12	13	14	15	16	17	18	19	20	21	22
净化时间/min	2.3	4.4	4.1	2.7	2.8	4.8	2.9	4.8	2.3	1.8	8.5

从"车内颗粒物过滤能力（E）"指标测试结果评分来看，22款测评车型平均得分为73.7分，该指标获得满分80的有5款新车型，占比23%，最低得分64分，部分车辆该指标还有待提升。各车型"车内颗粒物过滤能力（E）"指标得分见表4-11。

表4-11 各测评车型"车内颗粒物过滤能力（E）"得分表

序号	1	2	3	4	5	6	7	8	9	10	11
E得分	64.0	80.0	76.0	70.4	72.0	80.0	72.0	76.0	76	69	70.4
序号	12	13	14	15	16	17	18	19	20	21	22
E得分	80	70.4	70.4	76	76	70.4	76	70.4	80	80	65.6

3. VAR测评发现

对于致敏版块，哪些指标的检出风险更高呢？下面将详细分析这33款车的测试结果。

皮肤接触致敏版块，则出现了不同程度的扣分。该部分一共有七个大项的测试，分别是：pH值、甲醛、多溴联苯及多溴二苯醚、可萃取重金属、多环芳烃、邻苯二甲酸酯、有害染料，考察的是车内方向盘、扶手箱、座椅三个部位的表面包覆层材料。致敏版块研究小组对接触致敏的测试数据进行了分析，结果见表4-12。

表4-12 接触致敏测试数据表

样车号	1	2	3	4	5	6	7	8	9	10	11
得分	87.5	88.0	87.0	84.3	86.4	87.0	89.8	89.1	84.1	86.4	89.1
样车号	12	13	14	15	16	17	18	19	20	21	22
得分	78.6	80.8	81.4	87.1	89.5	84.8	89.7	84.8	83.8	83.7	88.6
样车号	23	24	25	26	27	28	29	30	31	32	33
得分	81.2	87.1	87.0	87.7	85.2	86.4	88.5	86.4	86.7	84.0	85.5

由表 4-12 成绩可以看出，皮肤致敏版块满分是 91 分，最高分达到了 89.8 分，最低分为 78.6 分。

在这 33 辆摸底加测评车中，共检测了上百种车内材料，从数据可以看出常检出物质有：甲醛，重金属锑、总铬、钴、铜、镍，另外邻苯二甲酸酯偶有检出。有 2 款车型的甲醛含量检出，占比 6%，并超过限值，最高达到 58×10^{-6}；重金属锑的检出率比较高，达到 90.9%，且最高含量为 32.3×10^{-6}；重金属总铬的含量在真皮材质中检出率相对较高，大约占真皮中的 60%，大多集中在合资品牌和进口品牌，且最高达到 241.2×10^{-6}，无铬鞣真皮占比 40%。铜和镍的检出率也相对较高，但是检出量比较少。有 2 款车在邻苯二甲酸酯这一项超过了限值。今年的 33 款车型中，仅有一款车型的苯胺有检出，含量高达 159×10^{-6}。可见，近一年，零部件厂和主机厂对于有害染料这一块相对重视，较去年有明显的进步，重金属含量仍然是未来监管中的重点。

目前汽车内饰材料中广泛使用的是纺织品、皮革以及塑料。归于纺织品类的材料尤为多，纺织品上可残留的重金属有镍、铬、六价铬、钴、汞、砷、镉、锑、铅、铜等。

纺织品中重金属的来源比较复杂，在纺织品的原料、生产及使用过程中的任何一个环节都可能引入重金属。主要来源于印染工艺中使用的部分染料、氧化剂和催化剂，其中大部分是来自于后期加工过程，如各种金属络合物、媒介染料、酞菁结构染料、固色剂、催化剂、阻燃剂、后整理剂等，以及用于软化硬水、退浆精练、漂白、印花等工序的各种金属络合物等。而对于天然纤维织物而言，重金属可能从环境的污染而来，如植物纤维生长过程中重金属铅、镉、汞、砷等通过环境迁移和生物富集污染天然纤维。

众所周知，重金属离子在小剂量时是维持生命不可缺少的物质，但过量的重金属在被人体吸收而且当它们的浓度在体内积蓄到一定阈值时，便会对健康造成无法逆转的损害。过量的重金属被人体吸收会累积于人体的肝、骨骼、肾及脑中，不仅会减弱人体免疫功能、诱发癌症，还可能引起慢性中毒，伤害人的中枢神经。

呼吸致敏部分的成绩见表 4-13。

表 4-13 呼吸致敏测试数据表

样车号	1	2	3	4	5	6	7	8	9	10	11
得分	7	6	7	7	3	5.5	5.5	5.5	6	3	5.1
样车号	12	13	14	15	16	17	18	19	20	21	22
得分	4.6	7.1	7	5.5	3	5.5	6	5	3	7	6
样车号	23	24	25	26	27	28	29	30	31	32	33
得分	6	5.5	7	3	7	7	8	4.5	6	6	3

呼吸致敏部分主要考察的是车内空气中甲醛和二甲苯的含量。在2.0版的规程中，呼吸致敏部分同样做了阶梯式打分，在这33款车型中，最高分获得了8分，最低分获得3分。

纵观2023年度摸底加测评的所有车型来看，某些车企在致敏版块非常重视，也取得了非常突出的成绩。

VAR板块结合纺织品和皮革方面相关的测试标准，根据车内实际情况，制定出《车内致敏物风险测试规程》。通过分析评测车内重点材质的致敏物质及其与健康的关联，量化评估车内环境的致敏风险，通过监控常温状态下车内空气中二甲苯和甲醛的含量，从车内空气质量上监控，有效改善车内环境，为敏感人群选车提供必要的参考。

随着汽车产业的逐步发展，汽车作为我们生活的第二空间，企业更应该选用安全、舒适、健康的内饰材料，有效降低车内的致敏风险。健康指数工作组保持初心，不忘使命，力求为消费者提供更加健康、环保的车内环境。

4. EMR测评发现

首先，EMR板块共有11款新能源车型。4款满分车型均为新能源车，这说明电动汽车只要经过良好的设计，其电磁辐射并不一定比燃油车更严重，消费者无须对电动汽车"谈辐色变"。

第二，为响应消费者关切的问题，健康指数EMR规程对中控大屏区域是有测试要求的。中控屏幕附近低频磁场辐射情况总体良好，绝大多数在测量设备底噪水平，且中控屏幕大小与其低频磁场辐射大小并无明显关系。这说明有段时间网上流传的大屏辐射大，对身体有害的说法并不科学。只要汽车厂商在选用大屏并进行相关设计时有意识地合理控制电磁辐射，消费者是可以不担心电磁辐射，而放心享受大屏带来的科技感与便利感的。

第三，健康指数 EMR 规程也关注车内无线通信系统带来的电磁辐射。从 2023 年度测评结果来看，若车载无线通信系统天线布置在车内，带来的电磁辐射会高于将天线布置在车外。这也提示整车企业，为降低无线通信系统工作时带来的车内高频电磁辐射，应尽可能将天线布置于车外。通常情况下，通信天线布置在车外也会提升整个系统的通信性能。

参考文献

[1] 中国保险汽车安全指数测试评价规程（2023 版）[R]. 重庆：中国汽车工程研究院股份有限公司，2023.

[2] 中国智能汽车测试评价规程（2023 版）[R]. 重庆：中国汽车工程研究院股份有限公司，2023.

[3] 中国汽车健康指数测试评价规程（2023 版）[R]. 重庆：中国汽车工程研究院股份有限公司，2023.

2024

中国汽车综合测评
技术研究报告

测评技术研究篇

第一部分　智能安全测评

第 5 章　汽车碰撞安全虚拟测评研究现状

范体强　任立海

摘要：为了提高汽车碰撞安全性能，借助计算机模拟仿真，开展汽车碰撞虚拟测试与评价，实现对物理试验工况的补充和扩展，已成为汽车碰撞安全测评领域的重要发展方向。本章目的是通过介绍典型虚拟测评流程和测评工况，阐明虚拟测评研究现状和发展趋势。首先，以 OSCCAR 项目为例介绍虚拟测评典型流程、案例和仿真模型认证方法。其次，选取 Euro-NCAP 最新的 Far-side 工况，阐述了虚拟测评的实际应用规程，并对其优势及问题进行了初步分析。最后，面向行业空缺的主被动安全测评，分析了紧急制动乘员离位及制动－碰撞工况损伤风险，归纳了文献提出的主被动一体化研究方法并对虚拟测评中的模型验证阶段提出建议。针对虚拟测评目前的研究现状，指出目前虚拟测评仍缺乏一套完整成熟的虚拟测评流程，同时对未来虚拟测评技术的研究方向进行展望，为虚拟测评的研究提供参考。

关键词：汽车碰撞安全，虚拟测评，Far-side，主被动一体化

引言

随着对汽车碰撞安全的要求不断提高，为提高汽车碰撞安全性能，则需引入更多碰撞工况对汽车进行碰撞测试。汽车安全测评现有物理试验受到试验设备和成本的限制，并且试验周期长，无法实现对大量的复杂工况的模拟测试，而如今随着有限元仿真精度逐渐提高，可引入虚拟测评的方法克服物理试验的局限性。

虚拟测评是指采用虚拟的手段对车辆安全性能进行测试与评价的方法，可对物理试验无法达到的工况进行补充。虚拟测评技术可对更加广泛、复杂和极端的事故工况进行模拟得到汽车的安全性能，可根据试验结果指导汽车的设计开发，有助于提升汽车安全性能。

国内外关于虚拟测评的相关研究主要由一些知名的机构和项目进行，例如未来乘员碰撞安全项目（Future Occupant Safety for Crashes in Cars，OSCCAR）、VIRTUAL 项目以及虚拟测评在安全法规中的实施项目（Implementation of Virtual Testing in Safety Regulations，IMVITER）。OSCCAR 项目使用虚拟测评技术对未来的车辆内部设计、道路状况、乘员的多样化坐姿等问题进行研究。VIRTUAL 根据当前对欧洲道路安全的愿景，整合现有技术，为道路安全中的虚拟测试提供模型、工具和协议等。IMVITER 项目通过整合先进的虚拟测评技术，在现有的监管框架内，特别是与汽车安全相关的监管法规中，进一步引入和扩展虚拟测评的使用。主流的测评机构也计划在未来将虚拟测评引入测试规程。由此可见目前各国学者对虚拟测评技术的重视。

本章将以 OSCCAR 项目为例展示虚拟测评的流程，介绍了 Euro-NCAP 提出的 Far-side 工况虚拟测评流程与相关规定，并对主被动一体化工况虚拟测评的相关研究进行了综述。通过对已有研究的总结，有助于确定虚拟测评领域的研究热点、趋势和未来发展方向。

一、虚拟测评流程

目前行业内主要由 IMVITER 项目、OSCCAR 项目以及 Euro-NCAP 等机构对虚拟测评的流程进行了研究。IMVITER 项目基于欧盟法规 No.371/2010 中的仿真模型的验证以及后续批准流程，开发了一个更加详细的虚拟测评流程。而

OSCCAR 项目在 IMVITER 项目的虚拟测评流程的基础上进行了修改，提出了新的基于人体模型（Human Body Model，HBM）的虚拟测评流程框架，并对仿真模型的验证阶段提出了相关建议。本章将以 OSCCAR 项目为例介绍虚拟测评典型流程、仿真模型认证测试案例和仿真模型认证方法。

（一）OSCCAR 项目概述

在未来由于引入高度自动化车辆对道路安全带来了一系列挑战，包括了更多的事故场景、未来车辆内部设计、乘员的多样化坐姿等问题。为适应未来多样化的道路交通情况，OSCCAR 提供了一个基于人体模型的开发和评估框架，为整个碰撞阶段的复杂测试场景提供评估方法，通过集成的方法来开发未来的先进乘员保护系统。

（二）虚拟测试标准化

虚拟测评技术的引入可以很好地解决物理试验的限制，但是其试验结果的可信度仍有待提高，因此需要一套标准化的虚拟测试验证程序使虚拟测试结果更加可靠。为此 OSCCAR 项目提出了标准化的虚拟测试评估流程框架和方法。

1. 标准化虚拟测评流程

OSCCAR 对基于 HBM 的乘员保护方面的虚拟测试工作展开提出了以下测试程序与需求：

OSCCAR 项目提出基于 HBM 的虚拟测试流程，主要包含三个阶段，其流程图如图 5-1 所示。

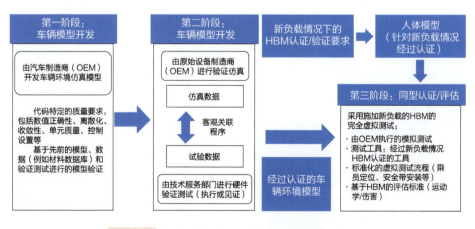

图 5-1　OSCCAR 基于 HBM 的虚拟测试流程图

由于在该虚拟测评流程中的第三阶段新负载下的试验完全依靠虚拟仿真进行模拟，没有相应的测试设备来执行相匹配的物理试验，因此这对第二阶段的仿真模型认证提出了更高的要求。OSCCAR 项目对第二阶段仿真模型认证中的验证测试、设备选择以及验证通道提出了相关建议。

OSCCAR 项目提出的仿真模型认证的验证测试为以下四种方式：标准配置下的全尺寸碰撞测试、标准配置下的滑台测试、新碰撞工况下的滑台测试（新的碰撞角度、座椅旋转/后倾等）以及子系统/组件测试（气囊、座椅等）。项目讨论了这些测试方式的优点和局限性。

在设备的选择方面，OSCCAR 项目提出了选择或定义验证设备时的要求。首先，验证设备应与人体模型在尺寸、质量和形状方面尽可能相似，以实现对车辆环境的代表性加载。此外，设备应考虑到乘员在不同负载情况下的主要方向（如前部、侧部、后部）以及类似人类的运动学特性。其次，验证设备在真实测试中应具有稳定性，能够产生可再现且可重复使用的结果。并且，验证设备应与相应的计算机辅助工程（CAE）模型相匹配，以适用于新的验证负载案例。

为确保虚拟部件（如安全带、安全气囊）以正确的方式施加在 HBM，以反映出载荷和与 HBM 的相互作用，则必须在测试和模拟之间进行比较的相关验证测量，为此 OSCCAR 项目提出需要扩展模型验证中的验证通道。项目提出未来应该考虑更多的在目前的测试标准之外的测量数据，以量化乘员与环境之间的载荷（例如安全气囊压力、座椅力等）。对于不用进行损伤评估的身体部位，也应考虑正确的负荷传递，但仍应把重点放在基于 HBM 的损伤评估中最为关注的身体区域上。

2. OSCCAR 项目仿真模型认证测试案例

OSCCAR 项目展示了一个仿真模型认证测试案例，该案例展现了 OSCCAR 项目提出的车辆模型认证的验证测试、设备选择以及相关验证通道的相关建议的应用。

该案例是乘员处于仰卧座位位置的正面碰撞载荷情况，其中假人胸部角度为 48°，碰撞配置为 50 km/h 的全宽正面碰撞，使用代表 50 百分位男性乘员的人体模型进行评估。为验证仿真模型的可靠性，项目组执行了两组验证试验。首先，项目组采用 THOR－50 M 假人以标准的直立坐姿进行 50 km/h 正面滑台试验对车辆环境模型进行基线验证。其次，为了对虚拟测试工具在新的加载条件下与约束系统的相互作用进行验证，项目进行了新碰撞工况下的滑台测试，即将 THOR – 50 M 假人放置在与虚拟测试完全相同的加载条件下进行试验。

该仿真模型认证测试案例在验证通道的选择方面进行了更加深入的探讨。为确保虚拟部件（如安全带、安全气囊）以正确的方式施加在 HBM，以反映出载荷和与 HBM 的相互作用，该案例添加了更多的验证通道。例如，项目为了验证安全带系统，除了比较安全带的负荷通道 B3 和 B6，还考虑了收卷器的收卷和放线；为了评估乘员运动学的相似性，比较了验证设备的相关身体段的加速度（头部质心、T1、T4、T12 和骨盆）。

OSCCAR 项目观察到 THOR 和 HBM 在试验中的运动轨迹完全不同，这主要是由于骨盆区域的约束系统的负载存在差异所导致。为此，OSCCAR 项目提出可考虑采用新的验证装置来验证这种负载情况，使其更能代表 HBM 的运动以及在此运动下模型与新约束概念的相互作用。并且，可考虑采用子系统测试的方法，以进一步验证在极端倾斜座椅位置时约束装置和 HBM 之间的相互作用。

3. 比较实验测试数据和模型响应的客观方法

为了验证用于虚拟测试的车辆模型，需要一种客观的方法来比较实验测试数据和定义的验证载荷下的模型响应。常用的用于评估两个明确信号之间的拟合优度的方法有：相关性与分析（Correlation and Analysis，CORA）、响应误差评估（Enhanced Error Assessment of Response Time Histories，EEARTH）、模型可靠性指标和贝叶斯置信度指标等。

OSCCAR 项目审查了两种用于评估两个明确信号之间的拟合优度的方法。一个是广泛传播的 CORA 方法，另一个是 ISO/TS 18571：2014（E）标准，即道路车辆非模糊信号的客观评定标准（Road Vehicles—Objective Rating Metric for Non-ambiguous Signals）。

CORA 评级中使用了两个独立的次级评级，即相关性评级和互相关联评级（图 5 – 2）。互相关联指标用于分析信号的特征，该指标分为以下三个子指标：

1）相移子指标用于衡量两个信号时域上的相位滞后。
2）大小子指标用于比较两信号曲线与时间坐标轴之间的面积的平方。
3）形状子指标用于对两条被测信号曲线的形状差异进行评级。

互相关联评级是上述加权子评级的总和。

相关性评级通过使用两个信号在参考曲线周围自动生成的通道中的拟合度来评估信号的相关性。总体的 CORA 评分为相关性评级与互相关联评级分别乘以各自的加权系数后相加所得。每个子评级和整体评级的结果都是介于 0 和 1 之间的数字。数值越高，匹配越好。

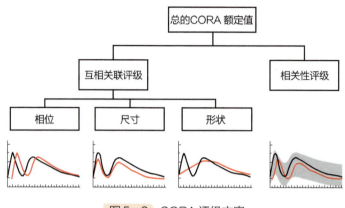

图 5-2 CORA 评级方案

CORA 方法中存在大量的可调参数，可以通过调整这些参数来达到特定需求，但由于这些参数没有标准化，难以对得到的 CORA 分数进行定性的评估。

ISO/TS 18571：2014（E）标准将范围进一步限定在了车辆安全领域的物理测试和 CAE 模型。ISO 评级的指定结合了四种指标评级，分别为 CORA、EEARTH、模型可靠性指标和贝叶斯置信度指标。

以下为 ISO 标准的子指标：

1）通道子指标与 CORA 的相关性子指标相同，但参数固定。通道子指标可根据预定义通道宽度内的偏差来评估模拟试验和物理试验响应的时程曲线的相似性。

2）相移子指标用于测量两个被分析的曲线在时域的相位滞后。

3）幅度子指标是对两个时程曲线的振幅差异的一种衡量。

4）斜率子指标用于计算出两条时程曲线的斜率差异。

ISO 标准中的每个子指标的得分范围从 0（无相关性）到 1（最佳相关性）。通过将每个子指标的得分乘以各自的加权系数然后相加得到最终的总体评分。最后根据评分表对总体得分进行评价，整个 ISO 标准的结构如图 5-3 所示。

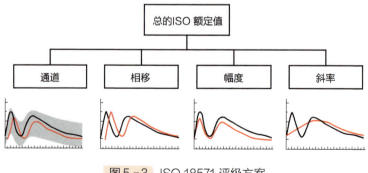

图 5-3 ISO 18571 评级方案

OSCCAR 项目指出，由于 CORA 指标的许多参数并不固定，因此 CORA 分数的整体含义不太清晰。而 ISO 18571 中参数固定并且有一张评级表对得分进行评价，因此 ISO 18571 更有优势。

在应用 ISO 18571 标准时也需要注意一些关键点。在试验中大多数运动学评估的信号是通过视频目标跟踪获得的，获取信号的采样频率必须满足 ISO 18571 标准中要求，即采样频率必须大于 10kHz，并且在拍摄时要避免目标被遮挡的情况，防止数据丢失。

（三）项目总结

本章节以 OSCCAR 项目为例介绍典型虚拟测评流程、仿真模型认证测试案例和两种仿真模型认证方法。总结了 OSCCAR 项目对虚拟测评流程中车辆模型认证的验证测试、设备选择以及验证通道的相关建议，阐述了项目在仿真模型认证方法中推荐 ISO 18571 标准的优势，为虚拟测评流程的标准化提供参考。

二、远端虚拟测评

远端乘员是在汽车发生侧面碰撞时非撞击侧的乘员。在侧面碰撞事故中，撞击侧近端乘员因生存空间减小，遭受直接伤害，但远端乘员也会受到多种形式的伤害。在只有一个乘员时发生远端碰撞事故会导致乘员的颈部受到弯折伤害、胸腹髋部撞击中控扶手产生的撞击伤害、脊柱扭转伤害、头部剧烈甩动造成的震荡等伤害等。而在左右两侧都有乘员的情况下还会发生两乘员头部相互碰撞或一乘员头部与另一乘员肩部碰撞的现象产生严重的损伤。根据 2011—2022 年交通事故数据统计，约 49% 的侧面碰撞发生在远端，并且约 36% 的伤害达到 AIS3 + ，因此对远端乘员的安全保护应引起重视。

（一）Euro-NCAP 虚拟测评介绍

虚拟测试的研究计划是先从数字假人模型（试验、验证）出发，研究开发基于 ATD 模型与 HBM 模型的虚拟测试加载用例，测评方案将综合考虑各模型的测试结果。Euro-NCAP 选用 Far-side 工况为虚拟测试研究的首个 pilot case，以虚拟测试补充物理试验。Far-side 作为当时较新的测试工况，设立的主要任务有 6 点：①车辆模型控制任务；②验证测试任务；③虚拟加载情况的定义任务；④数据处理与管理，沟通任务；⑤评分和评级过程任务；⑥虚拟乘员规范和认证。

Euro-NCAP 的 Far-side 虚拟测评计划如图 5–4 所示。

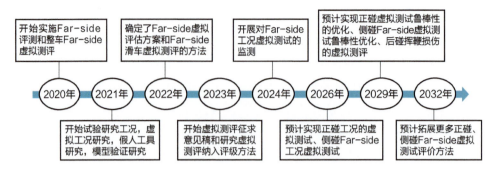

图 5-4 Euro-NCAP 虚拟测评计划

1. 测评流程

2023 年 6 月，Euro-NCAP 发布 Far-side 虚拟测评规程，其测评流程分为 6 步。第一步，规定了模型必须满足测试的资格要求，以确保 WorldSID 仿真模型的可信度。第二步，对于通过验证的车辆仿真模型和 WorldSID 假人模型，同时测试预定义仿真矩阵的两个远端验证工况。测试结果必须在测评前最少两星期进行提交，提供的数据集必须包括所有指定的信息，并满足指定的质量标准。第三步，在第二步完成后，对两个验证工况进行物理滑车测试。测试结果必须通过规定格式提交至 Euro-NCAP 的 VTC 服务器。第四步，Euro-NCAP 将台车测试结果与仿真结果进行比较，可以验证虚拟测试中的虚拟环境模型。第五步，如果第四步的验证结果满足要求，则可以跳过此第五步。如果验证结果不充分，汽车生产商必须提供相应证据表明这是由特定硬件测试条件引起的偏离模拟参数。第六步，在第二步中提交的虚拟测试工况结果将被考虑用于车辆评级。具体 Far-side 虚拟测评的测评流程图如图 5-5 所示。

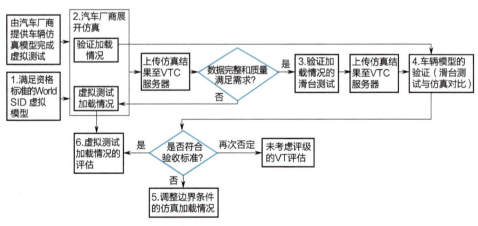

图 5-5 Far-side 虚拟测评流程图

数据来源：欧洲新车评估计划（Euro-NCAP）虚拟远端模拟与评估协议。

在车辆环境和虚拟测试工况的验证过程中,WorldSID 模型的资格要求必须满足表 5-1 要求。

表 5-1 WorldSID 模型的资格要求表

模型属性	1. 质量性质符合 ISO 15830:2021-2 2. 外部尺寸符合 ISO 15830:2021-5 3. 运动范围符合 ISO 15830:2021-1 4. 传感器位置根据 ISO 15830:2021-2 中规定的图纸 5. 虚拟动态确认程序符合 ISO 15830:2021-2
模拟标准	1. 在模拟运行开始时,总模型增加的质量小于总模型总质量的 5% 2. 必须检查动画的视觉合理性:没有交叉点,黏性节点,拍摄节点影响运动学
质量标准	1. 最大沙漏能必须小于最大内部能量的 10% 2. 所有 WSID 组件的最大沙漏能必须小于 WSID 最大内部能量的 10% 3. 由于质量缩放而添加到总模型的质量最大值应小于运行开始时总模型质量的 5% 4. 模拟前 5ms 时 H 点 Z 向位移小于 10mm

2. 测试工况

以 Euro-NCAP 虚拟测评为例的远端测试的加载工况分为硬件试验和虚拟测试,表 5-2 为与硬件试验有关的两种加载工况,用于验证车辆模型。

表 5-2 验证加载工况

脉冲	撞击角度	座椅位置 X	座椅位置 Z	测试的子类型	物理实验的虚拟测试参考 ID	仿真的虚拟测试参考 ID
柱撞	75°	x-ref	z-ref	75°柱撞	FS_Pole_75_x-ref_z-ref_50M_Test_1	FS_Pole_75_x-ref_z-ref_50M_Sim_1 FS_Pole_75_x-ref_z-ref_50M_Sim_3
移动可变形壁障	75°	x-ref	z-ref	75°移动可变形壁障	FS_AEMDB_75_x-ref_z-ref_50M_Test_1	FS_AEMDB_75_x-ref_z-ref_50M_Sim_1 FS_AEMDB_75_x-ref_z-ref_50M_Sim_3

数据来源:欧洲新车评估计划(Euro-NCAP)虚拟远端模拟与评估协议。

表 5-3 为虚拟测试加载工况,并且以下加载工况需要提供仿真数据。

表 5–3 验证加载工况

脉冲	撞击角度	座椅位置 X	座椅位置 Z	测试的子类型	仿真的虚拟测试参考 ID
柱撞	75°	x-ref@ z-high	z-high	75°柱撞（z-high）	FS_Pole_75_x-ref_zhigh_50M_Sim_1
柱撞	90°	x-ref	z-ref	95°柱撞	FS_Pole_90_x-ref_zref_50M_Sim_1
移动可变形壁障	60°	x-ref	z-ref	60°移动可变形壁障	FS_AEMDB_60_x-ref_zref_50M_Sim_1
移动可变形壁障	75°	x-ref@ z-high	z-high	75°移动可变形壁障（z-high）	FS_AEMDB_75_x-ref_zhigh_50M_Sim_1
移动可变形壁障	90°	x-ref	z-ref	90°移动可变形壁障	FS_AEMDB_90_x-ref_zref_50M_Sim_1
移动可变形壁障	90°	x-ref	z-high	90°移动可变形壁障（z-high）	FS_AEMDB_90_x-ref_zhigh_50M_Sim_1

数据来源：欧洲新车评估计划（Euro-NCAP）虚拟远端模拟与评估协议。

3. 评价方法

在完整模拟加载情况的验证标准和所有质量标准均满足时，监测阶段的 Far-side 的总分仅基于物理台车试验的结果。而在监测阶段之后，所有虚拟加载情况将被同等考虑，6 个虚拟测试加载情况每一个的得分为最高得分的 1/3，最后汇总用于最终评分，此时 Far-side 的总分基于物理试验结果和虚拟结果的总和。

在未提供或提供不完整的模拟数据时，则将视为虚拟评估失败，并将物理台车试验的分数减半。

（二）Far-side 整体总结

本章节介绍了 Euro-NCAP 提出的 Far-side 虚拟测评流程，并以表格的形式展现了在虚拟测试工况中 WorldSID 模型必须要满足的要求，硬件试验和虚拟测试的具体加载工况，最后详细分析了 Far-side 虚拟测试的评分方案。

Far-side 虚拟测评具有以下 3 个优点：

1）采用滑车试验形式，具备相对简化的边界环境。
2）在大多数情况下，侧面碰撞工况的预测结果非常好。
3）能够参考整车试验结果。

当然 Far-side 虚拟测评也存在一些弊端，例如：改变碰撞角度及位置，会影响传感器的信号,从而影响约束系统的触发时间;假人对新工况的对标也可能不准确等。

目前国内对 Far-side 碰撞工况的研究较少,相关研究应用的仿真模型有 THUMS 模型、ES2 模型等,而可应用的假人模型较少,大多数采用 WorldSID 假人,也有部分试验使用 SID IIs 5th 代表女性乘员。未来的研究可能会对主动人体模型作进一步的优化,使其能更好地模拟乘员在 Far-side 工况下的反应,提高测评的准确性。虽然有试验表明 WorldSID 假人在 Far-side 工况下与尸体试验的结果较为接近,但该假人并非针对 Far-side 工况而设计,研究人员可考虑在 WorldSID 的基础上改进研发出一个更加适用于 Far-side 工况的假人,以改进后的假人试验数据作为仿真模型的验证可提高仿真模型的可信度。

三、主被动一体化虚拟测评

主被动一体化的虚拟测评是指使用虚拟仿真技术模拟汽车在主被动安全系统共同作用情况下的安全性能评估。如今,高级驾驶辅助系统(Advanced Driving Assistant System,ADAS)得到了广泛的应用,自动紧急制动(Autonomous Emergency Braking,AEB)作为 ADAS 的主要功能之一,在不可避免的碰撞中,乘员因 AEB 作用降低了所承受的碰撞冲击强度的同时,也因惯性载荷的作用出现身体前倾的离位现象。离位状态下的乘员与约束系统之间的最佳安全匹配关系被破坏,乘员的碰撞损伤风险具有更多的不确定性,因此,为进一步提高车辆的安全性能,需要共同考虑主动安全与被动安全技术对车内人员所带来的影响。当前的研究主要围绕乘员的离位和离位状态下的损伤展开研究。

(一)紧急制动带来的离位影响

虽然碰撞前的紧急制动行为可以避免碰撞事故或降低碰撞有效速度,但同时也导致乘员出现身体离位的现象,破坏了约束系统和乘员之间的最佳安全匹配关系,导致发生碰撞时乘员离车辆内饰更加接近,减少约束系统可用的吸能的空间,严重时可能会导致安全气囊炸伤乘员。为了进一步探究碰撞前的紧急制动带来的影响,有必要对乘员在紧急工况下的离位响应进行分析。

制动加速度是影响乘员离位响应的重要因素,制动加速度的峰值越高则乘员离位响应越大。表 5-4 中数据表明,在制动加速度峰值逐渐降低时,志愿者的离位响应程度呈现降低趋势。

表 5-4 不同制动情况下乘员离位响应对比

数据来源		文献 [7]	文献 [4]	文献 [3]	文献 [5]	文献 [6]
试验方法		台车	实车	实车	实车	实车
制动形式		AEB 和驾驶员共同制动	AEB	AEB	AEB	制动机器人
制动初速度/(km/h)		80	50	60	50	73
制动加速度/(m/s²)		—	9.8	7.8	7.8	5.6
志愿者状态		放松	—	放松	放松	放松
志愿者试验	头部/mm	520	229	—	148.6	114
	颈部/mm	—	164	147	78.3	65
	胸部/mm	310	146	—	—	—

在物理假人方面，文献 [8] 在基于台车模拟 AEB 制动的试验中发现，不同的制动加速度峰值会较大程度上影响假人的离位响应程度。结论表明越大的制动强度峰值会导致越大的物理假人离位响应程度。

在虚拟仿真中，制动加速度峰值对乘员离位响应程度的结论和上面所述一致。文献 [3] 中的试验结果显示，在制动加速度峰值由 $0.4g$ 递增到 $1g$ 时，主动人体模型的头部离位量显著上升，文献 [4] 的试验结果显示，在制动时间和平均制动减速度相同的情况下，较高峰值的二阶制动波形造成了更大的乘员离位响应。

志愿者试验、物理假人试验和人体模型仿真在制动加速度峰值上面的乘员离位响应表现出相同的规律，即制动加速度峰值越大，离位响应越显著。

（二）乘员离位-碰撞工况下损伤风险

为了探究乘员在离位情况下发生同等碰撞强度时的损伤风险及其分布特征，研究人员主要通过物理试验和虚拟测试的方法进行研究。为了解虚拟测试在碰撞工况下损伤风险方面的应用及其结果的可靠性，本节主要收集了在同等碰撞强度下的离位乘员和原始位置乘员的损伤对比文献，分析有或无紧急制动作用下的乘员在相同碰撞速度的运动响应和损伤特征。

1. 离位状态下乘员损伤情况

现有研究中更关注于乘员的头部、颈部和胸部损伤情况。近年来的相关研究如表 5-5 所示，在同等碰撞速度的情况下，离位状态下的乘员头部损伤风险略微降低，但有部分试验表明头部损伤风险增加，乘员颈部和胸部的损伤风险总体增加。

表 5-5 相同碰撞速度下的离位状态乘员不同部位损伤情况

数据来源		假人/模型	(离位状态)损伤描述	结论
头部	[3]	Hybrid Ⅲ 50th 假人	HIC_{36} 和原始位置几乎没有区别，而头部 3ms 加速度略大	头部损伤风险降低
	[9]	Hybrid Ⅲ	HIC_{36} 值小于原始值	
	[10]	The PIPER 6YO	HBM 的 HIC15 减小约 9%，头部加速度降低约 3.3%	
	[11]	JAMA	HBM 头部质心加速度减小，HIC_{36} 值由 223 降低到 197	
	[4]	THUMS v6	头部 HIC 值增加	头部损伤风险增加
	[12]	基于 THUMS HBM	头部 HIC_{36} 值大幅增加	
颈部	[3]	Hybrid Ⅲ 50th 假人	颈部剪切力和颈部伸展弯矩增大，颈部张力减小	颈部损伤风险增加
	[13]	基于 THUMS HBM	颈部剪切力、颈部伸展弯矩和颈部张力全部大幅增大，其中颈部剪切力为未离位状态的 5 倍	
	[9]	Hybrid Ⅲ 模型	颈部负荷增加	
	[14]	MADYMO	颈部负荷略微增加	
	[11]	JAMA	颈部扭转角度增加	
胸部	[3]	Hybrid Ⅲ 50th 假人	离位姿态下的假人胸部位移量略有增加；而胸部 VC 值几乎没有变化	胸部损伤风险增加
	[4]	THUMS v6	肋骨损伤风险增加 177%，内脏损伤风险增加 76.7%	
	[11]	JAMA	无 AEB 作用时，胸部最大变形量为 44mm；而在碰撞前制动的情况下，胸部最大变形量为 51mm，胸部最大压缩量增加	

2. 离位状态下的乘员损伤风险分析

头部损伤风险常用头部损伤指标（Head Injury Criterion，HIC）头部 3ms 加速度评价。在同等碰撞速度的情况下，离位状态与正常坐姿下的乘员的 HIC_{36} 值差距不明显，在安全气囊的保护下头部 HIC 值远低于对头部造成伤害的伤害阈值。但部分试验得出了离位工况下头部 HIC 值明显增加的结果，这是因为离位姿态的乘员在碰撞过程中与未完全展开的安全气囊提前接触所导致。这提醒我们在离位状态下乘员与安全气囊的接触可能并不理想，从而增加头部受伤的风险。在配备 AEB 功能的车辆上添加预紧式安全带可以有效避免上述情况发生。在不发生头部与安全气囊提前接触的情况下，虚拟仿真与物理试验的结果在头部损伤的表现基本一致。

汽车碰撞测试中常以颈部的剪切力、张力和伸展弯矩作为评价颈部损伤风险的指标。在相同的碰撞速度下，离位状态的乘员的颈部损伤指标剪切力、伸展弯矩整体上呈现出增大趋势，离位姿态下的颈部张力相对于原始位置更小，颈部的损伤风险整体上增加。颈部损伤风险的上升可能是因为主动预紧安全带的拉力导致乘员肩部受到较大约束力，使得头部和胸部的运动速度有较大差异，从而在颈部产生较大的弯矩和剪切力，可通过适当调整限力器的限力值可减小颈部损伤风险。当头部与安全气囊过早接触也会导致颈部受到更大的载荷增加颈部损伤风险，因此安全带的限力值不可过小。

胸部黏性指数 VC、胸部最大压缩量常用于评估碰撞工况下 HBM 的胸部损伤情况。相关的两个虚拟仿真都表明胸部损伤风险在离位姿态下急剧增加。这种现象是胸部提前与安全气囊接触所导致，而物理测试未发生上述现象。

综上所述，导致乘员在离位状态下的损伤风险增加的首要因素是乘员与安全气囊的提前接触。通过预紧式安全带可以很好地缓解紧急制动导致的离位姿态，减小乘员与安全气囊提前接触的概率，但过高的限力值可能会导致颈部损伤风险增加。虚拟仿真与物理试验的结果基本保持一致，但在虚拟仿真中模型与未完全展开的安全气囊提前接触的情况下会出现明显的不同。

（三）主被动一体化虚拟测评方法

目前主流的虚拟测评的流程为：①建立人体模型或乘员约束模型；②使用物理试验的结果验证模型的有效性；③使用被证明有效的模型进行进一步的主被动一体化工况下的相关研究。

以学者沈亚敏的研究为例，该研究采用 MADYMO 软件建立了主动人体模型和乘员约束系统，通过对比虚拟仿真与实车志愿者试验在相同制动波形下的头部和胸部的位移验证碰撞前阶段的有效性。通过对比相同工况下假人物理试验与虚拟仿真的头部合成加速度、胸部合成加速度、肩带力、腰带力、左大腿压缩力、胸部压缩量来验证模型在碰撞阶段的有效性。验证模型有效后采用该模型研究乘员在制动和碰撞时的离位响应和损伤情况。

《汽车预碰撞制动下乘员离位影响及参数优化分析》通过比较仿真试验与实车试验的人体颈部位移对仿真模型的可靠性进行验证。验证该模型可靠后，采用此模型进行后续的一系列的乘员离位研究。Antona J 等选择低速制动下的志愿者滑台试验的乘员躯干旋转角度作为验证数据，躯干旋转角度为从制动前到制动后的骶骨与第一胸椎（T1）的连线旋转的角度。验证后使用该模型对碰撞前制动的工况下的乘员损伤进行研究。

上述试验都采用了志愿者试验来验证模型的制动离位运动轨迹，但各自选择了不同的参数来验证虚拟模型的有效性。建议相关研究应增加用于验证模型的参数选择，以便更加准确地反映模型运动轨迹与志愿者试验的差别，使模型的验证更加可靠。

（四）总结

本章节收集了主被动一体化虚拟测评的相关研究，分析了乘员离位相关研究中志愿者试验、假人试验和虚拟仿真结果，离位响应表现出相同的规律，即制动加速度峰值越大，离位响应越显著。此外，本文对离位状态下的碰撞工况下的乘员损伤相关研究进行了综述，大多数相关研究都采用了仿真模拟的方法，本节根据相关文献结论分析了主要的离位损伤影响因素。最后对主被动一体化虚拟测评方法进行调查，发现目前主被动一体化的虚拟测评仍处于初步发展阶段，暂时还没有一套完整成熟关于主被动一体化的虚拟测评流程。

目前主流的虚拟测评流程为：①建立人体模型或乘员约束模型；②验证模型有效性；③进行进一步特殊工况的试验。建议对第二步模型的验证提出更加严格的要求，在条件允许的情况下推荐同时对仿真模型进行乘员运动轨迹的验证和正面碰撞的乘员损伤验证以保证模型的有效性。由于假人没有主动的肌肉力，不能准确地反映乘员的运动轨迹，因此乘员离位轨迹的验证建议采用志愿者的运动数据作为对比。正面碰撞乘员损伤则应采用假人物理试验的数据来验证。为了更加准确地反映模型运动轨迹与志愿者试验的差别，使模型的验证更加可靠，应考虑选择更多的运动参数和损伤参数与虚拟仿真对比，验证模型的有效性。

四、总结与展望

目前主流的虚拟测评技术路线为由主机厂提供仿真分析报告，测评机构进行典型工况验证，完成虚拟结合的评分。虚拟测评广泛应用于那些难以通过物理试验实现的复杂工况，尽管虚拟测评在处理这些复杂工况上取得了显著进展，但当前虚拟测评仍缺乏一套完整成熟的虚拟测评流程。虚拟测评的未来发展方向总结如下：

1）未来虚拟测评的工况应更加广泛，并且将更多的影响因素考虑在内。考虑到未来多样化交通场景下的冲突类型，对汽车安全性能的研究需要考虑多种带有碰撞角度的冲突形式的碰撞工况。并且应更加关注主动安全带来的影响，如主动安全中的主动紧急制动、主动紧急转向等。除此之外，非标坐姿和不同人群的个体差异等影响因素也应引起关注。

2）人体模型作为虚拟测评的主要测评工具，其发展可能会更加注重生物力学特性的精细建模，这将有助于更准确地模拟不同碰撞和事故情景下人体的生理反应。除考虑人体肌肉力外还应更多地考虑人体多样性和个体差异，根据人体结构和生理特征的差异可以更好地针对不同人群定制安全系统，提高车辆对不同人群的安全性。

3）对仿真模型的验证是虚拟测评的重要阶段，在未来模型验证中的验证通道有着增多的趋势，以便更加综合地考虑多方面因素带来的影响，使模型的验证更加可靠，提高虚拟仿真结果的可信度。

建议国内测评机构开展的虚拟测评工作应重视面向虚拟测评的前瞻性应用基础研究，开发或储备虚拟测评平台、工具、模型和数据资源等，结合中国市场特征，构建规范、可行、逐步提升的虚拟测评流程和实施方案。

参考文献

[1] Future Occupant Safety for Crashes in Cars. Home [EB/OL]. https://www.osccarproject.eu/.

[2] LELEDAKIS A, ÖSTH J, IRAEUS J, et al. The Influence of Occupant's Size, Shape and Seat Adjustment in Frontal and Side Impacts [J]. International Research Council on Biomechanics of Injury (IRCOBI) 2022.

[3] 孙振东, 朱海涛, 彭伟强, 等. 汽车预碰撞制动下乘员离位影响及参数优化分析 [J]. 汽车工程, 2023, 45（1）: 112 – 118.

[4] LI M, YANG J, ZHU H. Study on Occupant Out-of-position Displacement and Injuries Under AEB Braking [C] //2022 14th International Conference on Measuring Technology and Mechatronics Automation (ICMTMA). IEEE, 2022: 837 – 842.

[5] GRACI V, DOUGLAS E, SEACRIST T, et al. Effect of automated versus manual emergency braking on rear seat adult and pediatric occupant precrash motion [J]. Traffic injury prevention, 2019, 20（sup1）: 106 – 111.

[6] GHAFFARI G, BROLIN K, BRÅSE D, et al. Passenger kinematics in Lane change and Lane change with Braking Manoeuvres using two belt configurations: standard and reversible pre-pretensioner [C] //Proceedings of the 2018 IRCOBI Conference, Athens, Greece. 2018: 12 – 14.

[7] WANG K, ZHANG C, LIU D. Research on the Crash Test Considering Pre-crash Technology [C] //Proceedings of China SAE Congress 2020: Selected Papers. Springer, Singapore, 2022: 1473 – 1484.

[8] 孙振东, 朱海涛, 彭伟强. AEB 制动对 THOR 50th 假人乘坐姿态影响 [J]. 汽车安全与节能学报, 2021, 12（4）: 499 – 506.

[9] WOITSCH G, SINZ W. Influences of pre-crash braking induced dummy-Forward displacements on dummy behaviour during EuroNCAP frontal crashtest [J]. Accident Analysis & Prevention, 2014, 62: 268 – 275.

[10] MAHESHWARI J, SARFARE S, FALCIANI C, et al. Analysis of kinematic response of pediatric occupants seated in naturalistic positions in simulated frontal small offset impacts: with and without automatic emergency braking [J]. Stapp car crash journal, 2020, 64: 31 – 59.

[11] ANTONA J, EJIMA S, ZAMA Y. Influence of the driver conditions on the injury outcome in front impact collisions [J]. International Journal of Automotive Engineering, 2011, 2 (2): 33 – 38.

[12] BECKER J, D' ADDETTA G A, WOLKENSTEIN M, et al. Occupant Safety in Highly Automated Vehicles Chal lenges of Rotating Seats in Future Crash Scenarios [C]. International Research Council on Biomechanics of Injury (IRCOBI) Conference 2020. 2020: 381 – 397.

[13] 中国汽研. AEB 作用偏置工况虚拟测评研究进展 [R]. 2022.

[14] 沈亚敏. 智能车辆 AEB 控制下乘员约束系统的优化研究 [D]. 哈尔滨：东北林业大学, 2022.

第 6 章　VRU 主被动一体化测评方案研究报告

李桂兵　叶　彬　龙永程

摘要：当前主流汽车安全测试评价规程虽然同时设置了针对弱势道路使用者（Vulnerable Road User，VRU）主动避撞和被动碰撞保护的两套评价体系，但两者仅形式上将主被动安全系统性能同时纳入了评价，未体现主动安全干预对被动安全性能的影响，而现有关于 VRU 主被动一体化测评方法的研究又未形成有效共识。本研究报告在归纳总结现有研究的基础上，基于理论合理性和实施可行性分析，提出了考虑概率模型和仅考虑降速的两种繁简程度不同的 VRU 主被动一体化测评方案，为车辆 VRU 保护性能评价体系的进一步完善提供了基础参考。

关键词：VRU，主被动一体化，测试评价

弱势道路使用者（Vulnerable Road User，VRU）在交通事故中存在很高的伤亡风险，每年超过 70 万 VRU 死于道路交通事故，约占全球道路死亡总人数的 54%。因此，提高车辆的 VRU 保护性能一直是汽车安全性设计关注的重点，随着 AEB（Autonomous Emergency Braking）为典型代表的汽车主动安全技术的日益成熟，VRU 保护形式从最初的仅依赖被动防护向主被动系统一体化防护转变。

为了评价车辆主被动安全系统对 VRU 的防护性能，目前主流汽车安全测试评价（简称为测评）规程中同时设置了基于特定场景的 AEB VRU 功能测评和基于冲击器碰撞测试的被动安全测评两套体系。以中国保险汽车安全指数（China Insurance Automotive Safety Index，CIASI）为例：AEB VRU 功能测评中主要考查车辆在不同行驶速度、视线遮挡情况及光线条件下对其前方横穿和同向移动的 VRU 的识别和自动制动能力，通过车辆在测试工况中的降速量来赋分（满分 18 分）评价 AEB 性能；VRU 被动安全测评涉及头部和下肢冲击器试验，通过冲击器损伤指标数值赋分（满分 30 分）评价车辆被动安全性能；对车辆总体安全性能评价时，用主被动安全测评累加得分除以两项测评满分之和的比值为车辆安全等级划分依据。Euro-NCAP 测评规程中同样是主被动测评分别赋分，再累加评价，只是分值不同（被动安全满分 36 分，主动安全满分 27 分）。上述

测评规程形式上将 VRU 主被动安全系统性能同时纳入了评价，但是未考虑主动安全系统作用后对被动安全的影响。由于主动和被动安全系统提供的保护并非独立的，至少在某种程度上主动安全干预将影响被动安全性能，主动安全干预后的车辆 – VRU 碰撞边界条件将发生改变，VRU 运动学响应可能会发生变化，从而导致更高或更低的损伤概率。因此，研究者们提出 VRU 主被动一体化测评概念，旨在综合考虑主被动防护系统的相互作用，根据车辆在主动安全系统测试中的表现相应修改被动安全测评的综合安全评估方案。

虽然，VRU 主被动一体化测评目前尚未应用于任何测评规程，但车辆安全研究者和主流测评机构均在探索其具体实施方案。因此，本研究报告旨在归纳总结现有研究的基础上，尝试提出兼具理论合理性和实施可行性的 VRU 主被动一体化测评方案，为车辆 VRU 保护性能评价体系的进一步完善提供基础参考。

一、VRU 主被动一体化测评方案研究现状

现有 VRU 主被动一体化测评研究主要集中在行人保护方面，核心思想在于将 AEB 的降速作用进行收益评价，根据评价中所考虑主被动相互影响的程度和收益评价依据的不同大致可分为以下 3 种测评方案。

（一）VERPS 指数测评方案

VERPS 指数（Vehicle Related Pedestrian Safety – index）最初由 Kühn 等人提出，后来 Hamacher 等人对该概念进一步发展。VERPS 指数采用综合考虑 AEB 作用降速后产生的行人头碰撞速度、区域、角度等变化所引起的头部损伤风险改变来评价车辆安全性能（图 6 – 1）。该方法首先以 40km/h 初始速度的 AEB 成年和儿童行人功能测试为基础，评估车辆主动安全系统的减速能力；然后，根据 AEB 作用后的碰撞速度、测试车辆 VRU 被动安全试验结果（40km/k 冲击器试验）和相关公式（如：头部冲击器 HIC 关于碰撞速度的变化函数，图 6 – 1 中左上角曲线）估算 AEB 作用后的头部及腿部冲击器对应响应（不再进行额外的冲击器测试）；最后，基于估算的头部及腿部冲击器响应和 AIS3 +（Abbreviated Injury Scale）损伤风险曲线计算相应部位的损伤风险。同时，针对主动安全干预后的碰撞速度计算碰撞面积和受伤概率，以反映由于碰撞速度降低引起的运动学变化。此外，该方案还对不同事故场景的最终评价结果进行加权。

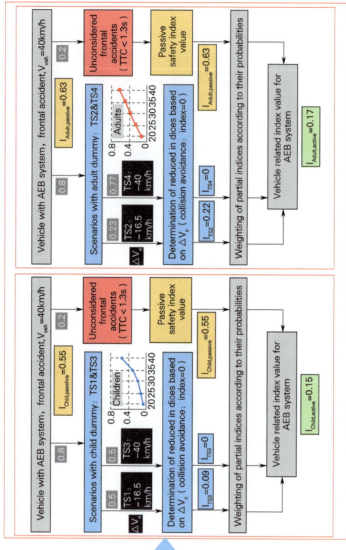
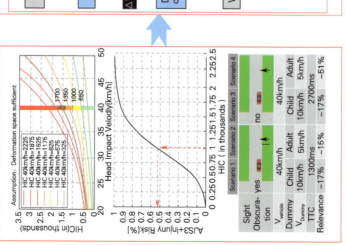

图6-1 VERPS指数测评方案

虽然 VERPS 指数提出了将车辆主被动试验结果相结合的思想，但其仍有 4 个局限性。一是该方法选择损伤严重程度级别（AIS3 + 级别）来衡量主被动安全系统的效益，没有明确考虑严重程度较低的损伤，并且不一定能反映出损伤严重程度较高时的损伤风险降低；二是该方法不评估头部和下肢以外的身体区域，也未将结果合并为一个合成的评价指标；三是 VERPS 指数的计算仅在一个测试速度（40km/h）下进行，该速度源自事故数据，但不能反映行人事故发生时所有碰撞速度的安全性能；四是计算中没有明确考虑所用数据和函数的不确定性。

（二）PreEffect-iFGS 测评方案

PreEffect-iFGS（Predicting Effectiveness of integrated Fußgängerschutz Systeme）测评方案旨在评估车辆主动安全和被动安全对行人综合防护能力，Schramm 及 Roth 和 Stoll 的研究对该系统进行了描述，如图 6 - 2 所示。首先，根据德国深度事故数据库（German In-Depth Accident Study，GIDAS）计算出行人 MAIS2 + 损伤风险曲线作为平均车辆的基线（图 6 - 2 中的灰色虚线）。然后，根据被试车辆在 Euro-NCAP 中的评分结果和"损伤偏移方法"计算其对应的损伤风险曲线，图 6 - 2 中的蓝色实线表示左上角给出的被动安全级别所对应的行人损伤风险曲线。最后，分别计算指定测试速度下（50km/h）被动安全系统损伤风险收益（50km/h 处灰色和蓝色曲线的纵坐标差值）和主动安全系统损伤风险收益（蓝色曲线碰撞速度从 50km/h 降低到 35km/h 产生的损伤风险下降），再将主被动安全系统的损伤风险收益累加来评价被试车辆的主被动一体化安全性能。

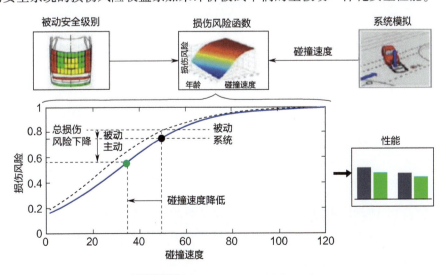

图 6 - 2　PreEffect-iFGS 测评方案

PreEffect-iFGS 测评方案的主要优点是，它涵盖了目前 Euro-NCAP 测试中涉及的所有身体区域的损伤。然而，该方法也有其局限性：一是未考虑碰撞测试点的概率以及该概率随碰撞速度的变化；二是损伤严重程度和参考基线的选择有些随意，并且仅在一个速度下计算效益；三是"损伤偏移方法"缺乏验证，当将局部（头部、大腿、小腿）损伤风险与被动安全系统测试的全局 MAIS 风险相结合时，会出现信息丢失。此外，所描绘的 MAIS2 + 损伤风险曲线表明，在速度为零时仍有损伤风险，这可以从所使用的数据和方法中解释，但不能准确反映现实。

（三）Edwards 测评方案

Edwards 等人在前人研究基础上提出了考虑事故碰撞工况（车速和行人身高）多样性和全局损伤费用（医疗费用和社会经济损失）的行人主被动一体化测评方案，该方案将 AEB 降速作用引起的事故样本车辆碰撞速度分布变化和行人运动学响应变化纳入测评，且对不同人体部位的损伤费用进行了归一化处理。该方法由以下 5 个主要步骤组成，如图 6-3 所示。

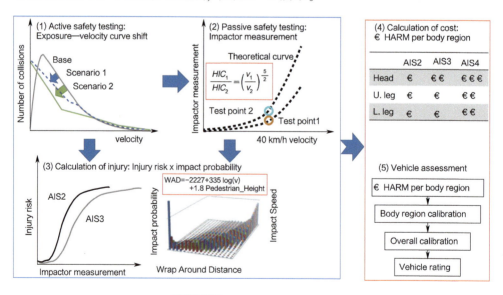

图 6-3　Edwards 测评方案

步骤 1 - 主动安全测试：采用 5 种典型事故工况测试车辆 AEB 行人功能，基于 AEB 系统提供的降速表现对从行人事故样本中获得的车辆碰撞速度分布曲线进行调整。

步骤 2 - 被动安全测试：根据 Euro-NCAP 测试规程进行标准速度（40km/h）

下的冲击器测试和仿真,再根据经验公式(如 HIC 比值与速度比值的 5/2 次方关系,图 6-3 所示)将测得的损伤指标值外推到其他碰撞速度。

步骤 3 - 计算损伤频率:根据 WAD 与车辆碰撞速度和行人身高的函数关系(图 6-3 所示),计算每个冲击器测试区域的碰撞概率,再将碰撞概率、步骤 2 中的损伤指标值、损伤风险曲线以及步骤 1 的速度分布数据,对目标人群中所有测试身体区域的 AIS 级别的损伤风险进行汇总,以求出各身体区域的损伤频率。

步骤 4 - 计算损伤费用:将步骤 3 计算的损伤频率通过"HARM"指数(不同损伤对应的总货币成本)转换为损伤费用。

步骤 5 - 车辆安全性评估:假设目标人群中的所有行人都参与了对车辆进行评估的事故,使用校准因子对身体区域的损伤费用进行加权,并求和得出总费用,再依此与其他车辆计算的费用进行比较,对车辆安全性进行相对评估。其中,校准系数用以考虑冲击器未评估的身体区域损伤和地面撞击造成的损伤等因素。

Edwards 测评方案虽综合全面地考虑了事故多样性和全局人体损伤,但仍存在一定不足。首先,由于该方法需要用到事故样本和损伤费用,不同国家和地区的事故数据和医疗费用存在差异,需根据具体情况制定不同版本。其次,在校准过程中使用了简单的乘法因子,即假设未由冲击器评估的身体部位损伤和地面撞击损伤的费用与冲击器评估值线性相关。再者,忽略触底得出的冲击器标准与速度比例关系的准确性,损伤风险曲线的有效性和准确性,头部 WAD 与碰撞速度和行人高度关系的有效性和准确性。

二、VRU 主被动一体化测评融合策略

VRU 主被动一体化测评的核心在于将车辆主动安全和被动安全的防护性能融合到一个指标或指标体系进行评价,从前人的研究来看最终的落脚点都是在车辆主动避撞后被动碰撞产生的损伤风险上,即建立以 AEB 降速量为输入、损伤风险为输出的评价模型。基于上述思路,本报告提出以下两种 VRU 主被动一体化测评融合策略。

一是基于收益评价(相对性)的主被动融合策略(图 6-4),测评以典型事故场景为出发点,以无避撞车辆碰撞工况为基线参考,以 AEB VRU 功能测试结果为评价对象,通过对比 AEB 避撞后和无避撞工况下的被动安全测试(冲击器试验)结果评价主被动安全联合作用后的效益(收益评价),最后再根据收

益评价结果进行车辆安全性评级。

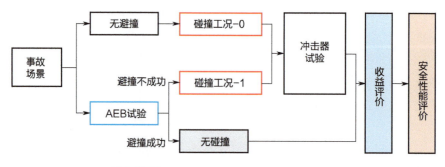

图6-4 基于收益评价的主被动融合策略

二是基于被动安全评价（绝对性）的主被动融合策略（图6-5），测评同样以典型事故场景为出发点，进行AEB VRU功能测试，根据车辆降速后的碰撞速度进行被动安全测试（冲击器试验），再按照现有被动安全评价体系对车辆进行打分和评价，最后再根据被动安全评价结果进行车辆安全性评级。

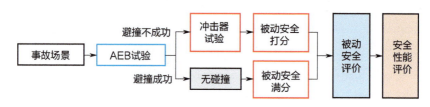

图6-5 基于被动安全评价的主被动融合策略

三、VRU主被动一体化测评方案

针对以上主被动融合策略，制定具体的VRU主被动一体化测评方案需要重点考虑几个问题：如何合理设置AEB测试场景？如何合理考虑降速对VRU被动碰撞响应的影响？不同碰撞速度下的被动性能如何测评？如何形成一个科学合理的评价准则（绝对量/相对量）？根据对以上问题的不同程度思考，本报告提出了考虑概率模型（复杂版）和仅考虑速降（简化版）的两种VRU主被动一体化测评方案，下文中将对其具体内容和步骤进行描述。**需要强调的是，由于主动安全系统可能存在不触发或电子元器件故障等潜在风险，一体化测评只可作为对现有测评体系的补充（加分项），现行被动安全测评仍是最后防线。**

（一）考虑概率模型的测评方案

由于真实事故中车辆与VRU碰撞工况的随机性，以及事故中不同车辆速度碰撞下的 VRU 下肢初始碰撞位置和头部最终碰撞位置可能存在差异，理论上有必要在进行车辆安全性评价时考虑不同事故工况和人体部位碰撞位置的发生概率。因此，本报告提出了一种考虑概率模型的 VRU 主被动一体化测评方案，其中涉及多个函数的构建和 AEB 效能评价，总体构架如图 6-6 所示。

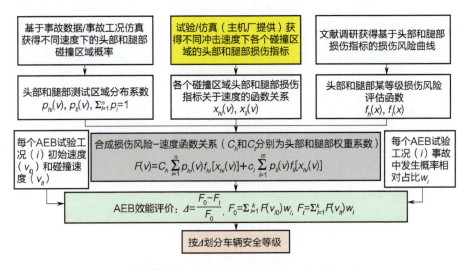

图6-6 考虑概率模型的测评方案框架

1. 碰撞区域分布概率函数构建

根据事故数据或者基于事故工况的大规模仿真获得不同碰撞速度下的 VRU 头部和腿部碰撞区域及其分布概率，依此构造不同碰撞速度时所对应的各头部和腿部冲击器测试区域（目前被动安全测试中设定的）的概率分布函数。该函数的获得最基础应考虑不同身高的儿童和成人在不同车辆碰撞速度下的运动学响应，更高阶的要求则需要考虑碰撞车型发罩前沿高度的差异。当被试车辆类型和碰撞测试速度给定时，根据碰撞区域分布概率函数可计算出每个冲击器测试区域的权重。同时，每个冲击器（如：儿童头部）的所有测试点的概率需要进行归一化处理，即总和为 1。

2. 冲击器响应-碰撞速度关系函数构建

由于 AEB 作用后车辆碰撞速度可能为任何值，固定速度（如：40km/h）下的冲击器试验或仿真结果无法满足评价需求，因此需要针对被试车辆构建每个测试区域的冲击器响应关于碰撞速度的函数。该函数可由主机厂通过冲击器测试或仿真数据构建。在一体化测评过程中，当 AEB 作用后的车辆碰撞速度给定时，可根据冲击器响应-碰撞速度关系函数计算各测试区域的冲击器损伤指标（如：HIC），再由测评机构通过随机抽检对函数的预测精度进行评估，并通过定义修正系数对基于函数计算获得的冲击器损伤指标数值进行修正。

3. 身体部位损伤风险曲线构建

根据文献资料借鉴（已有）或构建基于冲击器损伤指标（如：HIC、大腿冲击力、小腿弯矩等）的不同身体部位损伤风险曲线，用以通过上一步获得的冲击器损伤指标数值计算不同身体部位损伤风险。值得说明的是，此处计算获得的损伤风险可以进一步换算成类似于损伤费用的等效指标参量，以实现对不同身体部位损伤的重要性进行权重计算。

4. 主被动融合评价指标函数构建

当AEB作用后的被动安全测试速度给定后，通过前面3个步骤可以计算出各冲击器测试区域分布概率和该区域碰撞对应的人体部位损伤风险（通过各测试区域冲击器损伤指标数值和损伤风险曲线计算获得）。此时，可以分别对各冲击器的所有测试区域的损伤风险进行加权处理。同时，还可以对不同冲击器对应的人体部位损伤风险之间进行加权处理（如：头部60% + 腿部40%），此处的权重系数应归一化处理，且需要结合相关理论（如：损伤数量在事故中的相对占比）进行定义。最后，将所有加权后的损伤风险定义成主被动融合评价指标函数［图6-6灰色框中的$F(v)$］，由于前三步函数构造中将所有因变量均已转化为关于车辆碰撞速度v的函数，此处的评价指标仅与车辆碰撞速度有关。

5. 主动安全测试及效能评价

与现有行人一体化测评方案相同，AEB功能测试仍然是VRU一体化测评的出发点，考虑到现有AEB配置下车辆基本能够在低速、无遮挡、白天视线等场景下成功进行VRU避撞，在主被动一体化测评中应设置对AEB功能具有相当挑战性的测试场景，此处暂且无法给出具体的测试场景特征，但可结合传感器视场测试要求和典型事故工况来确定系列测试场景。

在完成主动安全测试后，将各测试场景对应的初始试验车速和AEB作用后的车辆碰撞速度分别输入主被动融合评价指标函数$F(v)$，并通过试验场景分配权重（该场景在事故中的相对概率，所有测试场景权重归一化处理）计算出有无AEB作用所对应的主被动融合评价指标数值。接着，计算两者的相对差异［图6-6绿色框中的$\Delta \in (0, 1)$］作为AEB效能评价依据。

6. 车辆安全等级评价

以AEB效能评价中的Δ值为参考，通过设定合理的层级定义划分车辆VRU

主被动一体化安全等级,如四等分法:Δ=0~0.25 为 P;Δ=0.25~0.5 为 M;Δ=0.5~0.75 为 A;Δ>0.75 为 G。

(二) 仅考虑速降的测评方案

考虑概率模型的测评方案中涉及事故碰撞工况的多个不确定性因素,以及这些因素受主动避撞的影响,虽具有较强的理论合理性,但是在实施中或许过于繁琐。此外,考虑概率模型的测评过程依赖多个转换/关系函数,这些函数的确定大多依赖数据拟合,本身存在一定误差。因此,本报告提出另一种仅考虑 AEB 作用后碰撞速度变化的单因素简化测评方案,其总体构架如图 6-7 所示。该方案中的主动安全测试部分与上述考虑概率模型的测评方案相同,通过系列场景测试 AEB VRU 功能,以各主动安全测试场景 AEB 作用降速后的车辆-VRU 碰撞速度为输入进行传统的被动安全测评打分(不考虑碰撞速度变化对 VRU 头部碰撞区域分布概率影响,不计算损伤风险),再对所有主动安全测试场景对应的被动安全评分进行加权求和(不计算损伤风险和 AEB 收益),以此作为车辆 VRU 主被动一体化安全性能的评价依据。

需要说明的是,此方案中在被动安全评价前根据主动安全表现进行了筛选:AEB 作用后将车速降低至 20km/h 以下的不需要再进行一体化测评中的后续被动安全测评(仍需要进行传统被动安全测评),该场景一体化测评赋满分;AEB 作用后车速仍高于 40km/h 的不需要再进行一体化测评中的后续被动安全测评(仍需要进行传统被动安全测评),该场景一体化测评赋 0 分;除此以外的均按图 6-7 所示流程进行测评。上述临界速度的选择一方面考虑车速低于 20km/h 时 VRU 损伤风险已经很低,被动安全防护效果不再显著;而车速高于 40km/h 时已超出传统被动安全测评碰撞速度,一体化测评加分将失去意义。

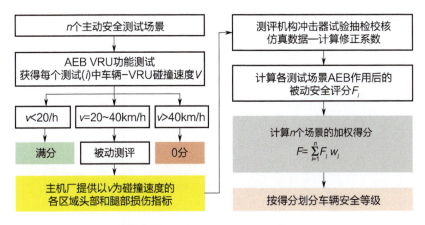

图 6-7 仅考虑速降的测评方案框架

四、结语

本报告提出了两种 VRU 主被动一体化测评方案，分别代表了繁简两种不同复杂程度的测评思路。虽然所提出的测评方案兼具一定理论性和可行性，但仍有诸多不足。

1）由于一体化融合的落脚点在于被动安全，顾及用于评价中的损伤指标数据的可靠性，两种测评方案都仅考虑了被动安全中冲击器测试的身体部位损伤。

2）两种测评方案中需要设定的主动测试场景仍然需要进一步深入研究，既要合理引导主动避撞系统的开发导向，又要考虑当前软硬件所能企及的能力。

3）考虑概率模型的测评方案中，但仍有影响参数未纳入其中，如车速变化后 VRU 头部与车辆碰撞的角度变化和 WAD 的整体范围变化等。

4）仅考虑降速的测评方案在理论上缺乏合理性，忽略了车辆碰撞速度对 VRU 运动学响应的影响，但具有较好的可操作性。

5）两种测评方案都可以进行繁简程度的进一步变化，通过两者之间的融合和取舍达到合理性和可操作性的统一。

参考文献

[1] WHO. Global status report on road safety [R]. Geneva：World Health Organization, 2018.

[2] 中国汽车工程研究院股份有限公司. 中国保险汽车安全指数规程，第 3 部分：车外行人安全指数行人保护评价规程（2023 版），编号：CIASI – SM. PS. PPR – C0 [R]. 2023.

[3] Euro NCAP. European New Car Assessment Programme, Assessment Protocol-Vulnerable Road User Protection, Version 11. 3 [R]. 2023.

[4] 中国汽车技术研究中心有限公司. 中国新车评价规程，C-NCAP 管理规则（2021 年版 修订版）[R]. 2021.

[5] 中国汽车工程研究院股份有限公司. 中国保险汽车安全指数规程，第 3 部分：车外行人安全指数车对弱势道路使用者自动紧急制动系统试验规程（2023 版），编号：CIASI-SM. PS. VRUT-C0 [R]. 2023.

[6] 中国汽车工程研究院股份有限公司. 中国保险汽车安全指数规程，第 3 部分：车外行人安全指数碰撞试验规程（2023 版），编号：CIASI-SM. PS. PPT-C0 [R]. 2023.

[7] KÜHN M, FRÖMING F, SCHINDLER V. Assessment of vehicle related pedestrian safety [C] //Proceedings of 19th Enhanced Safety of Vehicles (ESV) conference, Washington DC, USA, 2005, paper number 05 – 0044.

[8] HAMACHER M, ECKSTEIN L, KÜHN M, et al. Integrated pedestrian safety assessment procedure [C] //Proceedings of 23rd Enhanced Safety of Vehicles (ESV) conference, Seoul, Republic of Korea, 2013, paper number 13-0268.

[9] SCHRAMM S. Methode zur Berechnung der Feldeffektivität integraler Fußgängerschutzsysteme [D]. Munich: Technical University Munich, 2011.

[10] ROTH F, STOLL J. Integrated pedestrian protection [C]//Proceedings of the 6th Praxiskonferenz Fußgängerschutz, Bergisch-Gladbach, 2011.

[11] EDWARDS M, NATHANSON A, CARROL J, et al. Assessment of integrated pedestrian protection systems with Autonomous Emergency Braking (AEB) and passive safety components [J]. Traffic Injury Prevention, 2015, 16 (Sup1): S2-S11.

第7章　汽车正面碰撞中典型离位乘员碰撞损伤边界探索

王　方　王明亮

摘要：在智能汽车的逐步使用甚至普及的背景下，汽车碰撞事故仍可能由于各种原因而无法避免，而且车内驾乘人员的姿态可预见地出现高度多样化趋势，这使得乘员约束系统的优化设计面临着新的挑战。在碰撞中，离位乘员可能会比标准姿态乘员承受更大的损伤风险，因此量化地分析高度随机的乘员姿态变化对其各部位损伤响应的影响，探求非标准坐姿乘员的离位边界，以较准确地预测特定离位状态下的乘员损伤风险，对于提升智能汽车的整体安全性至关重要。

本研究以现有测试规程为标准，借助成熟的多刚体乘员约束系统和假人数值模型，针对不同身材乘员（5th 女性，50th 男性，95th 男性）的多种非标准坐姿工况开展正面碰撞仿真，从乘员运动学、各部位损伤分析离位因素对乘员的影响，并基于法规所设置的耐受限度探求非标准坐姿乘员的离位边界。研究结果表明，离位因素对乘员碰撞过程中的运动学有明显影响，其中高度倾斜的座椅靠背会影响碰撞过程中乘员与安全带间的作用以及与安全气囊的接触时间；乘员左右偏移角度主要影响乘员与安全气囊的接触位置。离位因素与乘员损伤之间的相关性结果表明，座椅靠背角度对乘员的颈部损伤影响最大，乘员左右偏移角度对乘员胸部损伤影响最大。基于乘员损伤耐受限度寻求在现有约束系统条件下非标准坐姿乘员离位边界的结果表明：对于50th 男性乘员来说，AEB 强度应设置为 $1g$，且在乘员左右偏移角度为 $-0°\sim10°$ 范围、座椅靠背角度为 $23°\sim33°$ 范围时，各部位的损伤相对较小；对于5th 女性乘员，AEB 强度应设置为 $1g$，在乘员左右偏移角度为 $-10°\sim20°$、座椅靠背角度为 $23°\sim33°$ 范围时，各部位损伤相对较小；对于95th 男性乘员，AEB 强度也应设置为 $1g$，在乘员左右偏移角度为 $0°\sim10°$、座椅靠背角度为 $23°\sim33°$ 范围时，各部位损伤相对较小。而结合3种乘员体型，最终确定离位乘员在 AEB 制动强度为 $1g$、乘员左右偏移角度为 $0°\sim10°$ 以及座椅靠背角度为 $23°\sim33°$ 范围内损伤较小。本报告对面向智能汽车驾乘人员保护的约束系统优化设计及主动安全系统的设计、提升智能汽车整体安全性能具有一定参考价值。

关键词：正面碰撞，非标准坐姿，损伤预测，离位边界

一、引言

（一）背景及意义

道路交通安全是危及全人类的一大公共健康问题，世界卫生组织发布的《全球道路安全现状报告》表明，道路交通事故是人类第 8 大死亡原因，也是 5~29 岁儿童和青年的主要死亡原因；全球每年共有 135 万人因此丧生，其中车内驾乘人员占 29%。为了减少交通事故所致人员伤亡，近年来学界和业界致力于降低事故发生概率，并将交通事故人员零伤亡作为研究的愿景，其中高度智能化甚至自动驾驶的汽车被认为是一个可行的解决途径。

智能汽车是一种依靠先进的车载设备感知协同合作并通过精确的算法实现自动驾驶的智能汽车。智能汽车的道路环境感知和运动规划能力比人类更强，它能够以更好的识别、决策和执行能力来控制车辆，从而避免交通事故，减轻事故带来的经济损失。Wang 等对先进辅助驾驶系统的安全有效性进行了评估，针对选定的 6 个国家，先进辅助驾驶系统可以避免 340 万次交通事故，平均减少 47.48% 交通事故。同样地，Agriesti 等利用意大利国家的交通事故数据评估智能汽车可避免的事故，结果表明，如果 2016 年所有的碰撞事故都涉及一辆智能汽车，那么 66% 的事故可以避免或减轻。总的来说，这些研究表明，与传统车辆相比，智能汽车可以避免大多数的交通事故，它的投入使用极大地提高了道路交通的安全性。

虽然理想情况下，智能汽车应该避免所有事故，但事实上，它们仍存在自身软硬件失效的风险，且比传统车辆更依赖技术，而技术的错误对于智能汽车的安全性是致命的。Sivak 等指出，依靠智能汽车实现零事故的期望是不现实的，智能汽车的安全性不一定好于驾驶经验丰富的驾驶人。同样地，Detwiller 等基于行人碰撞数据评估自动驾驶汽车减少车辆-行人碰撞事故的有效性，发现即使是在理想的情况下，也不是所有的车辆-行人碰撞事故都可以避免。同样地，Lubbe 等基于德国深度事故研究数据库预测智能汽车的道路交通死亡事故，研究表明，即使是可预见的最安全的智能汽车也不可能实现零伤亡零事故。总的来说，这些研究概述了智能汽车在避免道路交通事故方面的有效性，极大地提高道路交通安全，但仍可能无法完全避免交通事故。

目前，已有学者对智能汽车发生碰撞的因素开展了一系列研究。Yao 等指出，传统车辆会逐步被智能汽车取代，但是在智能汽车实现 100% 的市场渗透率之前，交通流将由智能汽车与传统汽车组成，两种类型的汽车在道路上共同行驶。而在智能汽车与传统车辆共享道路期间，智能汽车与传统车辆产生的交互作用会使得交通流不稳定，从而导致汽车碰撞。而且人类驾驶员可能对智能汽车行为不习惯导致汽车碰撞风险增加，也可能利用智能汽车严格遵守交通规则的特点而变得更加具有攻击性。这种驾驶行为上的差异也是导致汽车发生碰撞的原因，且差异越大，就越有可能出现安全问题。此外，当智能汽车需要驾驶员接管车辆时，由于驾驶员注意力不集中于驾驶任务，从而对周围行车环境缺乏正确的认知，无法及时地接管汽车并做出正确决策，从而导致汽车发生碰撞。总的来说，上述研究表明智能汽车仍可能由于各种因素而无法实现零伤亡零事故。

在高度智能化车辆运行环境下，驾驶员将逐步脱离驾驶任务，而非局限于传统汽车环境下的长时间驾驶，这意味着驾乘人员在车内将拥有越来越大的活动自由度，如休息放松、娱乐或与其他乘客进行交流，这对车内空间布置提出了新的需求，包括设置灵活的座椅定位及朝向，向后移动座椅以远离车辆控制装置，或者能够高度倾斜的座椅，等等。在这种新的车内环境下，车内乘员的姿态将呈多样化。甚至，智能汽车上搭载的主动安全系统在触发时也可能导致乘员出现非标准坐姿，如自动紧急制动系统（AEB）及自动紧急转向（AES）等。然而，传统的乘员约束系统均是针对处于标准坐姿的乘员设计，而处于非标准姿态下的乘员，约束系统对乘员保护效能引起了研究人员的关注。由于交通事故的复杂性以及乘员姿态的多样化，使得离位乘员在碰撞中的运动学响应以及各部位损伤更加难以预测。

综上所述，深入了解和分析离位乘员的运动学和损伤特征，基于损伤耐受限度探求离位乘员的碰撞损伤边界，对面向智能汽车环境下驾乘人员损伤防护的约束系统优化设计及主动安全系统的设计，优化智能汽车的驾驶决策及其车内空间配置，实现面向乘员保护的最优安全，提升智能汽车整体安全性具有重要意义。

（二）本报告目的与主要内容

前人对乘员离位坐姿所开展的研究为离位乘员的保护提供了有价值的数据和材料。然而，这些离位乘员的研究仍有一定的局限性。大多数研究人员仅针对单一因素引起的乘员离位进行分析，尚未综合考虑多种乘员离位坐姿对乘员损伤的影响，且缺乏离位乘员损伤的预测模型。事实上，随着自动驾驶汽车的引入，乘员的姿态将更加多样化，仅针对某一种离位姿态进行研究不够全面，可能忽略其他因素的影响。此外，对于现有约束系统条件下非标准坐姿的乘员离位边界并没有进一步的深入研究，对于非标准坐姿乘员的离位边界还比较模糊。

本报告以文献中各种乘员离位姿态和人体损伤生物力学为基础，基于成熟的乘员舱模型，使用多刚体动力学软件模拟车辆正面碰撞中不同身材尺寸乘员非标准坐姿的动态响应的全过程。基于仿真结果，本报告从人体损伤参数方面分析非标准坐姿乘员的损伤特点，评估现有的约束系统在典型非标准下的乘员碰撞损伤的防护效能，并依据法规中乘员损伤限值确定现有约束系统条件下的非标准乘员坐姿的离位边界。研究结果对于未来的乘员保护系统的优化设计具有一定的参考，以尽可能保护离位乘员安全。

本报告主要工作如下：

归纳总结当前国内外高校及研究机构开展的离位乘员损伤研究；整理文献中自动紧急制动参数、座椅靠背角度以及其他非标准坐姿的参数，为后续仿真模拟提供可靠有据的参数选择。

构建正面碰撞工况下的乘员舱碰撞模型，以现有测试规程为输入条件，对不同身材乘员（5th 女性假人，50th 男性假人，95th 男性乘员）的非标准坐姿进行碰撞模拟，探讨分析不同身材乘员非标准坐姿乘员的损伤特点，包括座椅靠背过度倾斜时的坐姿、AEB 介入时造成的离位坐姿、旋转座椅时的坐姿，以及其他非标准坐姿等。

分析离位因素对乘员在预碰撞阶段和碰撞阶段运动学的影响；利用皮尔逊相关性方法分析乘员离位因素与乘员损伤之间的相关性，并以法规中损伤高性能限值确定现有约束系统条件下不同体型乘员（5th 乘员，50th 乘员，95th 乘员）的离位边界。

二、仿真模型构建

本节基于美国国家高速公路交通安全管理局 NHTSA 建立并发布的公开 Yaris 模型及 MADYMO 软件中的假人模型，构建 50km/h 正面碰撞工况下的乘员舱碰撞模型；基于文献中的乘员离位姿态参数，构建了用于后续仿真的边界条件矩阵，并依据仿真矩阵在碰撞模型中对驾驶员姿态进行调整，建立了离位坐姿乘员约束系统模型。最后，参考车辆安全法规，归纳了乘员各部位的损伤评价指标及其高性能限值。

（一）仿真模型

目前，常用的汽车碰撞安全仿真的软件有两类，一类用于结构碰撞分析，常用的软件如 HyperWorks、LS‑DYNA 等，通过对各种复杂的结构进行模拟，从而得到近似解，计算精度较高，但计算时间长；另一类则是用于乘员损伤，如 MADYMO。MADYMO 软件是由荷兰的 TNO 公路汽车研究院在 1975 年开发的，发展至今已成功地将有限元融入多刚体系统中，成为一个将多刚体与有限元结合的仿真分析软件，它的可靠性也已经得到充分验证。

本报告中最基础的部分是乘员约束系统数值模型，其建模的准确与否直接决定了后续仿真结果的可信度。因此本报告所使用的正面碰撞驾驶侧数值模型是从 NHTSA 官网（https://www.nhtsa.gov/）获取的经验证的 Toyota Yaris 2010 款车型的成熟模型。数值模型主要包括乘员舱模型、假人模型等。

1. 乘员舱模型

乘员舱模型主要是利用有限元方法根据 Toyota Yaris 2010 款车型中内饰的几何尺寸以及相对位置建立的，主要包括安全带模型、安全气囊模型、座椅模型、风窗玻璃、AB 柱、搁脚板和转向系统等，各个部件在车内的运动通过定义铰链的属性来实现。

座椅模型主要包括坐垫及靠背，且由于 5th 女性乘员和 95th 男性乘员体型与标准的 50th 男性乘员不同，故在使用 5th 女性乘员和 95th 男性乘员进行碰撞模拟时座椅位置也要做相应的前后调整。

2. 假人模型

目前，在 MADYMO 软件中常用的假人类型有 3 种，分别是椭球假人、Facet 假人和有限元假人（FE 模型）。椭球模型是完全基于 MADYMO 刚体建模特征的模型，该模型的几何形状用椭球、圆柱体和面来描述，计算速度快。Facet 模型实际上也是多体模型，但它们比起椭球模型有更先进的多体和刚性表面有限元技术，计算速度较快。有限元模型仿真精度更高，但计算速度慢，计算时间长，而且人体姿态调整过于繁琐复杂。本报告主要研究内容是正面碰撞下离位乘员的损伤响应，由于乘员离位姿态多样化，仿真工作量大，综合考虑之下，本报告假人模型选用计算速度最快的 Hybrid Ⅲ 型第 50 百分位椭球假人，具体模型如图 7‑1 所示，在 Yaris 模型驾驶侧位置放入 Hybrid Ⅲ 假人模型后如图 7‑2 所示。

图 7-1 Hybrid Ⅲ型第 50 百分位椭球假人

图 7-2 正面碰撞驾驶人侧模型

(二)边界条件

随着自动驾驶汽车的引入,乘员的姿态将更加多样化,只分析某一种离位姿态不够全面。故本报告总结归纳了文献 [30-33] 中的乘员离位姿态,并提取其中几种典型的乘员离位姿态参数作为本报告研究的边界条件,主要包括自动紧急制动介入时导致的碰撞前离位,座椅靠背向后倾斜工况下的乘员坐姿以及其他乘坐姿态,具体如表 7-1 所示。

表 7-1 本报告所开展正面碰撞仿真边界条件

乘员姿势	碰撞速度 /(km/h)	AEB 制动曲线/g	座椅靠背角度/(°)	乘员偏移角度/(°)	乘员模型
上肢姿势	50	0.7	23~63	-20~20	5th 女性 50th 男性
下肢姿势		1			95th 男性

随着自动驾驶汽车的引入,驾驶人可以采取与其他乘客类似的非标准姿势,本报告中驾驶人姿势的调整主要参考文献 [30],共 8 种乘员坐姿,如表 7-2 所示。

表 7-2 各个工况对应的乘员姿势及其示意图

工况	1	2	3	4	5	6	7	8
姿势	双手平放	左手持手机	右手持手机	双手抱胸左手在前	双手抱胸右手在前	左腿屈曲	右腿屈曲	双腿屈曲
示意								

本报告中车辆的碰撞速度根据文献［34］设置为50km/h，其碰撞初始条件设定为：锁定车辆系统模型的铰链，使车辆主体保持不动，在乘员系统模型的 Y 方向加载50km/h的碰撞加速度曲线，加速度的取值则是整车正面碰撞中纵向（X 向）加速度曲线，即驾驶人侧 B 柱底部在碰撞试验中的纵向加速度－时间曲线，如图7－3所示。此外，整个仿真模型还将受到重力加速度场的作用，施加在仿真模型的 Z 向。

本报告中考虑了自动紧急制动介入时引起的碰撞前乘员离位情况，参考文献［32］设置，主要考虑以下3种工况：无 AEB 工况，AEB 制动强度为 $0.7g$ 的工况和 AEB 制动强度为 $1g$ 的工况，其中 $0.7g$ 和 $1g$ 的制动减速度曲线如图7－4所示。不同制动工况逻辑为，无 AEB 工况只加载50km/h的碰撞加速度曲线，然而到目前为止，还没有任何有效的仿真软件可以评估有 AEB 工况中预碰撞阶段乘员的离位对碰撞时乘员损伤的影响，因此本报告根据文献［32］建立主被动集成模型来研究自动紧急制动对整个碰撞过程中乘员运动学及损伤的影响。该集成模型主要包括碰撞前阶段以及碰撞阶段，在碰撞前阶段加载自动紧急制动减速度曲线模拟制动作用下的乘员前倾，而碰撞阶段则通过加载碰撞加速度曲线。因此，$0.7g$ AEB 工况的具体流程如图7－5所示，在预碰撞阶段 $0.7g$ AEB 持续0.5s，碰撞阶段50km/h的正面碰撞加速度曲线持续0.15s。$1g$ AEB 工况同理。

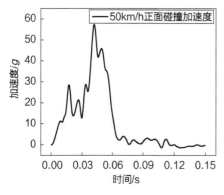 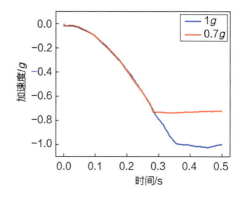

图7－3　50km/h 碰撞加速度曲线　　　图7－4　自动紧急制动减速度曲线

对于座椅靠背倾斜角度范围，虽然不同文献［33，35，36］中所分析的范围不尽相同，但均处于23°～70°区间之内，在此基础上，本报告将座椅靠背倾斜角度范围设置为23°～63°，间隔为10°，如图7－6所示。在调整好座椅靠背角度时，还需要对乘员重新进行预模拟，使乘员在重力加速度场作用下与座椅靠背贴合，达到初始的平衡状态。

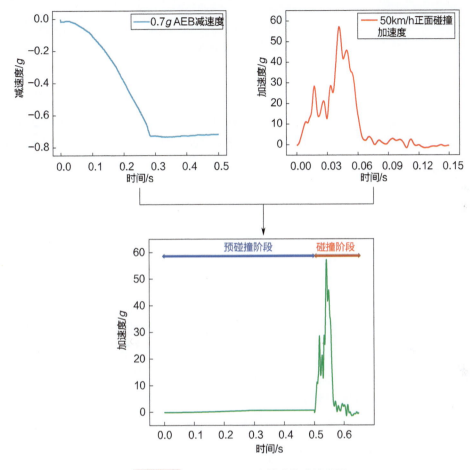

图 7-5　0.7g AEB 主被动集成流程图

而乘员左右偏移范围根据文献 [31, 37] 将其设置为 -20°~20°，间隔为 10°，其中 0°为中间坐姿，-20°则是使用 Joint Positioning 工具将乘员腰部铰链向右旋转 20°，如图 7-7 所示。本报告所使用模型均为 Hybrid Ⅲ 型椭球假人模型，包括 5th 女性乘员、50th 男性乘员及 95th 男性乘员 3 种不同体型的乘员，如图 7-8 所示。

本报告将 8 种乘员上下肢姿势分为 8 类，每一类中对 AEB 制动强度（无 AEB、0.7g AEB、1g AEB）、乘员左右偏移角度（-20°~20°，间隔 10°）、不同体型乘员（5th、50th、95th）及座椅靠背倾斜角度（23°~63°，间隔 10°）进行全因子分析，共计进行了 8×3×5×3×5 次 =1800 次正面碰撞仿真。

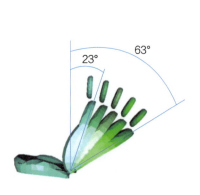

图7-6 座椅靠背倾斜角度范围　　图7-7 乘员左右方向偏移范围　　图7-8 乘员模型

(三) 损伤评价指标

在车辆碰撞过程中,乘员会承受各种外部冲击载荷,在载荷作用下人体组织会产生生物力学反应,一旦承受的载荷超过人体能够承受的限度,就会造成人体损伤。损伤评价指标一般是根据一些物理参数或者由物理参数组成的函数进行定义的,如人体各部位的线性加速度、角加速度等。本报告中正面碰撞工况下乘员各部位的损伤评价指标及损伤限值参照C-NCAP(2021版)和C-IASI(2020版)中各项规定,并将损伤指标及其高性能限值列入表7-3。

表7-3 损伤指标及其限值

损伤指标	损伤高性能限值
头部伤害指数 HIC	500
头部 3ms 合成加速度	72g
伸张弯矩 M_y	42 N·m
颈部损伤基准 N_{ij}	0.8
胸部压缩量 Thcc	22 mm
黏性指数 VC	0.5 m/s
膝盖滑移量	6 mm
大腿压缩力	3.8 kN
小腿压缩力	2 kN
胫骨指数 TI	0.4

三、典型正面碰撞中离位乘员运动学分析

随着自动驾驶汽车的使用甚至普及,乘员的姿态将会更加多样化,当碰撞不可避免时,乘员多样化的坐姿可能会影响碰撞前阶段以及碰撞阶段中乘员的运动学,可能导致乘员与安全带接触的性质以及与安全气囊接触时间和位置发生变化,使安全带和安全气囊对乘员的保护效果减弱,增大乘员损伤。本节主要是分析离位因素对乘员在预碰撞阶段和碰撞阶段运动学的影响。

(一)预碰撞阶段乘员运动学分析

本节主要是分析离位乘员在预碰撞阶段的运动学差异。在预碰撞阶段,AEB 的制动强度是影响乘员运动学的重要因素。本报告通过在预碰撞阶段加载 AEB 减速度曲线模拟制动作用,主要考虑了无 AEB,有 AEB 制动强度为 $0.7g$($g = 9.8 \text{m/s}^2$)以及制动强度为 $1g$ 这 3 种工况。因此本节主要考虑在几种典型离位姿态下 AEB 作用对乘员碰撞前运动学的影响。

1. 不同乘员体型下自动紧急制动引起的乘员碰撞前运动学对比

将 3 种体型乘员在不同 AEB 制动强度工况下的初始碰撞时刻的乘员姿态进行对比,如表 7 - 4 所示。由于预碰撞阶段是 AEB 作用阶段,主要发生在整车的纵向方向,即 X 方向,因此本报告选取碰撞初始时刻的乘员头部、胸部以及骨盆 X 方向位移进行对比,如图 7 - 9 所示。显然,在 AEB 的作用下,3 种体型的乘员在碰撞时刻都发生了明显的不同程度的前向位移,具体如图 7 - 9 所示。

表 7 - 4 不同乘员在不同 AEB 作用下的碰撞时刻的乘员姿态对比

5th 女性乘员	50th 男性乘员	95th 男性乘员
无 AEB 作用	无 AEB 作用	无 AEB 作用

(续)

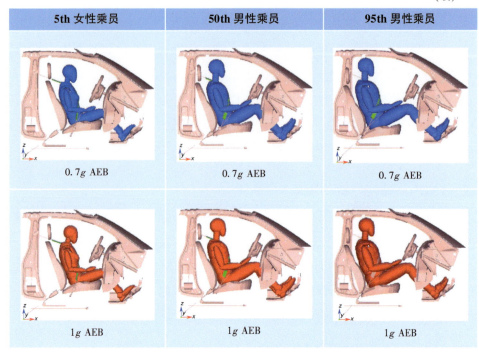

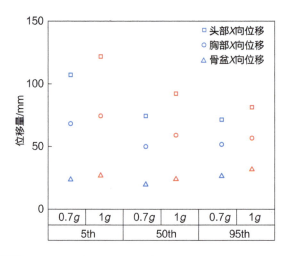

图7-9 不同乘员体型下AEB引起的乘员头胸部及骨盆X向位移

2. 不同座椅靠背角度下自动紧急制动引起的乘员碰撞前运动学对比

为了解不同的座椅靠背倾斜工况下AEB对乘员预碰撞阶段的响应,将部分案例的乘员位移数据统计如图7-10所示,在AEB作用下,乘员头部、胸部和骨盆的X方向位移都表现出大幅的增加,而且乘员头部表现出的X向位移比其胸部、骨盆更大，这是因为相比头部，胸部、骨盆可以受到安全带的约束。不同制动强度的 AEB 对乘员的离位的影响也有所不同，$1g$ 制动强度的 AEB 对乘员头、胸部及骨盆 X 方向位移的影响比 $0.7g$ 更大。随着 AEB 制动强度的增加，乘员在碰撞初始时刻的前向离位程度也就越大。

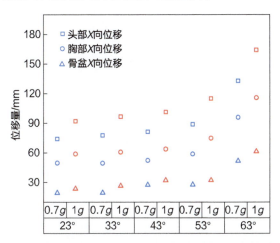

图 7-10　不同座椅靠背角度下 AEB 引起的乘员头部、胸部及骨盆 X 向位移

在图中还可以观察到一个很明显的趋势：随着座椅靠背角度的增大，AEB 对乘员的影响也增大，乘员前向位移更加明显。这是因为随着座椅靠背倾斜角度的增加，安全带对后倾工况下的乘员的约束效果减弱，此时乘员在 AEB 的影响下更容易向前运动，乘员头部、胸部及骨盆 X 方向位移量大幅增加。

3. 不同乘员左右角度下自动紧急制动引起的乘员碰撞前运动学对比

如图 7-11 所示，在 AEB 作用下，乘员头部、胸部和骨盆的 X 方向位移都表现出大幅的增加，而且 $1g$ 制动强度的 AEB 对乘员头部、胸部及骨盆 X 方向位移的影响比 $0.7g$ 更大，这一趋势与图 7-9 相同。此外还可以明显地观察到，在乘员偏移 $-20°$ 时，乘员头胸部 X 向位移量最大。这是由于乘员向右偏移时，偏移角度增大，安全带对乘员的约束作用减弱，导致乘员在 AEB 作用下表现出更大的位移量。

4. 不同乘员姿势下自动紧急制动引起的乘员碰撞前运动学对比

图 7-12 为部分案例的乘员头部、胸部及骨盆 X 向位移数据，在 AEB 作用下，乘员上肢姿势改变（工况 1~5）的乘员头部、胸部和骨盆的 X 方向位移比乘员下肢姿势改变（工况 6~8）大，其中两种乘员双手抱胸的姿势（工况 4 和工况 5）的头部和胸部位移量最大，而乘员下肢姿势改变（工况 6~8）的乘员骨盆 X 向位移更大。

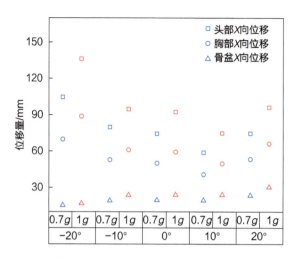

图7-11 不同乘员左右角度下AEB引起的乘员头部、胸部及骨盆X向位移

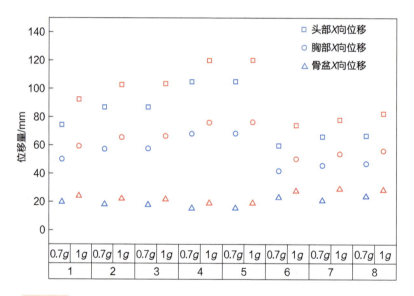

图7-12 不同乘员姿势下AEB引起的乘员头部、胸部及骨盆X向位移

（二）碰撞阶段乘员运动学分析

1. 自动紧急制动引起的碰撞阶段乘员运动学对比

由于AEB在预碰撞阶段引起乘员不同程度的前向位移，造成了碰撞初始时刻乘员的姿态不同，最终导致乘员在碰撞阶段的运动学变化。图7-13为不同AEB制动强度工况下乘员碰撞阶段的运动学对比，其中有AEB工况是从500ms开始碰撞至650ms碰撞结束，红色方框表示乘员胸部与安全气囊的接触时刻，

蓝色方框表示乘员头部与安全气囊的接触时刻。从图 7-13 可以明显地发现，在碰撞初始时刻，乘员在有 AEB 工况中比无 AEB 工况中表现出更大的前向位移，乘员头部、胸部与安全气囊的接触时间提前，这可能导致气囊在展开时对乘员的头部、胸部产生冲击，不但起不到保护乘员的效果，还可能加重乘员的损伤。而且随着 AEB 制动强度的增加，碰撞初始时刻的乘员更加前倾，导致碰撞阶段中乘员与安全气囊的接触时刻提前。

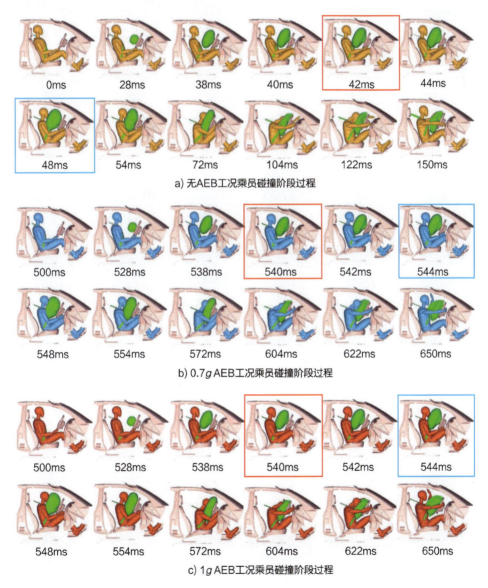

图 7-13 不同 AEB 制动强度工况下乘员碰撞阶段的运动学对比

2. 不同座椅靠背角度下的碰撞阶段乘员运动学对比

图7-14为不同座椅靠背角度工况乘员碰撞运动学对比，其中红色方框表示乘员胸部与安全气囊的接触时刻，蓝色方框表示乘员头部与安全气囊的接触时刻。相比于标准的23°座椅，其他角度座椅工况下乘员与安全气囊之间的空间更大，而且随着座椅靠背倾斜角度的增加，乘员与安全气囊之间的空间也随之增大，这一点在图7-14中的0ms表现尤为明显。从图7-14中还可以明显地观察到，随着座椅靠背角度的增加，碰撞过程中乘员头部、胸部与安全气囊接触的时间会更加靠后。当乘员与安全气囊接触时，气囊可能已经进入泄气阶段，从而削弱安全气囊对乘员头部、胸部的保护效果。此外，随着座椅靠背倾斜角度的增加，安全带肩带与胸部也无法有效地贴合，甚至在碰撞时出现安全带肩带直接加载在乘员的头颈部位，并导致乘员头颈部损伤的增加。

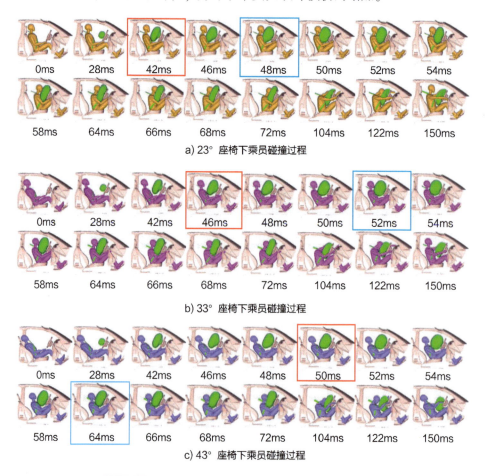

图7-14 不同座椅靠背角度工况乘员碰撞运动学对比

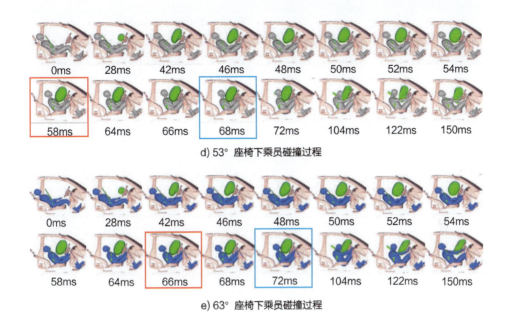

d) 53°座椅下乘员碰撞过程

e) 63°座椅下乘员碰撞过程

图7-14 不同座椅靠背角度工况乘员碰撞运动学对比（续）

3. 乘员左右偏移工况下的碰撞阶段乘员运动学对比

图7-15为不同乘员左右偏移角度工况下乘员碰撞运动学对比，图中红色方框展示了乘员头部与安全气囊接触位置。从图7-15中可以明显地观察到不同乘员左右偏移角度下乘员头部与安全气囊接触位置的差异，在乘员偏移-20°及20°的工况下，乘员的横向偏移量最大，此时乘员头部、胸部与安全气囊接触的部位并不是对乘员保护效果最好的正中间，而是在靠最右侧或靠最左侧的位置与安全气囊接触，这可能导致安全气囊对这两种极限状态下的乘员的保护效果不理想。相对而言，乘员偏移-10°和10°的工况横向偏移量较少，乘员头部与安全气囊接触位置更靠近中间。

4. 乘员上下肢姿势改变时的碰撞阶段乘员运动学对比

图7-16为不同姿势乘员在碰撞阶段中乘员运动学对比，其中红色方框表示乘员胸部与安全气囊的接触时刻，蓝色方框表示乘员头部与安全气囊的接触时刻。从图7-16a~e中可以发现，乘员上肢姿势的改变会在碰撞阶段中影响到安全气囊的展开，影响乘员头部与安全气囊的接触时间，还可能导致安全气囊更早地进入泄气阶段，从而削弱安全气囊对乘员头部、胸部的保护作用。而且在持手机及双手抱胸工况中安全气囊展开会对乘员上肢产生冲击，乘员上肢可能会受到严重损伤。从图7-16f~h中可以发现，乘员下肢姿势的改变并未引起碰撞中乘员上半身运动学的显著变化，对乘员下半身的运动学影响较大。

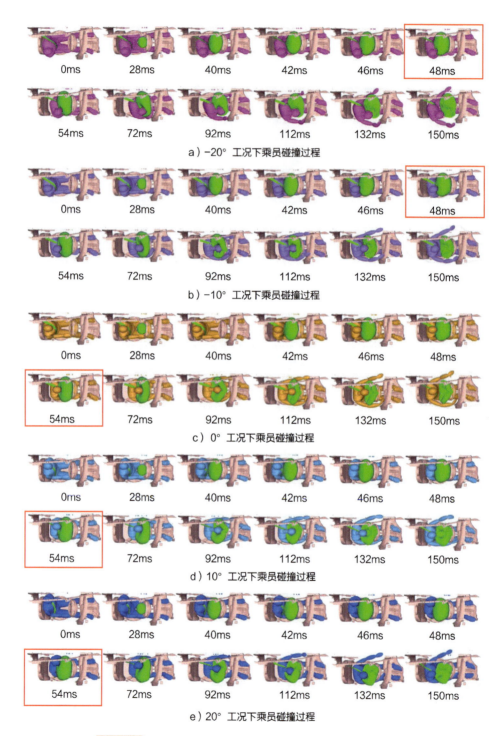

图7-15 不同乘员左右偏移角度工况下乘员碰撞运动学对比

第 7 章 汽车正面碰撞中典型离位乘员碰撞损伤边界探索

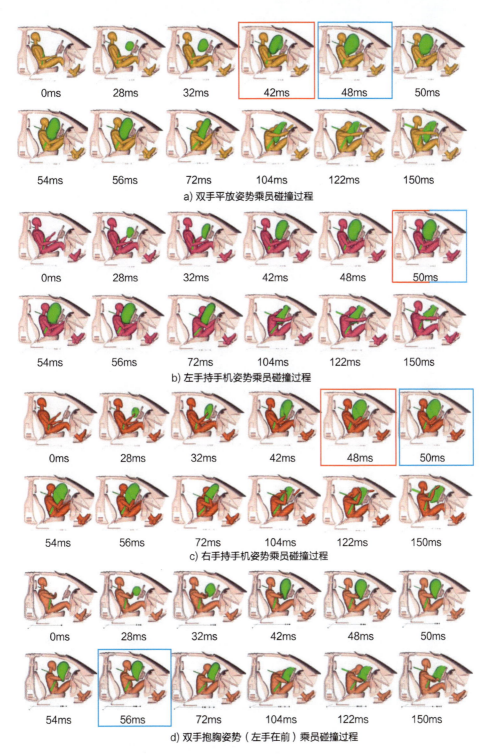

图 7-16 不同姿势乘员在碰撞阶段中乘员运动学对比

171

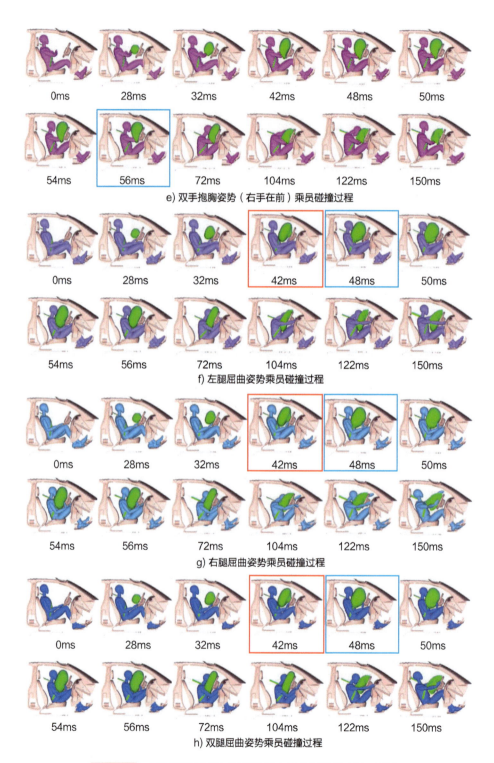

图7-16 不同姿势乘员在碰撞阶段中乘员运动学对比（续）

172

（三）本节小结

乘员多样化的坐姿可能会影响碰撞前阶段以及碰撞阶段中乘员的运动学。因此本报告分别从 AEB 作用、座椅靠背角度、乘员左右偏移等方面对乘员在预碰撞阶段以及碰撞阶段中的运动学进行分析。

首先对预碰撞阶段中的乘员运动学进行分析，预碰撞阶段中对乘员运动学影响最大的是 AEB。相对于无 AEB 工况，有 AEB 工况下 3 种体型乘员都出现了不同程度的前向位移，且位移随 AEB 制动强度增加而增大。

其次对碰撞阶段中的乘员运动学进行分析，主要包括 AEB 作用、座椅靠背角度、乘员左右偏移角度以及乘员上下肢姿势对于运动学的影响。由于在预碰撞阶段中，$1g$ AEB 工况下对乘员前向位移的影响通常比 $0.7g$ AEB 工况更大，导致碰撞阶段中的乘员更加前倾。高度倾斜的座椅靠背增大了乘员与安全气囊之间的空间，使得乘员头部、胸部与安全气囊接触的时间会更加延后；此外，在高度倾斜工况下安全带肩带与胸部也无法有效地贴合，甚至在碰撞时出现安全带肩带直接加载在乘员的头颈部位，导致乘员头颈部损伤的增加。在乘员向右偏移 20°以及向左偏移 20°的工况下，乘员与安全气囊接触位置在靠最右侧或靠最左侧的位置，削弱了安全气囊对乘员的保护效果。乘员上肢姿势的改变会影响到乘员与安全气囊的接触，从而使乘员上半身运动学发生变化，而下肢姿势的改变对于乘员上半身的运动学并没有太大变化，对乘员下半身的运动学影响较大。

四、典型正面碰撞中非标准坐姿乘员离位边界研究

在前述研究中，本报告以现有测试规程为输入条件，借助成熟乘员约束系统和假人数值模型，对不同身材乘员（5th 女性假人，50th 男性假人，95th 男性乘员）的非标准坐姿（包括座椅靠背过度倾斜时的坐姿，AEB 介入时造成的离位坐姿，旋转座椅时的坐姿以及其他非标准坐姿等）进行碰撞模拟，共进行了 1800 组仿真。本章主要以 C-NCAP（2021 版）和 C-IASI（2020 版）中规定的乘员损伤限值作为乘员损伤限度，寻求在现有约束系统条件下非标准姿态的不同身材乘员（5th 女性，50th 男性，95th 男性）的离位边界，以期对于未来的乘员约束系统设计具有一定的参考。

（一）50th 男性乘员碰撞损伤离位边界

1. 自动紧急制动边界

图 7-17 ~ 图 7-20 描述了 50th 男性乘员在不同 AEB 制动强度的工况下的各部位的损伤分布的箱形图及超出损伤限值的案例占比图，该箱形图由底部、25 分位数、中位数、75 分位数和顶部数值的图形表示完成，图中每个数据组包括 200 个数据点，黑色线代表各损伤指标的规定的高性能限值。由于有损伤指标在 3 种工况中出现了损伤超出规定的损伤限值的情况，因此统计了这些指标在不同 AEB 工况下超出损伤限值的案例占比图，以最终确定乘员的 AEB 边界。

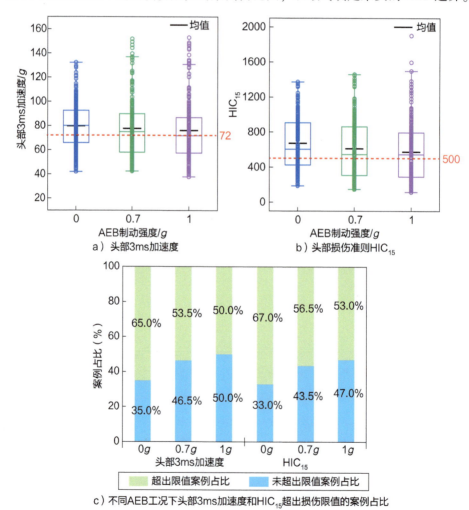

图 7-17 不同 AEB 工况下 50th 男性乘员头部损伤分布图及超出限值的案例占比

图 7-17 是不同 AEB 工况下头部损伤分布图及超出损伤限值的案例占比。通过比较无 AEB、0.7g AEB、1g AEB 3 种工况中头部损伤的均值，可以发现 AEB 一定程度上减轻乘员的损伤。然而在 3 种工况中，乘员的头部 3ms 加速度以及头部损伤准则 HIC_{15} 都有超出损伤限值的案例。但从图 7-17c 可以看出，随着 AEB 制动强度的增加，头部 3ms 加速度以及 HIC_{15} 超出损伤限值的案例占比减少，AEB 可以在一定程度上减轻乘员的头部损伤。

图 7-18 是不同 AEB 工况下颈部损伤分布图及超出损伤限值的案例占比。在无 AEB、0.7g AEB、1g AEB 3 种工况下，乘员的颈部损伤基准 N_{ij} 以及头部伸张弯矩都有超出损伤限值的案例，且随着 AEB 制动强度的增加，超出损伤限值的案例占比减少。

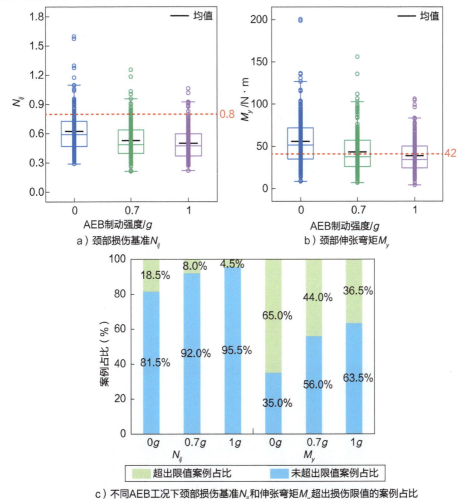

a) 颈部损伤基准 N_{ij}

b) 颈部伸张弯矩 M_y

c) 不同 AEB 工况下颈部损伤基准 N_{ij} 和伸张弯矩 M_y 超出损伤限值的案例占比

图 7-18　不同 AEB 工况下 50th 男性乘员颈部损伤分布图及超出损伤限值的案例占比

图7-19描述了不同AEB制动强度工况下50th男性乘员的胸部损伤分布的箱形图。通过对比3种工况下的损伤均值，可以发现AEB的作用加重了乘员的胸部损伤，且胸部压缩量中超出限制的案例增加。

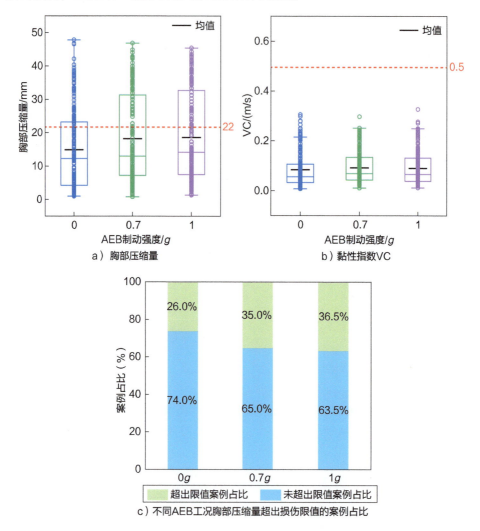

图7-19　不同AEB工况下50th男性乘员胸部损伤分布图及超出损伤限值的案例占比

图7-20描述了50th男性乘员在不同AEB工况中下肢损伤分布图及超出损伤限值的案例占比。比较各个工况中下肢损伤的均值水平，可以发现相比无AEB的工况，有AEB的工况下的乘员在碰撞过程中下肢损伤降低，且乘员下肢损伤随AEB制动强度增加而降低。如图7-20e所示，随着AEB制动强度的增加，膝盖滑移量、大腿压缩力和小腿压缩力超出损伤限值的案例占比减少，而小腿胫骨指数在3种工况中均超出损伤限制。

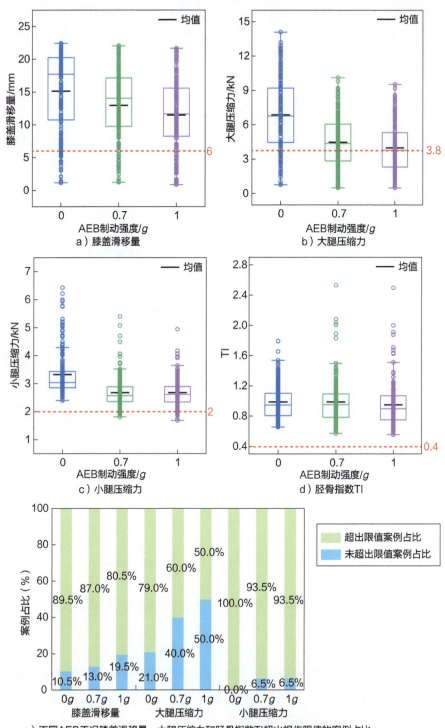

图7-20 不同AEB工况中50th男性乘员下肢损伤分布图及超出损伤限值的案例占比

综上所述，本报告基于损伤高性能限值，综合考虑了在无 AEB、0.7g AEB、1g AEB 3 种工况下 50th 男性乘员的各个部位的损伤情况。本报告认为 1g AEB 工况虽然在一定程度上增加了乘员的胸部损伤，但也可以有效降低乘员其他部位的碰撞损伤，因此对于 50th 男性乘员而言，AEB 制动强度暂定为 1g。

2. 座椅靠背角度及乘员左右偏移边界

图 7-21～图 7-25 描述了 50th 男性乘员在不同座椅靠背角度以及乘员左右偏移角度工况下的损伤分布的颜色映射曲面图及其投影图，颜色映射曲面图中灰色平面以及投影图中黑色虚线表示该损伤指标在法规中规定的高性能限值。

如图 7-21 所示，头部 3ms 加速度与头部损伤准则 HIC_{15} 总体上有相同的趋势：乘员向右偏移的工况下的损伤通常大于乘员向左偏移的工况。在 5 种座椅靠背倾斜角度的工况中均有超出损伤限值的情况，而从曲面图及其投影图可以得出在乘员左右偏移角度为 0°～20°范围时，乘员头部损伤相对较小。

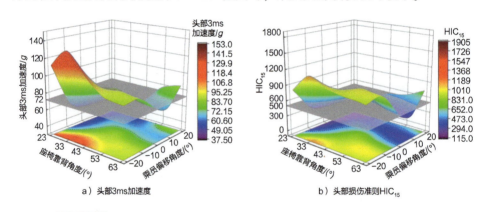

a) 头部 3ms 加速度　　b) 头部损伤准则 HIC_{15}

图 7-21　不同工况下 50th 男性乘员头部损伤的颜色映射曲面图及投影图

从图 7-22 可以明显地观察到，乘员颈部损伤表现出随着座椅靠背角度的增加而增加的趋势。其中颈部损伤基准 N_{ij} 只在座椅靠背角度 53°～63°中超出损伤限值，而颈部伸张弯矩 M_y 在座椅靠背角度为 43°～63°范围内则是出现了超出损伤限值的案例。因此可以得出在座椅靠背角度 23°～33°范围内，50th 乘员颈部损伤相对较小。

从图 7-23 中可以观察到，胸部黏性指数随座椅靠背角度增加而减小，且在乘员向右偏移的工况损伤更大。其中胸部黏性指数均在规定的损伤限值内；胸部压缩量表现出与胸部黏性指数类似的趋势，但在乘员左右偏移角度为 -10°～20°范围时，胸部压缩量相对较小。

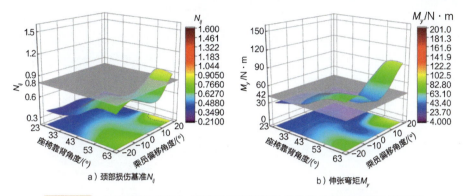

图7-22 不同工况下50th男性乘员颈部损伤的颜色映射曲面图及投影图

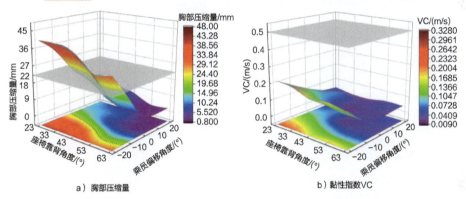

图7-23 不同工况下50th男性乘员胸部损伤的颜色映射曲面图及投影图

图7-24和图7-25描述了在不同座椅靠背角度以及乘员左右偏移角度工况下50th男性乘员的下肢损伤分布的曲面图及其投影图。从图中可以看出，乘员小腿损伤均超出规定的损伤限制；乘员膝盖滑移量只有在座椅靠背角度为23°~33°、乘员右倾10°~20°的范围内较小；而对于乘员大腿压缩力，在座椅靠背角度为23°~43°且乘员左右偏移角度为−20°~10°时相对较小。

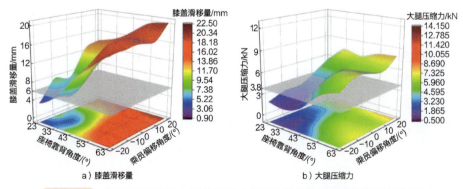

图7-24 不同工况下50th男性乘员大腿损伤的颜色映射曲面图及投影图

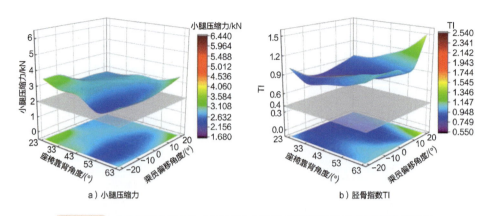

图7-25 不同工况下50th男性乘员小腿损伤的颜色映射曲面图及投影图

综上所述,基于损伤限值,综合考虑了不同座椅靠背角度及乘员左右偏移角度工况下乘员的各个部位的损伤情况,本报告认为对于50th男性乘员而言,在乘员左右偏移角度为 $-10°\sim 10°$、座椅靠背角度为 $23°\sim 33°$ 时损伤相对较小。

(二)5th女性乘员碰撞损伤离位边界

1. 自动紧急制动边界

图7-26~图7-29描述了5th女性乘员在不同AEB制动强度的工况下各部位的损伤分布的箱形图及超出损伤限值的案例占比图。如图7-26和图7-27所示,比较各个工况下的头颈部损伤均值水平,可以发现AEB的作用降低了头颈部损伤,且5th女性乘员在无AEB的工况下,头部3ms加速度、头部损伤准则HIC、颈部损伤基准 N_{ij} 及颈部伸张弯矩 M_y 超出损伤限值的案例较多,而在 0.7g AEB、1g AEB两种工况中超出损伤限值的案例减少。这表明AEB在很大程度上减轻了5th女性乘员的头颈部损伤,对于5th女性离位乘员具有一定的保护作用,而且通过对比50th男性乘员和5th女性乘员的头颈部损伤,可以发现这种保护效果比50th男性乘员的更好(见图7-17和图7-18)。

5th女性乘员的胸部损伤趋势与50th男性乘员相同。在3种工况下,AEB加重了乘员的胸部损伤的均值水平,且AEB制动强度越大,乘员的胸部损伤均值越大,胸部压缩量超出损伤限制的案例增加(见图7-28)。

从图7-29可以观察到,相比无AEB的工况,有AEB的工况下的乘员在碰撞过程中大腿损伤均值降低,且大腿损伤均值随AEB制动强度增加而降低,而小腿压缩力则与此相反。在3种工况中,随着AEB制动强度的增加,乘员大腿损伤指标超出损伤限值的案例占比减少;乘员的小腿压缩力超出损伤限值的案例占比增加,小腿胫骨指数均超出损伤限值。

第 7 章 汽车正面碰撞中典型离位乘员碰撞损伤边界探索

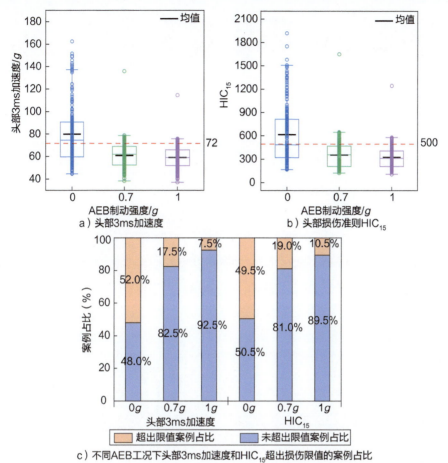

图 7-26 不同 AEB 工况下 5th 女性乘员头部损伤分布图及超出损伤限值的案例占比

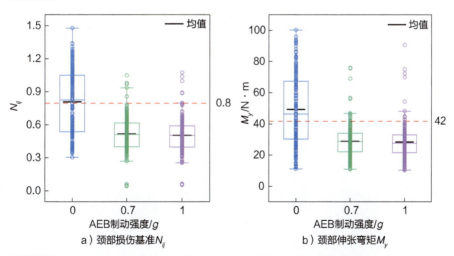

图 7-27 不同 AEB 工况下 5th 女性乘员颈部损伤分布图及超出损伤限值的案例占比

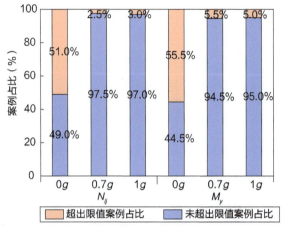

c）不同AEB工况下颈部损伤基准N_{ij}和伸张弯矩M_y超出损伤限值的案例占比

图7-27 不同 AEB 工况下 5th 女性乘员颈部损伤分布图及超出损伤限值的案例占比（续）

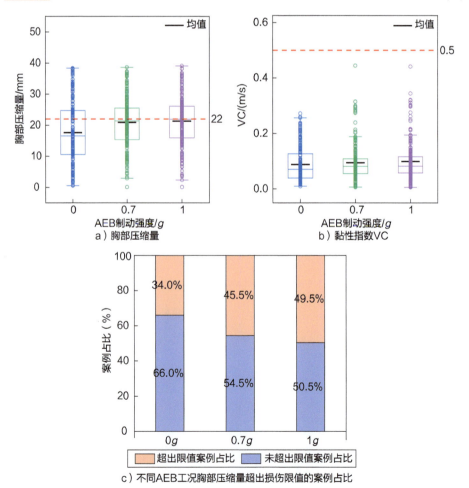

图7-28 不同 AEB 工况下 5th 女性乘员胸部损伤分布图及超出损伤限值的案例占比

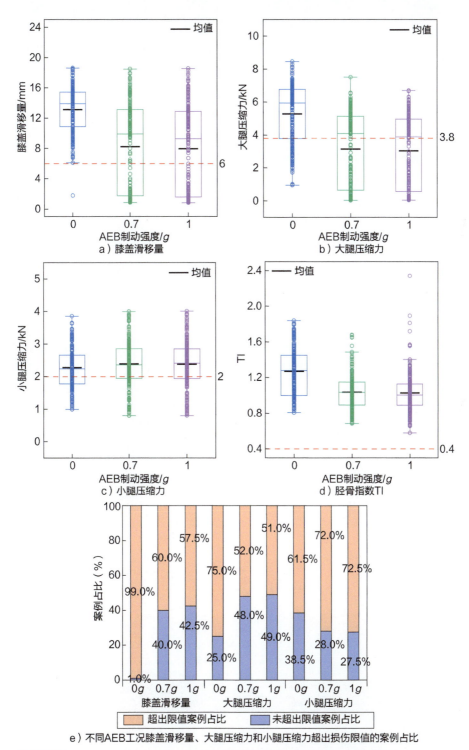

图 7-29 不同 AEB 工况中 5th 女性乘员下肢损伤分布图及超出损伤限值的案例占比

总的来说，本报告对 5th 女性乘员在无 AEB、0.7g AEB、1g AEB 3 种工况下的各个部位的损伤进行了分析，并基于损伤限值将 AEB 制动强度暂定为 1g。

2. 座椅靠背角度及乘员左右偏移边界

图 7-30~图 7-34 描述了 5th 女性乘员在不同座椅靠背角度以及乘员左右偏移角度工况下的各部位损伤分布的曲面图及其投影图。如图 7-30 所示，头部 3ms 加速度与头部损伤准则 HIC_{15} 有类似的趋势，随着座椅靠背角度增加，头部损伤增大，且在座椅靠背角度为 33°~63° 的范围内出现超出损伤限值的案例。因此，对于 5th 女性乘员的头部来说，在座椅靠背角度为 23°~33° 范围内损伤相对较小。

对于 5th 女性乘员的颈部损伤，颈部损伤基准 N_{ij} 及颈部伸张弯矩 M_y 都表现出随着座椅靠背角度的增加而增加的趋势，在座椅靠背角度为 53°~63° 的范围内出现超出损伤限值的案例（图 7-31）。因此，可以发现在座椅靠背角度为 23°~53° 范围内 5th 女性乘员的颈部损伤相对较小。

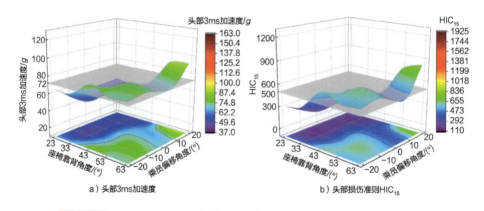

图 7-30 不同工况下 5th 女性乘员头部损伤的颜色映射曲面图及投影图

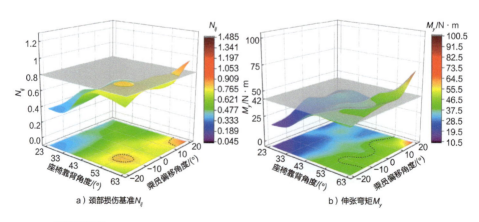

图 7-31 不同工况下 5th 女性乘员颈部损伤的颜色映射曲面图及投影图

图 7-32 描述了 5th 女性乘员胸部损伤随座椅靠背角度增加而减小的趋势，且在右倾工况下的损伤通常比左倾工况大，其中胸部黏性指数 VC 均在规定的损伤限值内，而胸部压缩量在乘员左右偏移角度为 -10°~20°且座椅靠背角度为 43°~63°范围内的值较小。

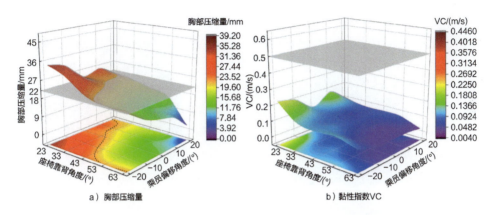

a）胸部压缩量　　　　　　　　b）黏性指数 VC

图 7-32　不同工况下 5th 女性乘员胸部损伤的颜色映射曲面图及投影图

对于下肢损伤，如图 7-33 和图 7-34 所示，在座椅靠背角度为 23°~33°范围时，5th 女性乘员大腿损伤相对较小；胫骨指数均超出损伤限值，小腿压缩力在乘员左右偏移角度为 -10°~20°的范围内较小。

综上所述，本报告认为在乘员左右偏移角度为 -10°~20°、座椅靠背角度为 23°~33°范围时，5th 女性乘员的损伤相对较小。

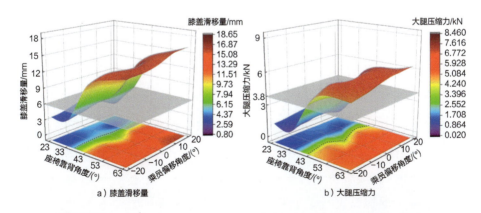

a）膝盖滑移量　　　　　　　　b）大腿压缩力

图 7-33　不同工况下 5th 女性乘员大腿损伤的颜色映射曲面图及投影图

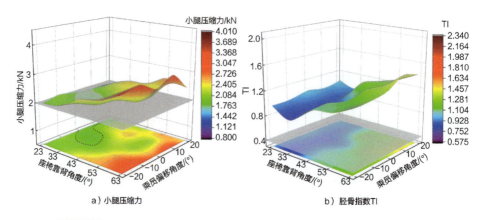

图7-34 不同工况下5th女性乘员小腿损伤的颜色映射曲面图及投影图

(三)95th男性乘员碰撞损伤离位边界

1. 自动紧急制动边界

图7-35~图7-38描述了95th男性乘员在不同AEB制动强度的工况下的各部位损伤分布的箱形图及超出损伤限值的案例占比图。如图7-35和图7-36所示,通过比较无AEB、0.7g AEB、1g AEB 3种工况中头颈部损伤的均值,可以发现AEB一定程度上减轻乘员头颈部损伤。在3种工况中95th男性乘员的头颈部损伤指标均出现超出损伤限值的案例,从图7-35c和图7-36c中可以看出,AEB的使用使得头颈部超出损伤限值的案例减少,但是这种效果不如50th男性乘员(见图7-17和图7-18)和5th女性乘员(见图7-26和图7-27)。

对于95th男性乘员胸部损伤,如图7-37所示,胸部压缩量超出损伤限值的案例随着AEB强度增加而略微增加,胸部黏性指数VC值则只在无AEB工况出现超出损伤限值的案例。

对于95th男性乘员下肢损伤,如图7-38所示,通过比较3种工况中乘员下肢损伤的均值,可以发现AEB一定程度上减轻乘员下肢损伤。而且有AEB工况的大腿损伤超出限值的案例占比相对于无AEB工况减少,且1g AEB工况下超出损伤限值的案例最少;而小腿损伤在3种工况中均超出损伤限值。

综上所述,本报告对95th男性乘员在无AEB、0.7g AEB、1g AEB 3种工况下的各个部位的损伤进行了分析,并基于损伤限值,将AEB制动强度暂定为1g。

第7章 汽车正面碰撞中典型离位乘员碰撞损伤边界探索

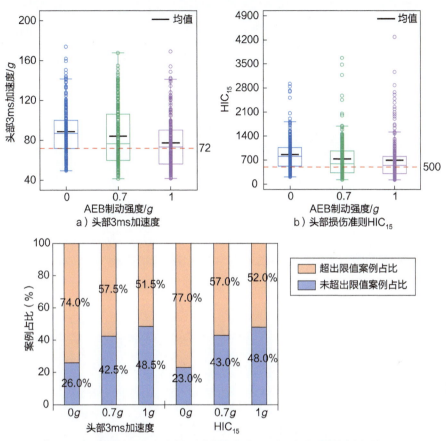

图7-35 不同AEB工况下95th男性乘员头部损伤分布图及超出损伤限值的案例占比

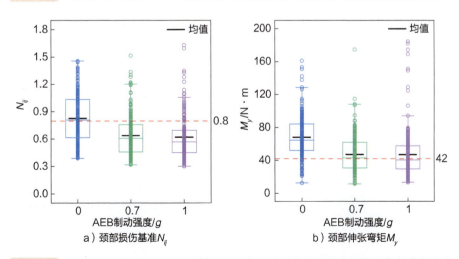

图7-36 不同AEB工况下95th男性乘员颈部损伤分布图及超出损伤限值的案例占比

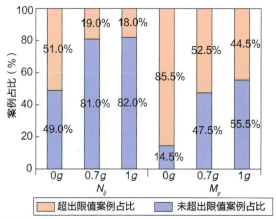

c）不同AEB工况下颈部损伤基准N_{ij}和伸张弯矩M_y超出损伤限值的案例占比

图7-36　不同AEB工况下95th男性乘员颈部损伤分布图及超出损伤限值的案例占比（续）

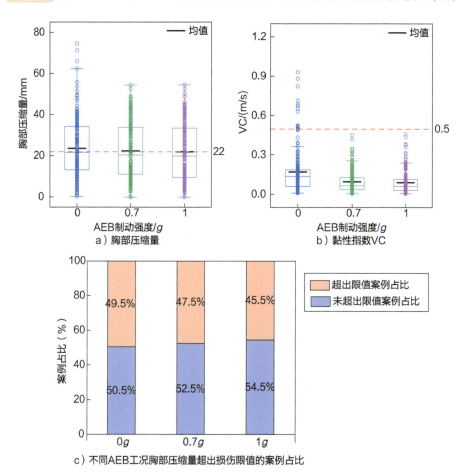

图7-37　不同AEB工况下95th男性乘员胸部损伤分布图及超出损伤限值的案例占比

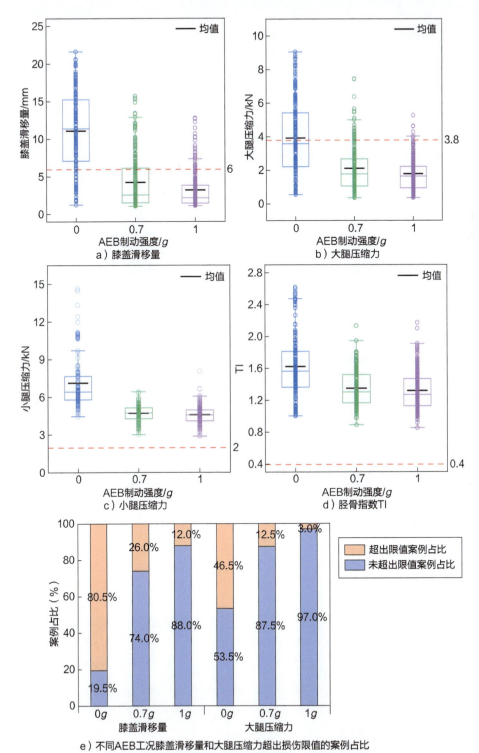

图7-38 不同AEB工况中95th男性乘员下肢损伤分布图及超出损伤限值的案例占比

2. 座椅靠背角度及乘员左右偏移边界

图7-39~图7-43描述了95th男性乘员在不同座椅靠背角度以及乘员左右偏移角度工况下的头部损伤分布的曲面图及其投影图。如图7-39所示，头部3ms加速度与头部损伤准则HIC_{15}有相同的趋势，右倾工况下乘员的头部损伤比左倾工况更严重，超出损伤限值的案例也多出现在乘员右倾工况。因此，对于95th男性乘员来说，在乘员左右偏移角度为0°~20°范围内头部损伤相对较小。

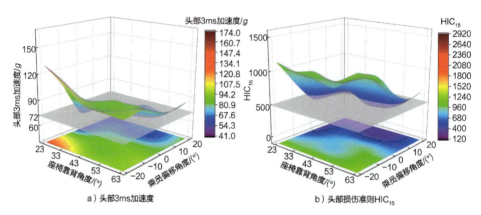

图7-39 不同工况下95th男性乘员头部损伤的颜色映射曲面图及投影图

图7-40描述了乘员颈部损伤随着座椅靠背角度的增加而增加的趋势，其中，颈部损伤基准N_{ij}在座椅靠背角度43°~63°的范围内超出损伤限值，而颈部伸张弯矩M_y在乘员左右偏移角度为0°~20°且座椅靠背角度23°~43°的范围内损伤相对较小。因此，95th男性乘员的颈部损伤在人体左右偏移角度0°~20°且座椅靠背角度23°~33°的范围内相对较小。

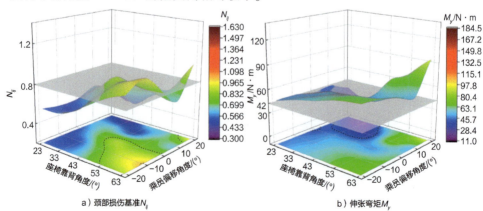

图7-40 不同工况下95th男性乘员颈部损伤的颜色映射曲面图及投影图

如图7-41所示，95th男性乘员的胸部在乘员右倾工况下的损伤更严重，且随座椅靠背角度增加而减轻。胸部黏性指数均未超出损伤限值，而胸部压缩量在乘员左右偏移角度为0°~20°范围内较小。

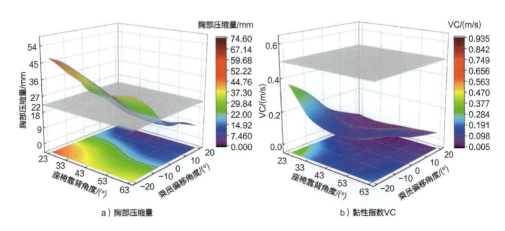

图7-41 不同工况下95th男性乘员胸部损伤的颜色映射曲面图及投影图

对于95th男性乘员的下肢损伤，小腿损伤均超出损伤限值，大腿压缩力只在63°座椅靠背中超出损伤限值，而膝盖滑移量在乘员左右偏移角度为-20°~10°且座椅靠背角度23°~53°的范围内较小（图7-42和图7-43）。

综上所述，本报告认为对于95th男性乘员而言，在乘员左右偏移角度为0°~10°，座椅靠背角度为23°~33°范围内的损伤相对较小。

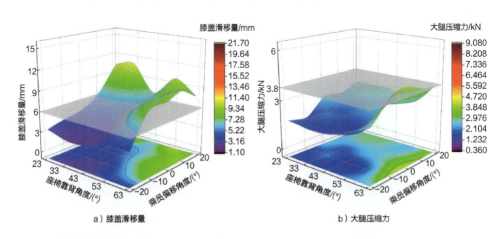

图7-42 不同工况下95th男性乘员大腿损伤的颜色映射曲面图及投影图

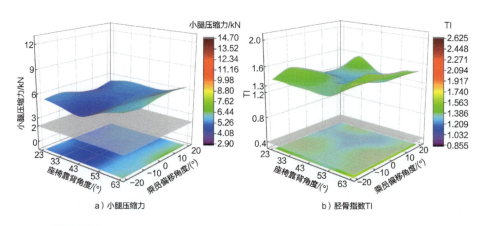

图7-43 不同工况下95th男性乘员小腿损伤的颜色映射曲面图及投影图

(四) 考虑乘员体型的碰撞损伤离位边界

本报告对现有约束系统条件下不同身材乘员（5th女性，50th男性，95th男性）碰撞损伤离位边界进行了分析。图7-44描述了正面碰撞工况下3种体型乘员在不同离位因素中的共同边界，红色虚线从乘员左右偏移角度方面表示了3种体型乘员的共同离位边界，蓝色虚线从座椅靠背角度方面表示了3种体型乘员的共同离位边界。由于AEB制动强度为$1g$时，3个体型乘员损伤较小，因此最终确定AEB制动强度为$1g$。而从图7-44可以发现，当乘员左右偏移角度为0°~10°，座椅靠背角度为23°~33°范围时，3个体型乘员的损伤较小。因此最终确定离位乘员在AEB制动强度为$1g$，乘员左右偏移角度为0°~10°以及座椅靠背角度为23°~33°范围内损伤较小。

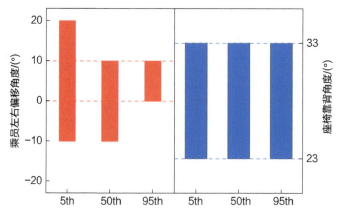

图7-44 3种体型乘员在不同离位因素中的共同边界

（五）本节小结

多样化的坐姿乘员可能会影响碰撞前阶段以及碰撞阶段中乘员的运动学。本节以 C-NCAP（2021 版）和 C-IASI（2020 版）中规定的乘员损伤限值作为乘员损伤限度，寻求在现有约束系统条件下非标准姿态的男性乘员的离位边界。本报告认为对于 50th 男性乘员来说，AEB 强度应设置为 $1g$，且在乘员左右偏移角度为 $-10°\sim 10°$、座椅靠背角度为 $23°\sim 33°$ 范围时各部位的损伤相对较小；对于 5th 女性乘员，AEB 强度应设置为 $1g$，在乘员左右偏移角度为 $-10°\sim 20°$、座椅靠背角度为 $23°\sim 33°$ 范围时各部位的损伤相对较小；对于 95th 男性乘员，AEB 强度应设置为 $1g$，在乘员左右偏移角度为 $0°\sim 10°$、座椅靠背角度为 $23°\sim 33°$ 范围内各部位的损伤相对较小。而考虑乘员体型，故最终确定离位乘员在 AEB 制动强度为 $1g$，乘员左右偏移角度为 $0°\sim 10°$ 以及座椅靠背角度为 $23°\sim 33°$ 范围内损伤较小。

五、总结与展望

（一）总结

本报告以文献中的各种乘员离位姿态和人体损伤生物力学为基础，对乘员在预碰撞阶段和碰撞阶段中的运动学和损伤进行仿真和分析。首先，了解车辆的安全性法规，归纳总结目前国内外高校及研究机构开展的离位乘员损伤研究；整理文献中自动紧急制动参数、座椅靠背角度以及其他非标准坐姿的参数，为后续仿真模拟提供可靠有据的参数选择；并基于已有成熟模型，构建正面碰撞工况下的乘员舱碰撞模型进行模拟仿真。其次，基于仿真数据，使用 BP 神经网络对离位乘员损伤数据进行分析处理，建立离位乘员碰撞损伤预测模型，以较准确地预测特定离位状态下的乘员损伤风险。最后，对乘员在预碰撞阶段及碰撞阶段中的运动学进行分析，对乘员损伤数据结果进行比较研究，并以法规所设置的乘员损伤限值作为乘员损伤限度，寻求在现有约束系统条件下非标准姿态的乘员的离位边界。

本报告综合考虑了乘员多种非标准坐姿，并依据离位乘员碰撞损伤数据构建离位乘员损伤预测模型，基于损伤限度寻求乘员的安全边界，具体内容及结论如下：

1）选用由美国国家碰撞分析中心负责搭建并经验证的 Yaris 成熟模型，放入 MADYMO 人体库中的椭球假人模型，设置假人与车体的接触，构建了 50km/h 正面碰撞工况下的乘员舱碰撞模型。介绍了文献中的乘员离位姿态参数，为仿真模拟提供可靠有据的参数选择，构建了用于后续仿真的边界条件矩阵，并依据仿真矩阵在碰撞模型中对驾驶员姿态进行调整，建立了离位坐姿乘员约束系统模型。参考车辆安全性法规，归纳了乘员各部位损伤的评价指标及其限值，为后续离位乘员损伤研究内容奠定理论基础。该部分内容为后续的离位乘员损伤研究提供了理论基础和技术基础。

2）分析了预碰撞阶段和碰撞阶段中乘员离位姿态对于其运动学的影响。对于预碰撞阶段，AEB 对乘员运动学影响最大：相对于无 AEB 工况，有 AEB 工况下 3 种体型乘员都出现了不同程度的前向位移，且位移随 AEB 制动强度增加而增大。对于碰撞阶段，各种乘员的离位姿态都会影响碰撞阶段中的乘员运动学：AEB 导致碰撞阶段初始时刻的乘员前向位移更大；高度倾斜的座椅靠背会影响碰撞过程中乘员与安全带的配合以及与安全气囊的接触时间；乘员左右偏移角度会影响乘员与安全气囊的接触位置；乘员上肢姿势的改变同样会影响乘员与安全气囊的接触，而下肢姿势的改变对于乘员上半身的运动学并没有太大的影响，对乘员下半身的运动学影响较大。

3）不同身材的离位姿态乘员（5th 女性假人，50th 男性假人，95th 男性乘员）的碰撞损伤分析表明：其中座椅靠背角度对乘员的颈部损伤影响最大，乘员左右偏移角度对乘员胸部损伤影响最大，乘员体型则主要影响乘员的小腿压缩力，而 AEB 与乘员大腿损伤相关性最强。并以数值模拟得到的乘员损伤数据作为训练样本，将 12 种离位因素作为输入变量，以仿真得到的 10 种乘员损伤指标为输出，构建了基于 BP 神经网络的离位乘员碰撞损伤预测模型。经过试错法，最终建立了以 logsig 函数为第一层、第二层隐含层激活函数，以 trainlm 为训练函数，网络结构为 12－25－20－10 的 BP－3 神经网络模型，该模型对训练集、验证集以及测试集数据均有良好的拟合程度。最后利用 BP－3 模型对预测集进行离位乘员损伤预测，结果表明 BP－3 模型的预测误差处于可接受的范围内，且该 BP－3 模型的一致性指数（IA）和预测精度等级（M）表明，BP－3 神经网络模型是本报告的理想模型。

4）以法规中规定的乘员损伤限值作为乘员损伤限度，寻求在现有约束系统条件下非标准姿态乘员的离位边界。对于 50th 男性乘员来说，AEB 强度应设置

为 $1g$，且在乘员左右偏移角度为 $-10°\sim10°$、座椅靠背角度为 $23°\sim33°$ 范围时各部位的损伤相对较小；对于 5th 女性乘员，AEB 强度应设置为 $1g$，在乘员左右偏移角度为 $-10°\sim20°$、座椅靠背角度为 $23°\sim33°$ 范围时各部位的损伤相对较小；对于 95th 男性乘员，AEB 强度应设置为 $1g$，在乘员左右偏移角度为 $0°\sim10°$、座椅靠背角度为 $23°\sim33°$ 范围内各部位的损伤相对较小。而考虑乘员体型，故最终确定离位乘员在 AEB 制动强度为 $1g$、乘员左右偏移角度为 $0°\sim10°$，以及座椅靠背角度为 $23°\sim33°$ 范围内损伤较小。

（二）展望

本报告对现有约束系统下的离位乘员碰撞损伤进行了仿真与研究，虽取得了关于一定的离位乘员损伤研究的进展，但仍然存在一些不足之处：

1）本报告对离位乘员的碰撞损伤研究只考虑了碰撞速度为 50km/h 的正面碰撞工况，并没有考虑其他工况（如追尾碰撞、侧面碰撞等）以及更高的碰撞速度。而现实世界中的碰撞涉及其他碰撞工况、碰撞速度，在其他碰撞工况及碰撞速度下，离位乘员的损伤研究还要进一步开展。

2）本报告中仅考虑了一部分典型的乘员离位姿态，仍有许多乘员姿态尚未考虑。如座椅靠背倾斜角度只考虑到 $63°$，但在未来，乘员可能倚靠倾斜角度更大的座椅，甚至可能平躺着。而且对于 AEB 介入引起的离位研究未太过深入，仅着重分析了 AEB 的制动强度对于乘员的运动学和损伤的影响，对于 AEB 系统的其他参数（如制动时间、传感器角度、传感器距离等）尚未进行考虑，这些参数对于乘员在预碰撞阶段的前向离位也有一定的影响。后续或可针对更加多样化的离位姿态乘员的碰撞损伤开展研究。

3）本报告使用多刚体动力学分析软件 MADYMO 对离位乘员进行碰撞仿真，有效提高了计算效率。采用多刚体椭球假人模型，避免了对假人模型碰撞初始姿态的频繁调整，但其精度不如有限元人体模型，且无法获取基于脑变形的颅脑损伤指标。因此，后期可以利用有限元约束系统及有限元人体模型开展离位乘员的损伤研究。

4）本报告采用 BP 神经网络建立离位乘员的损伤预测模型，相比其他损伤指标，胸部黏性指数 VC 的预测精度较小，后续或将单独对胸部黏性指数 VC 建立预测模型，以达到预测需求。此外，BP 神经网络也存在一些不足，后续也可通过对 BP 神经网络进行优化或使用其他高精度的人工神经网络算法建立离位乘员的损伤预测模型，以提高模型精度。

参考文献

［1］ World Health Organization. Global status report on road safety 2018: summary ［R］. Geneva: World Health Organization, 2018.

［2］ XU C, et al. Statistical analysis of the patterns and characteristics of connected and autonomous vehicle involved crashes ［J］. Journal of Safety Research, 2019, 71: 41 – 47.

［3］ CUI J, et al. A review on safety failures, security attacks, and available countermeasures for autonomous vehicles ［J］. Ad Hoc Networks, 2019, 90: 101823.

［4］ WANG L, et al. How many crashes can connected vehicle and automated vehicle technologies prevent: A meta-analysis ［J］. Accident Analysis & Prevention, 2020, 136: 105299.

［5］ AGRIESTI S, et al. Safety on the Italian highways: impacts of the highway chauffeur system ［C］//Smart Transportation Systems 2019. Singapore: Springer, 2019.

［6］ SIVAK M, SCHOETTLE B. Road safety with self-driving vehicles: General limitations and road sharing with conventional vehicles ［R］. Ann Arbor: University of Michigan, Transportation Research Institute, 2015.

［7］ DETWILLER M, GABLER H C. Potential reduction in pedestrian collisions with an autonomous vehicle ［C］//Proceedings of the 25th International Technical Conference on the Enhanced Safety of Vehicles (ESV). Detroit Michigan, United States, 2017.

［8］ LUBBE N, et al. Predicted road traffic fatalities in Germany: The potential and limitations of vehicle safety technologies from passive safety to highly automated driving ［C］//Proceedings of IRCOBI conference. Athens, Greece, 2018.

［9］ YAO Z, et al. Linear stability analysis of heterogeneous traffic flow considering degradations of connected automated vehicles and reaction time ［J］. Physica A: Statistical Mechanics and Its Applications, 2021, 561: 125218.

［10］ SHARMA A, et al. Assessing traffic disturbance, efficiency, and safety of the mixed traffic flow of connected vehicles and traditional vehicles by considering human factors ［J］. Transportation Research Part C: Emerging Technologies, 2021, 124: 102934.

［11］ JEONG E, OH C, LEE S. Is vehicle automation enough to prevent crashes? Role of traffic operations in automated driving environments for traffic safety ［J］. Accident Analysis & Prevention, 2017, 104: 115 – 124.

［12］ TAEIHAGH A, LIM H S M. Governing autonomous vehicles: emerging responses for safety, liability, privacy, cybersecurity, and industry risks ［J］. Transport Reviews, 2019, 39 (1): 103 – 128.

［13］ RAHMATI Y, et al. Influence of autonomous vehicles on car-following behavior of human drivers ［J］. Transportation Research Record, 2019, 2673 (12): 367 – 379.

[14] ARVIN R, et al. Safety evaluation of connected and automated vehicles in mixed traffic with conventional vehicles at intersections [J]. Journal of Intelligent Transportation Systems, 2020, 25 (2): 170-187.

[15] BIEVER W, ANGELL L, SEAMAN S. Automated driving system collisions: Early lessons [J]. Human Factors, 2020, 62 (2): 249-259.

[16] PREUK K, et al. Does assisted driving behavior lead to safety-critical encounters with unequipped vehicles' drivers? [J]. Accident Analysis & Prevention, 2016, 95: 149-156.

[17] ROCHE F, THÜRING M, TRUKENBROD A K. What happens when drivers of automated vehicles take over control in critical brake situations? [J]. Accident Analysis & Prevention, 2020, 144: 105588.

[18] NIE B, et al. Seating preferences in highly automated vehicles and occupant safety awareness: A national survey of Chinese perceptions [J]. Traffic Injury Prevention, 2020, 21 (4): 247-253.

[19] LOPEZ-VALDES F J, et al. Understanding users' characteristics in the selection of vehicle seating configurations and positions in fully automated vehicles [J]. Traffic Injury Prevention, 2020, 21 (sup1): 19-24.

[20] ÖSTLING M, LARSSON A. Occupant activities and sitting positions in automated vehicles in China and Sweden [C] //The 26th International Technical Conference on the Enhanced Safety of Vehicles (ESV). Eindhoven, Netherlands, 2019.

[21] BOHMAN K, et al. Evaluation of users' experience and posture in a rotated swivel seating configuration [J]. Traffic Injury Prevention, 2020, 21 (sup1): 13-18.

[22] REED M P, et al. Prevalence of non-nominal seat positions and postures among front-seat passengers [J]. Traffic Injury Prevention, 2020. 21 (sup1): 7-12.

[23] ZHOU Q, et al. Challenges and opportunities of smart occupant protection against motor vehicle collision accidents in future traffic environment [J]. Journal of Automotive Safety and Energy, 2017, 8 (4): 333-350.

[24] MUEHLBAUER J, et al. Feasibility study of a safe sled environment for reclined frontal deceleration tests with human volunteers [J]. Traffic Injury Prevention, 2019, 20 (sup2): 171-174.

[25] KITAGAWA Y, et al. Occupant Kinematics in Simulated Autonomous Driving Vehicle Collisions: Influence of Seating Position, Direction and Angle [J]. Stapp Car Crash Journal, 2017, 61: 101-155.

[26] TRAN T D, et al. Validation of MADYMO human body model in braking maneuver with highly reclined seatback [J]. International Journal of Crashworthiness, 2022, 27 (6): 1743-1752.

[27] 曹立波, 等. 自动紧急制动与可逆预紧安全带共同作用下乘员损伤分析 [J]. 中国机械工程, 2016, 27 (16): 2259-2266.

[28] 胡远志,等. 自动紧急转向导致斜角碰撞的一体化仿真分析［J］. 中国公路学报,2021,34（1）：188-198.

[29] TASS. Madymo Human Body Models Manual Release 7.5［R］. Helmand, The Netherlands：TASS, 2013.

[30] LELEDAKIS A, et al. The influence of car passengers' sitting postures in intersection crashes［J］. Accident Analysis & Prevention, 2021, 157（4）：106170.1-106170.13.

[31] DONLON J-P, et al. Kinematics of inboard-leaning occupants in frontal impacts［J］. Traffic Injury Prevention, 2020, 21（4）：272-277.

[32] 王珂. Analysis and Optimization of Integrated Restraint System Based on the Signal of Autonomous Emergency Braking［D］. 重庆：重庆理工大学, 2018.

[33] GREBONVAL C, et al. Effects of seat pan and pelvis angles on the occupant response in a reclined position during a frontal crash［J］. PLOS ONE, 2021, 16（9）：e0257292.

[34] 蒋小晴. 基于人体有限元模型的汽车前碰撞中驾驶员下肢损伤生物力学研究［D］. 长沙：湖南大学, 2014.

[35] JI P, HUANG Y, ZHOU Q. Mechanisms of using knee bolster to control kinematical motion of occupant in reclined posture for lowering injury risk［J］. International Journal of Crashworthiness, 2017, 22（4）：415-424.

[36] REED M P, EBERT S M, JONES M L. Posture and belt fit in reclined passenger seats［J］. Traffic Injury Prevention, 2019, 20（sup1）：38-42.

[37] BOSE D, et al. Influence of pre-collision occupant parameters on injury outcome in a frontal collision［J］. Accident Analysis and Prevention, 2010, 42（4）：1398-1407.

[38] 中国汽车技术研究中心. C-NCAP 管理规则［R］. 2021.

[39] 中保研汽车技术研究院有限公司. 中国保险汽车安全指数规程［R］. 2020.

第8章 人体骨骼力学特性测试与材料参数识别方法

张冠军　马巾慧　李　昊　刘　煜

摘要：骨骼是由矿物质和胶原蛋白等成分构成的复杂的多尺度层级结构，其在生理载荷作用下的自适应特性造就了骨骼的复杂的非均匀性、各向异性等特性。为适应多领域中骨骼生物力学特性的表征，需要利用多种不同的材料力学测试方法，准确地获取骨骼的材料本构参数。本章全面介绍了人体骨骼试样的制备、保存、测试及材料本构参数识别方法，分析了各种力学测试方法的特点及其对骨骼试样的要求。同时，本章还介绍了新测试技术在骨骼力学特性表征方面的应用。最后，本章基于三点弯曲测试方法提出了一套人体骨骼的材料参数获取流程。上述方法和技术可为骨骼生物力学特性的系统表征提供理论和方法参考。

关键词：人体骨骼，力学测试，生物力学，材料参数

引言

骨是由有机质（主要是胶原蛋白）和无机羟基磷灰石等组成的复合材料，在皮质骨湿重中，有机物约占35%（90%～95%的胶原蛋白、5%的其他蛋白质和1%的糖胺聚糖），羟基磷灰石（HAP）约占45%，水约占20%。在结构上，骨具有复杂的层级结构，通常分为4个层级：①HAP和I型胶原蛋白组成的复合结构，也称为矿化胶原纤维；②矿化胶原纤维形成具有优先方向的片状或片层；③哈氏管（Haversian Canal）和骨黏合线（Cement Line）等；④皮质骨和松质骨。骨骼的力学性能主要由成分和结构决定。为适应骨骼自身的生理载荷条件，骨骼成分和微观结构随方向和位置而变化，使其展现出显著的各向异性和非均匀性。准确表征骨骼的生物力学特性，是构建骨骼数学模型的重要基础，以广泛应用于机械、生物力学、医学、航空航天、法医等领域。许多学者致力于利用不同的测试方法在不同层次上研究骨骼的力学特性及其表征，但是详细、全面地描述骨骼的力学特性仍然需要继续深入的研究。

本章面向骨骼力学特性的测试与表征，详细介绍了骨骼多种力学测试方法

及其特点和对试样的要求，包括拉伸、压缩、三点弯曲、四点弯曲、扭转、超声、纳米压痕和 Micro-CT 等。此外，基于三点弯曲测试方法提出了一种骨骼材料参数自动识别流程，为人体骨骼力学特性表征提供了一种准确高效的材料参数识别方法。

一、骨骼试样制备与保存

骨骼的成分和微观结构决定了其具有显著的各向异性和非均匀性。同时，骨骼作为有机生物体，水合状态、温度等也会影响其力学特性。因此，骨骼力学特性研究应当关注试样制备及保存过程中的温度和测试前的水合状态。

（一）试样制备与保存

试样的切割、磨削等机械加工，应在冷却条件下使用低速金刚石锯或其他工具小心加工，避免对骨骼试样造成影响力学特性的损伤。由于骨骼在离体后数小时内就会发生组织自溶，无法立即进行测试的试样，必须采用合理的方法进行保存。常用的保存方法是冷冻和化学固定。

冷冻保存是普遍采用的骨骼试样保存方式，可以有效减缓骨骼的组织自溶。大量文献研究了冷冻保存以及反复解冻对骨骼力学特性的影响，见表 8 - 1。在 16 篇研究冷冻对骨骼力学特性影响的论文中，14 篇论文表明冷冻不会改变骨骼的力学特性，冷冻保存的时间跨度从 1 天到 24 个月不等，只有 2 篇论文认为冷冻会改变骨压缩性能。Cowin（2001）回顾了许多关于冷冻对骨骼力学特性影响的文献，指出在保持样本水分含量的条件下，冷冻至 -20℃ 的温度不太可能显著影响骨骼的力学特性。虽然冷冻保存不会对骨骼的力学特性造成影响，但应当注意，冷冻保存并不会阻断传染风险。

表 8 - 1　冷冻保存对骨骼力学特性的影响

文献	保存温度/℃	保存时间	保存方法	样本	测试方法/参数	结果
Frankel（1960）	-25	—	—	人股骨近端	压缩	无变化
Sedlin（1965）	-20	3～4 周	—	人股骨皮质骨	弯曲	无显著变化
Weaver（1966）	-20	48h	密封	人皮质骨	硬度	无变化
Pelker（1984）	-20	2 周	—	鼠皮质骨	扭转	无显著变化
				鼠松质骨	压缩	极限应力弹性模量增加

(续)

文献	保存温度/℃	保存时间	保存方法	样本	测试方法/参数	结果
Roe（1988）	-20	1/16/32 周	密封	狗股骨	压缩	极限应力先增后减
				狗股骨	螺钉拉出/剥离	无变化
Goh（1989）	-20	3/21 天	—	猫股骨	弯曲	无显著变化
				猫肱骨	扭转	无显著变化
Linde（1993）	-20	1/10/100 天	密封	人松质骨	压缩	无显著变化
Huss（1995）	-20	14/28 天	潮湿、密封	狗股骨	销拔出	无显著变化
Borchers（1995）	-20	8 天	密封	奶牛松质骨	压缩	无变化
Hamer（1996）	-70	—	—	人股骨皮质骨	弯曲	无变化
Kang（1997）	-20	5 次冻融循环	用盐水	奶牛松质骨	凹痕	无变化
Matter（2001）	-20	6/12/24 个月	—	猪肱骨	拉拔试验	无显著变化
Haaren（2008）	-20	1.5/3/6/12 个月	密封	山羊股骨	弯曲	无显著变化
				山羊肱骨	扭转	无显著变化
Nazarian（2009）	-20	2 周	潮湿	鼠股骨/椎骨	压缩	无显著变化
Stefan（2010）	-20	6 个月	潮湿、密封	人股骨/牛胫骨	弯曲	无显著变化
Diefenbeck（2011）	-20	14 天	—	鼠胫骨	拉拔试验	无显著变化

骨骼的化学固定方法不仅可以防止组织腐烂，还可以保存细胞结构以供显微检查，并阻断传染风险。化学固定溶液通常含有甲醛、乙醇或戊二醛。最常用的化学固定试剂是福尔马林，它是甲醛气体的饱和水溶液，可以防止试样腐烂并保持细胞膜的完整状态，但它很容易氧化形成甲酸，从而导致矿物质溶解。乙醇固定也是一种常用的方式，通常的浓度为70%（体积分数）乙醇水溶液，pH 值呈中性，可避免矿物质溶解，但它不能像甲醛一样保护细胞膜，并且渗透骨骼的速度相对较慢。常用的化学固定试剂还有戊二醛浓缩液，它是浓度为50%（体积分数）的戊二醛水溶液，其缓冲戊二醛溶液在细胞固定方面优于福尔马林，但渗透组织缓慢。虽然化学固定方法可以有效避免传染风险，但化学试剂固定会显著影响骨骼的力学性能，包括弹性模量、极限应力、失效能和硬度等参数。因此，在考虑试样保存方法时，需要根据研究目的选择最佳的方法。

（二）骨骼水合

与在体骨骼相比，干燥骨骼的杨氏模量和极限强度一般会增加，韧性会减小。Evans 和 Lebow（1951）的研究表明，人股骨干骨比湿骨的杨氏模量增加了17%，极限强度增加了31%，但韧性下降了55%。因此，若要准确地获取在体骨骼力学特性，应当在水合状态下进行力学测试。通常将试样置于生理盐水中或用盐水浸泡的纱布包裹，室温下放置一段时间使之达到水合状态。已经干燥的皮质骨也可以通过在缓冲生理盐水中再润湿来恢复其力学性能。皮质骨水合3h 后，杨氏模量、最大位移和失效功等力学性能均可得到恢复。然而，Currey（1988）发现干燥/再水合步骤可能存在弯曲强度降低的风险。因此，应当尽量减少试样干燥/再水合转换次数。

（三）测试温度

与大多数生物材料一样，骨骼的力学性能也受温度影响。为了准确模拟在体环境，人体骨骼应尽量在 37℃ 环境中测试。也有研究表明，骨骼在室温（23℃）下的杨氏模量比 37℃ 时仅增加 2% ~4%。因此，室温测试造成的误差可能并不大。

二、骨骼材料本构参数

材料本构是描述材料在载荷下的响应及其变形机理的数学模型，能够表征材料的力学性质。材料本构参数则是材料本构方程中的参数，用于描述材料在加载下的应力-应变关系。常用的骨骼材料本构有弹性模型、双曲线模型、弹塑性模型、黏弹性模型等。相应地，常见的材料本构参数有弹性模量、屈服应力、屈服应变、切线模量、极限应力、极限应变等。这些本构参数描述了骨骼材料受载时的力学响应和变形特性，能够用于对比分析骨骼力学性能的变化。

典型的骨骼应力-应变曲线如图 8-1 所示。该曲线可分为弹性区域和塑性区域。弹性区域的应力和应变符合胡克定律，曲线的斜率为弹性模量或杨氏模量。弹性区域和塑性区域之间的转变点称为屈服点。确定屈服点的方法有 3 种：①定义为比例极限点（应力和应变保持正比的最大应力）（A 点）；②定义为某个残余塑性应变对应的点，即弹性区域偏移某个应变值后与应力-应变曲线的交点；③定义为塑性区域的起点。屈服点对应的应力称为屈服应力。切线模量是塑性区域内应力-应变曲线的斜率，用于量化试样在塑性区域内的刚度。极限应力也称为破坏强度或失效强度，是试样在失效前能够承受的最大应力，所对应的应变称为极限应变。

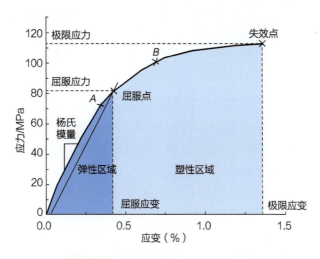

图 8-1 典型的骨骼应力-应变曲线

还有一些其他参数也能够表征材料的力学性能。弹性吸能是指材料吸收能量而不产生永久应变的能力，通过弹性区域应力-应变曲线下的面积来量化。总吸能是指材料吸收能量而不失效的能力，也称为韧性，通过整个应力-应变曲线下的面积来量化。根据不同的材料力学测试，可以得到不同的材料参数，不同测试得到的参数见表 8-2。

表 8-2 材料力学测试方法与材料参数

测试方法	常用试样形状	材料参数
拉伸	哑铃状	弹性模量、最大载荷、最大位移、极限应力、延伸率、断面收缩率、能量吸收、结构刚度
压缩	长方体	弹性模量、最大载荷、最大位移、极限应力、极限应变、能量吸收、结构刚度
三点弯曲	骨段/长方体	弹性模量、最大载荷、挠度、破坏载荷、破坏位移、破坏应力、破坏应变、最大破坏弯矩、极限强度、结构刚度、能量吸收
四点弯曲	骨段/长方体	弹性模量、最大载荷、挠度、破坏载荷、破坏位移、破坏应力、破坏应变、最大破坏弯矩、极限强度、结构刚度、能量吸收
扭转	整骨/哑铃状	最大扭矩、最大扭转剪应力、最大拉应力、最大压应力、扭转角
超声	立方体/圆柱体	弹性模量
纳米压痕	—	硬度和压入模量
Micro-CT	—	HU 值、TMD、表观密度 ρ_{app}、灰密度 ρ_{ash}

注：HU 值是 CT 检查中反映人体各组织密度的指标；TMD 是组织矿物密度。

三、骨骼力学性能测试

（一）拉伸测试

拉伸测试是最常用的材料力学测试方法，拉伸试样通常是矩形和圆形等横截面的哑铃状，如图8-2所示。测试时将试样一端固定，另一端施加沿试样轴线且通过横截面中心的拉力，以在标距段的横截面上只产生正应力。在试样的标距段夹持引伸计测量变形量，或通过数字图像相关技术（DIC）测量工程应变或真实应变。工程应力和工程应变通过式（8-1）计算：

$$\sigma = \frac{F}{A}, \quad \varepsilon = \frac{\Delta L}{L_0} \tag{8-1}$$

式中，σ 为工程应力；F 为载荷；A 为横截面积；ε 为工程应变；ΔL 为变形量；L_0 为初始标距。

真实应力-应变曲线真实地反映材料的力学特性，可由式（8-2）计算：

$$\sigma_T = \sigma(\varepsilon + 1), \quad \varepsilon_T = \ln(\varepsilon + 1) \tag{8-2}$$

式中，σ_T 为真实应力；ε_T 为真实应变。

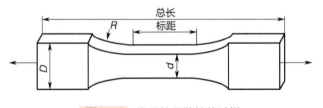

图8-2 常见的骨骼拉伸试样

拉伸测得的骨骼真实应力-应变曲线是单调递增的近似双线性曲线。基于真实应力-应变曲线，选择相应的材料本构方程，可以拟合得到弹性模量、屈服应力、屈服应变、极限应力、极限应变等参数。虽然拉伸测试在各类材料测试中应用非常广泛，但在骨骼材料测试领域仍存在一些局限性：

1）标准拉伸试样应符合特定的几何形状且尺寸不宜过小，通常需要较大的骨骼组织才能制样，不太适合小尺寸或不规则的骨骼组织。

2）骨骼测试中试样夹紧力不宜过大，还应注意防止试样在测试中滑移。由于夹紧力的限制，拉伸测试较少用于松质骨测试。

3）一些学者认为骨骼在人体中主要起支撑作用，在正常生理状态下的骨骼中，拉应力不常见，建议只将拉伸测试作为骨骼力学性能测试的补充。

4）由于微型试样的夹具变形和夹紧效应，拉伸所测得的弹性模量可能会存在较大误差，GB/T 228.1—2021《金属材料 拉伸试验 第1部分：室温试验方法》和一些学者认为拉伸方法准确测量弹性模量仍有改进空间。

5）由于上、下夹具中心线和试样中心线无法精确对齐和试样不对称等原因，拉伸测试所得材料参数仍可能存在一定误差。

骨骼拉伸试样不能采用整骨进行，文献中均采用机械加工的标准试样。人股骨拉伸试样通常是纵向试样（骨单位平行于拉伸加载方向），也有少量研究同时使用了纵向和横向试样。大多数文献使用的股骨拉伸试样为矩形或圆形截面的哑铃状，标距段的长度为6～25mm，宽度为2～10.5mm，厚度为0.5～4mm。胫骨拉伸试样与股骨类似，试样的尺寸范围比股骨略小。相比于股骨和胫骨，肋骨和颅骨由于曲率和皮质厚度的限制，拉伸试样宽度（最大值为2.5mm）和厚度（最大值为0.5mm）更小。人体皮质骨拉伸测试相关参数见表8-3。

表8-3 人体皮质骨拉伸测试相关参数

骨	文献	样本量	年龄	横截面	长×宽×厚(总长)/ mm×mm×mm	弹性模量/ GPa
股骨	Evans（1967）	16	33～89	矩形截面哑铃状	-×3.8×2.3(76)①	14.10
股骨	Burstein（1976）	$N=33$	29～89	矩形截面哑铃状	6×2×2(15)	16.84±1.92
股骨	Katsamanis（1990）	1	45～55	矩形截面哑铃状	-×10.5×4(54)	16.24±0.94
股骨	Neil（2004）	3	44～64	矩形截面哑铃状	10×3×3(20)	16.61±1.83
股骨	Bayraktar（2004）	11	51～85	—	—	19.97±1.80
股骨	Hansen（2008）	1	51	矩形截面哑铃状	-×2.4×3	18.52
股骨	Duchemin（2008）	13	54～101	长方体	25×3×3	14.30±4.00
股骨	Subit（2013）	5	15～75	矩形截面哑铃状	6×2.5×0.5(25)	16.27±1.65
股骨	Mirzaali（2016）	39	46～99	圆形截面哑铃状	6.5×Φ3(30)	18.16±1.88
胫骨	Burstein（1976）	$N=28$	50～59	矩形截面哑铃状	6×2×2(15)	23.83±4.40
胫骨	Kemper（2007）	2	56～67	矩形截面哑铃状	9×2×2(33)	18.35±1.55
胫骨	Subit（2013）	5	15～75	矩形截面哑铃状	6×2.5×0.5(25)	19.85±1.50
额骨、顶骨、枕骨	Boruah（2017）	10	41～70	矩形截面哑铃状	6×2.5×0.5(25)	12.01±3.28
肋骨（1～12）	Kemper（2005）	6	18～67	矩形截面哑铃状	10×2.5×0.3(30)	13.90±3.95
肋骨（4～7）	Kemper（2007）	6	42～81	矩形截面哑铃状	10×2.5×0.3(30)	14.40±3.04
肋骨（6，7）	Subit（2013）	3	—	矩形截面哑铃状	6×2.5×0.5(25)	13.50±2.60

（续）

骨	文献	样本量	年龄	横截面	长×宽×厚(总长)/ mm × mm × mm	弹性模量/ GPa
肋骨（6）	Albert（2018）	18	35~99	矩形截面哑铃状	10×2.5×0.3(30)	12.46
肋骨（3~7）	Katzenberger（2020）	61	17~99	矩形截面哑铃状	厚度为0.23~0.43mm	14.75±3.28
肋骨（7）	Velázquez-Ameijide（2021）	64	10~91	矩形截面哑铃状	-×2×0.5(25)	16.00±0.40

注：N 表示骨骼数量，例如 $N=33$ 为33根股骨，不明确尸体样本量，未标注 N 的为尸体样本量；肋骨（X）：括号内表示第几根肋骨。

① - 表示对长度数值不做要求。

（二）单轴压缩测试

压缩测试是沿试样的轴线通过横截面的中心施加载荷，在试样上没有引起弯矩，该载荷称为中心轴向载荷，常用于测试松质骨和皮质骨的力学性能。压缩试样通常是圆柱体或立方体，可通过式（8-1）计算试样的应力-应变曲线：

进而根据式（8-2）得到真实应力-应变曲线。

相比于拉伸测试，压缩测试可以制备相对较小的骨骼试样，而且试样制备形状相对简单。一些学者认为，压缩测试更加符合骨骼在体内的载荷状态，比拉伸测试更具有优势，但边界效应、末端效应和摩擦等对测试结果有一定影响。

1）边界效应是指试样表面和支撑条件对应力分布的影响，即试样表面与加载面间轻微不贴合，如图8-3a所示，造成试样边界产生不同于试样内部的应力分布，例如应力集中、变形局部化等。

2）末端效应是指试样末端与加载面由于试样的非均匀性、非线性以及加载条件的影响，所产生的试样末端的应力和应变分布与中部不同，通常试样末端的应变比试样中间大得多。

3）试样与压缩板之间的摩擦会影响泊松效应膨胀的效果，改变试样的表观刚度，造成测量误差。

为了解决上述问题，可设置可调压板减少不对中误差，如图8-3b所示，利用机械、光学引伸计或数字散斑测量试样中部应变以改善末端效应。对于摩擦问题，一些学者推荐使用无侧限压缩测试。

人体骨骼压缩测试参数见表8-4。大多数压缩试样采用较容易加工的长方体，长度为7~25mm，宽度为2.5~10mm，厚度为2.5~10mm。

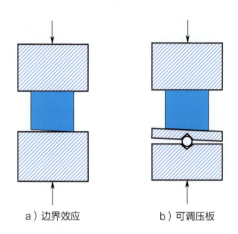

a）边界效应　　　b）可调压板

图8-3　压缩测试示意图

表8-4　人体骨骼压缩测试参数

骨	文献	样本量	年龄	横截面	长×宽×厚（总长）/ mm×mm×mm	弹性模量/ GPa
股骨	Burstein（1976）	$N=19$	29~89	矩形截面哑铃状	6×2×2(15)	16.84±1.92
股骨	Hansen（2008）	1	51	矩形截面哑铃状	−×2.4×3	18.52
股骨	Duchemin（2008）	13	54~101	长方体	25×3×3	14.30±4.00
股骨	Mirzaali（2016）	39	46~99	圆形截面哑铃状	6.5×Φ3(30)	18.16±1.88
胫骨	Burstein（1976）	$N=11$	29~89	矩形截面哑铃状	6×2×2 (15)	16.24±0.94
胫骨	Kemper（2007）	2	56~67	长方体	7×2.5×2.5	16.91±2.86
顶骨	Evans（1957）	$N=15$	—	长方体	—	—
额骨、顶骨、枕骨	McElhaney（1970）	17	56~73	长方体	10×10×10	2.40±1.40
额骨、顶骨、枕骨	Boruah（2013）	10	41~70	圆柱体	Φ18.24	0.45±0.14
额骨	Zhai（2020）	3	70~74	长方体	7.2×4.7×7.9	1.48±0.45
肋骨（5~7）	Albert（2021）	30	18~95	圆柱体	2×Φ1	11.47±1.90

注：N表示骨骼数量，不明确尸体样本量，未标注N的为尸体样本量；肋骨（X）：括号内表示第几根肋骨。

（三）三点弯曲测试

三点弯曲测试是骨骼生物力学研究中广泛使用的方法，特别是在研究长骨的力学性能方面。试样两端支撑，在中部施加向下的载荷，试样的上、下表面分别产生压应力和拉应力。由于剪切应力的作用,断裂一般发生在加载点或加载点附近;同时由于骨骼受拉能力比受压能力弱,断裂通常发生在受拉表面(忽略加载头造成的应力集中)。三点弯曲试样通常为整根长骨、部分骨段或机械加工制备的长方体。传统的骨段三点弯曲测试,通常假设试样横截面积为壁厚均匀的椭圆形,如图8-4a所示。长方体试样的横截面积如图8-4b所示。根据试验测得的压头加载力和位移,利用梁弯曲公式可分别计算骨段或长方体试样的应力、应变和杨氏模量等参数,分别见式(8-3)(骨段)和式(8-4)(长方体)。

$$\sigma = F\left(\frac{Lc}{4I}\right), \quad \varepsilon = d\left(\frac{12c}{L^2}\right), \quad E = S\left(\frac{L^3}{48I}\right), \quad S = \frac{\Delta F}{\Delta d} \qquad (8-3)$$

$$\sigma = F\left(\frac{3L}{2wt^2}\right), \quad \varepsilon = d\left(\frac{6t}{L^2}\right), \quad E = S\left(\frac{L^3}{4wt^3}\right), \quad S = \frac{\Delta F}{\Delta d} \qquad (8-4)$$

式中,σ为加载处的应力;ε为加载处的应变;E为杨氏模量;S为刚度(力-位移曲线弹性区域斜率);c为骨段横截面最远端到截面中性轴的距离,如图8-4a所示;I为绕中性轴的截面惯性矩;F为载荷;d为位移;L为跨距;w、t分别为试件宽度和厚度。

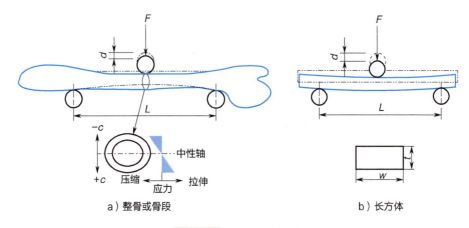

图8-4 三点弯曲测试

三点弯曲是骨骼常见的载荷状态,能够反映在体骨骼的弯曲应力情况。尽管三点弯曲试样的制备相对简单,甚至不需要制备,但该方法仍存在一些局限性:

1)梁弯曲公式假设试样为规则的几何形状且为线弹性、均质材料,并且试验过程中横截面积和形状沿骨的纵轴恒定。但骨骼试样难以完全满足上述假设,例如股骨、胫骨等长骨横截面不对称,骨骼材料是黏弹性且非均质的,因此由梁弯曲理论计算的应变在塑性区域不准确。整骨或部分骨段的三点弯曲测试中，横截面参数难以准确量化，目前常用CT或Micro-CT等方法将横截面数字化处理后计算其几何参数，或通过机械加工制备形状规则的试样以获得精确几何数据。

2）在两端支撑和加载处，试样可能存在应力集中并发生局部塑性变形，造成试样应力状态更复杂而影响测试结果，因此应尽可能避免支撑和加载处的应力集中。

3）三点弯曲试样中部存在较大的剪切应力，造成杨氏模量降低，因此一般要求跨距与试样厚度的比值不低于20:1。

人股骨、胫骨、腓骨、颅骨、肋骨、胸骨和髂骨等的三点弯曲测试参数见表8-5。大部分颅骨和肋骨的研究采用骨段进行测试，骨段长度多为60mm，宽度为10mm或13mm。有文献分别制备了股骨、胫骨、腓骨、肋骨和髂骨皮质骨的长方体试样，尺寸比骨段要小得多，长度为11~50mm，宽度为1.6~10mm，厚度为0.05~3mm。

表8-5 人体骨骼三点弯曲测试参数

骨	文献	样本量	年龄	横截面	长×宽(直径)/ mm×mm	杨氏模量/ GPa
股骨	Seedhom (2004)	5	62~88	长方体	35×2×1	18.60±1.90
股骨	Stefan (2010)	3	69±5	圆柱体	60×Φ3	17.85±1.01
胫骨	Snyder (1991)	7	29~73	长方体	40×2×2	17.50±1.62
腓骨	Berteau (2014)	3	66~96	长方体	(15~50)×(4~10)×(0.5~3)	7.00±2.70
顶骨	Hubbard (1971)	N=4	—	长方体	11×1.6	9.72±1.50
额骨、顶骨、枕骨、颞骨	Delille (2007)	18	52~83	颅骨段	60×13	5.21±3.30
额骨	Delille (2007)	18	52~83	颅骨段	60×13	3.79
顶骨	Delille (2007)	18	52~83	颅骨段	60×13	4.95
颞骨	Delille (2007)	18	52~83	颅骨段	60×13	11.32
额骨	Motherway (2009)	8	81±11	颅骨段	60×10	5.70±1.73
顶骨	Motherway (2009)	8	81±11	颅骨段	60×10	4.35±1.71

(续)

骨	文献	样本量	年龄	横截面	长×宽(直径)/mm×mm	杨氏模量/GPa
额骨、顶骨	Motherway（2010）	8	81±11	颅骨段	60×10	7.46±5.39
额骨、顶骨、颞骨	Auperrin（2014）	N=21	52~95	颅骨段	60×13	6.17±3.47
额骨	Auperrin（2014）	N=21	52~95	颅骨段	60×13	3.81±1.55
顶骨	Auperrin（2014）	N=21	52~95	颅骨段	60×13	5.00±3.12
颞骨	Auperrin（2014）	N=21	52~95	颅骨段	60×13	9.70±5.75
额骨	Rahmoun（2014）	11	88	颅骨段	60×13	3.28±2.00
顶骨	Rahmoun（2014）	11	88	颅骨段	60×13	4.53±4.81
颞骨	Rahmoun（2014）	11	88	颅骨段	60×13	5.99±2.22
额骨、顶骨、枕骨	Lee（2019）	2	61~86	颅骨段	40×10	2.22±1.01
肋骨（6/7）	Granik（1973）	15	—	肋骨段	—	11.50±2.14
肋骨（7、8）	Yoganandan（1998）	30	29~81	肋骨段	长度为150mm	2.10±0.33
肋骨（1~12）	Stitzel（2003）	4	61~71	长方体	29×4×0.75	10.02±4.00
肋骨（4~7）	Kemper（2007）	6	42~81	肋骨段	长度为100mm	20.04±2.84
胸骨	Torimitsu（2023）	120	21~93	胸骨段	30×5	—
髂骨	Kuhn（1989）	2	23~63	长方体	厚度为0.05~0.2mm	4.89±1.99

注：N表示骨骼数量，不明确尸体样本量，未标注N的为尸体样本量；肋骨（X）：括号内表示第几根肋骨。

（四）四点弯曲测试

四点弯曲测试与三点弯曲测试的原理类似，试样两端支撑，试样中部使用双加载头施加载荷，两加载点之间没有剪切力且弯矩恒定，如图8-5所示。四点弯曲测试与三点弯曲测试的试样相似，通常采用整骨、部分骨段或机械加工的长方体。根据试验测得的加载力和位移数据，利用梁弯曲公式计算试样中部的应力、应变和杨氏模量等参数：

$$\sigma = F\left(\frac{ac}{2I}\right), \quad \varepsilon = d\left[\frac{6c}{a(3L-4a)}\right], \quad E = S\left(\frac{a^2}{12I}\right)(3L-4a) \quad (8-5)$$

式中，σ 为应力；ε 为应变；E 为杨氏模量；S 为刚度；c 为骨段横截面最远端到截面中性轴的距离；I 为绕中性轴的截面惯性矩；F 为载荷；d 为位移；L 为跨距；a 为加载点到支撑点的距离，如图 8-5 所示。

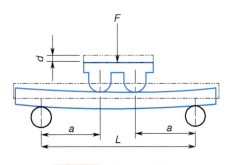

图 8-5　四点弯曲测试

与三点弯曲方法相似，四点弯曲载荷也是在体骨骼常见的受力状态。尽管四点弯曲测试消除了剪切应力的影响，能够获得较精确的材料本构参数，但四点弯曲测试也存在一些局限性：

1）四点弯曲测试也采用梁弯曲假设测试材料参数，这与三点弯曲测试的局限性相同。

2）四点弯曲测试要求 2 个加载点同时接触试样并产生相同的力，加载压头结构较为复杂，试验中加载均衡性不易保证，尤其在整骨或骨段试验中。

3）四点弯曲测试所需试样通常比三点弯曲测试试样长。

通过四点弯曲测试进行人体骨骼材料力学特性研究的文献较少。Martens 等人（1986）对 33 根人股骨整骨进行了四点弯曲试验，探究股骨最大弯曲载荷及失效能等参数。Keller 等人（1990）对年龄为 46~70 岁的 5 具尸体的股骨长方体试样进行了四点弯曲测试，试样尺寸为 30mm×3mm×3mm，得到人股骨的弹性模量为（12.1±4.14）GPa。

（五）扭转测试

扭转测试用于测量骨骼在扭转工况下的力学性能，常用于管状长骨骨干的扭转力学特性研究。扭转测试中骨骼试样的扭矩从中心向表面由零逐步增加到最大值，如图 8-6 所示。扭转测试中圆形截面的剪切应力和剪切弹性模量为

$$\tau = \frac{Tr}{J}, \quad G = \frac{TL}{\theta J} \tag{8-6}$$

式中，τ 为剪切应力；G 为剪切模量；T 为施加扭矩；θ 为旋转角度；r 为试样的半径；L 为试样测试区域的长度；J 为试样的极惯性矩。

扭转测试也有一些局限性：

1）骨骼试样几何形状通常假设为圆形或椭圆形，但 Levenston 等人（1994）的研究表明，几何形状假设可能导致剪切模量的误差高达 42%。

2）整骨试样的夹装困难，骨骼两端必须包埋处理，以便与测试夹具牢固固定，但包埋处理难以保证试样两端精准对齐，易产生弯矩而影响测试结果。

3）由于骨骼的结构特性，扭转测试不仅有剪切力的作用，还有张力作用于骨骼，会产生实验误差。

图 8-6　扭转测试

人股骨和胫骨的扭转测试参数见表 8-6。扭转测试中的股骨和胫骨试样通常为整骨或哑铃形试样。

表 8-6　人体骨骼扭转测试参数

骨	文献	样本量	年龄	横截面	长×宽×厚(总长)/ mm×mm×mm	剪切模量/ GPa
股骨和胫骨	Burstein（1976）	N=33	29~89	方形截面哑铃形	6×2×2（15）	3.36±2.29
股骨	Martens（1980）	N=65	27~92	整骨	—	—
胫骨	Martens（1980）	N=65	27~92	整骨	—	—
股骨	Neil（2003）	3	44~64	方形截面哑铃形	10×3×3（20）	4.74±0.65
股骨	Zdero（2011）	N=25	58~91	整骨	—	—
股骨	Mirzaali（2016）	39	46~99	圆形截面哑铃形	6.5×Φ3（30）	6.07±0.57

注：N 表示骨骼数量，不明确尸体样本量，未标注 N 的为尸体样本量。

（六）超声测试

超声测试是一种测量材料力学性能的无损检测技术，利用声音在试样中的传播特性，测量和评估材料的弹性特性。超声测试中的试样多为立方体或圆柱体，测量试样两侧的声速延迟时间，用试样厚度除以延迟时间即可得到超声声速 v。通过纵波或横波的传播速度来评估骨骼的力学特性，如图 8-7 所示。弹性特性与波传播速度的一般关系为

$$E = \rho v^2, \quad G = \rho v_s^2 \tag{8-7}$$

式中，E 为杨氏模量；ρ 为密度；v 为纵波传播速度；G 为剪切模量；v_s 为横波传播速度。

图 8-7 超声测试

相比于机械测试,超声测试有其独特的优势:①超声测试为无损检测,可以重复多次测量,有助于减小参数误差;②试样尺寸可以更小,形状要求低;③可以在单个试样内进行多方向测量,能够分析各向异性特性。虽然超声测试优势明显,但也有其不可忽视的缺点:①声学测试在小试样(长度为 0.5~5mm)中可得到较准确的结果,但长度超过 10 mm 的试样会因衰减过度造成较大误差;②超声测试可直接得到骨骼的弹性参数,但骨骼的详细力学行为、负荷承受能力、应力和应变特性等需要推断或间接分析得出。

超声测试应用于人股骨、胫骨、腓骨和颅骨等的研究见表 8-7。大部分骨骼超声研究采用长方体或圆柱体试样,试样长度为 4~50mm,宽度为 4~10mm,厚度为 0.5~10mm。

表 8-7 人体骨骼超声测试参数

骨	文献	样本量	年龄	横截面	长×宽×厚/ mm×mm×mm	$E \pm SD/GPa$
胫骨	Rho (1996)	8	45~68	正方形	10×10×10	20.70±1.9
股骨	Hunt (1998)	19	55~98	长方形	4.86×4.67×2.89	32.52±0.87
胫骨	Hunt (1998)	19	55~98	长方形	4.86×4.67×2.89	34.07±4.31
胫骨	Hoffmeister (2000)	8	45~68	正方形	—	20.90
顶骨	Peterson (2002)	N=10	58~88	圆形	$\Phi 5$	14.60±2.90
顶骨	Peterson (2003)	15	27~100	圆形	$\Phi 4$	20.30±4.50
额骨	Peterson (2003)	15	27~100	圆形	$\Phi 4$	19.40±4.20
枕骨	Peterson (2003)	15	27~100	圆形	$\Phi 4$	20.60±4.70
颞骨	Peterson (2003)	15	27~100	圆形	$\Phi 4$	23.40±5.10
股骨	Espinoza (2009)	1	78	正方形	5×5×5	27.30±2.30
腓骨	Berteau (2014)	3	66~96	长方形	(15~50)× (4~10)×(0.5~3)	17.00±2.00

注:N 表示骨骼数量,不明确尸体样本量,未标注 N 的为尸体样本量;$E \pm SD$ 表示弹性模量±标准差。

（七）纳米压痕测试

纳米压痕测试通常使用尖端曲率半径为纳米尺度的 Berkonvich 或 Conical 探针，在载荷或位移控制下压入材料表面，测量加载、卸载过程中的载荷和位移。通过分析载荷 P 和压入深度 h 曲线，计算材料的硬度 H 和压入模量 E_r。

不同于传统的显微硬度计使用光学显微镜测量压痕面积，纳米压痕仪利用传感器采集的压入深度和已知面积函数的探针，间接计算峰值载荷 P_{max} 对应的接触面积 A，再由式（8-8）计算材料硬度 H：

$$H = \frac{P_{max}}{A} \tag{8-8}$$

在卸载时，材料内的部分应力得到释放，材料在弹性变形范围内试图恢复其原始形状，但由于塑性变形的产生，只能部分恢复。对弹性卸载响应的初始部分，即初始卸载点至卸载曲线上部的 25%～50%，进行分析可得到初始卸载接触刚度 S。

$$S = \frac{dP}{dh} \tag{8-9}$$

根据接触刚度 S 和压入模量 E_r 的关系，可计算得到压入模量 E_r：

$$S = \frac{2}{\sqrt{\pi}} E_r \sqrt{A} \tag{8-10}$$

根据式（8-10）可求得试样的杨氏模量 E_s：

$$\frac{1}{E_r} = \frac{(1-\nu_t^2)}{E_t} + \frac{(1-\nu_s^2)}{E_s} \tag{8-11}$$

式中，E_t、ν_t 分别为压头的弹性模量和泊松比；E_s、ν_s 分别为试样的弹性模量和泊松比。对于标准金刚石压头，E_t 为 1140GPa，ν_t 为 0.07。

在压痕测试中要注意样品表面平整度、固定方式以及压痕之间的相对位置。大部分纳米压痕分析软件都采用 Oliver 和 Pharr 提出的针对锥形尖端和平坦表面之间弹性接触问题的解算方法，这意味着只有当真实接触面积与投影面积较为一致时，结果才是准确的。此外，样品与支撑平面要有足够的刚度，通常会在样品和支撑面间涂抹脆性胶水固定，或将样品进行镶嵌。为降低材料位置梯度的影响，重复性试验必须在足够近的位置进行，但又必须保证适当间隔，以避免材料堆积对真实接触面积造成干扰。

对于骨骼材料，由于黏弹性效应的影响，因此其不满足 Oliver 和 Pharr 提出的方法中对卸载段材料纯弹性的假设，造成接触刚度和面积估算误差较大。黏弹性效应的影响程度取决于峰值载荷、卸载前的保持时间和卸载速度的复杂耦合。有学者认为增加保持时间和提高卸载速度是抑制黏弹性的重要手段，但骨骼材料的高度不均匀性导致在确定可有效抑制黏弹性效应的载荷方案时，有着极大的困难。另一个替代方案是允许黏弹性效应发生，使用已在单体工程材料中确定的方法修正黏弹性效应，但修正后的结果能否准确反映骨骼的材料参数，仍是未知。表 8-8 归纳了人体骨骼纳米压痕测试参数。

表 8-8 人体骨骼纳米压痕测试参数

文献	年龄	骨骼		弹性模量/GPa	硬度/GPa
Lin (2010)	< 60	股骨	骨间质	18.52 ± 1.69	0.61 ± 0.07
			骨单元	16.71 ± 1.69	0.53 ± 0.09
			骨小梁	15.88 ± 1.72	0.56 ± 0.04
	> 60	股骨	骨间质	20.22 ± 2.38	0.64 ± 0.07
			骨单元	17.21 ± 2.29	0.53 ± 0.08
			骨小梁	15.97 ± 2.17	0.59 ± 0.07
Rho (1997)	57、61	胫骨	骨间质	25.80 ± 0.70	0.74 ± 0.03
		皮质骨	骨单元	22.50 ± 1.30	0.61 ± 0.04
Zysset (1999)	75 ± 11	股骨中段	骨间质	21.20 ± 5.30	—
			骨单元	19.10 ± 5.40	—
		股骨颈	骨间质	17.50 ± 5.30	—
			骨单元	15.80 ± 5.30	—
			骨小梁	11.40 ± 5.60	—
Hoffler (2005)	男性 53、77	股骨	骨间质	20.30 ± 5.10	0.59 ± 0.20
	女性 77、93	皮质骨	骨单元	18.60 ± 4.20	0.52 ± 0.15

尽管纳米压痕测试技术在骨骼测试领域仍存在一定的局限性，但其独有的特点使其在一些方面具有不可替代性。第一，以骨骼材料为代表的生物材料是不均匀的，压痕测试具备研究骨骼力学特性的位置梯度规律的能力。第二，许多生物材料很难加工成传统的拉伸或其他机械测试所需的几何形状，纳米压痕测试具备对不规则的小尺寸试样进行测试的能力。第三，测试所需的材料体积相对较小，可用于检测珍贵的样本。

（八）Micro-CT 测试

Micro-CT（Micro-Computed Tomography）是一种计算机断层扫描技术，能够

在不破坏试样的情况下获得多角度的 X 射线衰减数据并形成灰度图像，经计算机三维重建得到试样的宏观形貌和微观结构。对骨骼进行扫描时，骨中的矿物质含量是造成 X 射线衰减程度不同的关键因素。因此，Micro-CT 图像能够表征骨骼矿物质的含量。通过特定材料的体模对衰减数据进行校正，以水的密度为 0HU，空气的密度为 -1000 HU，能够获得影像中每个体素的准确 HU 值。此外，也可以建立衰减数据与羟基磷灰石含量的关系，进而获得每个体素的羟基磷灰石等效组织矿物密度，用于表征试样的矿化程度，即组织矿物密度（Tissue Mineral Density，TMD）。

Micro-CT 在形态学测量上的准确性已在多项研究中得到证实，是评价骨形态和微结构的"金标准"。然而影响 TMD 的因素有很多，包括设备、试样、体模、介质等多方面。设备间的差异通常无法避免，例如射线硬化矫正算法上的差异。而试样尺寸的增加会使 TMD 下降，有研究认为只有当皮质骨厚度超过 2mm 时，才能准确测量 TMD。此外，标准体模的尺寸、密度均会影响 TMD 的测量。最后，不同的扫描介质（空气、生理盐水、乙醇等）也会对 X 射线的衰减造成影响，进而影响 TMD 测试结果。综上所述，在设备和测试参数不一致的情况下，比较不同研究结果之间的 TMD 变得困难。但相同试样条件下的比较仍具有说服力。因此，建议在进行试验方案设计时，除了设备型号和扫描参数（例如：射线管电压、功率、各向同性分辨率）外，还应当进一步考虑试样大小、体模尺寸、密度和扫描介质等。表 8-9 归纳了人体骨骼 Micro-CT 测试中常见的设备及参数。

表 8-9　人体骨骼 Micro-CT 测试参数

文献	设备型号	各向同性分辨率/μm	功率/W	电压/kV	曝光时间/ms	试样描述
Cooper	SkyScan1072	5、10、15	10	100	5900	股骨前干骨（直径为5mm、长度为8mm）
Kazakia	μCT40	8	7.9	70	250	股骨头、椎体、胫骨近端（直径为8mm、长度为4mm）
Gauthier	SR-μCT	0.7	—	31	300	桡骨 W = (2.02 ± 0.09)mm（骨膜 - 内膜方向）、B = (1.00 ± 0.06)mm（与骨截面切线方向）、沿骨干长轴平行方向约 12.5mm
Loundagin	—	0.9	—	40	400	股骨和胫骨骨干中段（直径为5mm、长度为35mm）

(续)

文献	设备型号	各向同性分辨率/μm	功率/W	电压/kV	曝光时间/ms	试样描述
Cirovic	SkyScan1172	10	9.9	80	1200	股骨颈外侧
Iori	VivaCT80	39	7.9	70	200	左胫骨中段
Lerebours	SR – μCT	11.8	—	37	1500	股骨中段骨块（长度约为16mm）
Xia	QuantumGX Micro-CT	4.5	7.9	90	—	股骨颈区域皮质骨
Wölfel	μCT40	10	7.9	55	200	胫骨中段（长度为35mm，宽度为2mm，厚度为1mm）
Bakalova	μCT35	6	7.9	70	3200	腓骨骨干，厚约12mm

通过非破坏性技术确定骨骼的力学特性对于研究骨力学性能的梯度变化、设计植入体以及评估骨科手术风险等极具吸引力。该方面的研究主要分为松质骨和皮质骨两方面。

在松质骨的研究中，使用 Micro-CT 测试技术建立了不同解剖学部位的密度或体积分数与骨组织力学特性之间的关系模型，但该类模型预测的模量结果的差异可能超过 10 倍，这种误差已无法归因于测试条件和解剖学位置差异。在之后的研究中，通过考虑微观结构排列特征将各向异性纳入弹性模量预测，有效提升了预测精度，人松质骨弹性模量预测精度可达 97%。至此，松质骨的弹性性能预测得到了较好的发展，但针对皮质骨的研究还较少。

皮质骨作为一种高度优化的骨结构，化学成分、微结构、微观力学性能的变化都可能影响骨的宏观力学性能。矿物质含量通常被认为是骨组织弹性模量的主要决定因素，Micro-CT 测试得到的 HU 值和 TMD 数据客观地反映了骨骼的矿化程度，所以皮质骨弹性模量的预测多以此为基础展开。普遍的做法是将 HU 值转化为密度值（表观密度 ρ_{app}、灰密度 ρ_{ash} 等），再将密度值转换为弹性模量，见表 8-10。但同一个体的弹性模量预测精度只有 45%，个体之间，可解释的弹性模量的差异范围为 0%~64%。由此可见，仅通过骨骼的矿化程度并不能准确预测组织的弹性模量。

此外，皮质骨微观结构上的差异已被广泛研究，但深层次的规律并未被完全掌握。有报道显示，人股骨中段皮质骨的弹性模量没有纵向区域差异，并且未发现骨模量与 X 射线衰减数据之间的相关性，这超出了人们的一般认知，也进一步证明了预测皮质骨模量的复杂性，单一测试手段或因素的考虑可能无法充分反映骨骼材料力学特性的多维性。而 Micro-CT 无损检测的特点使试样可用于后续其他检测,为构建多维度的骨骼力学特性预测模型创造了条件。

表 8-10　基于 Micro-CT 的人皮质骨材料参数预测模型

文献	适用范围	表达式
Cong (2011)	股骨	$\rho_{ash} = -9.00 \times 10^{-3} + 7.00 \times 10^{-4} HU$；$E = 14664\rho_{ash}^{1.49}$
Daescu (2011)	股骨	$\rho_{ash} = -9.00 \times 10^{-3} + 7.00 \times 10^{-4} HU$；$E = 14664\rho_{ash}^{1.49}$
Buijs (2011)	股骨	$\rho_{ash} = 7.00 \times 10^{-4} HU$；$E = 29800\rho_{ash}^{1.56}$
Ruess (2015)	股骨	$\rho_{ash} = 9.70 \times 10^{-4} HU$；$E = 10200\rho_{ash}^{2.01}$
Kheirollahi (2015)	股骨	$\rho_{ash} = 4.162 \times 10^{-2} + 8.54 \times 10^{-4} HU$；$E = 10500\rho_{ash}^{2.29}$
Campoli (2014)	胛骨	$\rho_{app} = 3.90 \times 10^{-4} + HU$；$E = 6850\rho_{app}^{1.49}$
Wagner (2011)	湿骨	$\lg(E_t) = -8.58 + 4.05 \lg\{400/[1 + (0.504/\rho_{HA})]\}$

注：ρ_{HA} 为相同体素下的 TMD；ρ_{app} 为表观密度；ρ_{ash} 为灰密度。

四、三点弯曲测试与材料参数自动识别方法

尽管三点弯曲试验计算试样材料参数的方法基于梁理论假设,但其可以反映骨骼在体的载荷状态,并且制备精确的规则试样较简便,依然能够保证材料测试精度,因此获得了广泛的应用。本节在分析骨骼三点弯曲测试研究的基础上,结合项目组前期的研究经验,介绍了一种探究骨骼材料不均匀性和各向异性的三点弯曲测试方法。

(一)试样制备方法

长骨的整个制备流程包括双向多梯度(即轴向、周向不同位置)的试样块划分及切割、三向粗制试样切割磨制、最终试样数控精铣。

首先,根据骨干长度确定骨干中点及中间骨环,然后分别向近心端和远心端确定长骨轴向归一化的骨环位置,通过切割得到轴向不同位置的相同厚度的骨环;将每个骨环沿周向方向按照前、后、内、外四个象限进行分割,得到整根长骨双向多梯度(即轴向、周向不同位置)的扇形试样块。将每个试样块切割为两个试样区,一个为纵向试样块,一个为横向/周向试样块。其次,用金相磨抛机对试样块进行打磨,得到形状规则、表面平整的两种长方体粗制皮质骨试样块。然后,利用数控铣床配合试样夹具,精铣出双向多梯度和三向(轴向、周向、横向)小尺寸规则试样,如图 8-8 所示。最后,使用 1500 目的碳化硅砂纸极其轻微地打磨试样的 4 个长棱边,去除加工毛刺。为防止试样加工过程中过热,所有机械加工过程都在水冷条件下进行。

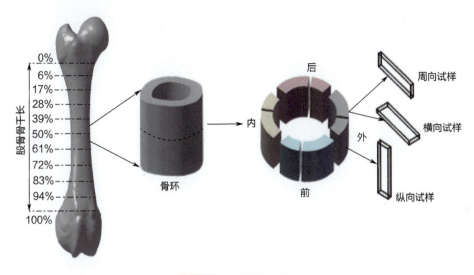

图8-8 试样制备流程

（二）三点弯曲测试方法

如前所述，室温与体温下骨骼力学特性的差异非常小，但试样的水合状态对骨骼力学特性的影响非常大，因此试验前应确保骨骼解冻并在室温下完成水合。

将试样放置在两个光滑的刚性支撑轴上，支撑跨距与试样厚度的比值至少为20:1。因此，需要根据制备试样的厚度尺寸，合理选择合适的支撑跨距。一般而言，为了更好地分析骨骼的梯度变化，试样尺寸应尽可能得小，包括试样的厚度，所以支撑轴跨距也可以相应地减小。对于准静态测试，一般使用位移控制以 0.02mm/s 的速度对试样加载，直到试样断裂，并记录试验过程中的加载力和加载位移。

（三）材料参数自动识别方法

将试验得到的加载力和位移的时间历程曲线进行滤波处理，然后合成获得加载力-位移曲线。根据试验前测量的试样尺寸，使用经典梁理论方法，根据式（8-4）计算得到试样的应力-应变曲线。

试样的变形分为弹性阶段和塑性阶段。在弹性阶段，应力-应变曲线近似呈线性，以极限应力的25%为移动窗宽，以极限应力的5%为移动步长，在应力-应变曲线范围内进行线性拟合，取拟合优度 R^2 最大时所对应的拟合直线的斜率为该试样的杨氏模量。将杨氏模量拟合直线段按照应变偏移 0.2%，偏移后的直线与应力-应变曲线的交点为屈服点，对应的横、纵坐标分别为屈服应变和屈服应力。以应力达到最大时的点为试样的失效点，横坐标和纵坐标分别对应极限应变和极限应力。切线模量定义为杨氏模量的5%。材料参数识别流程图如图8-9所示。使用MATLAB程序将上述方法自动化，包括试验曲线的合成、应力-应变曲线的计算、基于应力-应变曲线的材料参数提取等，实现自动获取每个试样的材料本构参数。

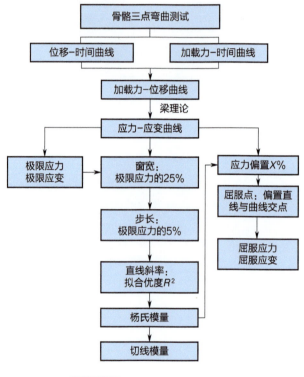

图8-9 材料参数识别流程图

五、结论

本章研究了骨骼材料力学性能测试的常用方法，包括拉伸、压缩、三点弯曲、四点弯曲、扭转、超声、纳米压痕和Micro-CT等，分析了各种测试方法能够获取的材料本构参数及对试样的要求和优缺点，并介绍了各种测试方法在人体骨骼测试方面常用的测试参数及其获得的材料参数，有助于指导人体骨骼力学测试研究。同时，本章还介绍了基于三点弯曲测试的材料本构参数自动识别方法，为材料参数识别提供了一个高效准确的手段。

参考文献

[1] LIN C Y, KANG J H. Mechanical properties of compact bone defined by the stress-strain curve measured using uniaxial tensile test: A concise review and practical guide [J]. Materials, 2021, 14 (15): 4224.

[2] AN Y H, FRIEDMAN R J. Animal models in orthopaedic research [M]. Boca Raton: CRC Press, 2020: 139-150.

[3] ZDERO R. Experimental methods in orthopaedic biomechanics [M]. Amsterdam: Academic Press, 2017: 167-183.

[4] ZIMMERMANN E A, RITCHIE R O. Bone: Bone as a structural material [J]. Advanced Healthcare Materials, 2015, 4 (9): 1287-1304.

[5] RHO J Y, KUHN S L, ZIOUPOS P. Mechanical properties and the hierarchical structure of bone [J]. Medical Engineering & Physics, 1998, 20 (2): 92-102.

[6] MORGAN E F, UNNIKRISNAN G U, HUSSEIN A I. Bone mechanical properties in healthy and diseased states [J]. Annual Review of Biomedical Engineering, 2018, 20 (1): 119-143.

[7] MBUYI-MUAMBA J M, DEQUEKER J. Biochemical anatomy of human bone: Comparative study of compact and spongy bone in femur, rib and iliac crest [J]. Cells Tissues Organs, 1987, 128 (3): 184-187.

[8] CURREY J D. The structure and mechanics of bone [J]. Journal of Materials Science, 2012, 47 (1): 41-54.

[9] MARTIN R B, BURR D B, SHARKEY N A, et al. Skeletal tissue mechanics [M]. New York: Springer, 2015: 355-422.

[10] COWIN S C. Bone mechanics handbook [M]. 2nd ed. Boca Raton: CRC Press, 2001.

[11] DENG H W, LIU Y Z, GUO C Y, et al. Current topics in bone biology [M]. Singapore: World Scientific, 2005: 177-212.

[12] SEDLIN E D, HIRSCH C. Factors affecting the determination of the physical properties of femoral cortical bone [J]. Acta Orthopaedica Scandinavica, 1966, 37 (1): 29-48.

[13] STEFAN U, MICHAEL B, WERNER S. Effects of three different preservation methods on the mechanical properties of human and bovine cortical bone [J]. Bone, 2010, 47 (6): 1048-1053.

[14] FRANKEL V H. Mechanical principles for internal fixation of the femoral neck [J]. Acta Chirurgica, Scandinavica, 1959, 117: 427-432.

[15] SEDLIN E D. A rheologic model for cortical bone: A study of the physical properties of human femoral samples [J]. Acta Orthopaedica Scandinavica, 1965, 36 (sup83): 1-77.

[16] WEAVER J K. The microscopic hardness of bone [J]. The Journal of Bone and Joint Surgery, 1966, 48 (2): 273-288.

[17] PELKER R R, FRIEDLAENDER G E, MARKHAM T C, et al. Effects of freezing and freeze-drying on the biomechanical properties of rat bone [J]. Journal of Orthopaedic Research, 1984, 1 (4): 405 – 411.

[18] ROE S C, PIJANOWSKI G J, JOHNSON A L. Biomechanical properties of canine cortical bone allografts: effects of preparation and storage [J]. American Journal of Veterinary Research, 1988, 49 (6): 873 – 877.

[19] GOH J C, ANG E J, BOSE K. Effect of preservation medium on the mechanical properties of cat bones [J]. Acta Orthopaedica Scandinavica, 1989, 60 (4): 465 – 467.

[20] LINDE F, SØRENSEN H C. The effect of different storage methods on the mechanical properties of trabecular bone [J]. Journal of Biomechanics, 1993, 26 (10): 1249 – 1252.

[21] HUSS B T, ANDERSON M A, WAGNER-MANN C C, et al. Effects of temperature and storage time on pin pull – out testing in harvested canine femurs [J]. American Journal of Veterinary Research, 1995, 56 (6): 715 – 719.

[22] BORCHERS R E, GIBSON L J, BURCHARDT H, et al. Effects of selected thermal variables on the mechanical properties of trabecular bone [J]. Biomaterials, 1995, 16 (7): 545 – 551.

[23] HAMER A J, STRACHAN J R, BLACK M M, et al. Biomechanical properties of cortical allograft bone using a new method of bone strength measurement [J]. The Journal of Bone & Joint Surgery British Volume, 1996, 78 – B (3): 363 – 368.

[24] KANG Q, AN Y H, FRIEDMAN R J. Effects of multiple freezing-thawing cycles on ultimate indentation load and stiffness of bovine cancellous bone [J]. American Journal of Veterinary Research, 1997, 58 (10): 1171 – 1173.

[25] MATTER H P, GARREL T V, BILDERBEEK U, et al. Biomechanical examinations of cancellous bone concerning the influence of duration and temperature of cryopreservation [J]. Journal of Biomedical Materials Research, 2001, 55 (1): 40 – 44.

[26] VAN HAAREN E H, VAN DER ZWAARD B C, VAN DER VEEN A J, et al. Effect of long-term preservation on the mechanical properties of cortical bone in goats [J]. Acta Orthopaedica, 2008, 79 (5): 708 – 716.

[27] NAZARIAN A, HERMANNSSON B J, MULLER J, et al. Effects of tissue preservation on murine bone mechanical properties [J]. Journal of Biomechanics, 2009, 42 (1): 82 – 86.

[28] DIEFENBECK M, MÜCKLEY T, ZANKOVYCH S, et al. Freezing of rat tibiae at −20℃ does not affect the mechanical properties of intramedullary bone/implant-interface: Brief report [J]. The Open Orthopaedics Journal, 2011, 5: 219 – 222.

[29] EDMONDSTON S J, SINGER K P, DAY R E, et al. Formalin fixation effects on vertebral bone density and failure mechanics: An in-vitro study of human and sheep vertebrae [J]. Clinical Biomechanics, 1994, 9 (3): 175 – 179.

[30] ÖHMAN C, DALL'ARA E, BALEANI M, et al. The effects of embalming using a 4% formalin solution on the compressive mechanical properties of human cortical bone [J]. Clinical Biomechanics, 2008, 23 (10): 1294 – 1298.

[31] ZHANG G, WANG S, XU S, et al. The effect of formalin preservation time and temperature on the material properties of bovine femoral cortical bone tissue [J]. Annals of Biomedical Engineering, 2019, 47 (4): 937-952.

[32] EVANS F G. The mechanical properties of bone [J]. Artificial Limbs, 1969, 13 (1): 37-48.

[33] DEMPSTER W T, LIDDICOAT R T. Compact bone as a non-isotropic material [J]. The American Journal of Anatomy, 1952, 91 (3): 331-362.

[34] EVANS F G, LEBOW M. Regional differences in some of the physical properties of the human femur. [J]. Journal of Applied Physiology, 1951, 3 (9): 563-572.

[35] BROZ J J, SIMSKE S J, GREENBERG A R, et al. Effects of rehydration state on the flexural properties of whole mouse long bones [J]. Journal of Biomechanical Engineering, 1993, 115 (4A): 447-449.

[36] CURREY J D. The effects of drying and re-wetting on some mechanical properties of cortical bone [J]. Journal of Biomechanics, 1988, 21 (5): 439-441.

[37] BONFIELD W, LI C H. The temperature dependence of the deformation of bone [J]. Journal of Biomechanics, 1968, 1 (4): 323-329.

[38] BONFIELD W, TULLY A E. Ultrasonic analysis of the Youngs modulus of cortical bone [J]. Journal of Biomedical Engineering, 1982, 4 (1): 23-27.

[39] ASHMAN R B. A correlation of quasistatic and ultrasonic determination of the elastic properties of cortical bone [D]. New Orleans: Tulane University, 1982.

[40] 于露, 李昊, 高丽兰, 等. 骨组织的多层次生物力学特性及本构关系 [J]. 医用生物力学, 2019, 34 (4): 434-439.

[41] 蔡志华, 周培月, 汪剑辉, 等. 骨组织准静态和动态压缩试验与本构模型研究 [J]. 实验力学, 2021, 36 (3): 389-396.

[42] PAHR D H, REISINGER A G. A Review on recent advances in the constitutive modeling of bone tissue [J]. Current Osteoporosis Reports, 2020, 18 (6): 696-704.

[43] MULLINS L P, BRUZZI M S, MCHUGH P E. Calibration of a constitutive model for the post-yield behaviour of cortical bone [J]. Journal of the Mechanical Behavior of Biomedical Materials, 2009, 2 (5): 460-470.

[44] 马信龙, 马剑雄, 徐卫国, 等. 骨科生物力学研究的测量方法学专家共识 [J]. 中国骨质疏松杂志, 2014, 20 (9): 1039-1054.

[45] KHAN S N. Human bone strength evaluation through different mechanical tests [J]. International Journal of Current Engineering and Technology, 2013, 2 (2): 539-543.

[46] ZHENG P, CHEN R, LIU H, et al. On the standards and practices for miniaturized tensile test-A review [J]. Fusion Engineering and Design, 2020, 161: 112006.

[47] KONG D, SHI Y, LIN G, et al. Recent advance in evaluation methods for characterizing mechanical properties of bone [J]. Archives of Computational Methods in Engineering, 2020, 27 (3): 711-723.

[48] YANG B, XUAN F Z, CHEN J K. Evaluation of the microstructure related strength of CrMoV weldment by using the in-situ tensile test of miniature specimen [J]. Materials Science and Engineering: A, 2018, 736: 193 – 201.

[49] EVANS F G, BANG S. Differences and relationships between the physical properties and the microscopic structure of human femoral, tibial and fibular cortical bone [J]. American Journal of Anatomy, 1967, 120 (1): 79 – 88.

[50] BURSTEIN A, REILLY D, MARTENS M. Aging of bone tissue: Mechanical properties [J]. The Journal of Bone & Joint Surgery, 1976, 58 (1): 82 – 86.

[51] KATSAMANIS F, RAFTOPOULOS D D. Determination of mechanical properties of human femoral cortical bone by the Hopkinson bar stress technique [J]. Journal of Biomechanics, 1990, 23 (11): 1173 – 1184.

[52] BAYRAKTAR H H, MORGAN E F, NIEBUR G L, et al. Comparison of the elastic and yield properties of human femoral trabecular and cortical bone tissue [J]. Journal of Biomechanics, 2004, 37 (1): 27 – 35.

[53] HANSEN U, ZIOUPOS P, SIMPSON R, et al. The effect of strain rate on the mechanical properties of human cortical bone [J]. Journal of Biomechanical Engineering, 2008, 130 (1): 011011.

[54] DUCHEMIN L, BOUSSON V, RAOSSANALY C, et al. Prediction of mechanical properties of cortical bone by quantitative computed tomography [J]. Medical Engineering & Physics, 2008, 30 (3): 321 – 328.

[55] SUBIT D, ARREGUI C, SALZAR R, et al. Pediatric, adult and elderly bone material properties [C] //Proceedings of the IRCOBI Conference 2013. Amsterdam: Elsevier, 2013: 760 – 769.

[56] MIRZAALI M J, SCHWIEDRZIK J J, THAIWICHAI S, et al. Mechanical properties of cortical bone and their relationships with age, gender, composition and microindentation properties in the elderly [J]. Bone, 2016, 93: 196 – 211.

[57] DONG X N, DWARD GUO X E. The dependence of transversely isotropic elasticity of human femoral cortical bone on porosity [J]. Journal of Biomechanics, 2004, 37 (8): 1281 – 1287.

[58] KEMPER A R, MCNALLY C, KENNEDY E A, et al. The material properties of human tibia cortical bone in tension and compression: Implications for the tibia index [C] //Proceedings of the 20th International Technical Conference on the Enhanced Safety of Vehicles (ESV). New York: NHTSA, 2007: 1 – 12.

[59] BORUAH S, SUBIT D L, PASKOFF G R, et al. Influence of bone microstructure on the mechanical properties of skull cortical bone-A combined experimental and computational approach [J]. Journal of the Mechanical Behavior of Biomedical Materials, 2017, 65: 688 – 704.

[60] KEMPER A R, MCNALLY C, KENNEDY E A, et al. Material properties of human rib cortical bone from dynamic tension coupon testing [J]. Stapp Car Crash Journal, 2005, 49: 199 – 230.

[61] KEMPER A R, MCNALLY C, PULLINS C A, et al. The biomechanics of human ribs: Material and structural properties from dynamic tension and bending tests [J]. Stapp Car Crash Journal, 2007, 51: 235 – 273.

[62] SUBIT D, DIOS E, AMEIJIDE J V, et al. Tensile material properties of human rib cortical bone under quasi-static and dynamic failure loading and influence of the bone microstucture on failure characteristics [J]. Physics, 2011. DOI: 10.48550/arXiv1108.0390.

[63] ALBERT D, KANG Y S, AGNEW A, et al. The effect of injurious whole rib loading on rib cortical bone material properties [C] //Proceedings of the IRCOBI Conference 2018. Amsterdam: Elsevier, 2018: 680 – 687.

[64] KATZENBERGER M J, ALBERT D L, AGNEW A M, et al. Effects of sex, age, and two loading rates on the tensile material properties of human rib cortical bone [J]. Journal of the Mechanical Behavior of Biomedical Materials, 2020, 102: 103410.

[65] AMEIJIDE J V, VILANA S G, MOLINA D S, et al. Influence of anthopometric variables on the mechanical properties of human rib cortical bone [J]. Biomedical Physics & Engineering Express, 2021, 7 (3): 035013.

[66] BEAUPIED H, LESPESSAILLES E, BENHAMOU C L. Evaluation of macrostructural bone biomechanics [J]. Joint Bone Spine, 2007, 74 (3): 233 – 239.

[67] ZHAO S, ARNOLD M, MA S, et al. Standardizing compression testing for measuring the stiffness of human bone [J]. Bone & Joint Research, 2018, 7 (8): 524 – 538.

[68] ZDERO R. Experimental methods in orthopaedic biomechanics [M]. Amsterdam: Elsevier, 2017: 167 – 183.

[69] 王尚城, 王冬梅, 汪方, 等. 人骨拉伸和压缩力学的性能测试 [J]. 中国组织工程研究, 2013, 17 (7): 1180 – 1184.

[70] CURREY J. Measurement of the mechanical properties of bone: A recent history [J]. Clinical Orthopaedics & Related Research, 2009, 467 (8): 1948 – 1954.

[71] EVANS F G, LISSNER H R. Tensile and compressive strength of human parietal bone [J]. Journal of Applied Physiology, 1957, 10 (3): 493 – 497.

[72] MCELHANEY J H, FOGLE J L, MELVIN J W, et al. Mechanical properties of cranial bone [J]. Journal of Biomechanics, 1970, 3 (5): 495 – 511.

[73] BORUAH S, HENDERSON K, SUBIT D, et al. Response of human skull bone to dynamic compressive loading [C] //Proceedings of the IRCOBI Conference 2013. Amsterdam: Elsevier, 2013: 497 – 508.

[74] ZHAI X, NAUMAN E A, MORYL D, et al. The effects of loading-direction and strain-rate on the mechanical behaviors of human frontal skull bone [J]. Journal of the Mechanical Behavior of Biomedical Materials, 2020, 103: 103597.

[75] ALBERT D L, KATZENBERGER M J, AGNEW A M, et al. A comparison of rib cortical bone compressive and tensile material properties: Trends with age, sex, and loading rate [J]. Journal of the Mechanical Behavior of Biomedical Materials, 2021, 122: 104668.

[76] BAILEY S, VASHISHTH D. Mechanical characterization of bone: State of the art in experimental approaches—What types of experiments do people do and how does one interpret the results? [J]. Current Osteoporosis Reports, 2018, 16 (4): 423 – 433.

[77] HUANG H L, TSAI M T, LIN D J, et al. A new method to evaluate the elastic modulus of cortical bone by using a combined computed tomography and finite element approach [J]. Computers in Biology and Medicine, 2010, 40 (4): 464 – 468.

[78] YOGANANDAN N, PINTAR F A. Biomechanics of human thoracic ribs [J]. Journal of Biomechanical Engineering, 1998, 120 (1): 100 – 104.

[79] SEEDHOM B B, BERRY E, OSTELL A E, et al. The longitudinal young's modulus of cortical bone in the midshaft of human femur and its correlation with CT scanning data [J]. Calcified Tissue International, 2004, 74 (3): 302 – 309.

[80] SNYDER S M, SCHNEIDER E. Estimation of mechanical properties of cortical bone by computed tomography [J]. Journal of Orthopaedic Research, 1991, 9 (3): 422 – 431.

[81] BERTEAU J P, BARON C, PITHIOUX M, et al. In vitro ultrasonic and mechanic characterization of the modulus of elasticity of children cortical bone [J]. Ultrasonics, 2014, 54 (5): 1270 – 1276.

[82] HUBBARD R P. Flexure of layered cranial bone [J]. Journal of Biomechanics, 1971, 4 (4): 251 – 263.

[83] DELILLE R, LESUEUR D, POTIER P, et al. Experimental study of the bone behaviour of the human skull bone for the development of a physical head model [J]. International Journal of Crashworthiness, 2007, 12 (2): 101 – 108.

[84] MOTHERWAY J A, VERSCHUEREN P, VAN DER PERRE G, et al. The mechanical properties of cranial bone: The effect of loading rate and cranial sampling position [J]. Journal of Biomechanics, 2009, 42 (13): 2129 – 2135.

[85] MOTHERWAY J A, VERSCHUEREN P, VAN DER PERRE G, et al. The mechanical properties of cranial bone: The effect of loading rate and cranial sampling position [J]. Journal of Biomechanics, 2009, 42 (13): 2129 – 2135.

[86] AUPERRIN A, DELILLE R, LESUEUR D, et al. Geometrical and material parameters to assess the macroscopic mechanical behaviour of fresh cranial bone samples [J]. Journal of Biomechanics, 2014, 47 (5): 1180 – 1185.

[87] RAHMOUN J, AUPERRIN A, DELILLE R, et al. Characterization and micromechanical modeling of the human cranial bone elastic properties [J]. Mechanics Research Communications, 2014, 60: 7 – 14.

[88] LEE J H C, ONDRUSCHKA B, CHEUNG L F, et al. An investigation on the correlation between the mechanical properties of human skull bone, its geometry, microarchitectural properties, and water content [J]. Journal of Healthcare Engineering, 2019, 2019: 1-8.

[89] GRANIK G, STEIN I. Human ribs: Static testing as a promising medical application [J]. Journal of Biomechanics, 1973, 6 (3): 237-240.

[90] STITZEL J D, CORMIER J M, BARRETTA J T, et al. Defining regional variation in the material properties of human rib cortical bone and its effect on fracture prediction. [J]. Stapp Car Crash Journal, 2003, 47: 243-265.

[91] TORIMITSU S, NISHIDA Y, YAJIMA D, et al. Statistical analysis of biomechanical properties and size of the sternum and its fracture risk in a Japanese sample [J]. Legal Medicine, 2023, 62: 102242.

[92] KUHN J L, GOLDSTEIN S A, CHOI R, et al. Comparison of the trabecular and cortical tissue moduli from human iliac crests [J]. Journal of Orthopaedic Research, 1989, 7 (6): 876-884.

[93] MARTENS M, VAN AUDEKERCKE R, DE MEESTER P, et al. Mechanical behaviour of femoral bones in bending loading [J]. Journal of Biomechanics, 1986, 19 (6): 443-454.

[94] KELLER T S, MAO Z, SPENGLER D M. Young's modulus, bending strength, and tissue physical properties of human compact bone [J]. Journal of Orthopaedic Research, 1990, 8 (4): 592-603.

[95] TURNER C H, BURR D B. Basic biomechanical measurements of bone: A tutorial [J]. Bone, 1993, 14 (4): 595-608.

[96] LEVENSTON M E, BEAUPRÉ G S, VAN DER MEULEN M C. Improved method for analysis of whole bone torsion tests. [J]. Journal of Bone and Mineral Research, 1994, 9 (9): 1459-1465.

[97] MARTENS M, VAN AUDEKERCKE R, DE MEESTER P, et al. The mechanical characteristics of the long bones of the lower extremity in torsional loading [J]. Journal of Biomechanics, 1980, 13 (8): 667-676.

[98] ZDERO R, MCCONNELL A J, PESKUN C, et al. Biomechanical measurements of torsion-tension coupling in human cadaveric femurs [J]. Journal of Biomechanical Engineering, 2011, 133 (1): 014501.

[99] RHO J Y. An ultrasonic method for measuring the elastic properties of human tibia: Cortical and cancellous bone [J]. Ultrasonics, 1996 (34): 777-783.

[100] MAYLIA E, NOKES L D M. The use of ultrasonics in orthopaedics-A review [J]. Technology and Health Care, 1999, 7 (1): 1-28.

[101] AN Y H, FRIEDMAN R J. Animal models in orthopaedic research [M]. Boca Raton: CRC Press, 2020: 151-163.

[102] PERALTA L, MAEZTU R J D, FAN F, et al. Bulk wave velocities in cortical bone reflect porosity and compression strength [J]. Ultrasound in Medicine & Biology, 2021, 47 (3): 799-808.

[103] HUNT K D, O'LOUGHLIN V D, FITTING D W, et al. Ultrasonic determination of the elastic modulus of human cortical bone [J]. Medical & Biological Engineering & Computing, 1998, 36 (1): 51-56.

[104] ORÍAS A A E, DEUERLING J M, LANDRIGAN M D, et al. Anatomic variation in the elastic anisotropy of cortical bone tissue in the human femur [J]. Journal of the Mechanical Behavior of Biomedical Materials, 2009, 2 (3): 255-263.

[105] HOFFMEISTER B K, SMITH S R, HANDLEY S M, et al. Anisotropy of young's modulus of human tibial cortical bone [J]. Medical & Biological Engineering & Computing, 2000, 38 (3): 333-338.

[106] PETERSON J, DECHOW P C. Material properties of the inner and outer cortical tables of the human parietal bone [J]. The Anatomical Record, 2002, 268 (1): 7-15.

[107] PETERSON J, DECHOW P C. Material properties of the human cranial vault and zygoma [J]. The Anatomical Record Part A: Discoveries in Molecular, Cellular, and Evolutionary Biology, 2003, 274A (1): 785-797.

[108] TANG B, NGAN A H W, LU W W. An improved method for the measurement of mechanical properties of bone by nanoindentation [J]. Journal of Materials Science: Materials in Medicine, 2007, 18 (9): 1875-1881.

[109] 张泰华. 微/纳米力学测试技术: 仪器化压入的测量, 分析, 应用及其标准化 [M]. 北京: 科学出版社, 2013.

[110] FISCHER-CRIPPS A C. A review of analysis methods for sub-micron indentation testing [J]. Vacuum, 2000, 58 (4): 569-585.

[111] PHARR G M, OLIVER W C, BROTZEN F R. On the generality of the relationship among contact stiffness, contact area, and elastic modulus during indentation [J]. Journal of Materials Research, 1992, 7 (3): 613-617.

[112] GAN M, SAMVEDI V, CERRONE A, et al. Effect of compressive straining on nanoindentation elastic modulus of trabecular bone [J]. Experimental Mechanics, 2010, 50 (6): 773-781.

[113] HENGSBERGER S, KULIK A, ZYSSET P. Nanoindentation discriminates the elastic properties of individual human bone lamellae under dry and physiological conditions [J]. Bone, 2002, 30 (1): 178-184.

[114] OLIVER W C, PHARR G M. An improved technique for determining hardness and elastic modulus using load and displacement sensing indentation experiments [J]. Journal of Materials Research, 1992, 7 (6): 1564-1583.

[115] SNEDDON I N. The relation between load and penetration in the axisymmetric boussinesq problem for a punch of arbitrary profile [J]. International Journal of Engineering Science, 1965, 3 (1): 47-57.

[116] BOLSHAKOV A, PHARR G M. Influences of pileup on the measurement of mechanical properties by load and depth sensing indentation techniques [J]. Journal of Materials Research, 1998, 13 (4): 1049-1058.

[117] RHO J Y, PHARR G M. Effects of drying on the mechanical properties of bovine femur measured by nanoindentation [J]. Journal of Materials Science: Materials in Medicine, 1999, 10 (8): 485-488.

[118] RHO J Y, ZIOUPOS P, CURREY J D, et al. Microstructural elasticity and regional heterogeneity in human femoral bone of various ages examined by nano-indentation [J]. Journal of Biomechanics, 2002, 35 (2): 189-198.

[119] NGAN A H W, WANG H T, TANG B, et al. Correcting power-law viscoelastic effects in elastic modulus measurement using depth-sensing indentation [J]. International Journal of Solids and Structures, 2005, 42 (5-6): 1831-1846.

[120] CHUDOBA T, RICHTER F. Investigation of creep behaviour under load during indentation experiments and its influence on hardness and modulus results [J]. Surface and Coatings Technology, 2001, 148 (2-3): 191-198.

[121] NGAN A H W, TANG B. Viscoelastic effects during unloading in depth-sensing indentation [J]. Journal of Materials Research, 2002, 17 (10): 2604-2610.

[122] TANG B, NGAN A H W. Accurate measurement of tip-sample contact size during nanoindentation of viscoelastic materials [J]. Journal of Materials Research, 2003, 18 (5): 1141-1148.

[123] TANG B, NGAN A H W. Investigation of viscoelastic properties of amorphous selenium near glass transition using depth-sensing indentation [J]. Soft Materials, 2004, 2 (2-3): 125-144.

[124] OYEN M L. Nanoindentation of biological and biomimetic materials [J]. Experimental Techniques, 2013, 37 (1): 73-87.

[125] LIN C L, HUANG H, CRIBB B W, et al. A study of mechanical properties of human femoral heads using nanoindentation [J]. Advanced Materials Research, 2010, 126-128: 957-962.

[126] RHO J Y, TSUI T Y, PHARR G M. Elastic properties of human cortical and trabecular lamellar bone measured by nanoindentation [J]. Biomaterials, 1997, 18 (20): 1325-1330.

[127] ZYSSET P K, GUO X E, HOFFLER C E, et al. Elastic modulus and hardness of cortical and trabecular bone lamellae measured by nanoindentation in the human femur [J]. Journal of Biomechanics, 1999, 32 (10): 1005-1012.

[128] HOFFLER C E, GUO X E, ZYSSET P K, et al. An application of nanoindentation technique to measure bone tissue lamellae properties [J]. Journal of Biomechanical Engineering, 2005, 127 (7): 1046-1053.

[129] WAGNER D W, LINDSEY D P, BEAUPRE G S. Deriving tissue density and elastic modulus from microCT bone scans [J]. Bone, 2011, 49 (5): 931-938.

[130] AKHTER M P, RECKER R R. High resolution imaging in bone tissue research-review [J]. Bone, 2021, 143: 115620.

[131] KAZAKIA G J, BURGHARDT A J, CHEUNG S, et al. Assessment of bone tissue mineralization by conventional x-ray microcomputed tomography: Comparison with synchrotron radiation microcomputed tomography and ash measurements [J]. Medical Physics, 2008, 35 (7Part1): 3170–3179.

[132] FAJARDO R J, CORY E, PATEL N D, et al. Specimen size and porosity can introduce error into μCT-based tissue mineral density measurements [J]. Bone, 2009, 44 (1): 176–184.

[133] HANGARTNER T N, GILSANZ V. Evaluation of cortical bone by computed tomography [J]. Journal of Bone and Mineral Research, 1996, 11 (10): 1518–1525.

[134] NAZARIAN A, SNYDER B D, ZURAKOWSKI D, et al. Quantitative micro-computed tomography: A non-invasive method to assess equivalent bone mineral density [J]. Bone, 2008, 43 (2): 302–311.

[135] COOPER D, TURINSKY A, SENSEN C, et al. Effect of voxel size on 3D micro-CT analysis of cortical bone porosity [J]. Calcified Tissue International, 2007, 80 (3): 211–219.

[136] GAUTHIER R, FOLLET H, OLIVIER C, et al. 3D analysis of the osteonal and interstitial tissue in human radii cortical bone [J]. Bone, 2019, 127: 526–536.

[137] LOUNDAGIN L L, HAIDER I T, COOPER D M L, et al. Association between intracortical microarchitecture and the compressive fatigue life of human bone: A pilot study [J]. Bone Reports, 2020, 12: 100254.

[138] CIROVIC A, JADZIC J, DJUKIC D, et al. Increased cortical porosity, reduced cortical thickness, and reduced trabecular and cortical microhardness of the superolateral femoral neck confer the increased hip fracture risk in individuals with type 2 diabetes [J]. Calcified Tissue International, 2022, 111 (5): 457–465.

[139] CIROVIC A, CIROVIC A, DJUKIC D, et al. Three-dimensional mapping of cortical porosity and thickness along the superolateral femoral neck in older women [J]. Scientific Reports, 2022, 12 (1): 15544.

[140] IORI G, SCHNEIDER J, REISINGER A, et al. Large cortical bone pores in the tibia are associated with proximal femur strength [J]. PLOS ONE, 2019, 14 (4): e0215405.

[141] LEREBOURS C, THOMAS C D L, CLEMENT J G, et al. The relationship between porosity and specific surface in human cortical bone is subject specific [J]. Bone, 2015, 72: 109–117.

[142] XIA N, CAI Y, KAN Q, et al. The role of microscopic properties on cortical bone strength of femoral neck [J]. BMC Musculoskeletal Disorders, 2023, 24 (1): 133.

[143] WÖLFEL E M, FIEDLER I A K, DRAGOUN K S, et al. Human tibial cortical bone with high porosity in type 2 diabetes mellitus is accompanied by distinctive bone material properties [J]. Bone, 2022, 165: 116546.

[144] BAKALOVA L P, ANDREASEN C M, THOMSEN J S, et al. Intracortical bone mechanics are related to pore morphology and remodeling in human bone [J]. Journal of Bone and Mineral Research, 2018, 33 (12): 2177-2185.

[145] SEEDHOM B B, BERRY E, OSTELL A E, et al. The longitudinal young's modulus of cortical bone in the midshaft of human femur and its correlation with CT scanning data [J]. Calcified Tissue International, 2004, 74 (3): 302-309.

[146] MORGAN E F, KEAVENY T M. Dependence of yield strain of human trabecular bone on anatomic site [J]. Journal of Biomechanics, 2001, 34 (5): 569-577.

[147] LINDE F, HVID I, MADSEN F. The effect of specimen geometry on the mechanical behaviour of trabecular bone specimens [J]. Journal of Biomechanics, 1992, 25 (4): 359-368.

[148] MORGAN E F, BAYRAKTAR H H, KEAVENY T M. Trabecular bone modulus-density relationships depend on anatomic site [J]. Journal of Biomechanics, 2003, 36 (7): 897-904.

[149] CONG A, BUIJS J O D, DAESCU D D. In situ parameter identification of optimal density-elastic modulus relationships in subject-specific finite element models of the proximal femur [J]. Medical Engineering & Physics, 2011, 33 (2): 164-173.

[150] BUIJS J O D, DAESCU D D. Validated finite element models of the proximal femur using two-dimensional projected geometry and bone density [J]. Computer Methods and Programs in Biomedicine, 2011, 104 (2): 168-174.

[151] HELGASON B, PERILLI E, SCHILEO E, et al. Mathematical relationships between bone density and mechanical properties: A literature review [J]. Clinical Biomechanics, 2008, 23 (2): 135-146.

[152] MAQUER G, MUSY S N, WANDEL J, et al. Bone volume fraction and fabric anisotropy are better determinants of trabecular bone stiffness than other morphological variables [J]. Journal of Bone and Mineral Research, 2015, 30 (6): 1000-1008.

[153] HOLZER G, VON Skrbensky G, HOLZER L A, et al. Hip fractures and the contribution of cortical versus trabecular bone to femoral neck strength [J]. Journal of Bone and Mineral Research, 2009, 24 (3): 468-474.

[154] CURREY J D. Effects of differences in mineralization on the mechanical properties of bone [J]. Philosophical Transactions of the Royal Society of London. B, Biological Sciences, 1984, 304 (1121): 509-518.

[155] DAESCU D D, BUIJS J O D, MCELIGOT S, et al. Robust QCT/FEA models of proximal femur stiffness and fracture load during a sideways fall on the hip [J]. Annals of Biomedical Engineering, 2011, 39 (2): 742-755.

[156] RUESS M, TAL D, TRABELSI N, et al. The finite cell method for bone simulations: verification and validation [J]. Biomechanics and Modeling in Mechanobiology, 2012, 11 (3-4): 425-437.

[157] KHEIROLLAHI H, LUO Y. Assessment of hip fracture risk using cross-section strain energy determined by QCT-based finite element modeling [J]. BioMed Research International, 2015, 46: 1–15.

[158] CAMPOLI G, BOLSTERLEE B, VAN DER HELM F, et al. Effects of densitometry, material mapping and load estimation uncertainties on the accuracy of patient-specific finite–element models of the scapula [J]. Journal of the Royal Society Interface, 2014, 11 (93): 20131146.

[159] ZEBAZE R M D, JONES A C, PANDY M G, et al. Differences in the degree of bone tissue mineralization account for little of the differences in tissue elastic properties [J]. Bone, 2011, 48 (6): 1246–1251.

[160] ZHANG G, LUO J, ZHENG G, et al. Is the 0.2%-strain-offset approach appropriate for calculating the yield stress of cortical bone? [J]. Annals of Biomedical Engineering, 2021, 49 (7): 1747–1760.

[161] ZHANG G, XU S, YANG J, et al. Combining specimen-specific finite-element models and optimization in cortical-bone material characterization improves prediction accuracy in three-point bending tests [J]. Journal of Biomechanics, 2018, 76: 103–111.

[162] ZHANG G, DENG X, GUAN F, et al. The effect of storage time in saline solution on the material properties of cortical bone tissue [J]. Clinical Biomechanics, 2018, 57: 56–66.

第9章 纯电动汽车侧柱碰高压安全设计研究

郭观勇 林华南 李永吉 姜宏伟 尚世秋 韦金敏

摘要：为保证乘员舱地板下部动力电池包高压安全，本章通过方案对比、仿真和试验手段，对纯电动汽车 32km/h 75°侧柱碰的电池包高压安全进行了研究，并从车身结构设计、电池包设计、电池包布置以及碰撞高压断电控制策略4个维度，为纯电动汽车的侧柱碰高压安全设计开发提供了方向和参考。

关键词：纯电动汽车，侧柱碰，高压安全，车身结构，电池包，高压断电

一、前言

石油短缺、环境污染等问题日益加重，新能源汽车的发展为解决环境资源问题带来新希望。全球各国政府和企业均加大了对新能源汽车产业的扶持力度和研发投入。在中国政府对新能源汽车的大力优惠补贴和优先上牌等政策的引导作用下，新能源汽车的销量总体持续走高。2015年1月～2018年9月新能源汽车每月的销量情况如图9-1所示，销量节节攀升。

图9-1 2015年1月～2018年9月新能源汽车每月销量情况

注：数据来源于中国汽车工业协会。

随着汽车保有量的增加，交通路况变得越来越复杂，汽车碰撞安全事故频发。在汽车各种碰撞事故形态中，侧面碰撞发生的概率高达38%，仅次于前部碰撞，而且侧面碰撞伤亡人数也仅次于前部碰撞，是伤亡人数比例较高、较危险的碰撞形态，如图9-2所示。在侧面碰撞事故中，有55%左右常发生在十字路口，主要是车与车的碰撞交通事故；有16%左右为车辆侧滑到树木、路灯旁等引起的侧面柱碰，如图9-3所示。在欧洲经济委员会（Economic Commission for European，ECE）的法规和欧盟新车评价规程（European New Car Assessment Program，Euro-NCAP）考察的侧面碰撞形式中，侧柱碰较侧面可变形壁障碰撞会引起车身更大的变形，带来更大的伤害。

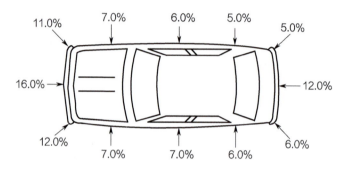

图9-2 汽车碰撞事故发生在各区域的概率

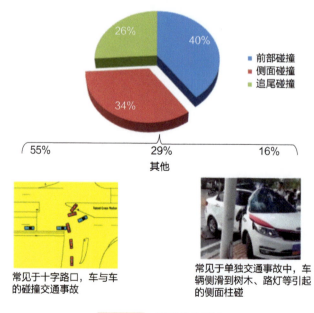

图9-3 侧面碰撞形式

2019年3月,针对侧面刚性柱碰撞(简称侧柱碰)(Side rigid Pole Barrier impact,SPB),全国汽车标准化技术委员会发布了GB/T 37337—2019《汽车侧面柱碰撞的乘员保护》,中国新车评价规程(C-NCAP)也测试了侧柱碰工况,可见侧柱碰在国内已经受到越来越多的关注与重视。

纯电动汽车的电池包通常布置在乘员舱地板下面,在发生侧柱碰工况时,除了和传统燃油汽车一样要保护好车内乘员安全,还需要重点考虑电池包等高压系统的安全性。如果侧柱碰中电池包内模组或单体受到较为严重的挤压、冲击等,可能会导致电池包漏电、漏液、起火、爆炸甚至人员伤亡,后果不堪设想。本章针对纯电动汽车侧柱碰中存在的下车身结构变形过大、电池包受严重挤压的问题,结合统计分析、碰撞试验和CAE仿真结果进行了方案设计研究,具体包括车身结构设计、电池包设计、电池包布置、碰撞高压断电控制策略等方面,以期满足侧柱碰高压安全的性能目标要求。

二、纯电动汽车侧柱碰高压安全风险

(一)侧柱碰法规和NCAP概况

侧柱碰试验时,驾驶员侧放置一个假人,整车位于可移动平台上以一定速度(欧洲、北美地区、韩国、澳大利亚为32km/h,拉美地区为29km/h)撞击固定的直径为254mm的刚性柱。撞击侧为驾驶员侧,撞击速度与车辆纵向中心线成一定夹角(欧洲、北美地区、韩国、澳大利亚为75°,拉美地区为90°)。撞击参考线为穿过假人头部质心的垂直平面和被测车辆外表面的交线。图9-4所示为全球各国及地区侧柱碰法规和NCAP概况。

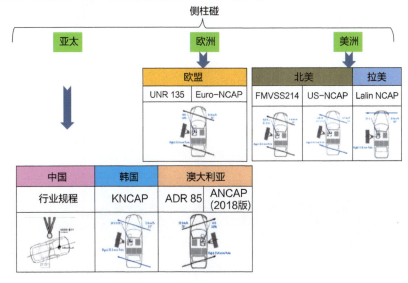

图9-4 全球各国及地区侧柱碰法规和NCAP概况

（二）电动汽车碰撞后高压安全评价指标

对于电动汽车碰撞工况，除了需要满足传统燃油汽车对乘员安全的防护，还必须满足电气安全评价指标要求，大致包括防触电保护要求、车载可充电储能系统（REESS）安全评价、高压自动断开装置（只记录，不做评价）。对于法规认证试验，只有当电气安全评价指标满足安全要求，此车型才算认证通过，允许上市销售，否则，无法上市销售；对于行业某规程星级评价试验，只有当整车电气安全满足安全要求时，才有星级结果，否则只有得分情况。表 9-1 为行业某规程碰撞后电气安全评价项目。

表 9-1 碰撞后电气安全评价项目

评价项目		评价基准
防触电保护要求	基本条款	REESS 绝缘电阻：≥100Ω/V
	4 选 1	电压安全：DC≤60V 或 AC≤30V
		电能安全：电能<0.2J
		物理防护：直接接触和间接接触满足要求
		负载端绝缘电阻：DC≥100Ω/V 且 AC≥500Ω/V
REESS 安全评价	电解液泄漏	不应溢出到乘员舱，总泄漏量≤5L
	移动位置要求	乘员舱内的保持安装位置，乘员舱外的不可进入乘员舱
	起火爆炸要求	试验结束后 30min 内，不应起火、爆炸
高压自动断开装置		有此装置，则需动作，若未动作，则需说明（不影响星级）

（三）侧柱碰高压安全风险

对于 NCAP 侧柱碰工况，一般从车身的 5 个水平高度位置评价车身变形量大小，分别为门槛高度 Level 1、H 点高度 Level 2、车门中间高度 Level 3、窗框高度 Level 4、车顶高度 Level 5，如图 9-5 所示。对 2016 年进行 US-NCAP 侧柱碰试验的近 60 款燃油车型车身侵入量进行了统计分析，表 9-2 为车身不同等高线位置侵入量的平均值情况。

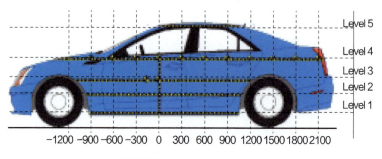

图 9-5 侧柱碰车身等高线

第9章 纯电动汽车侧柱碰高压安全设计研究

表9-2 US-NCAP侧柱碰车身侵入量平均值

Level	1	2	3	4	5
平均值/mm	318	354	365	324	137

对于纯电动汽车，为保证较长的续驶里程，其电池包一般设计成方形结构，且距离门槛边缘较近，当发生侧柱碰时，如果门槛结构和电池托盘不够强，则门槛处变形量过大，容易导致电池包受到严重挤压而产生高压安全风险。在车辆实际使用过程中，一旦发生侧柱碰，则车辆很有可能会因为电池包挤压而发生起火爆炸，产生不可估量的严重后果。

三、纯电动汽车常见设计实例分析

对侧柱碰的高压安全影响较大的几个因素主要为：门槛的结构强度、下车身传力路径、电池托盘的设计、电池模组布置形式等。为了保证侧柱碰电池包的安全，国内外部分车企在开发设计时均有一些自己的防护设计方案。部分较好的设计车型案例见表9-3。

表9-3 部分较好的设计车型案例

车型	方案	图示	车型	方案	图示
车型1	托盘上安装防撞挡板		车型5	滑板式传力托盘+与车身较多螺栓固定点	
车型2	滑板式传力托盘+与车身较多螺栓固定点		车型6	滑板式传力托盘+贯通的座椅安装横梁+加强的门槛	
车型3	滑板式传力托盘+车身加强传力		车型7	电池包到门槛较大的Y向空间+较强的传力电池托盘	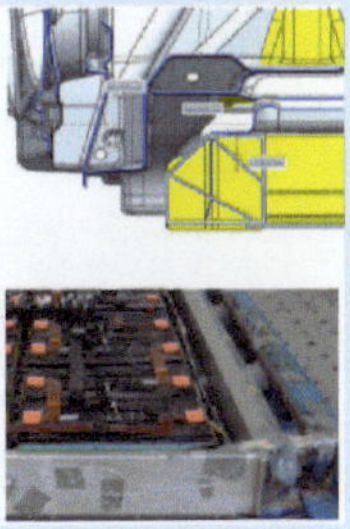
车型4	滑板式传力托盘+与车身较多螺栓固定点				

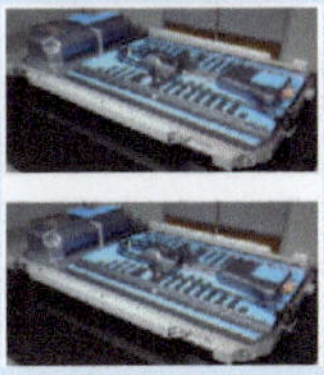

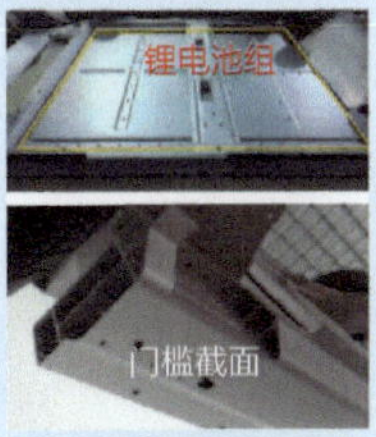

某车型在 US-NCAP 侧柱碰中达到了五星安全且满足高压电安全评价，表 9-4 以其为例进行简单剖析。

表 9-4 某车型下车身简单剖析

区域	设计方案	图示
下车身	左右贯通式座椅安装横梁	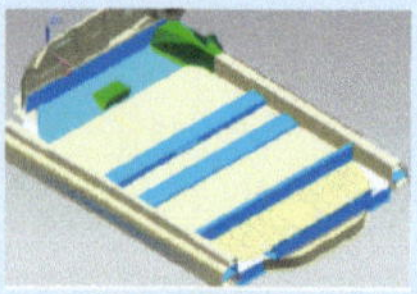
门槛	门槛内部增设铝型材结构，门槛与电池托盘纵梁 Z 向重叠	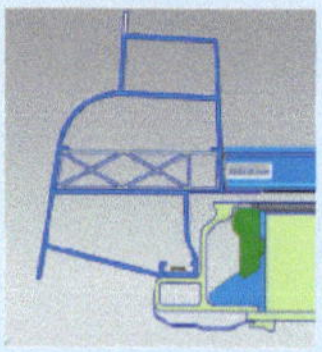
电池模组	电池模组横向排布，可有效提升电池模组 Y 向承载力	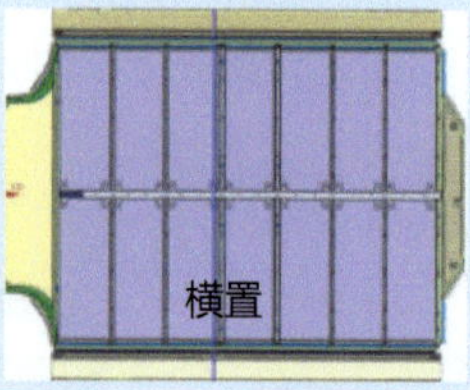
托盘	滑板式传力托盘，托盘内布置多条传力横梁，并且对侧柱碰撞击区域横梁进行了特殊加强	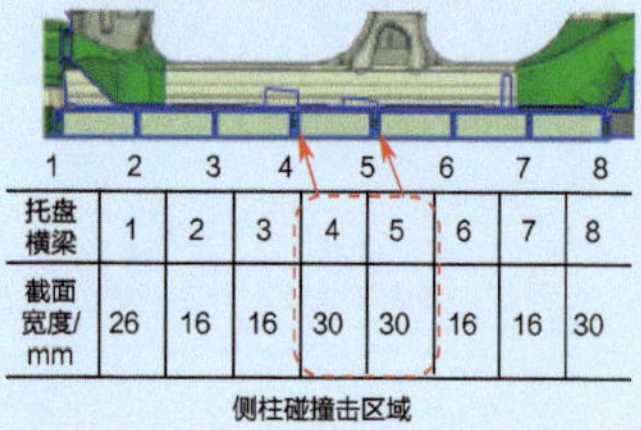

在硬件方面，某车型主要采取了加强车身、贯通传力路径、加强托盘并让托盘与车身融为一体一起传力的方式，有效保证侧柱碰电池包的安全性。除了车身材料使用高强度铝合金，还在门槛内部增加了前后贯通的铝型材结构，以提升门槛的抗弯强度；3 根左右贯通的座椅安装横梁为带截面的梁结构，相比传统的板结构，具有更高的强度；托盘内设 6 根横梁，每根横梁内均有加强筋，而且在侧柱碰撞击区域的两根横梁截面比其他几根更宽，具有更高的强度。图 9-6 所示为某车型 US-NCAP 测试的侧柱碰的整车侵入量曲线。由该曲线可知，门槛处最大侵入量为 182mm，小于电池模组到门槛的距离 193mm，电池模组基本未受到挤压，得到很好的保护。电池模组到门槛外表面的距离如图 9-7 所示。

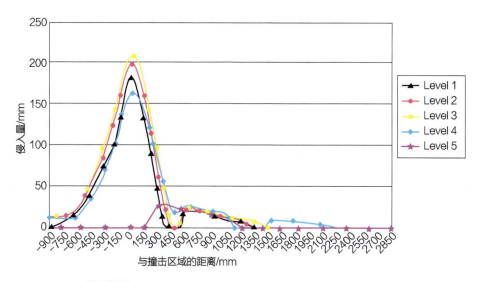

图 9-6 某车型 US-NCAP 测试的侧柱碰整车侵入量曲线

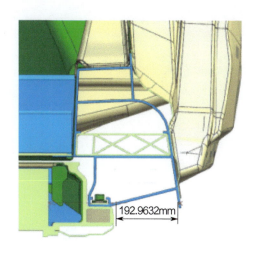

图 9-7 某车型电池模组到门槛外表面的距离

四、纯电动汽车侧柱碰高压安全设计策略

综合前面内容分析,对纯电动汽车侧柱碰高压安全提出了设计策略,主要从车身结构设计、电池包设计、电池包布置、高压断电控制策略等方面进行展开。图 9-8 所示为较好的纯电动汽车侧柱碰传力结构方案设计示意图。

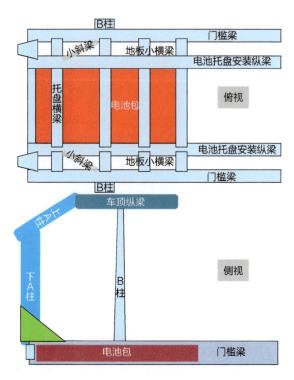

图 9-8 纯电动汽车侧柱碰传力结构方案设计示意图

（一）车身结构设计

乘员舱内部要形成完整的 Y 向封闭环传力路径，主要特征为：座椅安装横梁采用左右贯通式设计；座椅安装横梁与 B 柱和车顶横梁 Y 向尽量处于同一平面内，如图 9-9 所示。

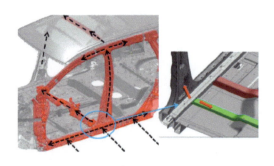

图 9-9 乘员舱 Y 向封闭环

提高座椅安装横梁强度，尤其与门槛梁搭接区域的强度，在侧柱碰时可以有效地支撑门槛梁，同时向车身非撞击侧传力，对降低整个门槛区域侵入量有较大作用。图 9-10 所示为座椅安装横梁与门槛搭接区域较弱和较强对门槛侵入量的影响。

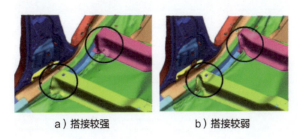

a）搭接较强　　　　　　b）搭接较弱

图 9-10　不同座椅安装横梁搭接强度对门槛侵入量的影响对比

门槛结构的强弱对于整车结构的强弱起到相当大的作用，而且门槛作为整车重要的骨架梁结构，是决定侧柱碰整车乘员舱安全的核心要素。因此，若要减小侧柱碰侵入量，提高侧柱碰安全，首先需要提高门槛的强度。图 9-11 所示是某车型门槛加强前后的侧柱碰对比情况，由图 9-11 可知，有门槛加强管时，电池单体未被挤压，无门槛加强管时，电池单体被挤压。

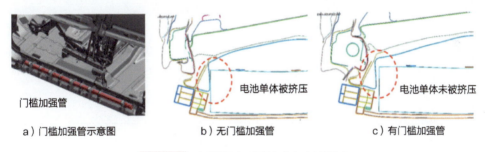

a）门槛加强管示意图　　　b）无门槛加强管　　　c）有门槛加强管

图 9-11　门槛强度对侧柱碰安全的影响

（二）电池包设计

纯电动汽车整备质量相对于传统燃油汽车有所增加，主要体现在增加了电池包的质量。一般电池包质量为 400~500kg，当其发生碰撞时，惯性能相比传统燃油汽车也相应地增加了大约 30%，这些能量如果完全由车身来分散和消化，对整车结构来讲则是十分严峻的挑战。因此，电池包不仅需要车身来进行防护，其本身也应具备很强的防护能力，即电池托盘也必须具有传递分散或吸收能量的能力。图 9-12 所示为统计的目前全球主流车企部分新能源汽车电池托盘方案。由图 9-12 可知，采用传力式电池托盘，并且电池托盘纵梁与门槛梁或安装纵梁有 Z 向重叠的方案为主流设计方案。

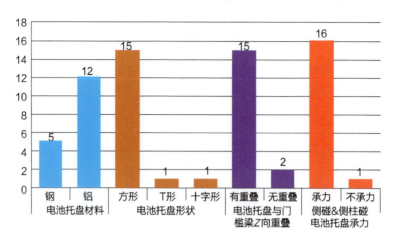

图9-12 全球主流车企部分新能源汽车电池托盘方案

图9-13所示为某纯电动汽车分别采用Y向传力式电池托盘和非传力式电池托盘的电池包结构形状,其中,图9-13a所示为传力式托盘,其特征为托盘纵梁Z向尺寸与电池模组高度齐平,并且托盘内部设计有多条Y向横梁结构;图9-13b所示为非传力式托盘,其特征为托盘纵梁Z向尺寸较小,托盘内部无横梁结构。图9-14所示为两种不同托盘结构下整车侵入量和电池模组挤压情况。由图9-14可知,Y向传力式托盘相比于非传力式托盘,整车门槛处的侵入量明显降低,且传力式托盘电池模组未受到挤压,而非传力式托盘电池模组受到明显挤压。

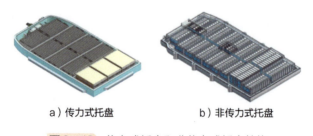

a)传力式托盘　　　　　b)非传力式托盘

图9-13 传力式托盘和非传力式托盘结构

在设计传力式电池托盘时需要注意,应尽量避免较大应力集中的情况出现,一旦出现较大应力集中,托盘某些部位应力超出了结构所能承受的应力极限,则极易导致托盘较大变形,严重时可能损伤到内部电池模组和单体。在托盘设计时可以采取如下几种方案避免应力集中情况的发生。

1)增加更多的托盘与车身连接点,使电池包与车身融为一体并参与到整车的刚度、强度和传力结构中去,可有效分散碰撞力,减小每个连接点的受力值。

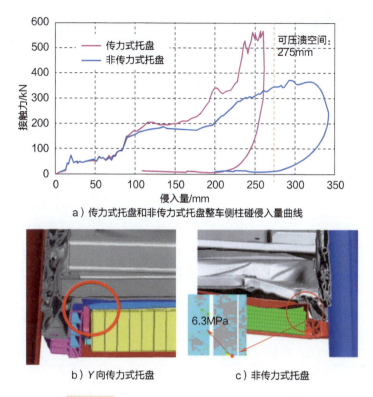

a) 传力式托盘和非传力式托盘整车侧柱碰侵入量曲线

b) Y向传力式托盘　　　c) 非传力式托盘

图9-14　传力式托盘和非传力式托盘安全对比

图9-15所示为某车型电池托盘与车身螺栓连接情况，图9-16所示为该车型乘员舱内电池托盘与车身的螺栓连接情况。从图9-15和图9-16可知，该车型电池托盘与车身螺栓连接点共计多达54个。

2) 保证电池托盘内部传力路径顺畅，至少保证每一个托盘横梁结构区域均对应有一个螺栓连接点，使连接点传力更顺畅。图9-17所示为某车型电池托盘横梁与螺栓安装点之间的相对位置关系。

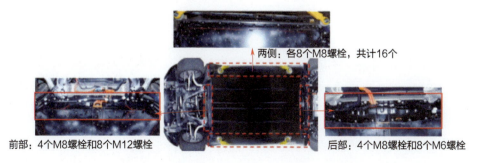

图9-15　某车型电池托盘与车身螺栓连接情况

前排乘员舱左右各2个M12螺栓
后排乘员舱左右各3个M10螺栓
电池包底部中间4个M8螺栓

图9-16 乘员舱内电池托盘与车身的螺栓连接情况

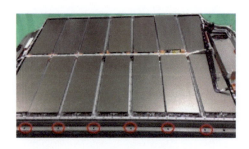

图9-17 电池托盘横梁与螺栓安装点之间的相对位置关系

3）采取托盘安装纵梁结构取代安装吊耳，侧柱碰中安装纵梁可以参与变形和分散传力，有效降低应力集中。图9-18所示为托盘安装纵梁与安装吊耳示例，安装纵梁（图9-18a）的安全性要远高于安装吊耳（图9-18b）。

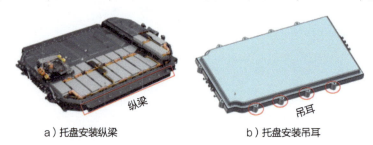

a）托盘安装纵梁　　　　　　b）托盘安装吊耳

图9-18 托盘安装纵梁与安装吊耳示例

（三）电池包布置

1. 电池单体布置

电池单体极柱的布置位置需要避开碰撞后可能与车身等接触的区域位置，尽量布置在整车 X 向方向。图9-19所示为3种电池单体极柱布置位置的情况，其中，方案A最优，其次为方案B，最差为方案C。

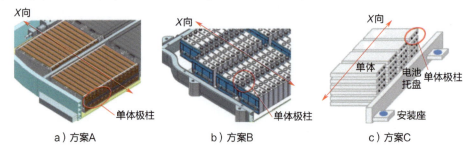

a）方案A　　　　　b）方案B　　　　　c）方案C

图9-19 3种电池单体极柱布置位置的情况

2. 电池模组布置

电池单体有大面和小面，不同的面所能承受的压力是不同的，表9-5为电池单体不同面的静态挤压试验。

表9-5 电池单体不同面的静态挤压试验

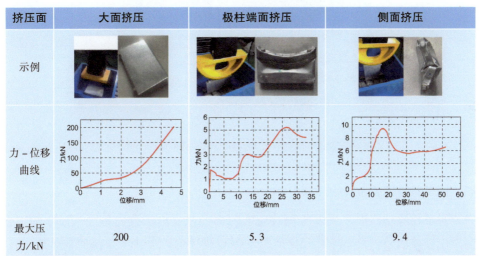

挤压面	大面挤压	极柱端面挤压	侧面挤压
最大压力/kN	200	5.3	9.4

由试验曲线可知，电池单体大面可以承受更大的挤压力而不发生变形。因此，在电池单体布置时，尽量使电池单体大面位于整车 Y 方向上，提高电池单体和模组本身的抗压力。图9-20所示为电池单体（模组）在电池包中的布置形式示例，其中，模组横向布置安全性优于模组纵向布置。

a）模组横向布置　　　b）模组纵向布置

图9-20 电池模组在电池包中的布置形式

3. 电池包布置

对于刚性侧柱碰而言，整车的能量基本完全由试验车辆来吸收。门槛区域在吸收撞击能的同时会产生一定的侵入量，因此需要保证侧柱碰结束之前电池包不被挤压到，即需要确定电池包在整车上的布置位置，保证电池包到门槛 Y 向有一定的缓冲空间来变形吸能。根据大量仿真及部分试验经验，对于传统的钢质车身结构和传力式电池托盘结构，若要保证侧柱碰电池包的安全性，一般至少需要保证如下空间布置要求：电池托盘纵梁内表面到门槛外表面 Y 向距离 ≥250mm，而且在侧柱碰撞击区域的电池托盘与门槛梁之间可以布置尽量多的缓冲吸能梁（筒）结构，如图 9-21 所示。

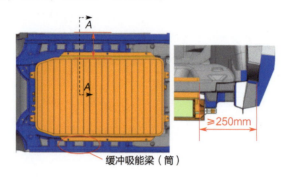

图 9-21　托盘纵梁内表面与门槛外表面的 Y 向距离

（四）碰撞高压断电控制策略

对于纯电动汽车，当发生侧柱碰时，安全气囊电子控制单元（SRS ECU）会发出碰撞信号，整车除了要保证侧气囊和侧气帘正常弹出以保护乘员外，还需要在尽量短的时间内实现整车高压断电，避免动力电池包和高压负载等受到剧烈挤压破损而发生一些漏电情况。图 9-22 所示为一般的碰撞高压断电原理图，图 9-23 所示为侧柱碰车身侵入量与各个模块信号时间图。只有结合各个车身实际情况设计匹配好碰撞高压断电原理及碰撞高压断电控制策略，才能保证在发生侧柱碰时，在动力电池包和高压负载模块被挤压破坏之前及时断开高压电并泄放，保证整车电安全。结合车型实际侵入量情况，可以优化 SRS ECU 算法，提高运算精度，缩短电池管理系统（BMS）和电控的泄放模块运算时间，选用高质量、高效率的接触器模块来满足理想的碰撞高压断电需求。

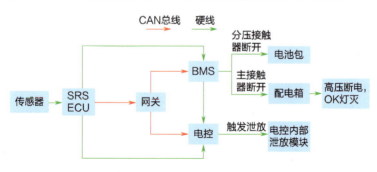

图 9-22　碰撞高压断电原理图

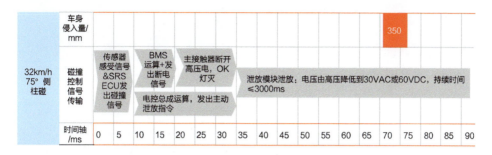

图9-23 侧柱碰车身侵入量与各个模块信号时间图

五、结论

针对侧柱碰工况,为保证乘员舱地板下部动力电池包的高压安全要求,本研究统计分析了部分车企车型的设计方案以及部分车型的侧柱碰试验结果情况,并结合比亚迪公司车型实际特点,通过方案对比、仿真和试验手段,从车身结构设计、电池包设计、电池包布置以及碰撞高压断电控制策略4个维度对侧柱碰进行了方案设计研究,最终得出如下设计策略:

1)车身结构方面:在保证乘员舱完整的Y向传力封闭环结构的前提下,加强座椅安装横梁和门槛梁的结构。

2)电池包设计方面:采用Y向传力式电池托盘;电池托盘内部的Y向横梁结构具有一定的强度;采用电池托盘安装纵梁结构,可压溃吸能和分散挤压力;电池托盘安装孔的位置与托盘内部横梁结构在Y向同一平面位置,保证传力路径顺畅;尽量保证电池托盘与车身更多的螺栓连接点,降低单点应力。

3)电池包布置方面:电池单体布置时,其极柱尽量布置在整车X向位置方向,避免被撞击;电池模组布置时,采取横向布置方案,尽量使电池单体大面位于整车Y向方向,提高模组的抗压力;电池包布置时,保证电池包距离门槛有一定的Y向缓冲空间,同时缓冲空间内适当地布置缓冲吸能梁(筒)结构。

4)碰撞高压断电控制策略方面:根据车型的实际情况,合理地设计匹配好碰撞高压断电原理及碰撞高压断电控制策略,保证侧柱碰时尽早尽快地断开整车高压电,保证整车电安全。

本研究为满足全球市场要求的纯电动汽车侧柱碰高压安全性能设计提供了方向,具有一定的参考意义。

参考文献

[1] 王鑫. 我国新能源汽车产业经济影响与政策支撑研究 [D]. 北京：中国地质大学, 2016.

[2] LIAN Y B, ZENG D, YE S, et al. High-voltage safety improvement design for electric in rear impact [J]. Automotive Innovation, 2018, 3 (1): 211 – 225.

[3] WANG D Z, DONG G, ZHANG J H, et al. Car side structure crashworthiness in pole and moving deformable barrier side impacts [J]. Tsinghua Science and Technology, 2006, 11 (6): 725 – 730.

[4] 黄俊泽. 轿车侧面柱撞车身结构安全性研究 [D]. 长沙：湖南大学, 2014.

[5] 肖海涛, 董江涛, 王月, 等. 某车型侧面柱碰车身结构耐撞性优化 [J]. 汽车安全与节能学报, 2015, 6 (2): 156 – 163.

[6] 徐中明, 张亮, 张志飞, 等. 轿车侧面壁障碰撞与侧面柱碰撞的仿真试验研究 [J]. 系统仿真学报, 2013, 25 (1): 170 – 175.

[7] 朱海涛, 张振鼎, 张向磊, 等. 侧面柱碰撞标准的发展趋势探讨 [J]. 标准解读与应用, 2012, 24: 35 – 39.

[8] 全国汽车标准化技术委员会. 汽车侧面柱碰撞的乘员保护：GB/T 37337—2019 [S]. 北京：中国标准出版社, 2019.

[9] 钮嘉颖, 郭刚, 丁玲, 等. 基于大壁障侧碰和75°侧柱碰的车身耐撞性和乘员损伤研究 [J]. 汽车科技, 2017, 5: 77 – 84.

[10] 叶盛, 曾董, 孟凡波, 等. 双模电动汽车后碰高压安全策略研究 [J]. 比亚迪技术学报, 2016, 3: 15 – 23.

第 10 章 自动驾驶测试公共服务平台构建技术及应用

孙　剑　黄　奂　田　野　余荣杰　赵晓聪

摘要：自动驾驶是众多国家战略及政产学研各界关注的聚焦点，科学的测试与评价是推动自动驾驶技术进步的重要基础和核心保障。在自动驾驶科研实践中，存在不同研发主体间算法效果难共识、测试场景覆盖度低、测试工具门槛高、算法测试迭代速度慢、测评标准不统一等共性问题，催生出自动驾驶在线测试公共服务平台的研发需求。本章提出了具备"测试场景高覆盖、测试部署轻量化、测试过程加速快、测评标准统一化"典型特征的自动驾驶测试公共服务平台（OnSite）的建设技术框架；为进一步满足基于场景的自动驾驶测试新方法论需要，创新性地提出了场景自动泛化生成、关键场景加速测试、被测物与背景车流双向交互测试等平台特色功能。通过分析依托 OnSite 平台举办的比赛测评结果，讨论了自动驾驶规划决策算法研发中的薄弱点以及对基础研究的启示。最后提出了分别以"规控测评 - 全栈测评 - 虚实融合测评 - 协同驾驶测评 - 算测一体"为典型特征的五阶段建设计划。OnSite 平台建设为自动驾驶测试提供了"泛在"服务，将加速理论成果从"书架"走向"货架"，打通从理论到实践应用的成果转化瓶颈。

关键词：自动驾驶，测试评价，公共服务平台，场景生成，加速测试

一、前言

自动驾驶是交通强国等众多国家战略的聚焦点，科学的测试与评价是推动自动驾驶技术进步的重要基础和核心保障。2020 年，国家发展改革委等 11 部委联合发布《智能汽车创新发展战略》，明确"完善测试评价技术"是自动驾驶技术创新体系的主要任务。国务院办公厅印发的《新能源汽车产业发展规划（2021—2035 年）》则提出需要"建立汽车智能化虚拟仿真和测试验证平台"。

与此同时，自动驾驶行业内存在不同研发主体间算法效果难共识、测试场景覆盖度低、测试工具使用门槛高、算法测试迭代速度慢、测评标准不统一等共性问题，自动驾驶教学/研发团队普遍缺少测试服务系统以及测试服务平台支

撑，难以推进差距牵引的算法模型快速迭代，建设面向产学研不同研发主体、支持轻量化接入的自动驾驶在线测试公共服务平台的需求迫切。

传统车辆测试多采用基于里程（Distance-based）的公开道路实车测试。由于现实场景不可控、关键场景难辨识、功能迭代慢、测试成本高、安全风险高等难题，传统测试已不再适用于研究领域的自动驾驶技术测试验证，尤其是高等级（L3及以上）自动驾驶共性关键技术的测试和评价。基于场景（Scenario-based）的虚拟仿真测试具有场景可定制、可控的优势，测试成本及安全风险较低，可精准靶向生成高测试需求场景，并且能够满足自动驾驶算法研发或者产品开发的快速迭代。鉴于上述优势，国际上将虚拟仿真测试与实车封闭场地测试、公开道路测试列为自动驾驶技术测试与验证的三支柱。综上，基于场景的虚拟仿真测试能够提高自动驾驶测试需求覆盖度，应在公共服务平台建设中发挥更大作用，进而服务科研实践。

然而，自动驾驶测试公共服务平台建设目前仍存在诸多问题，限制阻碍了虚拟仿真测试能力发挥。

具体而言，在测试场景方面，一方面，由于道路交通系统的行驶环境复杂多变、驾驶行为的异质性、气象环境的时变性、场景数据隐私性等，测试场景无法通过现实世界公开道路采集穷尽，存在测试场景库重复建设、场景覆盖度低等关键问题。另一方面，虚拟仿真测试作为实车实地测试在高测试需求场景下规避安全风险及高昂成本问题的替代解决方案，尤其对于高校团队或初创研发团队而言，存在场景格式不统一、可用高测试需求场景数量少的问题。

在测试方法方面，现有测试主要采用基于自然驾驶数据的轨迹回放，其仅具备单向交互能力，即背景车辆按照既定轨迹行驶，不会对其他车行为做出反应，这导致测试过程出现"失真"现象，因此亟须开发车车双向交互测试能力。同时，自动驾驶安全性研究更关注于高测试需求场景，其具有小概率偶发性和未知性，而道路采集或驾驶模拟采集效率较低，蒙特卡罗方法或穷举法采集速度较慢，存在关键场景测评优化难实现等问题，因此亟须提供加速测试能力。

在测试工具方面，由于自动驾驶测试平台是各类仿真工具的复杂集成，包含传感器仿真、交通流仿真、车辆动力学仿真、环境仿真等各类软件工具，具有多粒度、多分辨率、时空不统一等特性，因此存在工具孤立应用、不可控、不可信、应用门槛高等关键挑战。此外，现有工具国产化率低，大部分为国外软件，完全自主研发的国产工具较少，这导致了测试工具使用门槛高、覆盖率低等问题。

在评价体系方面，由于存在海量评价维度、场景复杂多变、任务难度各异等情况，因此评价体系"众说纷纭"，存在体系不统一、评价不可信等问题。由于缺乏统一可互信的评价体系，研究团队无法在同一评价维度中开展横向对比，无法有效开展差距牵引的研究范式变革，因此高校自动驾驶算法模型迭代慢，研发进展落后业界。

纵观现有测试平台建设，学术界和工业界已有面向各类单一技术测试的标准化数据平台，例如面向环境感知能力测试的 Kitti、面向行为预测能力测试的 highD、inD、Interaction、NGSIM 等，以及致力于构建统一的测评流程和公开的测评平台的产学研合作项目，例如 PEGASUS（德国）、Enable S3（欧盟）、SIP-adus（日本）等，还有在自动驾驶领域已较为成熟的公共服务平台，例如 Apollo、Autoware、CARMA、CommonRoad 等。然而，现有测试平台中各类要素在线上和线下割裂运行，例如测试场景主要以线上数据库的形式呈现，而测试工具则多为桌面端离线平台，各要素之间未能形成"合力"。因此，研究和开发"场景-方法-工具-评价"四类要素有机统一的在线测试技术是建设自动驾驶测试公共服务平台的关键难题之一。更为重要的是，如何从测试平台迈向测试服务，研究具备"测试场景高覆盖、测试部署轻量化、测试过程加速快、测评标准统一化"等典型特征的在线测试服务系统，实现测试场景的最大化覆盖、高维场景加速测试、全链条高精度仿真，以及测评可信度保障等技术，是产学研各界共同关心的痛点问题。

为应对以上问题，需突破测试场景、测试方法、测试工具以及评价体系四大技术挑战，进而实现科学化集成测评。如图 10-1 所示，测试场景、测试方法、测试工具以及评价体系四类关键要素共同串联起虚拟仿真测试流程，也是自动驾驶测试公共服务平台建设的关键。由于仅依赖测试工具难以建立统一可信的测评体系，难以实现数据闭环、评价闭环，因此需要

图 10-1 自动驾驶测试平台主要要素关系

在海量测试场景数据支持下，基于科学测试方法，应用可控测试工具，建立从测试到评价闭环的自动驾驶测试公共服务平台。

在综合考虑国家战略需求、行业研发需求以及各类问题与挑战的基础上，自动驾驶测试公共服务平台的建设将：①有利于培养差距牵引的研究范式改革，

推动研究成果的共识、公开与透明，避免闭门造车；②解决场景库重复投资、多头建设等问题；③降低仿真测试使用门槛，借助仿真测试服务，快速推动自动驾驶技术研发，对自动驾驶技术领域的基础研究产生深远影响；④提高测试加速度，加速自动驾驶研发团队快速迭代算法，促进产研精准对接。

本章提出了自动驾驶公开自然测试环境（OnSite）平台的建设技术框架和五阶段建设计划，研发了"场景 – 方法 – 工具 – 评价"四类要素有机统一的公共服务平台 Onsite。具体而言，本章主要贡献如下：

1）测试场景方面，基于自采以及汇集的海量场景库（场景数量过万），研发了场景自动派生技术，极大提高场景覆盖度。

2）测试方法方面，通过回放测试、双向交互测试、加速测试三大方法，提高测试效率并满足不同测试需求。

3）测试工具方面，自主研发轻量化传感器、交通流、车辆动力学等仿真工具，提升测试工具的可控性及可信度。

4）评价体系方面，提出主客观结合的自动驾驶能力综合评价方案，在保证区分度和科学性的基础上，提升评价体系的全面性和可信度。

5）测试平台方面，形成了 OnSite 平台，可提供自动驾驶全链条技术公开测试服务。

本章将介绍自动驾驶测试公共服务平台 OnSite 系统技术框架、OnSite 平台建设现状、结合平台使用及第一届自动驾驶规控算法挑战赛的相关经验对基础研究的启示，以及后续平台规划与探讨。

二、自动驾驶测试公共服务平台系统技术框架

自动驾驶测试公共服务平台应为用户提供测试场景库、被测物比较基准、敏捷开发环境、轻量化接入方式、深度诊断服务等功能，进而推动自动驾驶技术研发快速有序发展。基于以上总体考虑，在充分调研国内外自动驾驶相关公共服务平台情况的基础上，本章凝练了以数据公开、算法保密、测评公平、过程透明为建设原则的自动驾驶测试公共服务平台系统技术框架。

如图 10 – 2 所示，框架主要包括三层架构，分别是构件层、操作层和应用层。其中，构件层包含开展自动驾驶测试的各独立功能技术模块，即测试场景、测试工具、测试方法以及评价体系。操作层则基于云服务架构，为不同需求的测试用户提供个性定制化的自动驾驶测试构建组合及流程，打通构件层各模块联系，旨在解决测评场景代表性、交互仿真环境可信性、评价过程一致性等核心科学问题。操作层为应用层各项功能提供支持，应用层包含评测诊断、全栈测试、虚实融合、多车协同等测试服务。各功能模块基于标准化文件格式交互

和通用式数据接口相连。目前，基于自动驾驶测试公共服务平台技术框架，借鉴国内外相关公共服务平台建设经验，已"先行先试"开发和建设 OnSite 平台（官方网站：www.onsite.com.cn）。

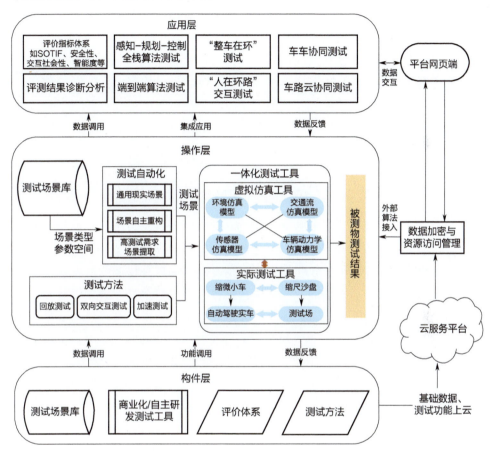

图 10-2　自动驾驶测试公共服务平台技术框架

基于"构建-操作-应用"三层技术架构建设的 OnSite 平台具备 4 大典型特征。①测试场景高覆盖：基于生成式 AI 算法及数据驱动方法，提出测试场景泛化生成理论，自动派生场景符合现实场景特征，可填补实采场景缺失，提高测试场景覆盖率；②测试部署轻量化：测试数据及功能上云，测试服务通过平台网页对外提供，用户本地无须下载大量软件，仅需要配置基础环境，通过"无感化"轻量测试部署，实现从本地开发到在线测评的全流程服务；③测试过程加速快：针对不同测试需求，提出面向危险场景检测、面向危险率评估、面向覆盖率的三类加速测试方法，提供薄弱环节专项测试、危险率量化认证测试、驾驶功能全面测试，通过对高测试需求场景的快速检测和全面覆盖，实现加速测试效果；④测评标准统一化：考虑测试场景异质性，采用多次测试及多车同测方法，通过主客观结合的试验方案确定权重分配，建立"功能－性能－智能"层次递进的自动驾驶算法智能度综合评价体系。

三、OnSite 平台建设现状

针对场景覆盖度低、测试速度较慢、仿真工具不可控和不可信等问题与挑战，OnSite 旨在为自动驾驶规划决策技术研发提供公开、透明、"有共识"的测试与评价服务。图 10-3 所示为现已实现的平台功能，并且目前正在按照平台规划有序推进 OnSite 后续研发工作。

在测试场景方面，OnSite 场景库整合包括国家智能网联汽车创新中心（简称国汽智联）数据、上海市自然驾驶数据集（如 NDS）、TJRD TS 国内高速场景数据、SIND 数据集、阿里云、中国汽车工程研究院等权威场景库，包含上万个具象场景，覆盖多种场景类型及道路类型，从场景数量、覆盖度、代表性等不同维度保证测试的有效性。OnSite 场景库以 OpenDRIVE 1.4 和 OpenSCENARIO 1.0 统一格式描述场景，并提供场景可视化展现。此外，基于以上真实场景数据，还可通过场景合成方法或交通流方法泛化生成海量场景。由于现有场景合成方法主要是以环境合成为主，缺少交通流轨迹合成方法，因此 OnSite 平台提出了一种数据驱动的方法，称为多车辆联合轨迹生成器（Multi-vehicle Joint Trajectory Generator，MJTG）。该方法基于变分自动编码器（Variational Auto-Encoder，VAE）和 Wasserstein 生成对抗网络（Wasserstein Generative Adversarial Network，WGAN）。如图 10-4 所示，技术框架由三个子模块组成：VAE 模块用于估计潜在空间中真实世界场景的分布，作为实现场景泛化的基础；第一个 WGAN 模块，称为 E-WGAN（Enhanced WGAN），通过校正先验分布来确保生成场景的保真度；第二个 WGAN 模块，称为 D－WGAN（Directional WGAN），通过在先验分布的完整域和特定域之间进行映射来解决生成场景的各向异性问题。结果表明，泛化生成场景可达到 85% 的功能性检查通过率，加速度及加加速度异常值所占比例可降至 0.6% 以下，各项可行性指标均优于现有场景生成算法。MJTG 场景泛化方法在尽可能保证场景真实度的同时，大大增加了高测试需求场景的规模，解决了场景覆盖度低的问题。

在测试方法方面，OnSite 具有回放测试（OnSite LogScen）、双向交互测试（OnSite IntScen）、加速测试（OnSite AccScen）三大测试方法。目前，大部分自动驾驶测试平台采用回放测试方法。回放测试中的测试场景基于自然驾驶数据采集，并利用仿真环境对现实场景进行真实回放。这一测试方法的目的是测试

第 10 章 自动驾驶测试公共服务平台构建技术及应用

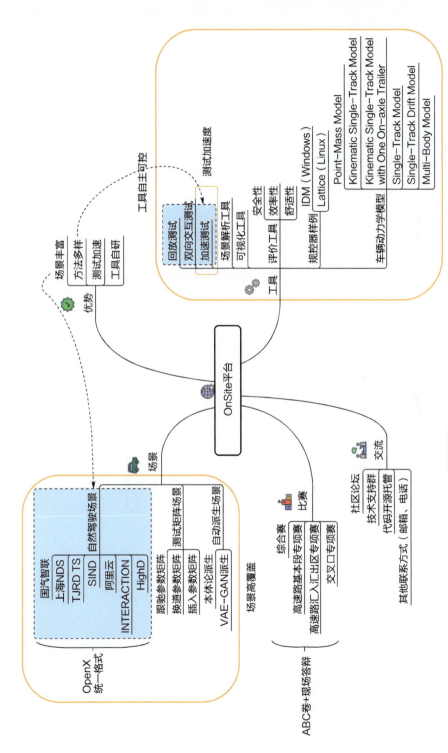

图10-3 OnSite平台建设内容

255

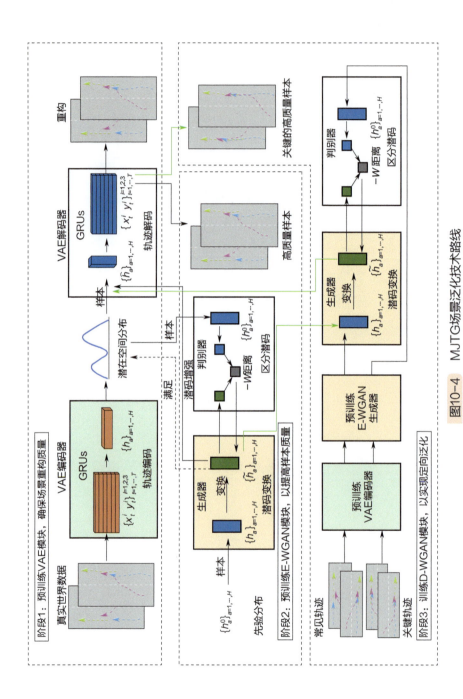

图10-4 MJTG场景泛化技术路线

自动驾驶车辆在已提取的真实场景下的运行安全。然而，回放测试中背景车辆与主车之间不存在交互行为，这导致回放测试虽具有高还原度，但无法满足真实交互，因此 OnSite 重点对双向交互测试进行研究和开发。

在双向交互测试中，基于面向安全性测试的高精度背景交通流模型，场景中背景车具备交互功能，被测者可将被测物置于模拟交通流环境中进行定制化片段式场景测试，甚至无限里程的连续式场景测试。双向交互测试开发了二维仿真、干扰仿真等新型仿真模型，为背景车流提供激进别车、闯红灯、汇入汇出口紧急制动、骑线行驶等非常态交通流行为，并在原有基于规则模型的交通流仿真基础上，采用数据驱动方法生成具备交互反应能力的测试交通流，有效提升测试场景真实性、复杂性以及挑战性。

在加速测试中，基于对测试场景分类及关键参数定义，目的在于快速寻找高测试需求测试场景（如高危场景、碰撞场景、边界场景等），针对测试场景参数组合维度灾难问题，提升测试效率和靶向性，以缩短高等级自动驾驶车辆测试研发周期，解决测试速度较慢的问题。针对目标场景稀有和搜索空间高维的问题，可通过子集模拟、流模型、重要度抽样等方法实现参数降维，提高稀有事件出现概率，同时保证统计意义上的无偏性。如图 10-5 所示，针对小概率事件需要保证的搜索方法效率和准确度问题，可使用代理模型来逼近复杂的自动驾驶场景测试过程，并通过自适应搜索和采集函数快速搜索高危场景。结果表明，在 6 参数的前车插入场景下，基于代理的自适应搜索方法能保持 50% 左右的搜索成功率，即大约每 2 次采样就能得到 1 个碰撞场景，有效节约测试资源，实现加速测试效果。

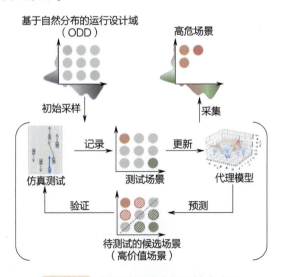

图 10-5　基于代理的自适应搜索流程

在测试工具方面，OnSite 研发团队推出交通流仿真原型系统、TESS NG（TESS Next Generation）以及 VTS（Virtual Testing & Training System for autonomous vehicles）等多种工具，各类测试方法中的交通仿真模型完全基于自研国产软件。具体而言，如图 10-6 所示，通过 TESS NG 提供高可信度的背景交通流，每一辆背景车均可与周围车辆产生交互行为，并且针对不同用户需求，还可自定义设置交通流相关参数，生成不同驾驶风格车辆，实现接近真实世界的交通模拟，提高仿真测试可信度。VTS 可提供逼真的环境，包括雨、雾、树木、道路等丰富的场景及天气元素，同时支持摄像头、激光雷达、毫米波雷达等多种传感器仿真，进而为自动驾驶全栈算法的端到端测试提供技术支撑。此外，OnSite 提供典型标杆算法，以及各类插件和工具，用于桥接仿真测试主干和场景解析、评价、可视化、交通流仿真、加速测试等模块，实现工具自主可控。

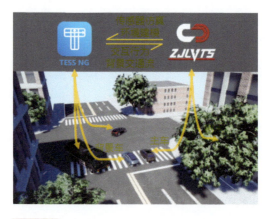

图 10-6 仿真测试工具（TESS NG 及 VTS）

在评价体系方面，OnSite 综合安全性评价、舒适性评价、效率性评价，形成多维评价指标；采用多次测试以及多车同测等方法，降低测评噪声，保障测试可信度、公信力，兼顾科学性与区分度；充分考虑不同场景（高速路基本路段、高速路汇入汇出区、交叉口）之间差异性，针对不同类型场景，使用不同指标构建评价体系。具体而言，通过层次分析法及熵权法确定主客观指标权重向量，基于改进的神经网络模型组合权重赋权。此外，为满足多维评价需求，OnSite 评价体系还将完善更多指标，并考虑纳入交互性、拟人性、合规性等评价维度，构建异质性驾驶行为特征库，采用 K-L 散度量化自动驾驶汽车与人类驾驶行为指标差异，对比人类驾驶人群体和自动驾驶汽车的交互偏好值分布。

综上，OnSite 已基本建设成为具有场景高覆盖、测试加速度、工具自主可控三大亮点的自动驾驶测试公共服务平台。目前，OnSite 平台提供完善的回放测试与评价服务，开放双向交互测试及加速测试功能。用户可在平台官网（www.onsite.com.cn）查阅环境配置及本地测评教程，通过离线或在线模式体验自动驾驶规划决策算法"开发–测试–评价"的全流程服务。

四、对基础研究的启示

依托 OnSite 平台能力，为践行以赛促研、以赛促建，加速研究成果从"书架"走向"货架"，并在竞赛实践中发现技术瓶颈、补足差距，助力自动驾驶实战人才培养，已于 2023 年成功举办第一届 OnSite 自动驾驶算法挑战赛。本次比赛中，共收到来自国内外 40 所高校的 101 个团队报名，参赛人数超 500 人。本次比赛的顺利举办为前沿研究交流创造机会，大量规划决策算法"同台竞技"，创造出海量有效测评数据。基于全部参赛作品及平台日常数据，通过数据挖掘、统计分析等手段，得到若干自动驾驶算法研究及测试等基础研究的重要启示。

（1）通用性欠缺　本次比赛设置高速路基本段、高速路汇入汇出区、交叉口三大专项赛道，以及由三者共同组成的综合赛道。如图 10-7 所示，针对各大赛道前十名参赛团队进行统计，三类单独赛道的专项场景平均分及中位数均高于综合赛道内三类场景的平均分及中位数，这说明综合赛道中更加通用型的算法在单一类型场景下并不占优势。虽然已有很多规划决策算法能够较好地应对单一类型场景，但难以应对场景多样的综合赛道。大部分综合赛道算法均为单一类型场景解决方案的简单组合，不具备通用性能力，因此如何融合相关算法优势以解决综合性场景或提出通用性解决方案仍是一大难题。由于现实世界场景复杂多变，因此基于场景的自动驾驶算法测试亟须从少量场景验证转向大量场景的通用性验证，以证明算法泛化能力并确保安全性。

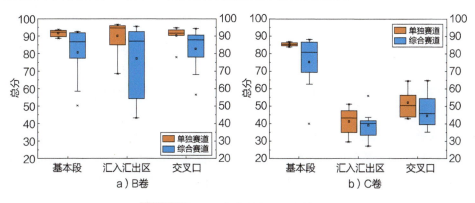

图 10-7　不同赛道前十名得分箱型图

(2) 无法兼顾算法先进性和泛化性　本次比赛各赛道前三名使用算法均基于规则或优化的方法，包括树搜索、二次型优化、多项式插值、智能驾驶人模型等，基于领域知识，对跟驰、换道、超车等决策进行路径规划及控制。基于规则或优化的算法具有可解释性强、可控性强、计算成本低、泛化性强等优点，对于任何场景均可基于已知领域知识进行规划决策。基于规则或优化的算法需要覆盖到所有可能出现的场景，而且强依赖于场景类型及行为预测，但由于在复杂场景下定义全部规则并不现实，因此难以较全面地利用全部潜在场景信息。部分参赛团队使用基于 AI 的规划决策算法，其往往在开卷测试时分数较好，但难以应对闭卷测试，这是因为基于 AI 的算法数据依赖性强、泛化性能差。虽然 AI 算法相比基于规则的算法更为先进，理论上能够处理任何复杂场景，但对训练数据的过度依赖导致其难以适应稀有测试场景，尤其是现实世界"长尾分布"的高危场景。高危场景数量少、测试需求大，基于 AI 的算法很难获取大量现实高危场景进行模型训练。然而，基于 AI 的算法能够充分利用已知信息，并提取难以用规则表述的驾驶规律。因此，如何兼顾算法先进性和泛化性，是在学术和实际研发过程中需要重点考虑的问题。

(3) 轨迹预测等上下游能力整合存在不足　基于本次比赛的数千个场景和各赛道前十名团队的测评结果，提取出平均得分最差的场景，如图 10-8 所示，参赛者在高密度交通流场景和交叉口多冲突场景中得分相对较低。其中，高密度交通流场景主要涵盖紧密跟驰、拥堵换道、多车汇入等驾驶任务；交叉口多冲突场景则主要包括无保护左转、直左冲突、汇入冲突等情况。在这两类场景中，参赛者控制的自车与伴行车辆间存在高度的动作依赖关系，因此，能否准确预测伴行车辆的未来轨迹，在很大程度上影响了行为决策和轨迹规划的合理性。本次挑战赛以自动驾驶的决策规划算法为主要竞赛内容，允许参赛算法获取自车与伴行车辆的实时状态信息，因此参赛算法无须考虑自身定位与伴行车辆感知等环节。然而，由于伴行车辆未来轨迹未知，因此属于泛感知领域的伴行车辆轨迹预测技术同样是比赛中至关重要的技术环节。本次竞赛的参赛团队大多来自自动驾驶决策、规划、控制等细分领域，因此在高度依赖预测准确性的测试场景中普遍表现不佳。自动驾驶系统研发是集定位感知、决策规划、控制执行等多技术环节耦合的系统工程。各个技术环节的研究开展既要做到术业有专攻，又应能从系统视角审视上下游的发展现状，明确系统对自身研究环节的要求与定位，进而与上下游算法形成紧密配合，共同推动自动驾驶技术的综合发展。

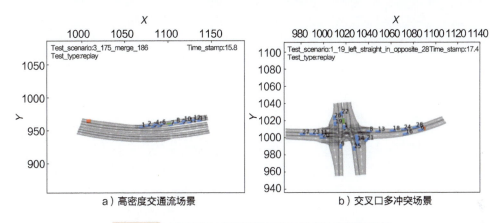

图10-8 高密度交通流场景和交叉口多冲突场景示例

（4）多评价指标全面发展能力不足　图10-9所示为本次比赛各团队提交算法在不同难度场景下的安全性、效率性、舒适性三大维度平均扣除分数。结果表明，高难度场景中安全性维度失分较多，但在现实世界占比更高的较低难度场景中，失分主要存在于效率性维度。安全性与效率性在一定程度上相互矛盾，现有自动驾驶规划决策算法为保证安全性，往往牺牲部分效率性，这导致本次比赛大部分场景下自动驾驶车辆无法在给定时间内完成原本自然驾驶数据中驾驶人驾驶车辆能够到达的目标区域，进而造成效率性失分。在保证自动驾驶安全性的前提下，如何提升驾驶效率，尤其是在低风险场景下缩短行程时间，是未来亟须考虑和解决的问题。此外，在存在较多背景车辆的场景下，部分算法为到达目标区域，采取激进的纵向加速度和角加速度，导致舒适性指标扣分。这一现象表明效率性与舒适性也在一定程度上存在矛盾，因此对于规划决策算法而言，应考虑平衡多维度指标，通过多目标优化寻找最优解。

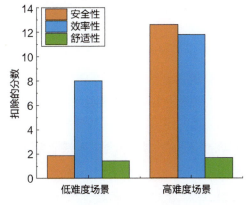

图10-9 不同难度场景下的各维度平均扣除分数

五、后续平台规划与探讨

如图 10-10 所示，目前 OnSite 平台已完成 1.0 阶段建设，部分完成 2.0 平台功能，已形成 1.0 至 5.0 平台建设规划，旨在"十年磨一剑"建立自主可控的自动驾驶常态化公共服务平台，服务以高校为代表的自动驾驶算法研发团队。具体而言，OnSite 1.0 重点实现针对自动驾驶规划决策模块的仿真测评功能；OnSite 2.0 重点实现"环境感知-规划决策-运动执行"的全栈自动驾驶算法测试；OnSite 3.0 重点突破虚实融合测试的核心需求；OnSite 4.0 重点实现多车协同、车路协同、车路云协同能力测试；OnSite 5.0 重点突破"算测一体"及全生命周期仿真服务的核心需求。

图 10-10 OnSite 平台建设规划

基于 OnSite 平台整体规划，围绕测试场景、测试方法、测试工具以及评价体系四大内容开展建设。测试场景方面，OnSite 平台将大力构建场景库，提供更加丰富的统一格式场景，如环岛场景、连续式路网场景、非结构化道路场景等。测试方法方面，OnSite 平台将持续推动测试"由虚入实"，完善虚实融合测试和协同测试方法，加速"仿真车-缩微小车-实车"和"仿真场景-缩尺沙盘-测试场"两线建设。测试工具方面，OnSite 平台将继续通过各类环境建模、交通流、车辆动力学等仿真工具完善测试工具链，大力推动传感器、域控制器等工具接入，加速"软件在环-硬件在环-整车在环"的测试工具建设。评价体系方面，OnSite 平台将扩展评价维度、丰富评价指标、科学合理赋权，建立"功能-性能-智能"层次递进的自动驾驶算法智能度综合评价体系。

随着 OnSite 平台建设推进，服务功能也将得到升级。平台将继续完善轻量化部署、场景库选择、在线测评等能力，提供算法诊断、故障注入等高阶测试服务，提升平台易用性和用户友好性。其中，比赛作为 OnSite 平台所提供的重要服务内容之一，承担着以赛促研、以赛促建的重要使命。未来比赛将随着 OnSite 平台功能升级，提供更加完善的比赛测评服务。

六、结论

1) 针对自动驾驶共性关键技术进行"场景高覆盖、测试加速快、评价可互信、测试即服务"的在线测试平台研发,同时支持以"测试场景高覆盖、测试部署轻量化、测试过程加速快、测评标准统一化"为关键特征的测评服务,可使研究人员关注自动驾驶技术算法研究本身,有效避免研究成果"非共识",促进自动驾驶技术快速迭代。

2) 本章提出自动驾驶测试公共测试服务平台系统技术框架,先行先试建设 OnSite 平台,基于 OnSite 平台的第一届 OnSite 自动驾驶算法挑战赛,总结了对未来自动驾驶算法研发的若干启示,并探讨了后续测试及平台规划。

3) 通过公共测试服务平台及算法竞赛等活动,搭建了产学研"透明"沟通桥梁。研究人员可"低负担"使用场景库及测试工具,快速了解研究成果有效性,加速算法反馈与迭代,催化理论成果从"书架"走向"货架",打通从理论到实践应用的成果转化瓶颈。

参考文献

[1] 余荣杰,田野,孙剑. 高等级自动驾驶汽车虚拟测试:研究进展与前沿[J]. 中国公路学报,2020,33(11):125-138.

[2] 孙剑,田野,余荣杰. 自动驾驶虚拟仿真测试评价理论与方法[M]. 北京:科学出版社,2022.

[3] UNECE W G. Future certification of automated/autonomous driving systems[R]. (2019-02-01)[2024-04-01].

[4] GEIGER A, LENZ P, STILLER C, et al. Vision meets robotics: The KITTI dataset[J]. The International Journal of Robotics Research, 2013, 32(11): 1231-1237.

[5] KRAJEWSKI R, BOCK J, KLOEKER L, et al. The highD dataset: A drone dataset of naturalistic vehicle trajectories on German highways for validation of highly automated driving systems[C]// 2018 21st International Conference on Intelligent Transportation Systems (ITSC). New York: IEEE, 2018: 2118-2125.

[6] BOCK J, KRAJEWSKI R, MOERS T, et al. The inD dataset: A drone dataset of naturalistic road user trajectories at German intersections[C]// 2020 IEEE Intelligent Vehicles Symposium (IV). New York: IEEE, 2020: 1929-1934.

[7] ZHAN W, SUN L, WANG D, et al. Interaction dataset: An international, adversarial and cooperative motion dataset in interactive driving scenarios with semantic maps[J]. arXiv

preprint arXiv：1910. 03088，2019.

［8］NGSIM. Freeway lane selection algorithm：NGSIM factsheet［R］. (2017 – 09 – 08)［2024 – 04 – 01］.

［9］WINNER H，LEMMER K，FORM T，et al. PEGASUS—First steps for the safe introduction of automated driving［J/OL］. Road Vehicle Automation 5，2019：185 – 195［2024 – 04 – 01］. https：// doi. org/10. 1007/978 – 3 – 319 – 94896 – 6_16.

［10］GMBH A L. European initiative to enable validation for highly automated safe and secure systems［Z］. 2019.

［11］SUGIMOTO Y，KUZUMAKI S. SIP-adus：An Update on Japanese Initiatives for Automated Driving［J/OL］. Road Vehicle Automation 5，2019：17 – 26［2024 – 04 – 01］. https：// journals. sagepub. com/doi/10. 1177/1550147719837859.

［12］RAJU V M，GUPTA V，LOMATE S. Performance of open autonomous vehicle platforms：Autoware and Apollo［C］// 2019 IEEE 5th International Conference for Convergence in Technology (I2CT). New York：IEEE，2019：1 – 5.

［13］KATO S，TOKUNAGA S，MARUYAMA Y，et al. Autoware on board：Enabling autonomous vehicles with embedded systems［C］// 2018 ACM/IEEE 9th International Conference on Cyber-Physical Systems (ICCPS). New York：IEEE，2018：287 – 296.

［14］PARK H，MICHEL N，CLAUSSEN K. CARMASM：Enabling collaboration and ensuring safety in freight operations［J］. Public Roads：A Journal of Highway Research and Development，2020，84 (2)：11 – 13.

［15］ALTHOFF M，KOSCHI M，MANZINGER S. CommonRoad：Composable benchmarks for motion planning on roads［C］// 2017 IEEE Intelligent Vehicles Symposium (IV). New York：IEEE，2017：719 – 726.

［16］SUN J，ZHANG H，ZHOU H，et al. Scenario-based test automation for highly automated vehicles：A review and paving the way for systematic safety assurance［J］. IEEE Transactions on Intelligent Transportation Systems，2021，23 (9)：14088 – 14103.

［17］SUN J，ZHOU H，XI H，et al. Adaptive design of experiments for safety evaluation of automated vehicles［J］. IEEE Transactions on Intelligent Transportation Systems，2021，23 (9)：14497 – 14508.

［18］王之中，皮大伟，刘全民，等. 国家自然科学基金委员会交通与运载工程学科2022年度管理工作综述与展望［J］. 交通运输工程学报，2023，23 (1)：1 – 7.

［19］王之中，皮大伟，吴兵. 交通与运载工程学科践行板块改革侧记［J］. 中国科学基金，2023，37 (1)：115 – 119.

［20］LIU H，TIAN Y，SUN J，et al. An exploration of data-driven microscopic simulation for traffic system and case study of freeway［J］. Transportmetrica B：Transport Dynamics，2023，11 (1)：301 – 324.

[21] ZHANG H, SUN J, TIAN Y. Accelerated testing for highly automated vehicles: A combined method based on importance sampling and normalizing flows [C] // 2022 IEEE 25th International Conference on Intelligent Transportation Systems (ITSC). New York: IEEE, 2022: 574-579.

[22] ZHANG H, ZHOU H, SUN J, et al. Risk Assessment of Highly Automated Vehicles with Naturalistic Driving Data: A Surrogate-based optimization Method [C] // 2022 IEEE Intelligent Vehicles Symposium (IV). New York: IEEE, 2022: 580-585.

第 11 章　智能座舱车载屏软件人机交互易用性和安全性测试评价技术研究

郭　钢　李欣怡　刘佳林

摘要：随着智能座舱技术的快速发展，车载中控台触摸屏已成为驾驶人与车机交互的主要方式。然而，车载屏软件不易使用可能会分散驾驶人的注意力，影响驾驶安全。本研究基于国际标准可用性定义、任务负荷指数和技术接受模型构建了一种人机交互测试评价体系，以评估智能座舱车载屏软件的易用性和安全性。采用主客观结合的测评方法，结合用户评估和深度访谈、眼动和手指交互动作测量、任务绩效和驾驶绩效，测评车载屏软件交互体验的易用性和安全性，形成科学规范的评价方法、技术和执行手册，以此为依据，开发出工具软件实现主客观测试评价全流程的自动化，提高车载屏软件人机交互易用性和安全性评价效率和准确度，并将此评价方法、技术和工具软件融入智能座舱正向设计开发流程。

关键词：智能座舱，车载屏软件，交互体验，易用性，安全性，主客观评价

一、前言

通信和信息交换无处不在，汽车已不再仅仅是一种交通工具，而逐渐成为具有移动属性的第三空间。近年来，自动驾驶技术的快速发展更是加速了这一趋势。在未来几十年内，高度自动化汽车将成为现实，自动化对车内座舱交互产生了巨大的影响。随着自动化技术的不断集成，座舱交互也变得越来越智能，人与车机系统的交互范围也更加广泛。为了满足驾驶人和乘客的需求，各种类型的软件被引入汽车系统，例如信息娱乐、驾驶人辅助、导航和舒适性相关软件等，这不可避免地给座舱软件人机交互的测试评价带来了许多挑战。

二、易用性和安全性测试评价指标体系和度量方法

随着座舱交互的智能化，车载中控触摸屏已成为驾驶人与车辆的主要交互界面。现在的车载软件通过大尺寸触摸屏提供多种娱乐、信息和通信功能，增

加了驾驶人与它们交互的诱惑。为了在驾驶时与车载软件进行交互,驾驶人需要在主要驾驶任务和与驾驶无关的次要任务之间分配注意力。通过测试评价了解驾驶人在驾驶过程中如何与车载屏软件交互完成次要任务,有助于设计出驾驶人能够安全使用的软件。设计师通过提高车载屏软件人机交互的易用性来解决这个问题,以减少交互时间,并在驾驶时减少驾驶人的注意力分散。智能座舱车载屏软件通过测试评价提高软件易用性水平以实现驾驶安全性。图11-1显示了本研究的测试评价指标体系和度量方法。

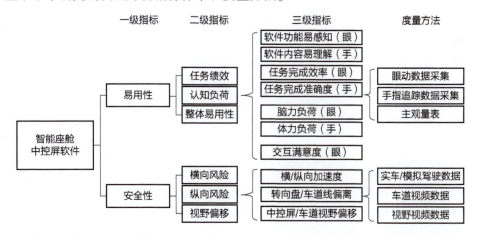

图11-1　智能座舱车载屏软件人机交互易用性和安全性测试评价指标体系和度量方法

(一)易用性测试评价指标体系和度量方法

1. 易用性测试评价指标体系

座舱车载屏软件人机交互主客观评价指标体系的易用性指标设定参考ISO 9241-210—2019《人机交互工效学第210部分：交互系统的以人为本设计》对可用性的定义。可用性是人机交互的核心术语,被称为"人类轻松有效地使用的能力",该标准中,可用性包含绩效、效率、满意度。其中,绩效包含准确性和完整性,效率包含被试完成任务所需资源,满意度包含被试体验所产生的生理、认知和情感反应。

效率所指的被试完成任务所需资源的主观评估可以理解为被试完成任务所需的心理工作量,可参考试验研究中使用的最常见的主观心理工作量评估工具,即美国航空航天局任务负荷指数(NASA-TLX)。NASA-TLX在6个不同的尺度上对完成任务所需资源进行主观心理评估：脑力、体力、时间、个人表现、努力和挫败感,其中个人表现和绩效所指的完成任务的准确性和完整性一致,而主观体验所产生的努力和挫败感则与被试体验所产生的认知和情感反应相关,故选用被试完成任务所需的脑力资源、体力资源、时间资源用于效率指标的评估。由于 ISO 9241 并非专门针对汽车座舱软件人机交互的易用性，因此座舱车载屏软件人机交互主客观评价指标体系的一级指标需要在此基础上改进以提高针对性。

软件人机交互的易用性指标可追溯到 20 世纪 80 年代，Davis 在理性行为理论的基础上提出了技术接受模型（TAM），随后基于不同理论背景的拓展，技术接受模型不断发展与演变。TAM 主要用于解释和理解信息技术的接受过程，在这个过程中个体对一项行为的态度则主要由有用性认知和易用性认知共同决定，其中易用性被定义为使用某个特定系统不需要体力和脑力劳动的程度。

Davis 随后开发和验证了感知有用性和易用性量表，其可靠性分别为 0.98 和 0.94，该研究的回归分析还表明，感知易用性实际上可能是感知有用性的因果前因变量。易用性和有用性之间存在的因果关系，也进一步说明可用性指标对于易用性指标的定义具有参考价值。

2. 易用性测试评价主观指标

本研究将以 Davis 开发的感知可用性和易用性量表为基础，依据本身研究问题的特殊性对量表的题目进行适当的调整。结合国际标准 ISO 9241 将可用性的定义分为任务绩效和认知负荷，再参考 NASA – TLX 量表和 TAM 中对有用性和易用性的量表归纳筛选得到座舱软件体验易用性测试评价主观指标，见表 11 – 1。

表 11 – 1　易用性测试评价主观指标

二级指标	三级指标	主观指标及其来源	主观评价
任务绩效	完成程度	TAM：该功能整体高效性	如是否需要努力熟悉学习或费力操作使用等
	完成速度	TAM – 有用性：完成该功能任务的速度（NASA – TLX：完成该功能任务所需时间资源）	如是否需要过多时间才能完成该任务等
	完成准确度	TAM – 有用性：完成该功能任务的准确度	如是否需要多次尝试才能完成该任务等
认知负荷	易感知性	TAM – 易用性：该功能相关元素易发现	如该功能相关图标、文字、动画等是否容易被发现等
	易理解性	TAM – 易用性：该功能相关内容易理解	如该功能相关图标、文字、动画等是否容易被理解等
	脑力负荷	NASA – TLX：完成该功能任务所需脑力资源	如是否需要思考琢磨如何完成该任务等
	体力负荷	NASA – TLX：完成该功能任务所需体力资源	如是否需要多次尝试才能完成该任务等

3. 易用性测试评价客观指标和度量方法

在人机交互的短暂研究历史中，评价体系发生了很大变化，主要也是由于信息和通信技术的快速发展。在人机交互研究的早期阶段，系统的可用性仅关注系统内在属性，例如任务绩效，这些属性可以精确测量和量化，可用性测量侧重于任务完成时间、点击次数和系统错误数量。尽管如此，这些早期的定量和面向系统的可用性研究对于人机交互（HCI）领域可用性和用户体验的发展仍然很有价值。这些研究构成了认识到该领域需要将用户置于焦点中心的基础。

有多种方法可以从用户的角度评价人机交互。伯特利等人将它们分为五类：用户评价、深度访谈、行为测量、心理生理学测量和任务绩效指标。他们审查了用于每个类别的指标。它们可以分为两种类型：用户评估和深度访谈是主观指标，可以基于前面的评估量表完成。行为测量、心理生理学测量和任务绩效指标是客观指标，其中任务绩效指标即前面的任务完成时间等直接表现任务完成情况的指标。

对于心理生理学测量指标，本测评研究采用眼动追踪的度量方法。眼球运动数据经常被用作视觉注意力的代表指标。测评视觉注意力可以揭示自我评估等主观评价方法可能无法揭示的用户无意识的心理和生理变化。注视和扫视是眼球运动的主要组成部分。注视是视线固定在一个位置认知信息时的眼球暂停运动，通常持续 200~300ms，并且是用户注意力的既定衡量标准。注视可以用来区分表面信息扫视和积极考虑决策。而扫视则是注视这些停顿之间的动作，扫视有助于提取关键信息，但通常与理解受损有关。

了解用户在高认知负荷下的行为，也是人机交互研究的重点。触控行为是用户与中控台触摸屏交互的主要操作行为。基于既定目标的交互任务，用户的操作距离和时间差异可以作为行为指标测评用户的自我效能水平。此外用户的自我效能感和犹豫水平也可以通过操作行为测评，用于改善人机交互的用户体验。所有人机交互易用性测试评价客观指标见表 11-2。

表 11-2 易用性测试评价客观指标

二级指标	三级指标	客观指标	客观评价
任务绩效	完成程度	任务失败次数	用户在完成任务过程中多次尝试失败并放弃的次数，也是用户未能完成或放弃任务后主试给出提示的次数
	完成速度	完成任务时长	用户完成任务所花的全部时间，从读完任务指令开始，到完成任务最后一步操作动作结束
	完成准确度	指尖操作时长	用户凭借对任务和功能的理解进行操作的时间和操作频率，操作时间为完成功能操作任务过程中指尖进行操作运动的时间之和

(续)

二级指标	三级指标	客观指标	客观评价
认知负荷	易感知性	扫视信息次数	指眼睛在不同的注视点之间跳跃的行为，主要体现在用户视觉搜索时，它的大小为1°~40°视角，持续时间非常短，图像在视网膜上的移动速度过快，信息还没来得及被认知加工，因此几乎不获取任何信息
	易理解性	注视信息次数	眼睛在视觉刺激的一个特定区域内停留持续时间为200~300ms的眼动行为。在认知过程中，注视与人脑的认知活动息息相关，研究表明，只有在注视的情况下信息才能被认知加工
	脑力负荷	注视信息时长	注视持续时间可用于测量用户的认知努力水平。注视持续时间越长，用户脑力负荷越大
	体力负荷	指尖操作距离	任务时间内用户在操作过程中指尖进行每次操作运动距离之和

（二）安全性测试评价指标体系和度量方法

安全性是指驾驶人一边驾驶车辆一边执行座舱交互系统的任务时，座舱交互系统抑制驾驶分心，提高行车安全的能力。安全性在座舱交互系统评价中较为特殊，因为它所评价的并不是人机交互系统本身，而是人机交互系统作为一组驾驶次任务，对于另外一组驾驶主任务的影响。

驾驶汽车是一项复杂的任务，它要求驾驶人同时执行不同的活动，他们需要观察和跟随道路，进行转向和踏板运动，并对驾驶环境的突然变化做出反应。尽管驾驶任务很复杂，但驾驶人倾向于从事与驾驶无关的活动，即驾驶次任务，如与车载屏软件互动。驾驶人与车载屏软件等的交互被称为竞争活动，这些交互与执行安全驾驶至关重要的活动所需的资源竞争。因此，驾驶人分心被定义为"将注意力从对安全驾驶至关重要的活动转移到竞争活动中"。

分心与驾驶人将视线从道路上移开有关。因此，它也被描述为"将注意力转移到我们看到的事物上"。研究表明，视觉分心与碰撞风险增加有关，与正常驾驶相比，偏离道路超过 2s 的视线会使碰撞风险增加两倍。因此，《车载电子设备的视觉手动 NHTSA 驾驶人分心指南》定义了 2s 的浏览的上限。这表明视觉干扰是设计车载屏软件时需要考虑的重要因素。

在车载软件触摸交互时，驾驶人在驾驶主任务和辅助触摸屏交互之间分配视觉注意力。研究表明，驾驶人会主动自我调节他们的多任务行为，以保持安全驾驶，驾驶人调整参与度以减轻与次任务需求相关的风险。关于驾驶表现，分心会影响驾驶人保持恒定车道、速度和间隙的能力，并可能影响横向稳定性，同时也可用于测评其他非视觉分心。故本测评研究采用眼动追踪和驾驶能力指标度量车载屏软件人机交互的安全性，见表11-3。

表11-3 安全性测试评价指标

二级指标	三级指标	客观评价	客观指标
驾驶主任务绩效	横向保持	用户在完成交互任务的过程中，能够维持与没有次任务驾驶时的状态相同或者相近的车速的能力	任务时段中转向盘的转动引起的横向加速度
	纵向保持	用户在完成交互任务的过程中，能够维持与没有次任务驾驶时的状态相同或者相近的车速的能力	任务时段中车速的变化
视觉分心	视野偏移	用户在使用某种交互模态操作某个交互功能的全过程中，视线离开前车窗外的道路的时间	任务时段中驾驶人注视中控屏时间占任务总时长比例
	屏幕凝视	视线在兴趣区内任一视点上停留持续时间超过2s的次数（出于安全，驾驶状态中不应从驾驶视野偏移超过2s）	任务时段中驾驶人凝视中控屏总次数

三、车载屏软件易用性和安全性测试评价方法

智能座舱车载屏软件人机交互易用性和安全性主客观综合测试评价方法包括测评指标体系、测评流程、测评价设备配置、被试筛选、测评场景选择、测评流程控制与数据采集、测评数据处理与分析、测评报告生成等内容。测评对象可分为车载屏软件高保真原型和可搭载到实车车载屏上可实际使用的软件，测评环境为模拟座舱和实车座舱车载屏，模拟座舱主要测评高保真原型软件，实车座舱车载屏主要测评可实际使用的软件。

智能座舱车载屏软件人机交互测评可以选择驻车和行驶两种状态，车载屏软件测评功能可以选择常用功能，如语音导航、增强现实型抬头显示（AR-HUD）、视触交互、蓝牙电话、个性设置、可视可说等，测试评价方法与流程如图11-2所示。

为确保测评全流程科学规范地执行，将测评所需的执行文档、手册和工具归纳整理为测评执行手册，如图11-3所示。

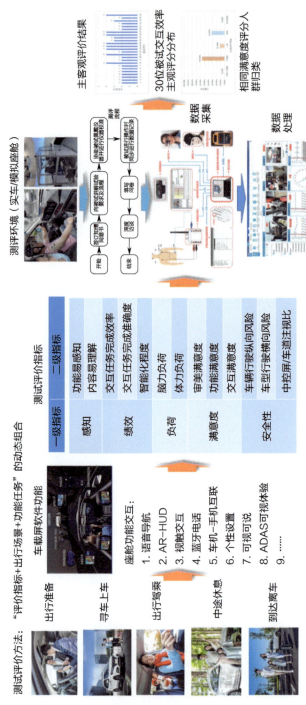

图11-2 智能座舱车载屏软件人机交互易用性和安全性测试评价方法与流程

第 11 章　智能座舱车载屏软件人机交互易用性和安全性测试评价技术研究

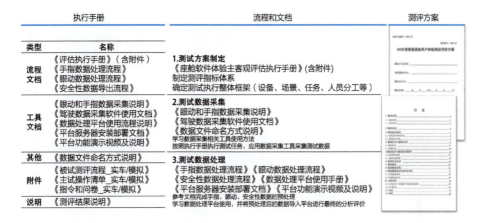

图 11-3　智能座舱车载屏软件人机交互易用性和安全性测试评价执行手册

测评执行要求测评主试（工作人员）遵循流程和执行手册严格执行测评。以智能座舱车载软件人机交互实车道路测评为例，测评前，主试按要求完成主客观数据采集所需的硬件和软件设备配置，如图 11-4 所示。

a）硬件设备

b）软件设备

图 11-4　测试评价硬件和软件设备配置（实车道路测评）

测评执行要求测评准备就绪后主试引导被试（目标用户）佩戴设备并完成测评。测评时被试需要根据主试指示，完成测试任务，最后完成测评量表和深度访谈。测评执行全程由主试按方案要求严格执行测评引导、设备配置、数据采集。在测试执行过程中主试将同步采集主客观数据，形成未经清洗的智能座舱人机工效测试主客观评价数据集，进一步用客观数据检验主观数据的有效性后，剔除无效数据，形成清洗后的智能座舱人机交互测试主客观评价数据集，然后进行主观数据和客观数据的处理分析。

四、车载屏软件易用性和安全性测评技术和工具

为提高智能座舱车载屏软件人机交互易用性和安全性主客观综合测试评价效率，本研究开发了智能座舱车载屏软件人机交互主客观综合测试评价工具软件，实现了测试评价工作全流程自动化。

该工具软件根据车企提出的智能座舱车载屏软件易用性和安全性交互体验主客观综合测试评价需求，自动生成测试评价方案和执行手册，指导测评人员操作测试设备、指导被试进行车载屏软件人机交互测试、完成主客观测试数据采集，并将采集的主客观测试数据（问卷、深度访谈、眼动、手指运动轨迹追踪、车辆行驶状态、中控屏/车道注视比等）导入工具软件，工具软件进行自动分析处理，以图表、数据方式显示主客观测试评价结果，主试可预览测评结果判断无误后，工具软件自动生成能座舱车载屏软件人机交互易用性和安全性主客观综合评价报告。

（一）测试评价工具软件应用流程

智能座舱车载屏软件人机交互易用性和安全性综合测试评价工具软件主要功能和应用流程如图 11-5 所示。

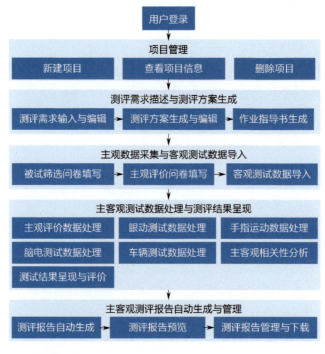

图 11-5 测试评价工具软件主要功能和应用流程

测评工具软件功能描述如下：

1. 测评项目管理

软件的项目管理包含新建项目、项目管理、项目数据管理等核心功能；软件通过项目属性（项目编号、类型等）对测评项目进行管理，支持通过项目属性进行项目筛选和查找；针对已完成的项目，软件支持项目信息、项目数据存储管理，以供测评人员随时查看项目基本信息与数据处理结果等内容。

2. 测评需求填写

测评人员新建项目后，按照软件内置测评需求框架填写包含测评目的、测评对象和功能任务定义在内的测评需求详细内容。

3. 测评方案生成

根据测评任务类型、测评对象等详细测评需求，结合软件内置测评指标体系和测评方法自动生成测试评价方案，并同步生成测评方案预测验证的流程指导，测评人员根据流程指导于线下完成测评方案的可执行性与流畅性预测验证。

4. 问卷量表生成

测评需求输入阶段，输入被试属性、主观评价等详细需求内容，结合工具软件内置问卷内容框架及核心题库，生成测评所需问卷量表。

工具软件核心题库包含被试筛选量表常见题目和主观评价量表常见测评维度；问卷量表为动态可编辑，用户在需求提出阶段可依据实际项目需求，对问卷量表题目进行新增、删除操作，题库设置可根据需要动态变化，允许测评人员按实际测评需求编辑、定义、新增题目。最终生成问卷量表在线填写链接，链接问卷文档易获取，工具软件设有文档下载功能入口，以便测评人员在测试过程中能够快速获取所需问卷文档。

5. 测评执行手册生成

测评方案验证完成后，自动生成测试评价执行手册，该执行手册采用流程图、示例图等图文并茂的可视化表达方式，指导主试按执行手册的步骤完成测试场景选择、测试车辆座舱内测试设备布置、被试招募、测试执行计划编制、测试流程控制与数据采集、测试过程中无效数据判断与剔除、从测试设备中导出测试原始数据、将测试数据导入工具软件，最终由工具软件自动完成数据处理和测评报告生成。

6. 测试数据处理

测试数据自动化处理主要工作流程包含数据导入、数据清洗、数据计算、数据分析等步骤。工具软件依据实际执行任务类型对应数据导入接口，测评人员按数据类型提示导入测试数据；工具软件按内置处理规则与处理模型，自动完成主客观测试数据清洗、数据计算、数据分析等功能。

数据分析功能包括主观评价分析、主客观相关性分析、人群特征属性分析和行驶安全性数据分析计算等。

1）主观评价分析：针对各任务、各评价维度下，被试主观评价整体情况和相同满意度的人群进行描述性统计。

2）主客观相关性分析：根据主客观相关性系数，评价主客观指标间的相关性。

3）人群特征属性分析：测评人员选择期望分析的任务与评价维度，软件自动生成相同满意度的人群属性分布情况。

4）行驶安全性数据分析计算：对各任务下各被试的横向、纵向风险数值进行风险等级评价及各类等级的人群占比计算。

7. 测评报告生成

工具软件依据内置测评报告模板，将测评项目详细信息、测试数据处理与分析结果、统计分析图表、数据表格与文字结合等易读的格式，置入测试评价报告模板中，自动生成测试评价报告。

（二）测试评价工具软件运行环境

智能座舱车载屏软件人机交互易用性和安全性主客观综合评价软件采用 VS Code 和 IDEA 两种开发工具，分别实现了前端和后端的开发，应用 MySQL 和 Redis 数据库，实现了数据处理、方案生产等核心功能。

智能座舱车载屏软件人机交互易用性和安全性主客观综合评价软件为软件即服务（SaaS）模式，可在 Windows、MacOS 等主流操作系统环境下运行。该工具软件支持部署于局域网服务器内，便于多名测评主试协同使用，提高团队协作效率；也可部署于企业的私有云环境，既可保证测试数据安全性，又便于企业内各部门使用。

工具软件主要功能界面如图 11-6 ~ 图 11-10 所示。

第11章　智能座舱车载屏软件人机交互易用性和安全性测试评价技术研究

图11-6　测评工具软件用户登录

图11-8　用户满意度评价结果显示

图11-7　测评项目创建与管理

次任务交互风险评价结果显示（图11-9）

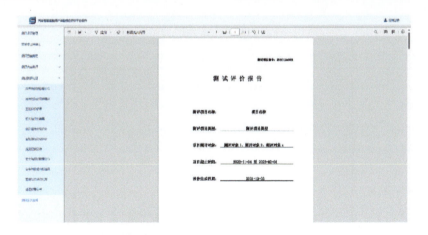

图11-10　测试报告自动生成与预览

五、结论

本研究旨在应对座舱技术的自动化和车载屏软件的智能化，对智能座舱车载屏软件人机交互进行了深入研究。本研究建立了车载屏软件人机交互易用性和安全性主客观综合测试评价指标体系，提供了一套结合主客观指标测评的方法和技术，以及一个辅助完成测评全流程并自动处理主客观测试数据的工具软件，有助于科学、严谨、高效地实现智能座舱车载屏软件人机交互易用性和安全性综合评价，以指导智能座舱车载屏软件人机交互优化设计。

在易用性测评方面，结合了主客观测评方式，以评价驾驶人与车载屏软件交互时的次任务绩效和认知负荷。采用眼动、手指动作追踪技术和任务绩效测量的客观指标度量方法，以及量表和深度访谈的主观指标度量方法，来全面评价用户可感知和无意识的人机交互体验。

在安全性测评方面，评价了驾驶人与车载屏软件交互时的驾驶主任务绩效和视觉分心。采用眼动追踪技术和横纵向保持驾驶能力指标来度量安全性，以确保驾驶人在与车载屏软件交互时还能有足够的注意力用于驾驶。

为实现测评流程的执行和主客观测评指标数据的高效处理，本研究还开发了一个自动化工具软件，该软件除了辅助执行和管理测评，还可以自动导入、整理、清洗和分析主客观数据，以快速提供有价值的测评结果，指导车载屏软件的改进。

综上所述，本研究提供了一套全面的技术用于评价汽车智能座舱车载屏软件人机交互的易用性和安全性，为汽车智能座舱人机交互信息系统的软件设计和优化提供技术支撑，以提升智能座舱车载屏软件易用性，从而保障用户驾驶安全性。

参考文献

[1] STARKEY N J, CHARLTON S G. Drivers use of in-vehicle information systems and perceptions of their effects on driving [J]. Frontiers in Sustainable Cities，2020，2：39 [2024-04-01] https：//doi. org/10. 3389/frsc. 2020. 00039.

[2] EBEL P, LINGENFELDER C, VOGELSANG A. Measuring interaction-based secondary task load：a large-scale approach using real-world driving data [C] //Proceedings of the 13th International Conference on Automotive User Interfaces and Interactive Vehicular Applications. Leeds：ACM, 2021：1-4.

[3] SIEGMUND N, ALTMÜLLER T, BENGLER K. Personalized situation-adaptive user interaction in the car [C] //Adjunct Proceedings of the 5th International Conference on Automotive User Interfaces and Interactive Vehicular Applications. New York：ACM, 2013：105-106.

[4] WALTER N. Personalization and context-sensitive user interaction of in-vehicle infotainment systems [D]. München：Technische Universität München, 2019.

[5] ISO. Ergonomics of human-system interaction Part 210：Human-centred design for interactive systems：ISO 9241-210：2019（E）[S/OL]. 2019. [2024-04-01] https：//www. iso. org/standard/77520. html.

[6] HART S G, STAVELAND L E. Development of NASA-TLX：Results of empirical and theoretical research [C] //Human Mental Workload. Amsterdam：Elsevier, 1988：139-183.

[7] DAVIS F D. A technology acceptance model for empirically testing new end-user information

systems: theory and results [D]. Cambridge: Massachusetts Institute of Technology, 1985.

[8] BUTLER K. Usability engineering turns 10 [J]. Interactions, 1996, 3 (1): 58 – 75.

[9] DICKSON G W, SENN J A, CHERVANY N L. Research in management information systems: The Minnesota experiments [J]. Management Science, 1977, 23 (9): 913 – 934.

[10] SOEGRAAD M, DAM R F Encyclopedia of human-computer interaction [J]. The Electronic Library, 2007, 25 (1): 115 – 116.

[11] BETHEL C L, MURPHY R R. Review of human studies methods in HRI and recommendations [J]. International Journal of Social Robotics, 2010, 2 (4): 347 – 359.

[12] DJAMASBI S, TULLIS T, SIEGEL M, et al. Generation Y & web design: Usability through eye tracking [C] //AMCIS 2008 Proceedings. Toronto: AMCIS, 2008: 1 – 11.

[13] DIMOKA A, BANKER R D, BENBASAT I, et al. On the use of neurophysiological tools in IS research: Developing a research agenda for neuroIS [J]. MIS Quarterly, 2012, 36 (3): 679 – 702.

[14] DJAMASBI S. Eye tracking and web experience [J]. AIS Transactions on Human-Computer Interaction, 2014, 6 (2): 37 – 54.

[15] AHN J H, BAE Y S, JU J, et al. Attention adjustment, renewal, and equilibrium seeking in online search: An eye-tracking approach [J]. Journal of Management Information Systems, 2018, 35 (4): 1218 – 1250.

[16] GLOECKNER A, HERBOLD A K. An eye-tracking study on information processing in risky decisions: Evidence for compensatory strategies based on automatic processes [J]. Journal of Behavioral Decision Making, 2011, 24 (1): 71 – 98.

[17] DUGGAN G B, PAYNE S J. Text skimming: The process and effectiveness of foraging through text under time pressure [J]. Journal of Experimental Psychology: Applied, 2009, 15 (3): 228 – 242.

[18] STRUKELJ A, NIEHORSTER D C. One page of text: Eye movements during regular and thorough reading, skimming, and spell checking [J/OL]. Journal of Eye Movement Research, 2018, 11 (1) [2024 – 04 – 01]. https: //doi. org/10. 16910/jemr. 11. 1. 1.

[19] DJAMASBI S, TULU B, LOIACONO E, et al. Can a reasonable time limit improve the effective usage of a computerized decision aid? [J]. Communications of the Association for Information Systems, 2008, 23 (22): 393 – 408.

[20] DIJKSTRA M. The diagnosis of self-efficacy using mouse and keyboard input [D]. Utrecht: Utrecht University, 2013.

[21] ARAPAKIS I, LALMAS M, VALKANAS G. Understanding within-content engagement through pattern analysis of mouse gestures [C] // Proceedings of the 23rd ACM International Conference on Conference on Information and Knowledge Management (CIKM'14). New York: ACM, 2014: 1439 – 1448.

[22] KARIN E B, BELIN MÅ, HANSSON S O, et al. The vision zero handbook [M]. Berlin: Springer, 2022: 1-62.

[23] REGAN M, LEE J, YOUNG K. Driver distraction [M]. Boca Raton: CRC Press, 2008: 31-40.

[24] KLAUER S, DINGUS T, NEALE T, et al. The impact of driver inattention on near-crash/crash risk: An analysis using the 100-car naturalistic driving study data [R/OL]. (2006-04-01) [2024-04-01]. https://rosap.ntl.bts.gov/view/dot/62931.

[25] National Center for Statistics and Analysis. Visual-manual NHTSA driver distraction guidelines for in-vehicle electronic devices [Z]. 2014.

[26] BROWN C M R, JAMSON S L. Behavioural adaptation and road safety: Theory, evidence, and action [M]. Boca Raton: CRC Press, 2013.

[27] PAMPEL S M, GABBARD J L. Measures of visual distraction in augmented reality interfaces [J/OL] [2024-04-01]. DOI: 10.13140/RG.2.2.26433.66402.

第12章 记忆泊车系统测试评价技术研究

苏星溢　唐如意　李　杨　曾　成

摘要：随着人工智能技术的发展和芯片运算能力的增强，智能驾驶行业飞速发展，L2 以上级别的智能驾驶产品已经搭载在越来越多的车型上。在 L3 级别的智能驾驶产品中，记忆泊车系统由于速度低、安全性高、应用场景明确，成为业内大规模商业化的高阶智能驾驶产品之一。因此，如何全面而有效地对记忆泊车系统进行测试评价，逐渐成为各高阶智能驾驶公司研究的核心课题。

关键词：记忆泊车，高阶智能驾驶系统，测试评价

记忆泊车系统（Home-zone Parking Pilot，HPP）通过 SLAM 实时建图和惯性导航系统（INS），实现了从停车场入口到停车位的这一特定区域的完全自动驾驶。这一产品可以看作固定场景的低速自动驾驶，使用到的关键技术和要求与行车功能的自动驾驶是比较类似的。记忆泊车技术的研究已经有多年的历史了，多采用车端智能方案，提前采集停车场的高精地图，不要求停车场安装任何定位设备和感知设备，完全通过车端的智能系统实现记忆泊车功能。

一、记忆泊车系统测试场景研究

记忆泊车系统的测试场景主要分为两大类：第一类为从停车场入口至停车位路段的巡航类场景；第二类为巡航结束后，自动泊入车位的场景。由于第二类的场景主要与自动泊车（APA）功能相关，而且测试评价方法已经较为成熟完善，本章不做该类测试场景的研究。本章主要介绍记忆泊车功能在巡航阶段的测试场景及测试方法。

记忆泊车的测试场景库主要包含 6 个一级场景：障碍物识别、绕行避障、规划与控制、弯道巡航、直道巡航、会车，每个一级场景下包含若干个二级场景，总计 35 个二级场景。具体测试场景分类如图 12 – 1 所示。

测试人员在执行每个二级场景的过程中，会对应不同的工况，如车速、目标物加速度、坡度大小等，从而衍生出数百个可执行用例，能够保证在较短的测试周期中，覆盖记忆泊车功能绝大部分应用场景，从而发现绝大部分问题。

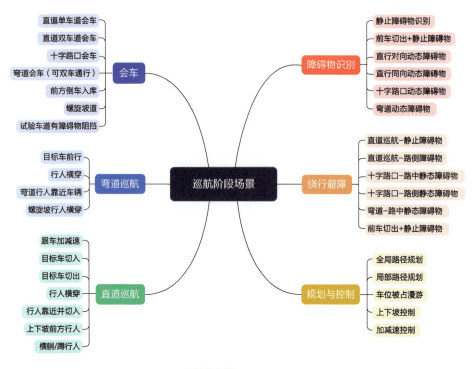

图 12-1 场景分类

下面将以记忆泊车系统的实际应用场景为基础，介绍从人机界面、功能逻辑、性能评价三个维度对该系统的测试评价方法。

二、记忆泊车系统测试评价方法研究

（一）人机界面测试评价

人机界面（HMI），与 HCI 同源，研究用户与机器、系统间的交互方式。作为用户与功能之间的交互桥梁，一个功能 HMI 的可用性和好用性，直接影响着用户对该功能的满意度。同时，记忆泊车作为一个与安全强相关的功能，在可用性和好用性的基础上，安全性也显得格外重要。综上，记忆泊车系统 HMI 的评价指标总体可划分为 4 个一级指标、10 个二级指标、26 个三级指标，如图 12-2所示。下面将对指标体系进行说明。

1. 易接近性

该项指标主要是为了评价驾驶人在使用记忆泊车功能过程中各项信息显示是否便于查看，以及各项子功能按键是否便于操作，二级评价指标分为显示区域、高频点击区域、高频查看信息。

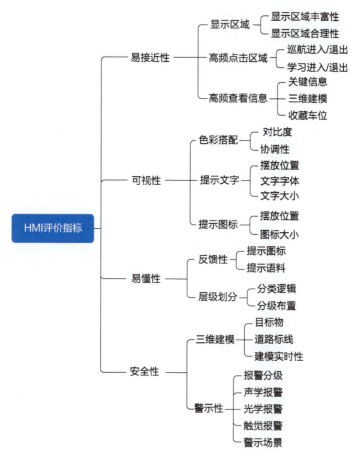

图 12-2　HMI 评价指标

（1）显示区域　该项指标主要评价记忆泊车功能相关信息的显示区域丰富性和显示区域合理性。

显示区域丰富性：主要评价在记忆泊车功能工作过程中，抬头显示（HUD）/仪表/车机等显示区域显示信息的丰富性，如 HUD/仪表对跟车时距、车速、行驶路径、工作状态等信息的显示，车机对行驶路线、收藏车位等信息的显示。

显示区域合理性：主要评价在记忆泊车功能使用过程中各类信息布局的合理性、常用信息是否处于驾驶人的正常视野范围和是否被转向盘遮挡，以及各类信息的放置区域是否划分合理。

（2）高频点击区域　该项指标主要评价记忆泊车功能的进入/退出按键以及查看功能开启区域。

巡航进入/退出按键：主要评价是否同时具备实体按键和虚拟按键、按键布置的区域是否容易找到。

学习进入/退出按键：主要评价进入和退出路线学习的按键布置位置是否合理、是否容易找到。

（3）高频查看信息　该项指标主要评价用户使用记忆泊车功能经常查阅的信息，如关键信息（车速、功能开启状态等）、三维建模、收藏车位。

关键信息：主要评价记忆泊车功能使用过程中能反映车辆状态的关键信息显示，如当前区域是否可开启记忆泊车功能、功能使用过程中仪表/HUD是否有车速显示。

三维建模：主要评价记忆泊车功能的三维建模界面是否在HUD/仪表/车机的合适位置显示、是否存在被其他信息叠加遮挡等情况。

收藏车位：主要评价记忆泊车功能学习完成后的车位管理和收藏车位是否可编辑便于区分、是否可主动删除收藏车位等。

2. 可视性

该项指标主要是为了评价记忆泊车功能界面相关背景及文字设计是否易于辨识、协调美观，二级指标分为色彩搭配、提示文字、提示图标。

（1）色彩搭配　该项指标主要评价记忆泊车界面设计背景与文字的对比度及色彩的协调性。

对比度：主要评价记忆泊车界面字体的颜色与背景是否具有高对比度、是否方便用户快速扫描离散信息。

协调性：主要评价记忆泊车界面色彩的运用是否协调、色码数量的运用是否得到控制、特定色彩的警示意义是否得到增强。

（2）提示文字　该项指标主要评价记忆泊车界面提示文字大小设计、字体显示、摆放位置是否美观，以及是否考虑信息层级划分。

摆放位置：主要评价记忆泊车界面字体摆放位置是否根据信息重要程度进行划分（基础信息摆放位置应靠近驾驶人一侧，层级较低信息摆放位置可远离驾驶人一侧）。

文字字体：主要评价记忆泊车界面文字字体是否一致、是否符合大众审美。

文字大小：主要评价记忆泊车界面字体的大小粗细是否协调、是否便于辨识。

（3）提示图标　该项指标主要评价记忆泊车界面提示图标大小及放置位置的美观度和警示度。

摆放位置：主要评价记忆泊车提示图标摆放位置是否处于驾驶人前方视线内。

图标大小：主要评价记忆泊车提示图标大小是否能起到警示作用。

3. 易懂性

该项指标主要是为了评价驾驶人在使用记忆泊车功能过程中，相关图标设计和对应的语音提示是否符合用户使用习惯，二级评价指标分为反馈性和层级划分。

（1）反馈性　该项指标主要评价记忆泊车功能使用过程中相关提示图标及语音设计给予驾驶人操作的反馈。

提示图标：主要评价记忆泊车功能相关图标的设计是否反映记忆泊车功能状态。

提示语料：主要评价记忆泊车功能相关语音提示是否能清晰告知驾驶人的操作所带来的功能影响。

（2）层级划分　该项指标主要评价记忆泊车界面设计信息的布置和清晰的分类逻辑。

分类逻辑：主要评价记忆泊车功能界面是否根据信息的种类进行明确划分。

分级布置：主要评价记忆泊车功能界面基础信息是否时刻处于驾驶人视野范围内。

4. 安全性

该项指标主要是为了评价驾驶人在使用记忆泊车过程中，显示界面及对应各方面交互信息是否能清晰告知驾驶人功能状态，从而确保驾驶安全，二级指标分为三维建模和警示性。

（1）三维建模　该项指标主要评价记忆泊车功能三维建模的准确性和实时性。

目标物：主要评价记忆泊车功能三维建模的类型是否丰富、是否可准确提供周边元素的相对位置。

道路标线：主要评价记忆泊车功能的三维建模界面道路标线识别是否完整、准确。

建模实时性：主要评价记忆泊车功能三维建模界面的移动模型是否及时无延迟。

（2）警示性　该项指标主要评价记忆泊车功能各交互方式具备的警示作用。

报警分级：主要评价记忆泊车功能是否针对不同的场景设计不同级别和不

同形式的报警方式。

声学报警：主要评价记忆泊车功能音量大小是否合适、音质是否良好。

光学报警：主要评价记忆泊车功能的光学报警的警示性是否足够。

触觉报警：主要评价记忆泊车功能的触觉报警方式是否丰富、警示性是否足够。

警示场景：主要评价记忆泊车功能是否针对干预场景设计响应的警示措施。

评价方式主要采用汽车行业常用的 10 分制主观评价体系。主观评分体系见表 12 – 1。

表 12 – 1 主观评分体系

评价人对 26 个三级指标的表现进行测试评价，综合三级指标的表现，根据上述评分体系，对 10 个二级指标进行打分，再综合考虑二级指标的评分，对一级指标进行主观打分。

（二）功能逻辑测试评价

记忆泊车在 APA 功能的基础上，通过路线记忆、辅助驾驶等功能，可实现更加全面、自动的泊车功能。根据目前市面上已商用的各车型搭载的记忆泊车功能，将围绕以下 5 个方面开展功能逻辑测试评价，分别为：记忆建图、低速巡航、智能泊入、智能泊出、可恢复中断及退出。下面将以搭载记忆泊车功能的某车型为例，针对上述功能进行详细分析与说明。

1. 记忆建图

当用户首次进入目标地下停车场时，需要学习停车路径、生成路径地图后才能使用记忆泊车功能，在此过程中，其功能具体可划分为以下三个方面：

（1）路线记忆（同一停车场景需支持构建多张地图） 当车辆行驶至满足开启记忆泊车功能条件的停车场景后，在车速未超过允许路线记忆的最高车速时，记忆泊车功能通过语音、图标等方式提示用户当前满足功能激活条件。

驾驶人开始路线记忆学习后，继续保持驾驶人驾驶状态，车辆开始记忆路线数据。在行驶至学习路径终点后,记忆泊车功能支持驾驶人泊入或利用 APA 功能自动泊入,当泊入车位完成后,路线记忆学习结束。

(2)路线生成　当路线记忆完成后,记忆泊车功能会自动整合优化路径,在中控屏上显示路线生成进度,生成过程中显示当前楼层全览地图。

停车场记忆路线成功生成后,系统显示该路线的长度、本次构图层数及各层地图、包含车位数量等信息。系统将自动关联当前位置为路线进行命名,中控屏提示可在地图管理界面中对已学习的路线进行编辑、设置,并显示当前记忆路线的预览界面。

(3)收藏车位　完成路线记忆后,如果此时车辆停在车位内,驾驶人可以选择收藏当前车位,在该停车场再次激活记忆泊车功能时,系统默认显示规划到收藏车位的路径;若未收藏车位,再次激活记忆泊车功能时,需要手动在地图上选择车位才会生成巡航路径。

2. 低速巡航

低速巡航阶段是指车辆在停车场记忆路径内低速智能自动驾驶至目标车位的过程,在此过程中,车辆会与各类交通参与者及障碍物产生交互,因此,自车面对各类交通参与者及障碍物做出的举措是否合理是考量巡航功能逻辑的重要标准,将分为以下 10 个方面来进行分析说明:

(1)巡航　当低速巡航功能被激活后,车机界面有相应文字提示,最高巡航车速为 20km/h,最小可通行弯道内半径为 6m。

(2)跟停/跟起　当前方相同路径上有车辆低速行驶时,本车保持安全距离并跟随前车行驶。

(3)路口通行　车辆低速智能驾驶直行通过路口或在路口转弯时,有其他交通参与者时,自车应减速或停车等待。

(4)上下坡道　车辆可巡航通过上下坡道(直坡、螺旋坡),停车、再起步等场景不出现溜坡现象。

(5)停障/绕障　当前方道路有静止障碍物时(动态目标不绕行),剩余可通行通道宽度 $W ≥$ 车宽 $+1m$ 时,车辆能够实现绕行,通道宽度不满足要求时,车辆停车等待。

(6)闸机通行　车辆巡航行驶至闸机处,如横杆未抬起,车辆将停车等待;横杆抬起后,车辆自动起步并通过闸机。

(7)前车切入　自车巡航过程中,遇到其他车辆切入时,根据自车与前车的相对运动关系,自车能够及时调整自车速度并跟车行驶。

（8）漫游　自车巡航至终点位置，发现目标车位被占用后，将自动进入漫游搜索车位状态。若巡航所有记忆路线均未搜索到可泊入车位，则提示驾驶人接管，记忆泊车功能退出；若搜索到其他可泊入车位，则自动泊入该车位。

（9）弱势交通参与者（VRU）交互逻辑　在巡航过程中，车辆遇到两轮车及行人等 VRU 时，要有明显的避让、减速、制动等行为。

（10）显示元素　在巡航过程中，支持显示车辆、行人、两轮车、减速带、锥桶、柱子、车位线、地锁等元素，此外，中控屏会提示自车轨迹、当前位置、任务进度等信息。

3. 智能泊入

驾驶人激活记忆泊车功能后，目的地为收藏的默认车位，自车进入低速巡航状态，靠近目标车位开始自动泊入后，车机切换至 APA 界面，成功泊入后系统控制车辆切换到 P 位，拉起电子驻车制动系统（EPB）开关。中控屏显示泊车完成后，泊车环视、超声波障碍物关闭显示，返回中控屏首页。

4. 智能泊出

车辆在停车场已学习记忆路径区域后，用户打开记忆泊车功能界面将显示记忆路径区域，用户可点击区域内的可行驶区域，选择目标泊出位置。中控屏会显示用户点击生成的召回点和路径规划，激活记忆泊车功能后，自车先智能泊出车位，当车辆从车位泊出后直接进入低速巡航状态（在巡航过程中支持显示元素同泊入巡航）。当车辆接近目标位置时，系统提醒用户接管车辆；如果用户未及时接管，记忆泊车功能自动将车辆停在目标位置，并切换至 P 位，拉起 EPB 开关，返回中控屏首页。

5. 可恢复中断及退出

巡航阶段可恢复中断条件：加油口盖开启、充电口盖开启、四门开启、后车门开启、驾驶人未系安全带、泊车路径上有障碍物、巡航过程中后视镜折叠。

可恢复中断发生后，系统进行 30s 倒计时，如果在 30s 内可恢复中断未消失或驾驶人点击"退出"软开关，系统退出，同时拉起 EPB 开关，并切换至 P 位。

巡航阶段功能退出条件：行驶路径内遇障碍物车速为 0km/h 且超时、驾驶人干预档位、驾驶人干预加速踏板且超过速度上限、驾驶人干预转向盘、驾驶人干预制动踏板、驾驶人主动拉起 EPB 开关、驾驶人主动关闭记忆泊车界面。

记忆泊车任务因驾驶人干预被取消，停车场记忆路线界面仍会在一段时间内保留自车当前位置到原目标车位的路径规划,以便驾驶人快速重新激活记忆泊车功能。

记忆泊车功能逻辑测试评价工作主要围绕以上 5 个方面制定功能逻辑测试用例,总计 212 条。

(三)性能评价

记忆泊车的性能直接影响乘客的用车体验,因此,记忆泊车的性能评价在记忆泊车系统测试评价技术中至关重要。现根据记忆泊车功能相关的 4 个阶段,即进图阶段、构图阶段、巡航阶段和漫游阶段,进行关键性能指标的分析与说明。

1. 进图阶段

进图阶段是记忆泊车功能开启并进入构图或巡航的阶段。封闭性是记忆泊车的固有属性,因此,对自车进入封闭区域的检测是记忆泊车的首要步骤。

根据实际测试情况,进图成功率可以通过成功进入记忆泊车功能的次数与进入园区的总次数来分析得到,见式(12-1)。

$$进图成功率 = \frac{成功进入记忆泊车功能的次数}{进入园区总次数} \times 100\% \qquad (12-1)$$

进图成功率≥90%为优秀,90% >进图成功率≥80%为良好,进图成功率<80%,则该项能力有待提高。

2. 构图阶段

构图阶段即路线学习阶段,是记忆泊车功能已定位到自车处于停车场内而开始路线学习的阶段。

构图成功率是指路线学习成功的次数占路线学习总次数的比率,见式(12-2)。

$$构图成功率 = \frac{路线学习成功的次数}{路线学习总次数} \times 100\% \qquad (12-2)$$

车位释放率是指构图过程中车位释放占构图路线上车位总数的比率,见式(12-3)。

$$车位释放率 = \frac{构图时释放的车位数}{构图路线上车位总数} \times 100\% \qquad (12-3)$$

值得注意的是,不能为了提高车位释放率而导致车位误释放。

3. 巡航阶段

巡航阶段是指记忆泊车系统根据用户所构建的地图路线进行车道巡航，与交通参与者和障碍物发生交互，并最终泊入目标车位的阶段。此阶段的主要性能指标包括避障率、巡航成功率、人为接管次数、风险接管比。

避障率为系统实际避障次数占应避障总次数的比率，见式（12-4）。

$$避障率 = \frac{系统实际避障次数}{应避障总次数} \times 100\% \quad (12-4)$$

巡航成功率为成功巡航至目标车位的次数占巡航总次数的比率，见式（12-5）。

$$巡航成功率 = \frac{成功巡航至目标车位的次数}{巡航总次数} \times 100\% \quad (12-5)$$

人为接管可分为风险接管与提示接管。风险接管指驾驶人认为继续巡航会带来风险而人为接管；提示接管指系统认为继续巡航会带来风险而提示驾驶人接管，风险接管比计算见式（12-6）。

$$风险接管比 = \frac{风险接管总次数}{人为接管总次数} \times 100\%$$
$$= \frac{风险接管总次数}{风险接管总次数 + 提示接管总次数} \times 100\% \quad (12-6)$$

基于上述分析，避障率越高、巡航成功率越高，记忆泊车系统的性能越好。在整体接管次数中，风险接管的次数占比越高，即风险接管比越高，用户的性能体验越差。

4. 漫游阶段

漫游阶段是指记忆泊车系统检测到目标车位被占用，系统寻找下一个可泊车位的过程，见式（12-7）。

$$漫游成功率 = \frac{成功漫游至可泊车位的次数}{漫游总次数} \times 100\% \quad (12-7)$$

三、测试及评价结果

（一）HMI 测试及评价结果

根据前面介绍的 HMI 测试评价指标体系，针对某配备记忆泊车功能的车型，开展 HMI 主观评价工作，评价结果见表 12-2。

表 12-2　HMI 测试评价结果

一级指标评分	二级指标评分	三级指标表现
易接近性 (7.5 分)	显示区域 (8 分)	1. HUD/仪表/车机区域显示信息较丰富，包括车速、自车及周边障碍车辆距离等信息 2. 各显示区域布局合理，显示工作状态/车速/三维建模等关键信息，可以很好地规避转向盘遮挡
	高频点击区域 (7 分)	1. 具备实体按键激活和虚拟按键激活两种方式激活记忆泊车功能 2. 收藏车位/开始记忆路线按钮位于车机屏幕，操作便利性较好 3. 中控屏无进入软开关，用户首次使用不易知晓
	高频查看信息 (8 分)	1. HUD：高频查看信息位于驾驶人视野正前方 2. 仪表：状态信息和三维建模等次重要信息在仪表布局合理 3. 车机：收藏车位选项位于车机左上角区域
可视性 (8.5 分)	色彩搭配 (8.5 分)	1. 整体设计采用深色背景、白色文字显示，具有高对比度 2. 界面整体色彩运用较为简洁美观，基础信息显示未使用警示色彩
	提示文字 (8.5 分)	1. 字体协调一致 2. 提示信息根据功能使用状态进行划分
	提示图标 (8.5 分)	发生紧急状况时，提示图标由 HUD 显示均能起到警示作用
易懂性 (8.5 分)	反馈性 (8.5 分)	1. 提示图标简单易懂，能够清晰地反映当前功能的工作状态 2. 每个操作步骤均有清晰的语音提示
	层级划分 (8.5 分)	1. 对记忆泊车界面的信息进行明确划分 2. 窄通道场景能够触发全景环视系统（AVM）视图的叠加显示
安全性 (8 分)	三维建模 (7.5 分)	1. 三维建模显示的类型较为丰富，地库常见障碍物均有显示 2. 三维建模的标识识别较为准确完整 3. 三维建模及时无延迟，但相关显示元素跳变较严重
	警示性 (8.5 分)	1. 报警根据级别不同的场景有不同的策略及提示 2. 报警方式在声学和光学方面均有很好的警示效果 3. 功能使用过程中所有场景均有对应的语音文字提示

（二）功能逻辑测试及评价结果

以某配备记忆泊车功能的车型为例，本次记忆泊车功能逻辑测试用例主要包含 5 方面，共计 212 条。其中，PASS 202 条，FAIL 10 条，部分具体用例见表 12-3。

因涉及知识产权，表 12-3 只展示部分记忆泊车功能逻辑测试用例：

表 12 – 3 记忆泊车功能逻辑测试用例（部分）

序号	功能项	子功能	操作步骤	功能表现	测试结果
1	记忆建图	开始构图	车辆进入地库后，并进入构图模式	中控屏界面提示用户"已进入代客泊车可用区域"，点击开始构图	PASS
2	低速巡航	各档位激活记忆泊车功能	P/N/D/R 位下激活记忆泊车功能	1. 车速 $V=0$ 且制动踏板被踩下（P/D/N 位时）或 D 位、车速 $\leq 20km/h$ 且未踩下制动踏板，均可激活记忆泊车功能 2. R 位下不激活记忆泊车功能	PASS
3	智能泊入	巡航泊入	激活记忆泊车功能，已巡航至目标车位，开始泊车	泊入界面同 APA 界面，成功泊入目标车位	PASS
4	智能泊出	巡航泊出开始	打开记忆泊车功能界面，选择目标位置后激活自动代客泊车（AVP）巡航	车辆自动泊出车位并巡航至目标位置	PASS
5	可恢复中断及退出	巡航过程中干预制动方向盘	记忆泊车功能巡航过程中，驾驶人主动干预转向盘	记忆泊车功能退出，在一定时间内可以重新激活记忆泊车功能继续巡航	PASS

（三）性能测试结果及评价

针对重庆的 10 个地库开展记忆泊车适应性测试，共计构建记忆路线地图 36 张，以下为其相关测试结果：

1. 进图阶段

本轮测试总尝试进图次数共计 144 次，成功进图 144 次。根据式（12 – 1），本轮测试进图成功率为 100%。

2. 构图阶段

本轮测试共计构建记忆路线 39102m，总构图次数为 36 次，成功 36 次，构图成功率为 100%，车位释放率为 100%。

3. 巡航阶段

本轮测试在剔除空间有限、不够车辆通行的障碍物场景后，共计遭遇障碍物 246 次，实际避障 243 次，避障率为 98.78%；测试共计巡航 139 次，巡航成功 137 次，巡航成功率为 98.56%，性能值得继续提高；其中，人为接管次数 5 次，包括 1 次因危险而主动接管和 4 次因障碍物、误检、路况等原因系统提示的接管，风险接管比为 20%，风险仍相对较高。测试数据比率可见表 12 – 4。

表 12 – 4　测试数据比率

避障率	巡航成功率	风险接管比
98.78%	98.56%	20%

4. 漫游阶段

本轮测试共计需要漫游 77 次，成功漫游至可泊车位 76 次，漫游成功率为 98.70%。

综上所述，由当前阶段的测试结果不难发现，部分场景控制参数过于激进，风险接管率有待降低。

四、结论

本章针对记忆泊车测试方案研究，基于应用场景和功能运行逻辑，从人机界面、功能逻辑、性能指标三个维度，设计测试方案、评价指标、评价方法。从某配备记忆泊车功能的车型验证过程和结果看，本章提出的测试方案可以多维度评价一款车型搭载的记忆泊车功能的表现，可以及时发现问题点，测试评价技术较为科学合理。

参考文献

[1] 王立鹏，张佳鹏，张智，等. 基于深度学习的移动机器人语义 SLAM 方法研究 [J]. 哈尔滨工程大学学报. 2024，45（2）：306 – 313.

[2] 刘潇. 自学习型泊车系统路径规划控制算法研究 [D]. 哈尔滨：哈尔滨工业大学. 2021.

第 13 章 零信任架构下全信息链驱动的智能网联车群协同容错控制：机会与挑战

黄大荣　那雨虹　孙长银　刘　洋　张振源　米　波
郭胜辉　胡钜奇　苏延旭

摘要：零信任架构下智能网联车群整体行为范式，为智能网联车群的协同安全管控提供了一种全新的"数据感知可信 - 信息传输可靠 - 协同容错可控"全信息链驱动的管控新视觉，以避免信息交互层次高、行为模式维度多及网络拓扑结构随机性重等导致的安全威胁问题。本章在定义零信任体系架构理论的基础上，对智能网联车群系统进行初步阐述，并重点分析了系统动态行为、队列控制、通信拓扑结构以及通信延迟等方面的影响。然后，对零信任架构下智能网联车群安全管控领域，包括数据信息感知、通信网络故障诊断以及群体协同行驶的安全控制等一些重要关键技术，进行了简要介绍。最后，从行业和学术两个方面，对零信任架构下全信息链驱动智能网联车群协同容错控制的未来研究方向，进行总结和展望。本章可为致力于推进实现基于零信任架构的智慧交通网络和关键基础设施的目标提供重要支撑。

关键词：智能交通，智能网联车群，零信任架构，可靠通信，容错控制

一、背景介绍

智能网联汽车技术是应对交通堵塞、交通事故频发和环境污染等问题的新解决思路。通过发展和应用人工智能、信息技术和通信系统，实现了车辆之间的协同控制和路径规划，提高了行车安全性，减轻了交通网络压力，改善了交通路线规划，并减少了碳排放。智能网联车群系统利用新一代信息技术手段，形成了一个集群协同控制系统，旨在保障各类交通方式的安全可靠和通行效率最大化。该系统通过无线通信连接车辆内部与外部环境，支持车辆与传感器、车辆间通信、车辆与道路基础设施，以及车辆与互联网的交互，包括数据采集、信息处理、决策制定和交通管理功能模块。智能交通网络示意图如图 13-1 所示。

零信任是一种新型的网络安全架构，强调在网络中默认不信任任何设备或用户，坚持"永不信任，始终验证"的原则，并采用多层次的安全控制策略来保护网络安全。它强调了安全验证和持续监控，并要求能够及时响应和修复任何安全事件。零信任模型为网络安全提供了新思路和方法，被广泛研究和应用。

第 13 章 零信任架构下全信息链驱动的智能网联车群协同容错控制：机会与挑战

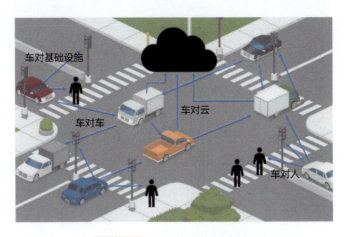

图 13-1 智能交通网络示意图

在智能网联车群系统研究中，通信安全问题是一个重要的分支。随着车群规模的扩大和传输信息密度的增加，保证车辆间通信的安全性和可靠性逐渐成为通信过程中的重要问题。因此，零信任网络体系结构的概念成为了破局的关键。通过引入零信任模型，可以在智能网联车群系统中采用多层次的安全控制策略来加强车辆间通信的安全防护，从而提高通信的安全性和可靠性。本章旨在阐明零信任架构下智能网联车群系统的行为决策与安全性问题。基于多传感器协同、身份认证与信任授权，重构了数据的安全传输和访问控制，并提出了一种"信息感知－数据传输－容错控制"机制来实现零信任智能网联车群的安全驾驶。

本章的主要工作如下：首先，对智能网联车群系统和零信任理论进行了初步的探讨；其次，对零信任架构下智能网联车群系统的 3 个主要研究方面进行了介绍：零信任环境下的信息感知、零信任架构下的数据传输访问控制，以及零信任架构下的容错控制问题；然后，讨论了与零信任架构相关的拓展问题与未来展望；最后，给出了结论。

二、基础介绍与问题描述

零信任架构下的智能网联车群协同容错控制关键技术，在整体车群安全管控领域是近年来出现的新概念，有很多关键技术挑战，值得未来思考和研究。

（一）智能网联车群系统

1. 安全性

在车辆自主列队协同行进安全性研究中，队列控制技术是关键且备受关注的领域。智能网联车群控制系统基于车辆间通信和自动控制技术，通过信息交换和队列系统控制实现车辆跟随、换道和合并等操作。队列控制技术不仅保障了车队运行安全，还统一规划和控制了车辆的速度和间距，以节约空间资源、降低燃料消耗、提高运行效率。通过运用信息流拓扑结构的控制策略，解决了车队内部稳定性和可扩展性问题，从而实现了队列的弦稳定性。此外，研究还关注了在通信故障和通信范围有限条件下的车队控制问题，考虑到了在随机包丢失和时变通信延迟条件下的纵向控制问题。

2. 效率

智能网联车群系统效率研究包括运输效率和能源使用效率两个方面，因此这就需要从全局出发，综合考虑交通系统中的流量效率和排放情况。举例来说，车辆换道行为的差异对交通运输效率和道路吞吐量能力较弱时车辆行为模式的影响都需要纳入考量。改进智能网联车群的渗透率可以有效地增加交通容量，使得智能网联车群获得更短的反应时间，缩短车辆之间的距离，从而显著提高整个道路系统的运行效率。

3. 技术与数学建模

智能网联车群系统应用人工智能、大数据和强化学习等新技术，数据来源包括GPS、传感器和摄像头等多元化的输入。由于产生的数据量极大，需要利用大数据技术进行处理和分析。同时，使用强化学习方法重新解决传统问题，如交通流量估计和车队管理。深度学习在解决车队管理问题方面发挥了重要作用，提供了训练系统并研究了深度强化学习的适用范围。这些解决方案通过整合和协调智能网联车群系统，使用自主系统更有效地控制车队的运行，进而助力降低交通事故发生率并提高运输质量。

4. 通信

在智能网联车群系统中，无线通信作为协同行驶的基础备受关注。然而，传输范围限制、损失速率、时间延迟和抗干扰等问题仍然存在。因此，设计一个互联网和自动车辆的网络攻击评估框架，能够研究网络攻击对通信质量的影响，包括攻击的车辆比例、严重程度和范围。另外，针对网络安全跟踪问题，可采用基于自适应同步控制算法的分布式恶意信息缓解机制来解决通信问题。在车辆轨迹系统中，推广V2V和V2X通信理论，能够显著提高信息流的稳定性。

以上四个部分的研究既是智能网联车群系统研究的基石，也是未来发展的重要方向。然而，现有研究大多是在完全信任的环境下展开的。在面临联网用户日益增多和网络环境日渐复杂的当下，网络攻击和电子对抗问题日益凸显。因此，在建设零信任架构的试验基础上展开智能网联车群系统的研究将具有极大的现实意义。接下来将详细介绍零信任架构。

（二）零信任架构

在这一节中，将通过3个方面来阐述零信任架构对智能网联车群系统的影响。

1. 通信拓扑

在智能网联车群系统中，一般采用通信拓扑模型来描述该系统中不同节点之间的通信连接网络模型。将每个车辆视为模型中的一个节点，将车辆之间的通信和交互表示为边，用箭头的方向来表示节点之间信息连接的方向。在一个智能网联车群系统中，需要定义3个矩阵来描述网络模型中的通信连接：邻接矩阵 $\boldsymbol{A}$、入度矩阵 $\boldsymbol{D}$ 和拉普拉斯矩阵 $\boldsymbol{L}$。在完全信任环境中，每个矩阵的元素为 $a_{ij} = \{0, 1\}$，在零信任架构中，车辆间信息传递的信任值 γ 是一个关键概念。在完全信任环境中，信任值 $\gamma = 1$，而在零信任环境中，信任值扩展到 $\gamma \in [0, 1]$。此外，还可以设置信任阈值 γ_{th}。如果信任值低于阈值 $\gamma < \gamma_{th}$，则需要重新授权通信，否则可能会因为"不信任"而切断通信。

这里将函数 $\gamma(i, j, t)$ 定义为零信任架构中针对通信节点的信任度。可以认为 $\gamma(i, j, t)$ 是与节点 i、j 及时间参数 t 相关的函数，所以，前面3个矩阵可以表示为：$\boldsymbol{A}_{ZT} = \{\gamma(i, j, t)a_{ij}\}$，$\boldsymbol{D}_{ZT} = \mathrm{diag}\left\{\sum_{j=1}^{N}\gamma(1, j, t)a_{1j}, \cdots, \sum_{j=1}^{N}\gamma(N, j, t)a_{Nj}\right\}$，$\boldsymbol{L}_{ZT} = \{\boldsymbol{D}_{ZT} - \boldsymbol{A}_{ZT}\}$。

2. 间距策略

为了保证车队协同行驶的安全性和稳定性，车辆之间需要保持合理的间距。间距跟随策略提供一种安全的跟随距离，在车辆列队行驶时保持安全的跟随距离，以防因前车减速、异车插入、突发故障等事件而造成事故。

完全信任环境下常用的动态间距策略有固定间距策略和固定时间间距策略。两个主要的动态间距策略如下：

1）固定间距策略：在这个策略中，两个相邻车辆之间的距离 $d_{i,j}$ 是一个常数。

2）固定时间间距策略：在这个策略中，$d_{i,j}$ 被设置为一个与汽车速度相关的线性函数。

在零信任架构下，间距策略应考虑不同的信任值。通过考虑零信任情况，固定间距策略和固定时间间距策略可以表示为 $d_{i,j} = h[\gamma(i, j, t)]v_i + d_0[\gamma(i, j, t)]$。

3. 耦合系统

在智能网联车群系统中，网络中各车辆的动态状态受车队内部连接的影响，并且不同的场景对时间延迟有不同的敏感性，这导致通信时间延迟的影响在智能网联车群编队的过程中也会有所不同。在零信任架构下，信任是一个动态函数，在这种情况下，所有节点都需要根据信任授权过程发放"通信许可证"。因此，零信任架构可能会导致系统时延增加，同时也会在系统动态运行过程中增加时延出现的可能性。

在零信任架构下，时延可能从3个方面影响整个系统：稳定性、动态一致性、通信拓扑结构。在智能网联车群编队过程中，根据不同的通信网络拓扑，需要从理论上计算时延常数的上限。同时，还要考虑稳定性和动态一致性的影响。

近年来，在未来开放式交通场景下，提高"人－车－路－管－云"一体化驱动的智能网联车群安全管理和服务水平，引起国内外交通管理部门的极大重视。然而，在人－车－路－云互联互通的场景下，由于零信任智能网联车群具备通信环境开放、节点快速移动及大量感知设备随机接入组网等特点，"永不信任，始终验证"的特性愈发突出，因此存在环境数据被过度采集、泄露、窃取及篡改等缺陷，特别是受到零信任架构中风险与信任间平衡瓶颈的限制，在这方面的研究存在诸多不足，还有许多需要进一步深入研究的问题。本章试图在理论、算法和应用三个层面来推动该方面的研究。

鉴于智能网联车群系统研究中存在的这些挑战，零信任架构下全信息链驱动的智能网联车群协同容错控制核心目标，具有图13－2所示的三大关键技术问题，值得深入思考。

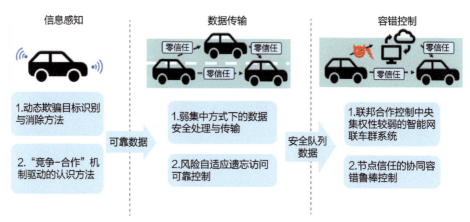

图13－2　零信任架构下全信息链驱动的智能网联车群协同容错控制关键技术问题

三、零信任架构下的信息感知

零信任架构中的信息感知问题是基础核心技术，从未来开放式交通场景下智能网联车群容错控制的整体安全管控角度出发，数据可信成为基石。尽管目前在信息安全自身领域有诸多关于零信任架构的研究,但结合智能网联车群这个具体背景,仍存在诸多问题亟须行业领域思考和解决。

(一)问题分析

在零信任智能网联车群规范化应用场景中,如图 13 – 3 所示,基于超声波传感器、激光雷达、毫米波雷达等动态移动智能终端节点以及路边单元,获取可信的车群环境感知信息、路侧基础设施感知信息,是实现零信任智能网联车群数据传输和多车安全行驶协同控制的基础环节。然而,由于零信任智能网联车群信息采集终端具有异构性强、网络环境复杂的特点,不同设备节点、路边单元随时接入的数据在类型、粒度及样本空间上存在差异性,并且缺乏足够的注释数据,故而需要避免交互各方由单个信息源异常或特征信息失效导致的失误。

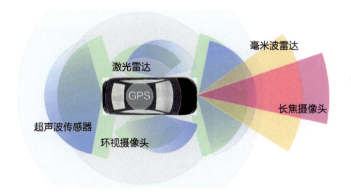

图 13 – 3 智能网联车群的信息感知传感器

智能网联车群系统中,由于环境态势感知数据质量不高和精度有限的问题,提高感知数据的质量和精度成为一项重要的研究课题。近年来,研究者们通过动态欺骗目标辨识及消除的方法,提出了基于多传感器协作的虚假数据识别、雷达传感器数据模糊聚类以及综合框架设计等方案,以提升感知数据的可靠性和准确性为目标的成果积累成为主流。另外,以降低物理攻击对测量精度影响的基于冗余检测器的环境数据感知方法,以及激光雷达和图像数据融合的误差检测方案,也是热点之一。

尽管现有研究为智能网联车群系统的自主感知提供了多种解决方案,但在不同环境下,各类传感器的数据测量存在局限性。为应对这一问题,构建基于层级的智能网联车群系统的环境感知模型,并采用基于层次的框架,将会成为一种可行的解决方案,这有助于提高环境目标识别精度和姿态数据辨识的准确性。

（二）未来展望

在零信任架构下的智能网联车群系统中，运用"物理检测 – 信息分析"的交互式方法进行环境态势感知，但传感器遭受恶意欺骗或信息传输链路遭受攻击可能导致节点间数据测量失败、姿态感知信息不对称、决策匹配不均衡等问题。鉴于此，本节对未来进行了以下展望：

1) 解决智能网联车群系统中车辆编队视觉区域出现的动态欺骗，需要从多源特征信息入手，开展欺骗目标识别与消除的研究。

2) 针对恶意节点可能导致的信息不对称和决策不平衡问题，提出分布式协同环境下的"竞争 – 合作"机制驱动方法的研究。该研究内容包括多维数据的特征提取机制、"竞争 – 合作"游戏的轻量级分布式机制，以及车队的态势感知方法。

虽然智能网联车群队列的合作驱动已被认为是运输机制的一个前瞻性选择，但在实际系统实施的操作中仍然具有挑战性。多源特征信息融合的主要挑战如图 13 – 4 所示。

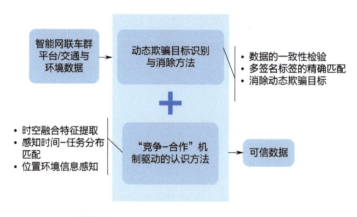

图 13 – 4　多源特征信息融合的主要挑战

四、零信任架构下的数据传输

在零信任架构下，智能网联车群系统中的数据安全传输和访问控制分为 3 类：信息传感和控制终端、通信基础设施，以及云平台。然而，由于数据传输过程的强耦合和重叠，智能网联车群系统的每个节点都存在身份冒名和未授权服务的风险，如图 13 – 5 所示。因此，智能网联车群系统中的数据安全传输问题也是一个基于节点认证的动态访问控制问题。

第 13 章 零信任架构下全信息链驱动的智能网联车群协同容错控制：机会与挑战

图 13-5 智能网联车群系统遭遇恶意攻击

目前，针对零信任智能网联车群数据的安全传输与可信访问控制问题，国内外学者已进行了一系列探索性研究，积累了一批较好的研究成果。为了在非信任中继干扰下实现安全传输和细粒度访问控制，一种干扰迭代消除算法被提出，这种算法能够最大程度地提高信任节点的接收信号质量。然而，在以资源访问控制为核心的情况下，由于智能网联车群自身分布式结构随机动态变化、各交互节点从部分信任发展到完全不信任的特点，容易出现不可信节点进行虚假数据的注入和未授权访问控制，给智能网联车群的安全行驶策略制定造成极大困难。因此，在智能网联车群场景下，实现零信任各方异构数据的安全传输及访问可靠控制，仍有很多基础理论问题需要深入研究。

零信任场景下智能网联车群交互节点已从部分信任发展到完全不信任，其中，节点自由选择、中心动态调整权限等弱中心化特性愈发明显，有必要从持续信任评估、全过程访问监控分析及动态的权限控制这三个层级，研究适用于零信任特性的数据安全传输及访问控制方法，为实现车群安全行驶的协同管控提供可靠数据认证支撑，主要包括：

1）针对零信任智能网联车群数据中心的阶段性迁移特性，面对全信息链传输的机密性、真实性、完整性等实际需求，研究弱中心化的轻量级智能网联车群数据加密传输及处理方法。

2）面对零信任智能网联车群节点的数据检索需求，以数据安全和访问效益最大化为原则，研究自适应智能网联车群数据的健忘访问控制方法。

在智能网联车群的数据加密、传输和处理方面可以进行进一步研究的课题，如图 13-6 所示。

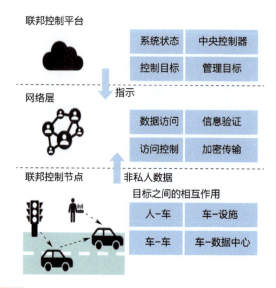

图 13-6 零信任架构下去中心化的智能网联车群联邦控制结构

五、零信任架构下的容错控制

本节讨论了零信任架构下智能网联车群系统的容错控制相关问题，如图 13-7 所示。

图 13-7 零信任架构下智能网联车群系统中的容错控制

第13章 零信任架构下全信息链驱动的智能网联车群协同容错控制：机会与挑战

随着智能网联车群与交通基础实施的不断深度结合，部分信任或完全不信任节点不断涌入，如何通过网络内部车辆协同及车-路协同控制实现信息交换共享，并从数据与控制两个方面协同完成全面安全行驶的"能控"和"能观"的统一目标，这已经成为越来越多交通从业人员关注的问题。随着智能网联汽车数据信息交互的不断深入，智能网联车群系统包含大量车辆轨迹数据、车内外摄像头影像数据等，如果存在恶意车辆向智能网联车群系统发送虚假的位置信息或数据传输被截获并篡改，那么网内节点车辆受到干扰就可能导致车辆对车道做出错误判断，例如车辆驶入反向车道或混入其他车道，最终可能引发不可控的事故。因此，在保证车辆节点获取或发送数据可信的基础上，实现车队安全行驶的协同控制问题还需要进一步探讨。零信任架构下容错控制问题可以设计为图13-8所示。

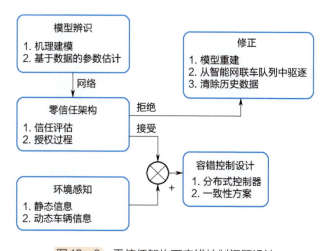

图13-8 零信任架构下容错控制问题设计

基于零信任智能网联车群的分布式协作环境态势精确感知及数据安全处理，本节综合考虑了各节点在信息交互、控制指令获取等方面的信任博弈特征，从网络内部车辆与基础设施间数据处理、信息交互、协同控制等全信息链角度，研究了零信任智能网联车群安全行驶的全局协同容错控制方法，主要内容包括：

1）针对零信任智能网联车群节点或子系统的信息安全与数据权益保护需求，以车群安全行驶的分布式协同控制为目标，构建群体联邦信任驱动的智能网联车群安全行驶的协同容错控制方法。

2）针对零信任环境下恶意节点的数据不可靠及在智联网联车群安全行驶编队中的非合作问题，研究节点信任博弈驱动的零信任智能网联车群安全行驶的协同容错控制方法。

六、拓展问题与未来展望

本节讨论了除前几节所述问题外的零信任架构相关的问题。在这一部分中，讨论了信任评估和零信任架构下的异构车群问题，以及拓展问题和未来展望。

（一） 节点信任度评估和网络脆弱性评估

随着智能网联车辆的迅速发展，车辆间的通信已成为人们关注的焦点。确保车辆间通信的安全性和可靠性是通信过程中的一个重要问题。然而，连接车辆数量增加，与之相关的安全风险也随之增加。因此，零信任网络体系结构的概念逐渐成为研究热点。这种零信任网络架构设定的前提是所有用户、设备和流量都是不可信的，并且采用多级安全控制策略来保护网络安全。受零信任架构启发，研究者们提出了一种去中心化的安全架构观念，这种架构不再依赖于信任，而是使用分散机制、分布式架构和加密技术来实现对系统和数据的安全保护。

零信任模型的核心原则是"永不信任，始终验证"。在零信任模型中，所有用户和设备在访问网络资源之前都必须通过身份验证和访问控制。此外，零信任模型强调安全审计和持续监控，以及及时响应和修复安全事件。传统的安全机制通常基于信任，它假设某些节点是可信的，并建立信任关系，但是，在零信任环境中，这种基于信任的机制不再适用。因此，如何在零信任环境下建立节点间的信任成为研究的热点。为了解决这个问题，信任的概念已经在智能网联车辆的背景下被引入。信任可以定义为相信一个系统或实体将以可预测和可靠的方式行事。就智能网联车辆而言，信任对于确保车辆及其乘客的安全至关重要。在这种背景下，研究者提出了一种新的信任评估和管理方案，可以保证车辆之间通信和数据交换的安全性和可靠性。同时，该方案还可以提高车辆边缘计算的效率，为车辆网络应用提供更好的支持。

零信任架构的一个关键要素是评估网络拓扑节点的信任值。在零信任架构下，根据网络中每个节点的行为、信息传输路径和风险因素对其进行实时评估。产生的信任级别有助于确定对一个节点的访问级别、是否允许它与其他节点通信等。因此，节点信任度的评估必须综合考虑各种因素，构建评估函数是其中的一个重要方面。

节点信任度评估是一个复杂的过程，包括许多因素，如设备安全状况、用户行为、工作环境、攻击程度、网络拓扑和历史数据。图论的拓扑连通性和连通可靠性是分析给定图的重要基础，可为信任评估过程的计算提供重要的理论依据。因此，图论的拓扑研究是分析通信网络的重要方法，它可以用来评估和理解智能网联车群系统的潜在弱点或"脆弱性"。此外，还可以定量计算节点间信息传输的可靠性指标，从而选择可靠性指标来度量整个网络的信任值。

目前，对于网络节点的信任度估计问题，有很多种方案。最基本的方法有硬件调查、系统行为变量监测等方式。由于智能网联车群系统中有人和机器同时参与，因此需要一种特殊的决策机制来处理和协调人与机器之间的交互和决策，这种方法被称为基于人机混合决策的平衡机制。这个方法通过引入权重因子进行辅助决策，所以也可以用来进行节点信任度的计算。除此之外，还有很多信任度赋值的方式可以持续探索。在不同的问题研究当中，对节点的信任度可能有不同的计算方式。

一些潜在的节点信任度评估方法如下：硬件质量评估、节点动态监测、系统动态监测、节点通信重要性评估、节点通信质量评估、拓扑稳定性和稳定裕度、模糊评估方法。

综合信任度评估方案可以由多种方法组合而成，这些方法是由工业需求和应用决定的。

（二） 零信任架构下异构车群的协同控制

尽管目前针对智能网联车群安全协同的研究已有一定基础，并取得了一定的研究成果，但是大多局限于城市道路等结构化环境，而对非结构化环境下智能网联车群如何有效感知复杂环境下的数据信息还有待于进一步的细化和深化。零信任架构下异构车群的通信拓扑结构如图13-9所示。

图13-9 零信任架构下异构车群的通信拓扑结构

在可预见的未来研究中,学术界和工业界都在积极推动异构智能无人系统的协同控制,并将研究范围从异构车辆编队扩展到不同类型的车辆、飞行器、水面舰艇、水下设备、卫星等。研究内容包括:①异构智能编队的协同方案;②异构智能编队的竞争与防御计划;③保证整个异构智能编队的最大效率;④完成更复杂的任务。

在"空-地-水"协同智能编队中,不同的智能终端在摸索中扮演着不同的角色。基于进化博弈理论对智能编队各终端角色的分析,提出并进一步探讨了基于角色的智能编队结构演化机制,为构建适应性强、动态性强的智能编队组织结构提供了理论依据。

(三) 零信任条件下的拓展问题与未来展望

未来的工作将集中于智能编队在零信任架构下的作用及其对整个系统的影响,潜在的问题包括工作流的制定、授权过程、动态管理与控制、任务驱动场景、协作程序等。而关于智能编队的范围、工作内容和流程方向的拓展问题也有很大研究价值,具体描述如图13-10所示。

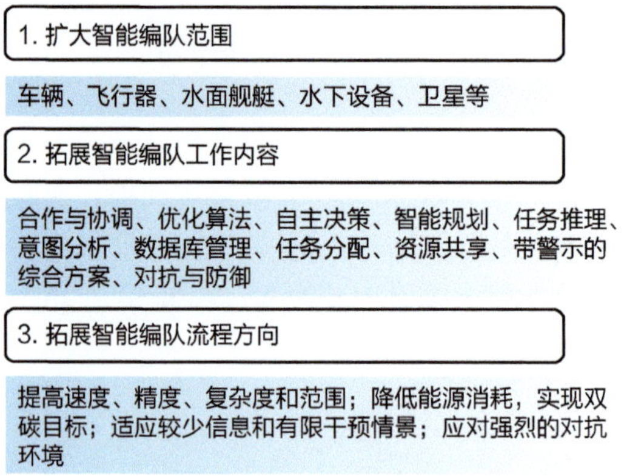

```
1. 扩大智能编队范围
车辆、飞行器、水面舰艇、水下设备、卫星等

2. 拓展智能编队工作内容
合作与协调、优化算法、自主决策、智能规划、任务推理、
意图分析、数据库管理、任务分配、资源共享、带警示的
综合方案、对抗与防御

3. 拓展智能编队流程方向
提高速度、精度、复杂度和范围;降低能源消耗,实现双
碳目标;适应较少信息和有限干预情景;应对强烈的对抗
环境
```

图13-10 零信任架构下问题研究的未来展望

如图13-10所示,第一个值得讨论的问题是扩大智能编队的范围。此研究可以从当前的异构智能编队出发,进一步考虑包括其他智能对象在内的智能编队。智能编队的工作场景可以从陆地进一步延伸到更多的场景,如:天空、空间、水面、水下,甚至特殊场景等。同时,随着连接车辆的研究日益受到众多学者和工程师的关注,更多的智能对象,如飞行器、水面舰艇、水下设备和卫星等也可以加入连接网络。

第二个拓展问题是拓展智能编队的工作内容,除了协同协作方案的设计和优化算法的设计外，还可以进一步开发许多有趣的课题。例如，在低通信密度环境下，智能网络系统可以进行自主决策并完成任务。此外，还可以研究复杂动态场景的智能规划问题。在"群体对群体"的竞争、博弈、冲突、对抗场景中，可设计辅助系统参与意图分析和任务划分，以协调下一步行动。在信息资源的配置和管理领域，也可以有进一步的探索。

第三个拓展问题是拓展智能编队流程方向。除了目前的研究热点，如提高智能队列的速度、精度等问题外，还存在着具有更大价值的研究方向和目标等待探索。比如，在更复杂的情况下制定智能编队策略具有重要的现实意义，特别是在一些极其恶劣的条件下，智能编队可以展现出重要的作用，如：危险的火灾场景、震后建筑物等。在低信息密度、强干扰的环境下，实现智能编队的半自主或自主行动无疑是一个值得探索的研究方向，同时在保证任务完成的基础上，如何降低总体能耗也是一个非常有价值的问题，有待进一步探索研究。

七、结论

本章描述了基于零信任架构的智能网联车群系统行为范式，以提供可靠的信息感知、通信和控制方法，并通过抑制复杂行为、信息交互、网络拓扑和环境引起的干扰来确保整个智能网联车群的安全。首先，定义了零信任理论和架构，利用数学模型描述了零信任架构下的智能网联车群系统，影响因素包括系统动力学、队列、全信息链驱动的通信拓扑结构以及授权过程导致的信息传输时延。然后，基于零信任理论，研究和分析了车辆信息感知问题、数据传输问题和智能网联车群系统的容错控制问题。最后，针对异构车队复杂的协同驾驶问题，讨论了一些最新的、关于信任度研究的成果。通过对智能网联车群系统在零信任架构下的调查、分析和思考，界定了零信任架构下智能编队可靠性的研究范围，对在零信任架构下推进实现全信息链驱动的智能交通网络和关键基础设施的建设目标具有一定的探索借鉴意义。

参考文献

[1] HUANG D R, NA Y H, LIU Y, et al. Overview of cooperative fault-tolerant control driven by the full information chain of intelligent connected vehicle platoons under the zero-trust framework: Opportunities and challenges [J]. IEEE Intelligent Transportation Systems Magazine, 2004, 16 (1): 22-39.

[2] GIL S, YEMINI M, CHORTI A, et al. How physicality enables trust: A new era of trust-centered cyberphysical systems [J/OL]. [2024-06-13]. http://arxiv.org/pdf/2311.07492.

[3] SHAH W, SYED F, SHAGHAGHI A, et al. LCDA: Lightweight continuous device-to-device authentication for a zero trust architecture (ZTA) [J]. Computional & Security, 2021, 108. doi: 10.1016/j.cose.2021.102351.

[4] FEDERICI F, MARTINTONI D, SENNI V. A zero-trust architecture for remote access in industrial IoT infrastructures [J]. Electronics, 2023.12 (3). doi: 10.3390/electronics12030566.

[5] 蒋宁, 范纯龙, 张睿航, 等. 基于模型的零信任网络安全架构 [J]. 小型微型计算机系统, 2023, 44 (8): 1819-1826.

[6] HUANG D R, ZHANG Z Y, FANG X, et al. STIF: A spatialtemporal integrated framework for end-to-end micro-UAV trajectory tracking and prediction with 4D MIMO radar [J]. IEEE Internet Things Journal, 2023, 10 (21): 18821-18836.

[7] WEN S X, GUO G. Control of leader-following vehicle platoons with varied communication range [J]. IEEE Transportation Intelligent Vehicle, 2020, 5 (2): 240-250.

第二部分　绿色健康测评

第14章　微生物和细菌对车内健康的影响

许剑伟

摘要：本章介绍了车内常见的微生物种类和特点，以及各类真菌、细菌和军团菌对人体健康的具体危害表现，结合在汽车领域的实际情况，充分论证了"微生物–人–车"的关系，并对构建车、乘员和微生物间的生态体系、培养良好的健康用车习惯等提出了参考建议。

关键词：车内环境，真菌细菌，健康用车

一、细菌对车内环境健康的影响

车内小环境很容易受外界环境的影响，微生物也不例外。车内微生物主要来自环境带入，包括驾驶人和乘车人带入，还有一部分来自车内物品因卫生条件差而滋生的病菌。与车内传染性病原微生物关系最密切的是军团菌、结核菌、非典型肺炎病毒、禽流感病毒、支原体和衣原体等。其实，微生物病原体对私家车的影响还是比较小的。只要做好个人卫生和用车卫生，大可不必恐慌。车内与人健康相关的微生物具体危害如何呢？以下举几个例子。

1. 军团菌

1976年夏天，美国欢庆建国200周年，费城某宾馆举行一次退伍军人会议期间，暴发严重的肺炎，相继有221人发病，出现发热、寒战、咳嗽、胸痛、呼吸困难、腹泻等症状，34人死亡，死亡率高达15%。经过广泛调查研究发现，所有病人都与中央空调系统的使用有关。病原体是一种未知的革兰阴性杆菌，后来被命名为嗜肺军团菌（Legionella Pneumophila）。这种病后来被称作"军团菌病"，也有"城市文明病"之称。军团菌属有39个种和3个亚种，其中19种与人类疾病有关。

室内环境中的供水和空调系统是军团菌的主要来源，如冷热水管道系统、空调冷却水、空气加湿器、淋浴水等。以湖北地区为例，2017年对47家仙桃

市辖区内宾馆、酒店、商场、超市等公共场所的中央空调系统冷却水和冷凝水进行军团菌检测，47家公共场所中，有11家检测出军团菌，阳性率为23.4%。车内也不例外，研究发现，驾驶人可能有患军团病的高风险，原因是军团菌可能隐藏在空调制冷装置中，随冷风吹出，浮游在空气中，人体吸入后会出现上呼吸道感染及发热的症状，严重者甚至呼吸衰竭和肾衰竭。道路上的灰尘和雨水坑有可能是带有病菌的感染源，它们也可能进入汽车。风窗玻璃清洗器池中的生物膜释放的细菌可能包括军团菌。军团菌结构示意图及电镜照片如图14-1所示。

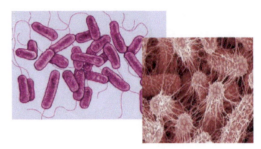

图14-1 军团菌结构示意图及电镜照片

军团菌是一种普遍存在于自然环境和人为环境中的细菌，军团菌借助于环境中的原虫（自由生活阿米巴和纤毛虫），得以长期在自然界中存活和繁殖，并因阿米巴包囊的抵抗作用而得以保护。因此，水和土壤都是军团菌可能滋生的传染源。流行病学研究阐明，中央空调系统的冷却塔或蒸发器常是病原体的来源，而且是病原体的散播媒介，致病菌通过空气及气溶胶传播。一般来讲，由于汽车发动机温度较高，因此不用担心军团菌的危害。但如果汽车较长时间不清洗，或处于潮湿的环境中，可能造成军团菌的滋生。汽车空调系统清洗不仅是普通卫生清洁，清除可能滋生的有害微生物也是必不可少的。尤其是夏天来临，气温转暖，需要经常使用汽车空调系统时。如果空调出风口吹出来的风有霉变、烟尘等异味，或者当制冷或制热时，从风口吹出来的空气不清新，车内乘客感觉鼻腔、气管不适时，就需要清洗了。

人对军团菌普遍易感，但发病多见于老年人及中年人。夏末秋初是多发时节，男性发病多于女性，孕妇、老年、免疫功能低下者为多发人群。美国多中心研究结果显示，在社区获得性肺炎最常见的病原菌中，军团菌仅排在肺炎链球菌和流感嗜血杆菌之后，名列第三位。而且，目前对军团菌的感染率和发病率存在估计过低的情况，主要原因是对该病缺乏认识、未使用正确的试验室诊断方法以及缺乏良好的监测系统。

2. 病毒

大多数呼吸道病毒都是季节性流行的产物，如流感、H1N1、MERS等。它们通常在秋冬季发生，而在入夏后趋于结束。流感作为一种高度传染性的呼吸道疾病，几乎伴随人类的成长史。流感病毒通过至少两种机制在人与人之间传播：呼吸系统分泌物的直接和间接传播，以及与落在污染物上的大液滴接触。所有呼吸道病毒的传播途径都是类似的，所以，戴口罩防止呼吸道病毒传播，在任何时候都是简便有效的办法。

3. 真菌

（1）车内环境中的真菌　对乘用车内环境产生影响的微生物应当是真菌。一方面，真菌遗传特性复杂、形态各异而且多变，决定了它的变应原性的复杂性，因此很难找出一种具有代表性的真菌变应原成分。真菌的抗原物质绝大部分来自真菌的孢子及菌丝，而且不同的真菌菌株在有性繁殖期与无性繁殖期两个不同的阶段，在形态上有明显的不同。例如，匍柄霉（Stemphylium）在无性繁殖期的形态与多孢霉（Pleospora）的有性繁殖期几乎无法分辨。因此不同真菌的变应原性又往往具有相对的交叉性。另一方面，同一种真菌变应原作用在不同的真菌过敏患者时，可以出现截然不同的反应；再加上真菌过敏患者在对真菌变应原过敏的同时，往往还具有多种对其他非真菌性变应原的过敏反应，更使真菌的变应原性问题趋于复杂。真菌的形态与发育又受环境的影响而变异。不同的接种条件、培养基成分、培养温度及湿度，均可导致真菌形态的自动变异，从而影响其变应原性。

引起肺部感染最常见的病原真菌为曲霉、念珠菌和隐球菌。肺部条件致病真菌感染通常发生在有严重基础疾病的患者身上，因此有着预后差、病死率高的特点：念珠菌感染病死率为30%～40%，曲霉感染病死率为50%～100%。除了病原真菌，还有一些环境真菌可能导致皮肤和吸入致敏，常见的吸入致敏真菌有交链孢霉、芽枝菌、锈菌、黑粉菌、蠕孢菌、曲霉、青霉、镰刀菌等。

（2）由真菌产生的吸入致敏　真菌致敏的最主要途径是吸入致敏，凡能飘散入空气中的真菌，亦是最常见的致敏真菌。常见的致敏真菌有交链孢霉，它不仅是呼吸道变态反应的主要致病菌，也是过敏性结肠炎的主要病因之一。判断环境中的真菌是否能引起致敏，应该检测其变应原性，主要利用两种手段检测：一种是生物学方法，即通过真菌变应原的皮肤试验或其他激发试验，以推测其变应原性的强度与活性；另一种是放射免疫法，即利用放射变应原吸附试验（RAST），从体外测定变应原浸液的变应原强度与活性。

了解真菌致敏的以下特点，可帮助用车人自行判断发生致敏是否因车内真菌引起，前8项与车内外环境有关，后3项与真菌本身有关：①真菌代谢产生的气味，这些代谢产物可能成为真菌致敏的决定簇。不同真菌代谢产物的量有大有小，有的具有刺激性与挥发性，形成特殊的霉味，容易诱致过敏；而有些真菌则代谢物少且比较稳定，不产生强烈的气味，这些真菌较少引起过敏。②温度，一般致敏真菌喜欢生长在温暖的地方，其最适温度为18～32℃。气温在10℃以下，真菌生长速度常受抑制。但即使在-56℃的环境下，真菌仍能维持生命力，故绝不意味着严寒地区就无真菌生长。真菌变态反应较多出现于温暖地区，但如果温度高达71℃，则大部分真菌死亡，有些真菌对温度的适应性较强，如曲霉，而另一些则较弱，如酵母菌。③湿度，湿度高有利于真菌的生长，车辆长时间停留在湿热的地方容易滋生霉菌。④日晒，真菌如果受日光直接曝晒则很快死亡。⑤腐殖质的存在，如果某一区域虽然温度、湿度适中，但不存在可供真菌营养的腐殖质，包括一切水果、蔬菜、粮食、肉类、木材、树叶、败草等有机物，则真菌亦难生长，故保持环境洁净也是预防真菌变态反应的重要措施之一。⑥空气流速，在空气中飘散的真菌孢子，其飘散程度常与空气的流速有一定关系。孢子一般均来自地表，随大气对流及风力散入空中。⑦氧的供应，一般气传真菌的生长有赖于氧的供应。多数真菌在温湿的空气中生长迅速，如果在隔绝了氧供应的水中或在氧气供应不充分的条件下，则生长受到抑制。⑧车内外条件的差异，气传致敏真菌的播散在车内外差异较大，车外空气中真菌含量受自然条件的影响较大，而车内则受用车人的习惯影响较大，如车内的通风、日照、清洁度及贮存的物件等。⑨孢子的体积，致敏真菌的孢子体积越小，越易随气流飘扬被吸入人体呼吸道的深部，如曲霉、青霉、锈菌、黑粉菌等，孢子直径均在10μm以下，容易进入人体呼吸道深部，诱发过敏。⑩真菌孢子或菌丝在空气中的飘散量，一般来说，真菌孢子或菌丝的播散量越大，越易导致过敏。⑪真菌在空气中存留的时间，真菌在空气中存留的时间越长，致敏的机会越多，有些真菌在空气中的出现具有季节性，则致敏的时间往往与真菌增长的季节高峰相一致。

（3）如何防护真菌致敏　车内或多或少都含有真菌，除了真菌本身的致敏性之外，个体体质也是引发致敏的重要原因。对真菌致敏的人，大多属于过敏易感体质，他们多数有家属过敏史或本人对其他致敏原的过敏史。对真菌的过敏往往表现出明显的特异性。同属真菌过敏的病人，有些人对交链孢霉过敏强烈，而另一些人则又可能对镰刀菌高度过敏。造成这种差异的原因很复杂，除了个体本身的体质特性外，还决定于后天对真菌暴露机会的多少、真菌暴露时的特殊体质状况等。例如，平时每个人在生活环境中，均有各种真菌孢子吸入，但由于呼吸道的天然屏障健全，并不会引起过敏。然而一旦呼吸道发生炎症，特别是在病毒性炎症情况下，呼吸道黏膜上皮破坏，毛细血管暴露，通透性增强，特定的真菌致敏原可被直接吸收而造成某一特定真菌的过敏。

二、正确认识微生物与人类的关系

可以说微生物与人类在生物学上是相互依存的共生关系，人体各系统器官处在一种与有益菌和致病菌相对平衡的状态。比如，病毒可以激发人体免疫机制，使人体产生免疫抗体，形成并维持机体的防御能力。预防免疫接种疫苗就是这个道理。然而，大部分病毒会使人患病并危及健康。例如：人类的天花病毒、病毒性肝炎病毒、脊髓灰质炎病毒、流感病毒等传染性比较强的病毒。有些病毒会诱发肿瘤的发生，如疱疹病毒相关的鼻咽癌、C型病毒相关的白血病、肉瘤和霍奇金病。人类希望将病毒彻底消灭，而历史上唯一被消灭的病毒只有一种天花病毒。对于传染性和致病性强的病毒或细菌，人类开发了针对性的疫苗，采用接种疫苗的方式对其形成免疫力，如计划免疫中的麻疹疫苗、脊髓灰质炎疫苗、卡介苗、乙脑疫苗、流脑菌苗、乙肝疫苗、甲肝疫苗，分别用来预防麻疹、脊髓灰质炎（小儿麻痹症）、结核病、流行性乙型脑炎、流行性脑脊髓膜炎、乙型肝炎和甲型肝炎。而对于有些病毒，由于技术上的原因，至今无法研究出有效的疫苗，如获得性免疫缺陷综合征（AIDS）、严重急性呼吸综合征（SARS）等。另外，对于一些传染性不强的病菌，可以采用自愿接种或和平共处的方式。微生物与人类达成了一种微妙的相对平衡的状态。

三、微生物－人－车的关系

汽车作为交通代步工具，也是微生物居住的场所。汽车及环境、用车人和微生物形成了一个动态的生态体系。良好的生活和用车习惯直接影响三者之间的相互关系。汽车作为流动工具，如果处理不当，可作为传播载体导致传染病的流行。因此，作为交通运输工具，对车辆定时和做足消毒措施是必要的，也是必需的。但是对于私家车，由于其私人属性和易于防控，一般做好日常的卫生清洁就足够了，无须进行过度的消毒。在发生特殊情况时，如车内环境明确受到了传染源的污染，准备一些必要的强化消毒措施可保证用车安全。

传染病流行期间，面对新发传染病流行的诸多不确定性，如无症状感染者、人群感染情况不确定、病毒不断变异且传染性强等，有必要提高警惕性，做一些必要的防控准备。例如：驾乘人员从公共场所返回车辆后，建议先用手消毒剂对手进行清洁，亲友搭乘后，也可以及时开窗通风，并对车辆相关物体进行表面消毒；减少陌生人乘车机会，尽量保持车辆通风、干燥，提高空调系统清洁频率。当然，也不建议对车辆过度消毒，无必要反复在车内喷洒消毒剂，过量使用消毒剂会腐蚀车内饰品质量，致使乘车人吸入或接触到消毒剂，带来更大的健康风险。

参考文献

[1] 中华医学会呼吸病学分会. 中国成人社区获得性肺炎诊断和治疗指南（2016年版）[J]. 中华结核和呼吸杂志, 2016, 39（4）：253-279.

[2] 梁思聪, 陈愉. 军团菌肺炎的诊治策略 [J] 中国实用内科杂志, 2020, 40（5）：357-361.

[3] 庞莉, 张杜超, 秦崇, 等. 社区获得性军团菌肺炎39例临床分析 [J]. 标记免疫分析与临床, 2021, 28（5）：748-752.

[4] 尚月静. 社区获得性军团菌肺炎的影像学表现及其诊断价值 [J]. 基层医学论坛, 2011, 15（28）：938-940.

[5] 方子思, 廖辉, 周筱丛, 等. 我国公共场所集中空调通风系统嗜肺军团菌污染的Meta分析 [J]. 预防医学, 2023, 35（5）：425-430.

[6] 梁思聪, 陈愉. 军团菌感染所致肺损伤的调控机制研究进展 [J]. 国际呼吸杂志, 2021, 41（3）：229-235.

[7] 姜世源. 军团菌肺炎的抗生素选择及药学监护 [J]. 中国处方药, 2022, 20（5）：138-139.

[8] KERSTIN V, KIRK M P. Recent developments in the taxonomic affiliation and phylogentic positioning of fungi: Impact in applied microbiology and environmental biotechnology [J]. Appl Microbiol Biotechnol, 2011, 90（1）：41-57.

[9] BAXI S N, PORTNOY J M. Exposure and health effects of fungi on humans [J]. J Allergy Clin Immunol Pract, 2016, 4（3）：396-404.

[10] MENDELL M J, MIRER A G, CHEUNG K, et al. Respiratory and allergic health effects of dampness, mold, and dampness-related agents: A review of the epidemiologic evidence [J]. Environ Health Perspect, 2011, 119：748-756.

[11] QUANSAH R, JAAKKOLA M S, HUGG T T, et al. Residential dampness and molds and the risk of developing asthma: A systematic review and meta-analysis [J]. PLoS One, 2012, 7 (11): 47526.

[12] KARVONEN A M, ANNE H, MATTI K, et al. Moisture damage and asthma: A birth cohort study [J]. Pediatrics, 2015, 139: 598-606.

[13] SAUNI R, UITTI J, JAUHIAINEN M, et al. Remediating buildings damaged by dampness and mould for preventing or reducing respiratory tract symptoms, infections and asthma [J]. Cochrane Database Syst Rev, 2013, 8 (3): 944-1000.

第 15 章　电动汽车电磁辐射相关技术研究

李从胜　赵　晖

摘要：电动汽车行业迅速发展，车内电磁辐射剂量评估存在诸多问题亟待解决。本章从多个方面阐述电动汽车电磁辐射研究现状，主要内容如下：国内外研究项目结果综述；国内外主流测量标准和限值比较；当前主要电磁场数值模拟方法综述。

关键词：电动汽车，电磁辐射，标准与限值，数值模拟

一、国内外研究项目结果综述

（一）电动汽车电磁辐射研究结果综述

在电动汽车等新能源汽车的日渐普及与相关技术飞速发展的过程中，国内外众多研究团队展开了对电动汽车电磁安全方面的研究，分别从电动汽车行驶过程中内部电磁辐射、电磁干扰、无线与有线充电的环境辐射等方面进行，论证电动汽车的电磁安全性，以及采用当前电磁辐射水平限值的适合性。

随着电动汽车在全球范围的日渐普及，电动汽车型号、类型复杂多样，车内电磁辐射场景也日趋复杂。Halgamuge 等人（2010）、Karabetsos 等人（2014）、Park 等人（2017）、李海燕等人（2019）分别关注于不同环境与车内不同位置的磁场分布测量与电磁暴露剂量评估，研究不同情况下电磁辐射是否超过国际标准限值或者是否会带来明显的生物效应。随着对于不同暴露场景下的磁场分布与暴露剂量评估的深入，相关研究更多地倾向于对于暴露场景的总结、仿真，采取仿真与实际测量相结合的方法，从而对车内电磁辐射问题进行更细致的分析与研究。

在电动汽车电磁辐射带来的生物效应方面，最受关注的应当是电动汽车内部的极低频磁场（ELF-MF）。Tell 等人（2013）、Hareuveny 等人（2014）、Vassilev 等人（2014）、Wyszkowska 等人（2020）均针对电动汽车产生的 ELF 强度及其对人体的影响进行了相关研究。总结来看，当前有关电动汽车产生的极低频磁场的研究大多数仍然参考了国际非电离辐射防护委员会（ICNIRP）ICNIRP—1998《限制时变电场、磁场和电磁场（300GHz 及以下）曝露导则》

及 2010 修订版的相关限值，绝大多数研究得到的结论都是磁场曝露值远低于 ICNIRP 的限值。在有关 ELF – MF 与婴儿白血病风险的研究中，采用的磁场强度（0.3~0.4μT）同样远低于 ICNIRP 限值（40mT），但其带来的潜在生物效应风险仍应引起重视。这也提示我们，对于极低频磁场的范畴，当前 ICNIRP 等推荐的国际限值可能存在问题，需要充分考虑极低频磁场带来的生物效应对人类尤其是婴幼儿的影响。

随着对电动汽车研究的细化，也有越来越多的研究开始针对电动汽车内部的某一部分来研究其发出的磁场。这些研究通常会采用数值仿真与试验测量相结合的方法，综合评价电动汽车不同组件对电动汽车内部磁场分布的贡献。Stankowski 等人（2006）、Lafoz 等人（2012，2015）、Ruddle（2014）、董绪伟等人（2018，2021）均针对汽车内部多种组件带来的电磁辐射进行了相关研究。对于电动汽车产生电磁辐射的情况，由于其内部依靠电能驱动的组件繁多且十分复杂，而且考虑到磁场的叠加原理，单独考虑某一部分组件的磁场也是十分必要且合理的，这有助于我们在设计电动汽车的电磁屏蔽系统时，针对不同组件发射的不同频率电磁场，采取更有效、更具有针对性的屏蔽措施。除了出现于上述研究的部分组件（磁化轮胎、逆变器、蓄电池、高压电缆等），随着电动汽车的智能化技术的发展，有必要考虑更多的新的电磁场源头，如：智能中控系统、毫米波雷达等。

有关电动汽车电磁辐射的另一个较新的研究方向是无线充电系统对车内与周围环境的辐射。由于无线电力传输（WPT）系统的电源通过线圈电磁感应的方法向电动汽车传输电能，无线充电设备附近发生电磁辐射的概率很高，并且根据其强度和频率，这种辐射可能对周围人类的健康产生潜在威胁。Kim 等人（2016）、Campi 等人（2017）、Wang 等人（2017）、Shah 等人（2019）均对 WPT 系统对人体产生的辐射进行了相关研究。总结来看，作为一种新型的充电方式，WPT 系统对于电动汽车电磁辐射的影响是较大的，而且充电过程可能存在发射与接收线圈错位，导致电磁辐射大幅增加，在距离较近的情况下有可能导致人体电磁曝露超过限值。同时研究中也有提及，在存在植入医疗器械的情况下，曝露于 WPT 系统的植入物附近的比吸收率（SAR）值明显增加。

通过对上述提到的文献进行综述，我们发现电动汽车内部磁场存在以下特征：

1. 整体磁场强度较低

无论是测量还是仿真结果，大部分研究得到的磁场强度均比国际与国内限值低1~2个数量级。在常规的测量与仿真点位设计中,没有发现超过限值的情况。

2. 频谱变化较为剧烈

电动汽车行驶过程中,车内电磁辐射能量集中在2kHz以下。在极低频率(<1Hz)下,主要由于牵引电流和感应磁化效应,可能得到数百微特斯拉(μT)的磁场,大多数磁源(车轮、再生制动器等)的频率在几赫兹到1kHz之间,强度在0.1~2μT之间;而逆变器产生的磁场在1kHz以上,强度小于100nT。在众多有关WPT系统的研究中,使用的WPT系统频率达到了85kHz或150kHz,甚至13.56MHz。

(二)我国电动汽车电磁辐射研究现状调研

我国是目前世界上电动汽车保有量及增速最快的国家,传统汽车企业和新兴电动汽车企业都大力进军电动汽车行业,电动汽车的生产与研发也跻身国际前列。2017年9月,中国汽车工程研究院在国际交通医学会的指导下发布中国汽车健康指数框架,将电磁辐射(EMR)板块评测纳入其中。2018年9月,中国汽车健康指数(C-AHI)第一批样车测评结果发布。中国汽车健康指数(官方网址:http://c-ahi.caeri.com.cn/)测评包含车内EMR在内的多种影响乘车人员健康水平的因素。该指数每年定期发布10~20款车型测试评价结果,其评价数据供消费者作为选车购车的参考。

从供给侧来看,目前电动汽车主流车型架构设计会充分考虑电动汽车内电磁辐射情况,电动汽车作为一类对安全性要求极高的消费品,车规级的相关元器件对安全性能的要求也更高。以电子元器件为例,一般工业级产品并不能直接在车辆上应用,而要满足车规级对安全性的更严格要求才可以量产装车。零部件和整车级均会经过相关的设计考虑及测试,有相应的标准,如果车内电磁辐射超标、很容易互相干扰而影响车辆正常行驶,车辆开发时对每一项产生电磁辐射的元器件的辐射范围都会有明确的限制,以确保彼此间不会产生干扰。然而,仍存在众多可能产生电磁辐射的部件,目前在低频段出现过电磁辐射超标的主要有无线充电、电驱等部件,无线充电一般是有源发射,其辐射频率在可豁免范围内,电驱的外壳为金属,主要在插接器有泄漏,通过线束辐射,可以在内部增加滤波措施,减少干扰,或者在线束上采取抑制措施,阻断干扰的传播。随着电子元器件种类和功能的日益增多,应用环境也越来越复杂,元器件质量很大程度上决定了产品的可靠性。元器件的可靠性由设计、制造工艺水平和本身属性决定，分析和控制元器件质量并且把控元器件的寄生参数，可以避免元器件发生失效现象。滤波元器件的失效对于电磁兼容性来说是"致命"的，很有可能会引起部件辐射水平的大幅度增高，从而影响车体内部磁场曝露水平，并且一些关键元器件［例如：绝缘栅双极晶体管（IGBT）、薄膜电容等］的寄生参数很大程度会影响共模噪声的产生。因此，通过对元器件质量的把控和分析，可以对车内电磁曝露水平进行优化。

二、国内外主流测量标准和限值比较

（一）国际电磁曝露限值相关标准

1. ICNIRP 标准

ICNIRP 在 1998 年制定了 ICNIRP 标准，即 ICNIRP：1998《限制时变电场、磁场和电磁场（300GHz 及以下）曝露导则》，该标准将受众群体分为职业群体和公众群体，ICNIRP 在 2010 年和 2020 年进行了标准的更新。职业群体是指工作在可控制的辐射区内，已经受过训练能采取相应的措施防止潜在的辐射危害的群体，这种群体受辐射的持续时间可以通过限制其每天的工作时间、变换工种和限制连续操作时间来控制。公众群体是指具有不同年龄和健康状况的人，公众群体的大部分成员不能意识到辐射的发生，也没有受过避免辐射的训练。因此，公众电磁曝露限值要比电磁职业曝露限值更为严格。

ICNIRP 标准还将受众接受限值分为参考水平（Reference Level）和基本限值（Basic Restriction）。参考水平只与测量环境有关，指可被测量的环境中的电场和磁场强度的大小，由电场强度、磁场强度和磁通密度等物理量来表述。基本限值是直接依据设定的健康效应而制定的曝露于时变的电场、磁场和电磁场的限值，由生物体组织感应出的感应电场、感应电流密度、比吸收率和功率密度等物理量的大小来体现，通常难以直接测量。

表 15-1 是 ICNIRP 标准通过电场强度、磁场强度和磁通密度三个参数，对不同频率范围的电磁场引起的电磁曝露制定的参考水平，分为职业曝露和公众曝露两种曝露特性进行描述。

表 15-2 是 ICNIRP 标准根据感应电场参数对不同频率范围引起的电磁曝露制定的基本限值，对职业曝露和公众曝露的人体中枢神经系统和全身组织细化分析。

表 15-1 时变电磁场人体电磁曝露参考水平（ICNIRP 标准 2010 修订版）

曝露特性	频率范围	电场强度/（kV/m）	磁场强度/（A/m）	磁通密度/T
职业曝露	1～8Hz	20	$1.63 \times 10^5/f^2$	$0.2/f^2$
	8～25Hz	20	$2 \times 10^4/f$	$2.5 \times 10^{-2}/f$
	25～300Hz	$5 \times 10^2/f$	8×10^2	1×10^{-3}
	300Hz～3kHz	$5 \times 10^2/f$	$2.4 \times 10^5/f$	$0.3/f$
	3kHz～10MHz	1.7×10^{-1}	80	1×10^{-4}
公众曝露	1～8Hz	5	$3.2 \times 10^4/f^2$	$4 \times 10^{-2}/f^2$
	8～25Hz	5	$4 \times 10^3/f$	$5 \times 10^{-3}/f$
	25～50Hz	5	1.6×10^2	2×10^{-4}
	50～400Hz	$2.5 \times 10^2/f$	1.6×10^2	2×10^{-4}
	300Hz～3kHz	$2.5 \times 10^2/f$	$6.4 \times 10^4/f$	$8 \times 10^{-2}/f$
	3kHz～10MHz	8.3×10^{-2}	21	2.7×10^{-5}

注：f 为频率，单位为 Hz。

表 15-2 时变电磁场人体电磁曝露基本限值（ICNIRP 标准 2010 修订版）

曝露特性		频率范围	感应电场/(V/m)
职业曝露	头部中枢神经系统	1～10Hz	$0.5/f$
		10～25Hz	0.05
		25～400Hz	$2 \times 10^{-3}f$
		400Hz～3kHz	0.8
		3kHz～10MHz	$2.7 \times 10^{-4}f$
	全身组织	1Hz～3kHz	0.8
		3kHz～10MHz	$2.7 \times 10^{-4}f$
公众曝露	头部中枢神经系统	1～10Hz	$0.1/f$
		10～25Hz	0.01
		25Hz～1kHz	$4 \times 10^{-4}f$
		1～3kHz	0.4
		3kHz～10MHz	$1.35 \times 10^{-4}f$
	全身组织	1Hz～3kHz	0.4
		3kHz～10MHz	$1.35 \times 10^{-4}f$

ICNIRP 标准 2020 修订版阐述了曝露在 100kHz～300GHz 频段范围内人体曝露的机理、依据及保护措施，取代了 ICNIRP 标准 1998 版的 100kHz～300GHz 频段部分，以及 ICNIRP 标准 2010 修订版 100kHz～10MHz 频段部分。表 15-3 是平均间隔≥6min 时 100kHz～300GHz 电磁场曝露基本限值。表 15-4 是时间间隔在 6min 内 100kHz～300GHz 电磁场曝露基本限值。

表15-3　100kHz～300GHz电磁场曝露基本限值（平均间隔≥6min）

曝露特性	频率范围	全身平均SAR/ W·kg^{-1}	局部（头部/躯干） SAR/W·kg^{-1}	局部（四肢） SAR/W·kg^{-1}	局部 S_{ab}/W·m^{-2}
职业曝露	100kHz～6GHz	0.4	10	20	NA
	6～300GHz	0.4	NA	NA	100
公众曝露	100kHz～6GHz	0.08	2	4	NA
	6～300GHz	0.08	NA	NA	20

注：1. NA表示不适用，不需要考虑是否符合。
2. 全身平均SAR值：时间大于30min的平均值。
3. 局部（头部/躯干）SAR值和S_{ab}的平均曝露剂量：时间大于6min的平均值。
4. 局部（四肢）SAR值：10g立方质量的平均值。
5. 局部S_{ab}是在身体表面4cm^{2}面积的电磁场曝露限值平均值。对于30GHz以上电磁场，需要满足附加条件，即在1cm^{2}的体表面积上的平均曝露限值为4cm^{2}的两倍。

表15-4　100 kHz～300 GHz电磁场曝露基本限值（时间间隔＜6min）

曝露特性	频率范围	局部（头部/躯干） SA/kJ·kg^{-1}	局部（四肢）SA/ kJ·kg^{-1}	局部U_{ab}/ kJ·m^{-2}
职业曝露	100kHz～400MHz	NA	NA	NA
	400MHz～6GHz	$3.6[0.05+0.95(t/360)]^{0.5}$	$7.2[0.025+0.975(t/360)]^{0.5}$	NA
	6～300GHz	NA	NA	$36[0.05+0.95(t/360)]^{0.5}$
公众曝露	100kHz～400MHz	NA	NA	NA
	400MHz～6GHz	$0.72[0.05+0.95(t/360)]^{0.5}$	$1.44[0.025+0.975(t/360)]^{0.5}$	NA
	6～300GHz	NA	NA	$7.2[0.05+0.95(t/360)]^{0.5}$

注：1. NA表示不适用，不需要考虑该情况下是否符合限值要求。
2. t是时间（s），所有t值在0～360s之间的值必须满足限值要求，而且无论曝露本身的时间特性如何，均适用。
3. 局部SA值：10g立方质量的平均值。
4. 局部U_{ab}是在4cm^{2}的物体表面积上获得的平均值。对于30GHz以上的电磁场，需要增加附加限制条件，即在1cm^{2}的身体表面积上的平均值限制在$7.2[0.025+0.975(t/360)]^{0.5}$的职业曝露和$1.44[0.025+0.975(t/360)]^{0.5}$的公众曝露。任何脉冲、脉冲组或序列中子脉冲的曝露，以及规定时间内的曝露总和（包括非脉冲电磁场）不得超过这些限值。

2. IEEE C95.1标准

IEEE为了和ICNIRP标准等其他标准统一，IEEE C95.1—2005《人体曝露于3kHz～300GHz射频电磁场的安全等级标准》在IEEE C95.1—1999和IEEE C95.1b—2004的基础上进行了修订。该版本将辐射区划分为受控环境和公众，其划分依据是在该区域中辐射强度是否可控、是否可采用相应的防护措施来防止辐射的危害，这类似于 ICNIRP 中规定的"职业"和"公众"的分类。该版本还采用了基本限值（Basic Restrictions，BSs）和最大容许曝露（Maximum Permissible Exposure，MPE）的概念，BRs 是在已明确的有害效应的基础上，考虑一定的安全系数而得到的，用人体组织内电场、组织内电场强度、比吸收率和入射功率密度表示。最大容许曝露量是由基本限值导出的，相当于其他标准中的导出限值或参考水平，相对于基本限值，最大容许曝露量采用的安全系数较大，当辐射强度超出最大容许曝露量时，不一定会超出基本限值水平。

表 15-5 表示 IEEE C95.1—2005 标准规定的身体不同部位对电磁辐射的电场强度基本限值，IEEE C95.1—2005 与 ICNIRP 标准相比，最大区别在于它们的基本限值采用的物理量不同，ICNIRP 标准中采用的是体内感应电流密度，而 IEEE C95.1—2005 采用的是体内电场强度，因为 IEEE 认为采用体内电场强度比采用体内电流密度获得的基本限值更精准。

表 15-5 人体不同组织曝露基本限值（IEEE C95.1—2005）

曝露部位	频率范围/Hz	公众电场强度/(V/m)	受控环境电场强度/(V/m)
头部	<20 以内	5.98×10^{-3}	1.77×10^{-2}
心脏	≥20~167	0.943	0.943
手部和脚部	≥168~3350	2.1	2.1
其他组织	>3350 以上	0.701	2.1

表 15-6 表示人体局部最大容许磁场曝露量，分为受控环境和公众两个范围。从表 15-6 中可以看出，头部和躯干的最大容许曝露值要低于四肢最大容许曝露值。

表 15-6 人体局部最大容许磁场曝露量（IEEE C95.1—2005）

曝露特性		频率范围/kHz	磁感应强度/mT	磁场强度/(A/m)
公众	头部、躯干	3.0~3.35	$0.687/f$	$547/f$
		3.35~5000	0.205	163
	四肢	3.0~3.35	$3.79/f$	$3016/f$
		3.35~5000	1.13	900
受控环境	头部、躯干	3.0~3.35	$2.06/f$	$1640/f$
		3.35~5000	0.615	490
	四肢	3.0~3.35	$3.79/f$	$3016/f$
		3.35~5000	1.13	900

3. 国际汽车辐射测量方法标准

针对车辆内外人体电磁辐射,国际上相关机构和企业制定了相应的测量方法标准,其中比较成熟的是:

1) 日本汽车标准组织(JASO)制定的 JASO TP – 13002—2013《汽车中人体曝露的电磁场测试方法》,这也是汽车行业第一个电磁辐射测量方法标准。

2) IEC TS 62764 – 1—2019《汽车环境中电子和电气设备产生的与人体曝露有关的磁场水平的测量程序—第 1 部分:低频磁场》,这是汽车行业第一个电磁辐射测量国际标准。

(二)国内电磁曝露限值相关标准

1988 年,我国环境保护部引入了国际非电离辐射防护委员会起草的 ICNIRP 环境电磁辐射限制标准,发布了 GB 8702 —1988《电磁环境控制限值》,并于 2014 年对标准进行了修订,于 2015 年 1 月 1 日开始实施。该标准中规定了电磁环境中控制电场、磁场、电磁场(1Hz ~ 300GHz)的场量限值、评价方法和相关设施(设备)的豁免权。然而 GB 8702—2014 是一项通用性标准,对于车内电磁环境的测试要求并没有提及。

标准 GB 8702—2014 仅适用于电磁辐射环境中控制公众曝露的评价和管理,取消了基本限制和导出限制的概念。该标准不适用于控制以治疗或诊断为目的所致病人或陪护人员曝露的评价与管理,不适用于控制无线通信终端、家用电器等对使用者曝露的评价与管理,也不能作为对产生电场、磁场、电磁场设施(设备)的产品质量要求依据。

表 15 – 7 是 GB 8702—2014《电磁环境控制限值》中的公众曝露电场强度控制限值与频率关系。为了控制公众曝露的电磁场,电磁场环境中参数应该满足表 15 – 7 的要求。

表 15 – 7　公众曝露电场强度控制限值与频率关系(GB 8702—2014)

频率范围	电场强度 $E/(\text{V/m})$	磁场强度 $H/(\text{A/m})$	磁通密度 $B/\mu\text{T}$
1 ~ 8Hz	8000	$32000/f^2$	$40000/f^2$
8 ~ 25Hz	8000	$4000/f$	$5000/f$
25Hz ~ 1.2kHz	$200/f$	$4/f$	$5/f$
1.2 ~ 2.9kHz	$200/f$	3.3	4.1

(续)

频率范围	电场强度 $E/(V/m)$	磁场强度 $H/(A/m)$	磁通密度 $B/\mu T$
2.9 ~ 57kHz	70	$10/f$	$12/f$
57 ~ 100kHz	$4000/f$	$10/f$	$12/f$
0.1 ~ 3MHz	40	0.1	0.12
3 ~ 30MHz	$67/f^{1/2}$	$0.17/f^{1/2}$	$0.21/f^{1/2}$
30 ~ 3000MHz	12	0.032	0.4
3000 ~ 15000MHz	$0.22/f^{1/2}$	$0.00059/f^{1/2}$	$0.00074/f^{1/2}$
15 ~ 300GHz	27	0.073	0.092

表 15-8 是 GB 8702—2014《电磁环境控制限值》中从电磁环境保护管理角度，对产生电场、磁场、电磁场的设施（设备）可免于管理的规定。可豁免范围为：小于 100 kV 电压等级的交流输变电设施以及频率范围在 100Hz ~ 300GHz 向没有屏蔽空间辐射等效功率满足表 15-8 要求的设施。

表 15-8 可豁免设施（设备）的频率范围和等效辐射功率关系（GB 8702—2014）

频率范围/MHz	等效辐射功率/W
0.1 ~ 3	300
3 ~ 300000	100

2018 年，由全国无线电干扰标准化技术委员会发起的一项专门针对车内电磁辐射测试方法标准正式发布，名为 GB/T 37130—2018《车辆电磁场相对于人体曝露的测量方法》。这项标准是我国第一个电磁辐射测量方法标准，在过去燃油汽车对电磁辐射限值等要求的基础上，对电动汽车各种工况、各个重点部位的电磁辐射限值都有了更高要求，限值则是参考了 GB 8702—2014。该标准是于 2019 年 7 月 1 日正式开始实施的国家强制性标准，制定参考了国际电工委员会（IEC）标准、JASO 标准，并结合我国电动汽车的实际发展情况，针对电动汽车电磁辐射提出了更严格的要求，相关限值的要求也高于其他工业产品。在一定程度上提升了我国电动汽车的安全性。

一些行业机构也参考 GB/T 37130—2018 的测试方法，出台了一系列车内电磁辐射的测试要求。比较具有代表意义的是中国汽车技术研究中心主导的中国电动汽车测评（EV-TEST）人体电磁防护测评和中国汽车工程研究院主导的中国汽车健康指数车辆 EMR 测评。

（三）现行电动汽车电磁辐射标准体系

目前我国电动汽车电磁辐射标准体系的整体框架如图 15-1 所示。部分现行电动汽车电磁辐射标准体系比较见表 15-9。

图 15-1　我国电动汽车电磁辐射标准体系的整体框架

三、当前主要电磁场数值模拟方法综述

当前的测量技术可以对环境中不同频率的电磁场水平进行有效监测，但仍存在亟待解决的问题。目前缺乏无损测量技术来获取生物体内的电磁场分布。不同的生物体存在体质的差异，曝露在相同的电磁场环境下，体内的电磁场分布存在差异性，而体内的电磁场分布直接决定了个体电磁场曝露的风险程度，因此，了解不同个体体内的电磁场对于评估环境曝露引起的公共卫生问题是十分必要的，也反映了环境监测的最终目的。此外，获得体内电磁场分布剂量也是与国际环境评价接轨的要求。国际上的环境评价标准限值体系都将体内的电场分布、SAR 数值和功率吸收等设定为基本限值，合规性评价最终是要保证环境曝露符合基本限值的要求。为了与国外环境评价工作进行横纵比较，更好地保证人们的安全，应该开展利用数值方法模拟体内的电磁场剂量的工作。使用电磁场数值（剂量学数值计算）方法定量评估电磁场与生物体的耦合是剖析电磁场与生物体相互作用的关键。目前电磁场数值算法主要有时域有限差分（Finite Difference Time Domain，FDTD）法、矩量法（Method of Moments，MoM）、标量有限差分法、有限元法（Finite Element Method，FEM），以及基于这几种算法的混合方法等。

表 15-9 部分现行电动汽车电磁辐射标准体系比较

标准名称	ICNIRP 标准 2020 修订版	GB 8702—2014	GB/T 37130—2018	EV-TEST	汽车健康指数	JASO TP-13002—2013	IEC TS 62764-1—2022
标准级别	国际	中国	中国	行业	行业	日本	国际
归口单位	国际非电离辐射防护委员会	国家环境保护部	全国无线电干扰标准化技术委员会	中国汽车技术研究中心	中国汽车工程研究院	日本汽车标准组织	国际电工委员会
适用范围	所有电磁环境	所有电磁环境	L、M、N 类型车辆[1]	纯电动乘用车内电磁环境	纯电动、混合动力、燃油乘用车内电磁环境	L、M、N 类型车辆	纯电动汽车、内燃机汽车、混合动力汽车
测试工况	—	—	静止、匀速、急加速、急减速、充电	匀速、急加速、急减速	匀速、急减速、急加速、通信(T-BOX)	匀速行驶状态(保持 40 km/h);加速状态、充电状态	静止状态;保持 40 km/h 的 ±20% 的匀速状态、充电状态
测试频段	磁场:1Hz~300GHz 电场:1Hz~300GHz	磁场:1Hz~300GHz 电场:1Hz~300GHz	磁场:10Hz~400kHz	磁场:10Hz~400kHz	磁场:10Hz~30MHz 电场:30MHz~3GHz	磁场:10Hz~400kHz	磁场:1Hz~100kHz
测试位置	—	—	乘员头部、胸部、档部、脚部,以及车辆中控、充电接口	乘员头部、胸部、档部、脚部,以及车辆中控	乘员头部、胸部、档部、脚部,以及车辆中控	车内座椅,测试位置分别在头部、心脏、生殖器部位对应的座椅位置	分区域扫描寻找最大点的方式。除了座椅区域外,前机舱、后行李舱处也应作为测量的脚部区域。另外,对于座椅的脚部区域,此标准电子以考虑。对于充电状态的以考虑,规定了从充电接口处水平距离 20 cm 的位置沿电缆扫描最大辐射发射点的方法
限值要求	基准	比 ICNIRP 严格	GB 8702—2014	GB 8702—2014 限值 25% (12dB) 要求,否则扣 5 分	GB 8702—2014 限值 10% 要求为 100 分,低于限值 50% 要求为 50 分	ICNIRP—1998 ICNIRP—2010	—

① L 类型车辆是指两轮或三轮机动车;M 类型车辆是指至少有四个车轮并用于载客的机动车;N 类型车辆是指至少有四个车轮并用于载货的机动车。

（一）时域有限差分法

在奥斯特、安培等人提出了电场产生磁场的理论，法拉第提出磁场产生电场的法拉第电磁感应定律后，麦克斯韦又提出了"位移电流"假说，并得出麦克斯韦方程组，即式（15-1），至此电和磁达到了完全的统一，形成了全新的电磁场理论。

$$\begin{cases} \nabla \times \vec{H} = \dfrac{\partial \vec{D}}{\partial t} + \vec{J} \\ \nabla \times \vec{E} = -\dfrac{\partial \vec{B}}{\partial t} - \vec{J_m} \\ \nabla \cdot \vec{B} = 0 \\ \nabla \cdot \vec{D} = \rho \end{cases} \quad (15-1)$$

式中，∇ 为梯度算子；$\vec{E}$ 为电场强度，单位为 V/m；$\vec{D}$ 为电通量密度，单位为 C/m^2；$\vec{H}$ 为磁场强度，单位为 A/m；$\vec{B}$ 为磁通量密度，单位为 Wb/m^2；$\vec{J}$ 为电流密度，单位为 A/m^2；$\vec{J_m}$ 为磁流密度，单位为 V/m^2；ρ 为电荷密度，单位为 C/m^3。

在各向同性的介质中的本构关系为

$$\begin{cases} \vec{D} = \varepsilon \vec{E} \\ \vec{B} = \mu \vec{H} \\ \vec{J} = \sigma \vec{E} \\ \vec{J_m} = \sigma_m \vec{H} \end{cases} \quad (15-2)$$

式中，ε 为介电常数，单位为 F/m；μ 为磁导率，单位为 H/m；σ 为电导率，单位为 S/m；σ_m 为导磁率，单位为 Ω/m。

目前已有多种数值方法用于求解麦克斯韦方程，FDTD 便是其中一种。1966 年，Yee 首次提出了"蛙跳"格式的 FDTD 法后，FDTD 便得到了快速的发展，成为目前电磁场数值计算中最常用的算法之一。随着计算机技术的发展及对生物电磁学研究的不断深入，FDTD 在生物电磁学中成为重要的剂量学评估工具。

FDTD 方法需要用虚拟的吸收边界将求解区域限定在有限的区域内，所以关于 FDTD 算法研究工作主要集中在差分方程推导、处理吸收边界和稳定条件上。下面将对其逐一展开。

在直角坐标系中，麦克斯韦方程组中的前两式可以写成差分的形式，即

$$\begin{cases} \dfrac{\partial H_z}{\partial y} - \dfrac{\partial H_y}{\partial z} = \varepsilon \dfrac{\partial E_x}{\partial t} + \sigma E_x \\ \dfrac{\partial H_x}{\partial z} - \dfrac{\partial H_z}{\partial x} = \varepsilon \dfrac{\partial E_y}{\partial t} + \sigma E_y \\ \dfrac{\partial H_y}{\partial x} - \dfrac{\partial H_x}{\partial y} = \varepsilon \dfrac{\partial E_z}{\partial t} + \sigma E_z \end{cases} \quad (15-3)$$

以及

$$\begin{cases} \dfrac{\partial E_z}{\partial y} - \dfrac{\partial E_y}{\partial z} = -\mu \dfrac{\partial H_x}{\partial t} - \sigma_m H_x \\ \dfrac{\partial E_x}{\partial z} - \dfrac{\partial E_z}{\partial x} = -\mu \dfrac{\partial H_y}{\partial t} - \sigma_m H_y \\ \dfrac{\partial E_y}{\partial x} - \dfrac{\partial E_x}{\partial y} = -\mu \dfrac{\partial H_z}{\partial t} - \sigma_m H_z \end{cases} \quad (15-4)$$

令 $f(x, y, z, t)$ 代表空间中某一点 p，坐标为 (x, y, z)，在 t 时刻 $\vec{E}$ 或 $\vec{H}$ 在直角坐标系中的某一分量，可进行离散：

$$f(x, y, z, t) = f(i\Delta x, j\Delta y, k\Delta z, n\Delta t) = f^n(i, j, k) \quad (15-5)$$

式中，Δx、Δy、Δz 为对空间离散的间隔；Δt 为时间离散的间隔；i、j 和 k、n 分别为直角坐标系下离散的空间坐标索引和离散的时间序列索引。

对 $f(x, y, z, t)$ 的空间和时间的一阶偏导数取中心差分近似，对 x 取偏导可写成：

$$\dfrac{\partial f(x,y,z,t)}{\partial x}\bigg|_{x=i\Delta x} \approx \dfrac{f^n\left(i+\dfrac{1}{2},j,k\right) - f^n\left(i-\dfrac{1}{2},j,k\right)}{\Delta x} \quad (15-6)$$

时间上对 t 求偏导可以写成：

$$\dfrac{\partial f(x,y,z,t)}{\partial t}\bigg|_{t=n\Delta t} \approx \dfrac{f^{n+1/2}(i,j,k) - f^{n-1/2}(i,j,k)}{\Delta t} \quad (15-7)$$

FDTD 对电磁场 $\vec{E}$、$\vec{H}$ 分量在空间和时间上采取交替抽样，每一个 $\vec{E}$（或 $\vec{H}$）场分量周围都有四个 $\vec{H}$（或 $\vec{E}$）分量环绕，如图 15-2 所示。用这种离散方式将含有时间和空间变量的麦克斯韦方程转化为一组差分方程，并在时间轴上进行逐步的迭代求解空间电磁场分布。

真实的电、磁场在时间和空间上都是连续的，但在 FDTD 的 Yee 元胞格式中，电场和磁场只能在整时间步长 $n\Delta t$ 或半时间步长 $(n+0.5)\Delta t$ 上采样。因此，空间上任意点在任意时刻的电磁场分量需要在时间和空间上插值才可以得到。

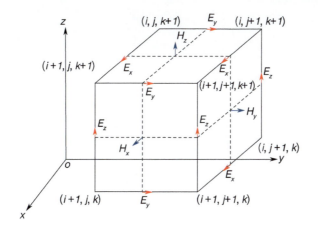

图15-2 FDTD离散中的Yee元胞

利用式（15-6）和式（15-7）将空间和时间上偏微分转化为中心差分，并考虑图15-2中的电场和磁场分量在Yee元胞中的分布，可以将式（15-3）和式（15-4）改写成如下的递推形式：

$$H_x^{n+1/2}\left(i, j+\frac{1}{2}, k+\frac{1}{2}\right) = \frac{1-\frac{\sigma_m \Delta t}{2\mu_0 \mu_r}}{1+\frac{\sigma_m \Delta t}{2\mu_0 \mu_r}} H_x^{n-1/2}\left(i, j+\frac{1}{2}, k+\frac{1}{2}\right) +$$

$$\frac{\frac{\Delta t}{\mu_0 \delta}}{\mu_r + \frac{\sigma_m \Delta t}{2\mu_0}} \left[E_y^n\left(i, j+\frac{1}{2}, k+1\right) - E_y^n\left(i, j+\frac{1}{2}, k\right) - E_z^n\left(i, j+1, k+\frac{1}{2}\right) + E_z^n\left(i, j, k+\frac{1}{2}\right) \right]$$

$$H_y^{n+1/2}\left(i+\frac{1}{2}, j, k+\frac{1}{2}\right) = \frac{1-\frac{\sigma_m \Delta t}{2\mu_0 \mu_r}}{1+\frac{\sigma_m \Delta t}{2\mu_0 \mu_r}} H_y^{n-1/2}\left(i+\frac{1}{2}, j, k+\frac{1}{2}\right) +$$

$$\frac{\frac{\Delta t}{\mu_0 \delta}}{\mu_r + \frac{\sigma_m \Delta t}{2\mu_0}} \left[E_z^n\left(i+1, j, k+\frac{1}{2}\right) - E_z^n\left(i, j, k+\frac{1}{2}\right) - E_x^n\left(i+\frac{1}{2}, j, k+1\right) + E_x^n\left(i+\frac{1}{2}, j, k\right) \right]$$

$$H_z^{n+1/2}\left(i+\frac{1}{2},j+\frac{1}{2},k\right) = \frac{1-\frac{\sigma_m \Delta t}{2\mu_0 \mu_r}}{1+\frac{\sigma_m \Delta t}{2\mu_0 \mu_r}} H_z^{n-1/2}\left(i+\frac{1}{2},j+\frac{1}{2},k\right) +$$

$$\frac{\frac{\Delta t}{\mu_0 \delta}}{\mu_r + \frac{\sigma_m \Delta t}{2\mu_0}} \left[E_x^n\left(i+\frac{1}{2},j+1,k\right) - E_x^n\left(i+\frac{1}{2},j,k\right) - E_y^n\left(i+1,j+\frac{1}{2},k\right) + \right.$$

$$\left. E_y^n\left(i,j+\frac{1}{2},k\right) \right]$$

$$E_x^{n+1}\left(i+\frac{1}{2},j,k\right) = \frac{1-\frac{\sigma \Delta t}{2\varepsilon_0 \varepsilon_r}}{1+\frac{\sigma \Delta t}{2\varepsilon_0 \varepsilon_r}} E_x^n\left(i+\frac{1}{2},j,k\right) + \frac{\frac{\Delta t}{\varepsilon_0 \delta}}{\varepsilon_r + \frac{\sigma \Delta t}{2\varepsilon_0}} \left[H_z^{n+1/2}\left(i+\frac{1}{2},j+\right.\right.$$

$$\left.\left. \frac{1}{2},k\right) - H_z^{n+1/2}\left(i+\frac{1}{2},j-\frac{1}{2},k\right) - H_y^{n+1/2}\left(i+\frac{1}{2},j,k+\frac{1}{2}\right) + \right.$$

$$\left. H_y^{n+1/2}\left(i+\frac{1}{2},j,k-\frac{1}{2}\right) \right]$$

$$E_y^{n+1}\left(i,j+\frac{1}{2},k\right) = \frac{1-\frac{\sigma \Delta t}{2\varepsilon_0 \varepsilon_r}}{1+\frac{\sigma \Delta t}{2\varepsilon_0 \varepsilon_r}} E_y^n\left(i,j+\frac{1}{2},k\right) + \frac{\frac{\Delta t}{\varepsilon_0 \delta}}{\varepsilon_r + \frac{\sigma \Delta t}{2\varepsilon_0}} \left[H_x^{n+1/2}\left(i,j+\frac{1}{2},\right.\right.$$

$$\left.\left. k+\frac{1}{2}\right) - H_x^{n+1/2}\left(i,j+\frac{1}{2},k-\frac{1}{2}\right) - H_z^{n+1/2}\left(i+\frac{1}{2},j,k\right) + \right.$$

$$\left. H_z^{n+1/2}\left(i-\frac{1}{2},j+\frac{1}{2},k\right) \right]$$

$$E_z^{n+1}\left(i,j,k+\frac{1}{2}\right) = \frac{1-\frac{\sigma \Delta t}{2\varepsilon_0 \varepsilon_r}}{1+\frac{\sigma \Delta t}{2\varepsilon_0 \varepsilon_r}} E_z^n\left(i,j,k+\frac{1}{2}\right) + \frac{\frac{\Delta t}{\varepsilon_0 \delta}}{\varepsilon_r + \frac{\sigma \Delta t}{2\varepsilon_0}} \left[H_y^{n+1/2}\left(i+\frac{1}{2},\right.\right.$$

$$\left.\left. j,k+\frac{1}{2}\right) - H_y^{n+1/2}\left(i-\frac{1}{2},j,k+\frac{1}{2}\right) - H_x^{n+1/2}\left(i,j+\frac{1}{2},k+\frac{1}{2}\right) + \right.$$

$$\left. H_x^{n+1/2}\left(i,j-\frac{1}{2},k+\frac{1}{2}\right) \right] \qquad (15-8)$$

式中，δ 为空间离散步长，$\delta = \Delta x = \Delta y = \Delta z$；$\Delta t$ 为时间离散步长；ε_0 为自由空间的介电常数，$\varepsilon_0 = 8.85 \times 10^{-12} \text{F/m}$；$\varepsilon_r$ 为介质的相对介电常数；σ 为介质导电率；μ_0 为自由空间的磁导率 $\mu_0 = 4\pi \times 10^{-7} \text{H/m}$。

吸收边界条件的作用是截断离散空间中的网格，从而使求解区变成有限区域，其目的是当一个从计算区域向外传播的波投射到吸收边界面上时，不会产生反射，如图 15-3 所示。

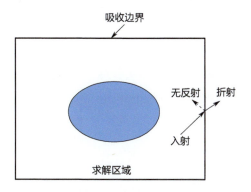

图 15-3 吸收边界示意图

FDTD 计算过程中，完全匹配层（Perfectly Matched Layer, PML）是最为常用的吸收边界。PML 方法是在 FDTD 区域截断边界处设置一种特殊介质层，该层介质的波阻抗与相邻介质波阻抗完全匹配，使得入射波可以完全无反射地穿过分界面，进入 PML，并且由于 PML 均为有耗介质，进入 PML 的投射波将迅速衰减，进而达到很好的吸收效果。

以二维空间为例，PML 参数设置的基本结构如图 15-4 所示。图 15-4 中，σ 和 σ^* 分别为电导率和磁导率。

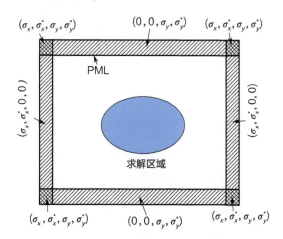

图 15-4 二维 FDTD 的 PML 参数设置的基本结构

通过图 15-4 的设置，在 PML 的边界处满足阻抗匹配条件，即

$$\frac{\sigma}{\varepsilon_0} = \frac{\sigma^*}{\mu_0} \quad (15-9)$$

外向行波在 PML 边界上将不会产生反射。

对于三维 FDTD 空间离散的立方体元胞，当取 $\Delta x = \Delta y = \Delta z = \delta$ 时，时间离散分辨率与空间离散分辨率的约束关系为

$$c\Delta t \leqslant \frac{\delta}{\sqrt{3}} \quad (15-10)$$

式（15 - 10）给出了 FDTD 空间和时间离散步长之间应当满足的关系，又称 Courant 稳定条件。同时，为了减小空间网格离散差分近似带来的数值色散，对空间分辨率要求为

$$\delta \leqslant \frac{\lambda}{12} \quad (15-11)$$

式中，λ 为无色散介质中的波长。

对于非单色波的时域脉冲信号，应以信号带宽中所对应的上限频率的波长 $\lambda_{\min}$ 代替式（15 - 11）中的 λ。

传统的 FDTD 受 Courant 稳定条件限制，在求解低频电磁场时需要消耗大量的计算时间，而 FDTD 计算时间主要消耗在差分方程的迭代过程中，因此，如果能减少迭代方程的个数，便可缩短求解时间。迭代方程描述的是电场与磁场在时间和空间上相互转换的过程，若能分离电场和磁场，便可减少迭代方程的个数，进而达到缩短计算时间的目的。

（二）矩量法 + 时域有限差分法

矩量法 + 时域有限差分法将计算空间划分为两部分：MoM 计算区域和 FDTD 计算区域。这两部分通过围绕散射体形成的封闭惠更斯面连接，如图 15 - 5 所示。

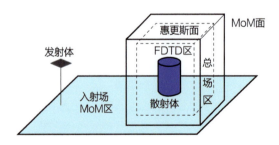

图 15 - 5　连续平面波 MoM/FDTD 示意图

矩量法 + 时域有限差分法混合法具体求解过程如下：

1）使用 MoM 计算围绕散射体的 6 个封闭面的电、磁场分布（电磁场各分量的实部和虚部）。此时封闭面内无散射体。

2）求解在封闭面上各点的电磁场模值。对该数值进行插值计算，使之满足 FDTD 网格空间剖分的格式。

3）利用惠更斯等效源理论，在封闭面内加入散射体数字模型，使用 FDTD 方法求解散射体不同组织的电场值和 SAR。

此方法与常用 MoM + FDTD 混合方法不同之处在于：

1）等效面位于散射体（人体模型）周围而非发射体周围。

2）在整个计算过程中，假设发射体的电磁场信号为连续且稳定的平面波。仅使用 MoM 方法一次，目的为获取散射体的各面上的稳定的电场和磁场的模信息。

3）将 MoM 方法获得的电磁场的模值作为等效源的入射场，进行 FDTD 步进。计算各组织的 SAR。

4）利用实际信号特征（占空比、导频信号强度等）信息即可外推真实信号的 SAR。

（三）标量有限差分（SPFD）法

SPFD 方法的基础是麦克斯韦方程组，其微分表达形式见式（15-1）。

此外，为求解方便，引入磁矢量位 $\vec{A}$，其定义为：$\vec{B} = \nabla \times \vec{A}$。

接下来为求解步骤：

先将磁矢量电势引入麦克斯韦方程，得到式（15-12）。

$$\vec{E}(\vec{r}) = -\nabla\varphi(\vec{r}) - \frac{\partial \vec{A}(\vec{r})}{\partial t} \quad (15-12)$$

式中，$\vec{E}(\vec{r})$ 为电场在 $\vec{r} = (x, y, z)$ 位置时的电场值，由两部分组成，一部分为 $-\nabla\varphi(\vec{r})$，由电荷的分布决定，另一部分为 $-\partial\vec{A}(\vec{r})/\partial t$，由线圈中的脉冲电流引起。此外，电标量位 $\varphi(\vec{r})$ 满足：

$$\nabla \cdot [\sigma(\vec{r})\nabla\varphi(\vec{r})] = \nabla \cdot \left[-\sigma(\vec{r})\frac{\partial \vec{A}(\vec{r})}{\partial t}\right] \quad (15-13)$$

式中，$\sigma(\vec{r})$ 为空间电导率；$\vec{A}(\vec{r})$ 和 $\varphi(\vec{r})$ 为空间 $\vec{r} = (x, y, z)$ 处的磁矢量位和电标量位。

接下来，通过使用均匀体素的有限差分近似进一步离散化。离散体素的边缘和节点可以从 1 到 6 进行索引，如图 15-6 所示，可得：

$$\left(\sum_{n=1}^{6} S_n\right)\varphi_0 - \sum_{n=1}^{6} S_n\varphi_n = \sum_{n=1}^{6} (-1)^{n+1} S_n l_n \frac{\partial \vec{A}_{0n}(\vec{r})}{\partial t} \quad (15-14)$$

式中，n 为空间中体素的索引；S_n 为系数，$S_n = (j\omega\varepsilon_n + \sigma_n)\text{area}_n/l_n$，$j$ 为转动惯量，ω 为角频率，ε_n 和 σ_n 分别为平均电导率和相对介电常数，area_n 为垂直于边 n 的体素面的面积，l_n 为平行于边 n 的体素边长。

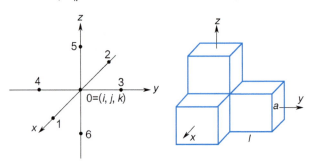

图 15-6　SPFD 网格节点示意图

设 $\text{NUM} = n_x n_y n_z$，网格数量由 3 个方向的维数来决定（n_x、n_y 和 n_z 分别表示 X、Y、Z 3 个轴上离散体素的总个数）。

$$\boldsymbol{Fx} = \boldsymbol{b} \qquad (15-15)$$

式中，$\boldsymbol{x} = [\phi_p]^\text{T}$；$\boldsymbol{b} = \left[\sum\limits_{n=1}^{6}(-1)^{n+1} S_n l_n \dfrac{\partial \vec{\boldsymbol{A}}_{pn}(\vec{\boldsymbol{r}})}{\partial t}\right]^\text{T}$，$p = 0, 1, 2, \cdots, \text{NUM} - 1$，其中非零元素在稀疏矩阵 $\boldsymbol{F} = (f_{i,j})_{\text{NUM} \times \text{NUM}}$ 中：

$$\begin{cases} f_{p, p-n_x n_y} = S_{i,j,k-1}, & p - n_x n_y \geq 0 \\ f_{p, p-n_x} = S_{i,j-1,k}, & p - n_x \geq 0 \\ f_{p, p-1} = S_{i-1,j,k}, & p - 1 \geq 0 \\ f_{p, p} = Y_{i,j,k}, & 0 \leq p \leq \text{NUM} - 1 \\ f_{p, p+1} = S_{i+1,j,k}, & p + 1 \leq \text{NUM} - 1 \\ f_{p, p+n_x} = S_{i,j+1,k}, & p + n_x \leq \text{NUM} - 1 \\ f_{p, p+n_x n_y} = S_{i,j,k+1}, & p + n_x n_y \leq \text{NUM} - 1 \end{cases} \qquad (15-16)$$

当 $i = 0, 1, \cdots, n_x - 1$，$j = 0, 1, \cdots, n_y - 1$，$k = 0, 1, \cdots, n_z - 1$ 时，

$$Y_{i,j,k} = S_{i-1,j,k} + S_{i+1,j,k} + S_{i,j-1,k} + S_{i,j+1,k} + S_{i,j,k-1} + S_{i,j,k+1} \qquad (15-17)$$

$$S_{i<0 \text{或} i>n_x-1 \text{或} j<0 \text{或} j>n_y-1 \text{或} k<0 \text{或} k>n_z-1} = 0$$

求解稀疏矩阵 $\boldsymbol{F}$，即可得每个节点的电场强度。

（四）矩量法 + 标量有限差分法（SPFD）

MoM 是分析各种电磁系统电磁特性的有力方法，已广泛应用于电动汽车电

磁兼容性和曝露安全场景的研究中。然而，在多模态模型中，由于采用三角网格对模型进行离散化处理，因此用多模态模型来评估人体曝露于电磁场中的剂量（包括非均匀人体组织的离散网格和大尺度方程的求解）变得极其复杂。为了评估具有复杂解剖结构的人体模型在低频磁场下的感应电场，研究提出了一种 MoM 和 SPFD 的混合方法。在该混合算法中，在人体模型周围引入一个长方体体积作为等效源，在该体积中存储磁场（B_x，B_y，B_z）。磁场是通过电动汽车磁场辐射源的 MoM 分析得到的。机体内部电场强度是使用预先确定的低频场源的磁矢量势来计算的。

假设已知磁通量密度 $\vec{B} = \vec{n}_x B_x + \vec{n}_y B_y + \vec{n}_z B_z$，满足 $\nabla \cdot \vec{B} = 0$，其中，$\vec{n}_{\{x,y,z\}}$ 为单位向量。因此，它可以用一个矢量势 $\vec{A}$ 来表示，使得 $\nabla \times \vec{A} = \vec{B}$，见式（15-18）~式（15-20）。

$$A_x(x,y,z) = -\int_0^y \left[\frac{1}{3}B_z(x,y',z) + \frac{1}{6}B_z(x,y',0)\right]dy' + \int_0^z \left[\frac{1}{3}B_y(x,y,z') + \frac{1}{6}B_y(x,0,z')\right]dz' \quad (15-18)$$

$$A_y(x,y,z) = -\int_0^z \left[\frac{1}{3}B_x(x,y,z') + \frac{1}{6}B_x(0,y,z')\right]dz' + \int_0^x \left[\frac{1}{3}B_z(x',y,z) + \frac{1}{6}B_z(x',y,0)\right]dx' \quad (15-19)$$

$$A_z(x,y,z) = -\int_0^x \left[\frac{1}{3}B_y(x',y,z) + \frac{1}{6}B_y(x',0,z)\right]dx' + \int_0^y \left[\frac{1}{3}B_x(x,y',z) + \frac{1}{6}B_x(0,y',z)\right]dy' \quad (15-20)$$

式中，$(x,y,z) \in \mathbb{R}^3$，假定 $\vec{B}$ 在原点是有限的。

在人体曝露于低频电磁场的情况下——当人体内部涡流与曝露磁场的相互作用可以忽略不计时——人体内部电场强度可以用 SPFD 方法计算，使用式（15-21）分析：

$$\vec{E}(\vec{r}) = -j\omega\vec{A}(\vec{r}) - \nabla\varphi(\vec{r}) \quad (15-21)$$

式中，$\vec{E}$ 为电网电压的矢量；j 为转动惯量；ω 为角频率；$\vec{A}$ 为磁矢量电位对应的矢量；∇ 为离散梯度算子；φ 为电节点电位的时间积分矢量。

标量势必须满足微分方程，即式（15-22）。

$$\nabla \cdot [\sigma(\vec{r})\nabla\varphi(\vec{r})] = \nabla \cdot [-j\omega\sigma(\vec{r})\vec{A}(\vec{r})] \quad (15-22)$$

根据边界条件，可得

$$\vec{n}(\vec{r})\nabla\varphi(\vec{r}) = j\omega\vec{n}(\vec{r})\vec{A}(\vec{r}) \quad (15-23)$$

在数值实现中，电位被认为是在体素顶点定义的。然后，通过对以该节点为中心的虚构体素的发散定理的应用，可以构造出式（15-22）在特定节点的有限差分近似值。采用局部索引方案比较方便，目标节点被标记为0，在 $+x$、$-x$、$+y$、$-y$、$+z$ 和 $-z$ 边的节点和与之相连的边分别从1到6进行索引，如图15-7所示。然后，与节点或边相关的量被标记为相关对象的局部索引。一个简单的有限差分方程如下：

$$\left(\sum_{r=1}^{6} s_r\right)\varphi_0 - \sum_{r=1}^{6} s_r \varphi_r = j\omega \sum_{r=1}^{6} (-1)^{r+1} s_r l_r A_{0r} \quad (15-24)$$

式中，l_r 为局部索引方案中的各种边缘长度；A_{0r} 为与第 r 条边缘相切的外部磁矢量势的分量，在边缘中心评估；s_r 为边缘电导率，$s_r \equiv \sigma_r a_r / l_r$，其中，$\sigma_r$ 为与边缘 r 接触的4个体素的平均电导率，a_r 为与 r 边法线相连的体素面的面积。

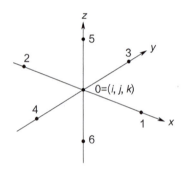

图15-7 节点上的局部索引方案

参考文献

[1] HALGAMUGE M N, ABEYRATHNE C D, MENDIS P. Measurement and analysis of electromagnetic fields from trams, trains and hybrid cars [J]. Radiation Protection Dosimetry, 2010, 141 (3): 255-268.

[2] KARABETSOS E, KALAMPALIKI E, KOUTOUNIDIS D. Testing hybrid technology cars: Static and extremely low-frequency magnetic field measurements [J]. IEEE Vehicular Technology Magazine, 2014, 9 (4): 34-39.

[3] PARK S W. Evaluation of electromagnetic exposure during 85 kHz wireless power transfer for electric vehicles [J]. IEEE Transactions on Magnetics, 2017, 54 (1): 1-8.

[4] 李海燕, 逯迈, 董绪伟. 纯电动汽车典型无线充电线圈电磁暴露安全评估研究 [J]. 电工电能新技术, 2019, 38 (11): 74-79.

[5] TELL R A, SIAS G, SMITH J, et al. ELF magnetic fields in electric and gasoline-powered vehicles [J]. Bioelectromagnetics, 2013, 34 (2): 156-161.

[6] HAREUVENY R, SUDAN M, HALGAMUGE M N, et al. Characterization of extremely low frequency magnetic fields from diesel, gasoline and hybrid cars under controlled conditions [J]. International Journal of Environmental Research and Public Health, 2015, 12 (2): 1651-1666.

[7] VASSILEV A, FERBER A, WEHRMANN C, et al. Magnetic field exposure assessment in electric vehicles [J]. IEEE Transactions on Electromagnetic Compatibility, 2014, 57 (1): 35-43.

[8] WYSZKOWSKA J, SZCZYGIEŁ M, TRAWIŃSKI T. Static magnetic field and extremely low-frequency magnetic field in hybrid and electric vehicles [J]. Przegld Elektrotechniczny, 2020, 96 (2): 60-62.

[9] STANKOWSKI S, KESSI A, BÉCHEIRAZ O, et al. Low frequency magnetic fields induced by car tire magnetization [J]. Health Physics, 2006, 90 (2): 148-153.

[10] MORENO T P C, LOURD J, LAFOZ M, et al. Evaluation of the magnetic field generated by the inverter of an electric vehicle [J]. IEEE Transactions on Magnetics, 2012, 49 (2): 837-844.

[11] CONCHA P M T, VELEZ P, LAFOZ M, et al. Passenger exposure to magnetic fields due to the batteries of an electric vehicle [J]. IEEE Transactions on Vehicular Technology, 2015, 65 (6): 4564-4571.

[12] RUDDLE A R, ARMSTRONG R, DAWSON L, et al. Investigation of human exposure to magnetic fields from electrical powertrains: measured exposure levels and simulated impact on human body [C] //5th IET Hybrid and Electric Vehicles Conference (HEVC 2014). London: IET, 2014. DOI: 10.1049/cp.2014.0956.

[13] 朱灿金, 逯迈, 董绪伟. 纯电动汽车动力电缆电磁暴露安全评估 [J]. 汽车技术, 2018 (3): 16-20.

[14] DONG X W, LU M. Influence of different materials of electric vehicle body on low frequency electromagnetic exposure for driver [C] //Journal of Physics: Conference Series. Bristol: IOP Publishing, 2021, 1777 (1): 012058.

[15] KIM K, KIM J, KIM H, et al. Evaluation of electromagnetic field radiation from wireless power transfer electric vehicle [C] //2016 International Symposium on Antennas and Propagation (ISAP). New York: IEEE, 2016: 40-41.

[16] CAMPI T, CRUCIANI S, SANTIS V, et al. Numerical characterization of the magnetic field in electric vehicles equipped with a WPT system [J]. Wireless Power Transfer, 2017, 4 (2): 78-87.

[17] WANG Q, LI W, KANG J, et al. Electromagnetic safety of magnetic resonant wireless charging system in electric vehicles [C] //2017 IEEE PELS Workshop on Emerging Technologies: Wireless Power Transfer (WoW). New York: IEEE, 2017: 1-4.

[18] SHAH I A, YOO H. Assessing human exposure with medical implants to electromagnetic fields

from a wireless power transmission system in an electric vehicle [J]. IEEE Transactions on Electromagnetic Compatibility, 2019, 62 (2): 338 – 345.

[19] PARK S W. Evaluation of electromagnetic exposure during 85 kHz wireless power transfer for electric vehicles [J]. IEEE Transactions on Magnetics, 2017, 54 (1): 1 – 8.

[20] ICNIRP G. Guidelines for limiting exposure to time-varying electric, magnetic, and electromagnetic fields (up to 300 Ghz) [J]. Health Physics, 1998, 74 (3): 257 – 258. DOI: 10.1097/HP.0b013e3181aff9db.

[21] ICNIRP. Guidelines for Limiting Exposure to Time-Varying Electric and Magnetic Field (1 Hz to 100 kHz) [J]. Health Physics, 2010, 99 (6): 818 – 836.

[22] ICNIRP. Guidelines for Limiting Exposure to Electromagnetic Fields (100 kHz to 300 GHz) [J]. Health Physics, 2020, 118 (5): 483 – 524. DOI: 10.1097/HP.0000000000001210.

[23] IEEE. IEEE Standard for Safety Levels with Respect to Human Exposure to Radio Frequency Electromagnetic Fields, 3 kHz to 300 GHz: IEEE C95.1—1999 [S]. New York: IEEE, 1999.

第16章 车内空气环境健康及评价研究

刘 芳 马会君 段吉超 薛 敏

摘要：随着汽车行业的蓬勃发展，民用汽车保有量不断增高，与此同时，用户对车内空气健康关注度不断提高。为了持续提升车内空气品质，需要建立合理、有效的空气环境健康评价方法。本章围绕车内空气污染物进行了多方面的介绍，同时对比分析了目前不同车内空气环境健康评价方法、车内气味评价方法和指标，建议采用主观评价和客观评价结合的方法对车内空气品质进行综合评价。同时指出，气味客观化仍是未来车内空气评价的重要研究方向之一。

关键词：车内空气品质，空气污染物，综合评价，气味评价

随着社会经济的快速发展，人们的生活质量得到了明显提高，出行方式也从原来依赖公共交通发展到目前多样化的出行方式。截至2023年底，根据国家统计局数据统计显示，民用汽车保有量为33618万辆。汽车在很大程度上给人们提供了出行便利，但同时需要注意，车主们对车内环境污染的投诉也不断增加。根据J. D. Power报告显示，车内异味在各项投诉中常年位居前列。车内环境污染对人们的健康安全造成较大威胁。因此，对于车内空气环境污染，需要建立合理有效的评价方法，从而才能指导车企制定针对性的有效解决措施和方案，为用户提供有力的保障。

一、车内空气环境污染及影响评价

1. 车内空气环境污染物的来源

车内污染物来源可以概括为以下四个方面：第一，主要为车内内饰零部件及材料的自身散发（包括车内的座椅材质、装饰材料和车体自身的保温材料等），以及一些功能类的配件，如杂物箱。汽车的装饰品材质主要分为四类，即皮革类、塑料类、纤维纺织类、橡胶类。污染物主要有苯、甲苯、甲醛、碳氢化合物等。用户更多关注甲醛散发较多的材料，在橡胶、塑料、皮革、合成的树脂表面活性剂中及在消毒防腐当中都要用到甲醛。第二，主要为生产汽车的过程当中使用的辅料，如稀释剂、黏合剂、油漆涂料等。在塑料、橡胶、纤维

制品及油漆涂料、防水材料当中含有苯系物和总挥发性有机化合物（TVOC）。当然目前部分车企对于用户健康越来越重视，在一些黏合剂方面，会主动选择水性黏合剂或水性涂料等。第三，汽车在运行过程中，发动机运作会产生一些碳氢化合物、一氧化碳和汽油挥发物，如果是处在一个密闭的车厢车间，那么汽车所产生的尾气会侵入到车厢内部，严重威胁用户身体健康。对于一些新能源汽车，虽然不直接采用化石能源作为动力输出，但是外界环境的污染进入车厢内部，污染物主要有碳氢化合物、一氧化碳、氮氧化物、苯、烯烃、芳香烃等，也同样危害用户健康。第四，车内部的空气循环体系，尤其在夏季，空调使用频繁，若是没有对其系统进行清洁保养，那么就会使大量的微生物及其他污染物进行沉积，也会对车内空气质量产生严重的影响，严重危害用户健康。

2. 车内空气环境污染的特征

车内污染物是目前各大主机厂比较关注的，也是管控力度较大的。研究显示，在夏季和冬季，车辆舱内检测出 56 种挥发性有机化合物（VOCs）排放。在 VOCs 类别方面，检测出 17 种烷烃和烯烃，17 种芳香烃，9 种酯类和醇类，8 种酮类和醛类，以及 5 种其他化合物，见表 16 – 1。车辆下线时间、环境温度是对车内 VOCs 种类及水平的关键影响因素，一般来说，车辆下线时间越短、环境温度越高，内饰释放出的 VOCs 种类和浓度水平越高。根据调研发现，乙醛是目前车企在管控中易超标的风险物质，某些零部件（如地毯等）会释放出较高浓度的乙醛，对于这类物质的管控是车内空气质量改善的重点关注方向。

表 16 – 1　车内空气 VOCs 检测类别及数量

VOCs 类别	数量
烷烃和烯烃类	17
芳香烃类	17
酯类和醇类	9
酮类和醛类	8
其他化合物	5

目前车内气味水平参差不齐，根据某第三方测评的车内气味结果，发现 28.57% 的车辆气味水平为 3.0 级，67.86% 的车辆气味等级为 3.5 级，3.57% 的车辆气味等级甚至达到 4.0 级，而这一等级结果已经不符合用户对驾车或乘车环境的要求，如图 16 – 1 所示。

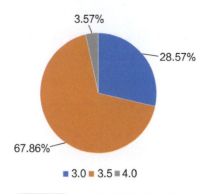

图 16-1　车内气味等级结果分布

3. 车内空气环境主要污染物的分类

车内空气污染物种类繁多，主要分为以下三大类。

第一类是化学污染物，包含 VOCs、半挥发性有机化合物（SVOC）、CO、CO_2、NO_x、SO_2 等。其中，VOCs 主要来源于汽车座椅、地毯、顶棚、门板等内饰件，尤其在新车中，内饰释放的 VOCs 浓度水平往往更高。国家标准 GB/T 27630—2011《乘用车内空气质量评价指南》中规定了车内空气中甲醛、乙醛、丙烯醛、苯、甲苯、乙苯、二甲苯和苯乙烯的浓度要求。此外，汽车发动机产生的 CO、NO_x 等进入乘员舱内，使得车内空气品质降低。

第二类是物理污染物，典型代表为颗粒物。根据粒径大小，颗粒物分为 PM_1（可入肺颗粒物）、$PM_{2.5}$（细颗粒物）和 PM_{10}（可吸入颗粒物），研究证明空气中 PM_{10}、$PM_{2.5}$ 和 PM_1 的浓度水平与呼吸系统疾病、心血管疾病患病率和死亡率都有显著正相关性。车内颗粒物主要来源于多个方面：①发动机产生的颗粒物直接进入车厢内；②汽车尾气中的颗粒物经过缝隙渗入车内；③外界道路环境中的颗粒物经空调系统进入车内；④汽车内饰释放的甲醛和挥发性有机化合物等反应可能产生的二次颗粒物。

第三类是生物污染物，如微生物，包括细菌、霉菌、病毒等。车内微生物主要由外界环境带入，包括驾驶人和乘车人带入，其他来自车内物品。车内较差的卫生环境往往导致细菌等微生物的滋生，尤其在夏季，高温高湿的情况下，汽车空调蒸发器上滋生的微生物释放出挥发性恶臭有机化合物（MVOC），进而产生异味，引起乘员不舒适的感觉。

4. 车内主要污染物的危害

研究测试发现，由于车内空气污染，大约有 65% 的驾驶人驾车时会出现头晕、困倦、咳嗽等现象，导致驾驶人出现压抑、烦躁、注意力无法集中的症状。这些症状统称为驾车综合征。由驾车综合征所引发的交通事故远比长时间疲劳驾驶、酒后驾驶引发的事故发生率要高得多。如果长期处于这种受污染的车内空气环境中，对人的呼吸道系统有很大危害，容易引发支气管炎、鼻炎、肺炎等，甚至会导致肺癌等疾病，而这些污染对儿童和妇女的影响更大。车内污染物对人的神经系统、免疫系统、内分泌系统等也可造成侵害。世界卫生组织已明确将车内空气污染与高血压、艾滋病等共同列为人类健康的十大威胁。因此，对于车内空气污染物的评价及控制是十分必要的。

二、车内空气品质的评价

人们的安全意识逐渐提高，对汽车内空气污染所带来危害的认识也较为充分。然而，从目前的情况来看，仍然不能彻底解决车内空气污染问题，要从各个方面着手，对其进行综合的分析和研究，这样才能从根本上对车内空气质量进行改善和提高。国家的相关部门要坚持"以人为本"的原则，站在消费者的角度看问题，并参考一些国外企业质量控制标准，尽快制定出与我国实际情况相符的车内空气质量评判标准和测试体系，使我国车内的空气质量测试工作可以更加科学化、规范化。与此同时，还要对车内的一些装饰材质和配件单中的有害物质浓度进行严格把控，制定相应的管控标准，这样才能从根本上对车内的污染进行控制，使得汽车内的空气环境污染问题得到有效的解决。

1. 车内空气品质评价简介

车内空气品质指的是在汽车座舱内，空气中某些因素直接影响人们的驾驶和乘坐的舒适程度。车内空气品质是人们对车内空气的具体感知，因此人员主观评价是评价车内空气品质的重要方法，依靠人的温湿度感觉系统、嗅觉系统对空气环境进行评价。这种方法的优点是直观、便捷，但空气污染物的危害性与其气味强度并不一一对应，例如，一定浓度的甲醛虽然无色无味，但长期曝露于该环境中对人体来说具有致癌性，而且空气品质问题涉及多组分，每种组分对人的影响均不相同，这些组分并存时的危害按何种规则进行叠加尚不清晰。

基于检测设备的客观评价在一定程度上可以弥补这一劣势。客观评价是采用检测设备对污染物进行定性定量后，与标准限值进行比较，评估车内空气品质是否达标。然而，受限于现有检测技术的发展，存在一些有害物质识别困难、低浓度化合物检测困难等问题。此外，标准限值的制定需要依靠大量的毒理学研究，某些有害物质的毒理学性质仍然未知。因此采用客观评价对所有有害物质进行全面评估较为困难。综上所述，主观评价和客观评价各有优缺点，建议采用主观评价和客观评价结合的方法对车内空气品质进行综合评价。

2. 车内空气品质综合评价方法

车内空气中包含成百甚至上千种污染物，采用对每种物质逐一检测的方法对车内空气品质评估并不可行，因此筛选关键污染物、关键指标进行评估十分必要。目前，颗粒物、挥发性有机化合物、气味是行业内的重点关注指标。

颗粒物中，粒径小于 2.5μm 的颗粒物（$PM_{2.5}$）能较长时间悬浮于空气中，其在空气中含量浓度越高，就代表空气污染越严重。通过检测不同车辆密闭性、空调内/外循环系统状态下对车内 PM 浓度的影响，评估整车及车内 PM 的过滤性能。

车内空气中甲醛、苯等挥发性有机化合物对人体健康存在危害，这类物质需要通过采用专业检测设备进行定量的检测，国标 GB/T 27630—2011《乘用车内空气质量评价指南》中规定了车内空气中甲醛、乙醛、丙烯醛、苯、甲苯、乙苯、二甲苯和苯乙烯的浓度要求，见表 16-2。基于检测到的空气污染物的种类和浓度，与国标中规定的该种污染物浓度限值相比，可评价车内空气品质是否达到标准。

表 16-2 车内空气中有机物浓度要求

序号	项目	浓度限值/（mg/m³）
1	苯	0.11
2	甲苯	1.10
3	二甲苯	1.50
4	乙苯	1.50
5	苯乙烯	0.26
6	甲醛	0.10
7	乙醛	0.05
8	丙烯醛	0.05

车内空气中部分 VOCs 对人体是无害的，但可能会产生令人不舒适的异味，例如内饰释放出低气味阈值的醛类、胺类等物质。从嗅觉感知机理角度来看，如图 16-2 所示，气味物质通过空气进入鼻腔，而在鼻腔中有一类易被气味分子激活的嗅觉感受神经元。气味分子激活特定嗅觉神经元后会被转化为电信号，从而引起特定的电传导模式，然后通过嗅球传递到大脑，产生嗅觉。气味无法只通过客观的方法进行直接量化，需要结合人体的嗅觉系统进行主观评估。

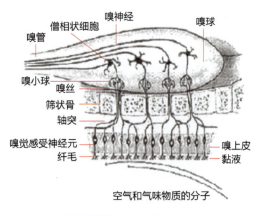

图 16-2 嗅觉感知机理

三、车内气味评价方法

1. 车内气味主观评价方法对比

气味是车内空气品质的重要评价内容，采用气味强度、气味愉悦度等指标可以准确地量化车内气味。目前不同主机厂及检测机构采用的评价尺度不同。气味强度等级见表 16-3。气味评价小组依照该参考量表对嗅闻到的气味进行实时打分，根据评价等级，判定材料、零部件、整车气味是否符合要求。

表 16-4 中总结了国内外关于车内空气质量的气味评价标准。三种标准对评价小组人数的要求存在差异，ISO 12219-7—2017 标准和德国 VDA 270—2016 要求评价小组人数不少于 5 人，中国 T/CMIF 13—2016 要求评价小组人数不少于 7 人。标准中一般要求气味评价员需经过标准流程的气味培训，以降低个体主观评价差异，ISO 12219-7—2017 标准中对气味评价员的选择及培训流程如图 16-3 所示。

表 16-3 气味强度等级

级别	评定标准	级别	评定标准
1	无气味	4	有明显的干扰性气味，不舒适
1.5	轻微察觉	4.5	强烈刺激性气味，不舒适
2	可感觉到，感觉舒适	5	强烈刺激性气味，强烈的不舒适感
2.5	可明显感觉到，无不舒适感	5.5	强烈刺激性气味，非常强烈的不舒适感
3	可明显感觉到，无干扰性气味	6	不可忍受，刺激，呕吐
3.5	可明显感觉到，有轻微干扰性气味		

表 16-4　国内外的车内空气质量气味评价标准

标准	评价对象	评价指标	评价小组人数要求		单次嗅闻时长
			数量	是否培训	
ISO 12219-7—2017	整车及零部件	气味强度、可接受度、愉悦度	≥5人	是	3~5s
德国 VDA 270—2016	汽车零部件	气味强度、气味特征	≥5人	—	—
中国 T/CMIF 13—2016	汽车内空气	气味强度、气味特性	≥7人	是	尽可能短

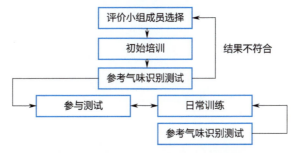

图 16-3　气味评价员的选择和培训流程

注：来源于 ISO 12219-7—2017 标准。

2. 车内气味客观评价方法进展

车内气味客观评价是指采用检测设备分析结合数据计算对气味进行评价。常见的客观评价方法包括气味活性值分析、电子鼻检测等。车内空气中包含上百种 VOCs，不同 VOCs 的气味阈值不相同，因此化合物与其质量浓度不成比例地产生气味。气味大小可用气味活度值（OAV）进行评估，它的定义式为

$$OAV_i = \frac{C_i}{C_{Ti}} \tag{16-1}$$

式中，C_i 为化合物 i 的检测浓度，单位为 $\mu g/m^3$；C_{Ti} 为化合物 i 对应的气味阈值浓度，单位为 $\mu g/m^3$；OAV_i 为化合物 i 的气味活性值。

OAV<1 时，化合物的气味无法被嗅闻到。当 OAV>1 时，化合物在该浓度下产生了能够被人们识别到的气味。气味活性值分析依赖于试验室检测设备和气味阈值库。由于气味阈值测试试验条件、欧洲与亚洲嗅觉系统的差异，现有的气味阈值库并不统一，应用该方法评价的准确度有待验证。

电子鼻是模拟生物嗅觉开发的电子系统，一般包括采样单元、检测单元和计算单元。在检测单元中，传感器阵列将待测气体的成分和浓度等信息转化为电信号。对比主成分分析（PCA）、线性判别分析（LDA）、K-近邻（KNN）算法、支持向量机（SVM）等多种分类算法，确定一种高精度且响应迅速的模

式识别方法，进而建立多种污染成分耦合影响下的污染物浓度与车内气味之间的关联，实现车内气味的客观检测。

四、研究展望

消费者要理性消费，在购买汽车时，不能只对汽车的款式、价格给予过多的关注，同时还要对它的性能和空气质量指标进行严格的把控，尤其要把空气质量指标作为购车的大前提和基础。同时这也会使汽车生产商对汽车里的环境空气质量给予高度的重视，进而可以进行技术改进，不断提高汽车内环境质量，为人们营造一个良好舒适的乘车与驾车环境。

对于主机厂，在对汽车组成材料和一些装饰品进行选择的过程中，一定要进行严格的把控，尽最大的可能挑选一些具有环保性能的组装材料，例如座椅材料、脚垫材料以及其他一些材料等，不要把含有毒性物质的皮革、橡胶、纤维纺织类装饰材料应用到车的组装当中。另外，车主在购买新的车内饰品之后，例如座套等，要用洗涤用品进行洗涤之后再铺设到车内进行使用。

综上所述，与室内环境污染有所不同，车内环境污染还没有得到全社会的重视。除此之外，车内污染的挥发性物质类型多种多样，有醛类、酮类等。在 GB/T 27630—2011《乘用车内空气质量评价指南》当中，也只标明了 8 项挥发性有机物的浓度限值，这一点需要进一步完善。基于此，国家的相关部门要对相关的质量评价规范进行不断的完善和优化；生产商要提高环保意识，主动使用环保材料；个人也要加强监控风险的防范意识，进而推动健康、环保、驾驶共同前行。

参考文献

[1] HUANG W, LV M, YANG X. Long-term volatile organic compound emission rates in a new electric vehicle: Influence of temperature and vehicle age [J]. Building and Environment, 2023, 168: 106465.

[2] 环境保护部. 乘用车内空气质量评价指南: GB/T 27630—2011 [S]. 北京: 中国环境科学出版社, 2011.

[3] KANDEL E R, SCHWARTZ J H, JESSELL T M. 神经科学原理 [M]. 4 版. 北京: 科学出版社, 2001.

[4] ISO. Interior air of road vehicles Part 7: Odour determination in interior air of road vehicles and test chamber air of trim components by olfactory measurements: ISO 12219 - 7: 2017 [S]. Geneva: ISO, 2017.

[5] VDA. Determination of the odour characteristics of trim material in motor vehicles: VDA 270: 2016 [S]. Espoo: IQM, 2016.

[6] JIANG C, LI D, ZHANG P, et al. Formaldehyde and volatile organic compound (VOC) emissions from particleboard: Identification of odorous compounds and effects of heat treatment [J]. Building and Environment, 2017, 117: 118 - 126.

第 17 章 Low-E 玻璃整车降能耗效果研究

罗院明 李 松 崔柳村

摘要：续驶里程焦虑是当前新能源汽车发展面临的重要问题之一。节能降耗技术及产品的应用有助于提高新能源汽车纯电续驶里程，缓解消费者里程焦虑。本章介绍了低辐射（Low-E）玻璃的降能耗原理，从空调系统功率和整车行车能耗角度分析了公司某款采用双银镀膜 Low-E 玻璃的新能源汽车的降能耗效果。结果表明，与使用传统隔热膜玻璃的车辆相比，采用双银镀膜 Low-E 玻璃的车辆在高温环境下，每行驶 100km 能降低 $0.45\sim0.5$ kW·h 电量，而且纯电续驶里程越长，降能耗效果越明显，并显示了可观的能耗经济性。

关键词：Low-E 玻璃，降能耗，空调能耗

一、前言

近年来，随着环境问题的日益突出以及全球能源危机的愈加严峻，新能源汽车凭借其使用过程中低排放的特点（纯电动汽车可实现零排放），受到全球各国政策的支持及各大车企的竞相追逐。然而，当前国内新能源汽车市场仍主要分布在北京、上海、广州、深圳等一线城市，与燃油汽车相比，其市场占有率仍不高。其中，续驶里程是当前消费者在选购新能源汽车时的主要考虑因素，里程焦虑严重影响了新能源汽车的销售。降低整车能耗、提高电池能量、改善充电条件以及加快充电速度是当前提高新能源汽车纯电续驶里程及减缓用户里程焦虑的重要研究方向。

图 17-1 所示为某电动汽车（EV）车型能量流分布情况，在纯电动模式行驶过程中，能量主要消耗在克服滚动阻力（27%）、风阻（17%）、空调能耗损失（16%）、传动损失

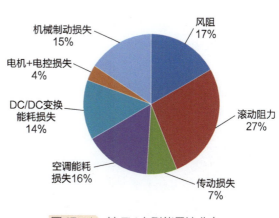

图 17-1 某 EV 车型能量流分布

(7%)、机械制动损失(15%)、DC/DC 变换能耗损失(14%)、电机+电控损失(4%)等方面。在现有降能耗研究中，以上能量消耗的模块都被作为重点研究对象。

汽车玻璃在汽车挡风、遮雨、采光上起着很重要的作用，是驾驶人安全驾驶的重要保障。汽车风窗玻璃一般为夹层玻璃，侧窗、后窗玻璃一般为钢化玻璃。风窗玻璃面积大约占汽车玻璃总面积的60%，是汽车采光的重要途径。普通玻璃阳光透过率高，紫外光、红外光阻隔性差。在炎热的夏天，强烈的阳光照射导致车内温度升高，不仅造成车内设施老化速度加快，影响驾驶人的乘车环境，还导致空调负荷增加，使得能耗变高。

为解决上述问题，国内外学者尝试设计一种隔热膜，在不影响玻璃采光的基础上，能有效阻隔紫外光，增加红外光反射。目前该类型隔热膜开始应用于汽车玻璃，是低辐射（Low-E）玻璃的典型代表。然而 Low-E 玻璃对整车降能耗贡献有多大，当前研究并不充分。

本章将详细介绍 Low-E 玻璃的降能耗原理，并对比研究原车型匹配的隔热隔声玻璃和新开发的双银镀膜 Low-E 玻璃在高温续驶中的表现，定量评估 Low-E 玻璃相对于普通隔热玻璃的降能耗效果，以期为新能源汽车节能降耗产品的选型与运用提供科学依据。

二、Low-E 玻璃的种类及降能耗原理

（一）Low-E 玻璃的种类及特性

Low-E 玻璃是利用真空沉积技术或真空溅射技术在玻璃表面镀一层辐射涂层而形成的一种镀膜玻璃，其镀层一般由金属或金属银氧化物薄层组成。由于这层膜的存在，Low-E 玻璃能对波长在 $1.0 \sim 40 \mu m$ 范围内的远红外线进行低吸收、向外发射甚至完全反射。研究表明，Low-E 玻璃能反射80%以上的红外线能量，而红外发射率最低可达到5%。这种吸光特性使 Low-E 玻璃具有良好的保温隔热性能，能减少采暖及制冷方面的能耗。当前 Low-E 玻璃已被广泛应用于建筑行业，同时在汽车行业也被大力推广。

根据镀膜特性，Low-E 玻璃可分为高透型 Low-E 玻璃、遮阳型 Low-E 玻璃和双银型 Low-E 玻璃。

1）高透型 Low-E 玻璃具有在太阳辐射光范围内可见光透过率较高的低辐射膜镀层，它是以银为基底的 $SnO_2/Ag/SnO_2$ 型镀层，其可见光透过率为85%，太阳辐射透过率为0.73，长波发射率为8%，有极高远红外线反射率，即有较低

的传热系数 U 值。

2）遮阳型 Low-E 玻璃具有较低的太阳能透过率，即玻璃遮阳系数 SC < 0.5，限制太阳热辐射进入乘用舱内，有极高的远红外线反射率（传热系数 U 值低），限制夏季乘用舱外热辐射进入舱内。

3）双银型 Low-E 玻璃的膜层中有两层银层，银层的添加是为了得到最低的辐射率。它突出地强调了玻璃对太阳热辐射的遮蔽效果。将玻璃的高透光性膜与太阳辐射的低透过性巧妙地结合在一起，因此双银型 Low-E 玻璃兼备高透型 Low-E 及遮阳型 Low-E 的优点，并且具有比上述两种玻璃更低的辐射率。这种玻璃更适应我国夏热冬暖地区气候。

（二）Low-E 玻璃的降能耗原理

根据传热学的相关知识，车辆各玻璃导热原理可表示为式（17-1）。

$$Q_{\text{cond}} = UA\Delta T \qquad (17-1)$$

式中，Q_{cond} 为车辆各玻璃的热交换量；A 为玻璃的外表面积；ΔT 为车内外温差；U 为车体对流换热系数。

当车内环境固定时，车体对流换热系数的大小将随车速 v 变化，即

$$U = f(v) \qquad (17-2)$$

对于确定的车型，其玻璃的外表面积已经固定。因此，式（17-2）可简化为

$$Q_{\text{cond}} = U_{\text{cond}} \Delta T \qquad (17-3)$$

式中，U_{cond} 为玻璃综合传热系数。

相比于普通玻璃和隔热膜玻璃，低辐射玻璃具有更低的传热系数 U 值，从而玻璃的综合传热系数 U_{cond} 也更低，最终体现为玻璃的热交换量 Q_{cond} 更低。在高温环境中，表现为外界进入到车内的热量更低，降低了空调的制冷负载；在低温环境下，表现为车内的漏热量更低，降低了空调的制热负载，两种表现均能降低空调系统能耗。

本节选用了双银型镀膜 Low-E 玻璃与隔热膜玻璃进行对比研究。镀膜热反射 Low-E 玻璃结构示意图如图 17-2 所示，利用磁控真空溅射技术，在汽车玻璃内层镀 9~14 层厚 50~250nm 金属膜，起到反射

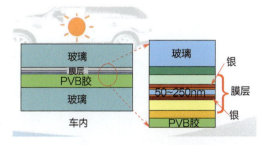

图 17-2　镀膜热反射 Low-E 玻璃结构示意图
注：PVB 为聚乙烯醇缩丁醛酯。

太阳能的作用，同时减少车内与外部环境的热交换。

三、Low-E 玻璃降能耗试验

为了验证和量化 Low-E 玻璃的降能耗效果，选择两辆车进行对比验证试验，试验中仅在车辆的前风窗玻璃上使用隔热膜玻璃和双银镀膜 Low-E 玻璃进行比较，其余试验条件均保持一致。

（一）试验样品选择

选用两辆车进行 4 次试验，每次试验均重复 2 次。试验安排矩阵见表 17-1。

表 17-1　试验安排矩阵

A 车		B 车	
隔热膜玻璃	Low-E 玻璃	隔热膜玻璃	Low-E 玻璃

注：仅更换前风窗玻璃，其余试验条件保持一致。

（二）试验条件

试验前，将车辆放至 38℃的环境舱进行保温，直至电池平均温度与环境温度相差在 ±1℃内，并且单节最低温度不低于环境温度 3℃，单节最高温度不高于环境温度 5℃。

试验时，车辆行驶模式均选择 EV-eco 模式，回馈模式均选择较大回馈。在高温 38℃环境下，测量其新欧洲驾驶循环（NEDC）的能耗。为了节省试验资源，同时保证试验过程中经历了降温阶段和维持温度阶段，选取同一电量［荷电状态（SOC）=80%］作为试验结束条件。

空调开始设置最大制冷吹面模式，当前排乘员面部平均温度到达 24℃时，调整空调模式为自动模式并调整空调温度设置值，使前排乘员舱内平均温度维持在（24±1）℃。

（三）试验结果与分析

1. 车内温度的变化对比

本研究中所有试验均重复两次，两次结果一致，下面采用其中一次数据进行结果分析。

在车辆保温环节，隔热膜试验车辆的车内温度要比 Low-E 玻璃试验车辆的车内温度高 2℃，说明 Low-E 玻璃的隔热效果比隔热膜玻璃的隔热效果更好。

在正式试验环节，Low-E 玻璃试验中的乘员面部平均温度比隔热膜玻璃试验中的先下降到目标温度（24℃），如图 17-3 中 A、B 箭头所示，表明试验过程中，Low-E 玻璃的乘员舱内热负荷更低，隔热效果更好。

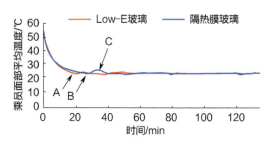

图 17-3　乘员面部平均温度随时间变化趋势

温度达到目标温度后，试验员均将空调设置为自动模式，空调温度设置为 24℃。Low-E 玻璃的试验中，乘员面部平均温度开始轻微波动后稳定在 (24±1)℃。在隔热膜玻璃的试验中，乘员面部平均温度无法稳定在 (24±1)℃，如图 17-3 中 C 箭头所示。将隔热膜玻璃试验中的空调温度设置为 23℃ 之后，乘员面部平均温度才满足温度要求。由此看出，Low-E 玻璃试验的热负载比隔热膜玻璃试验的小。

对空调出风口的温度进行分析，以驾驶人侧左右出风口对比分析为例。在从试验开始到车内温度到达目标温度（24℃）这一过程当中，即图 17-3 中从试验开始到 A、B 箭头所指的位置。对应的图 17-4 中试验开始到 D、E 箭头所指的位置这一过程。由图 17-4 可知，为了使车内温度下降到目标温度，Low-E 玻璃试验中驾驶人侧左、右出风口的温度一直高于隔热膜玻璃。在车内温度稳定在 24℃ 后，Low-E 玻璃试验中驾驶人侧左、右出风口的温度大部分时间高于隔热膜玻璃试验 1~2℃。由此可推测这一过程中，双银镀膜玻璃试验空调的能耗会更小。

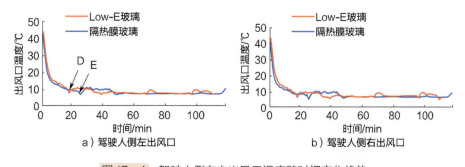

图 17-4　驾驶人侧左右出风口温度随时间变化趋势

2. 空调能耗变化对比

为了验证上述推测，提取了空调压缩机和 DC/DC 变换器的功率进行对比分析。如图 17-5 所示（为更好显示细节，只截取了前 60min 左右的数据进行分析，车内温度稳定后，数据变化趋势保持不变），在试验开始的前 10min，空调压缩机在以最大能力进行制冷工作，与此同时，DC/DC 变换器的功率达到最大。在 Low-E 玻璃试验先达到目标温度后，试验员将温度设定为 24℃，此时压缩机和 DC/DC 变换器的功率开始明显下降。而隔热膜玻璃试验晚 6min 左右达到目标温度，该 6min 时间段的能耗差异约 0.16kW·h。待车内温度稳定之后（约行驶了 24km），与隔热膜玻璃试验相比，Low-E 玻璃试验中的空调压缩机平均功率低 100W 左右，DC/DC 变换器平均功率低 45W 左右，如图 17-6 所示。温度稳定后持续工作 100min 左右（约行驶 45km），Low-E 玻璃试验能耗比隔热膜玻璃试验能耗少 0.2kW·h，折合成百公里能耗为 0.44kW·h/100km。

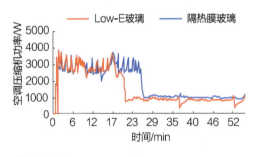

图 17-5　空调压缩机的功率随时间变化趋势

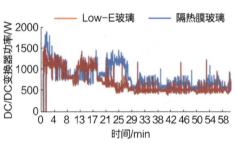

图 17-6　DC/DC 变换器功率随时间变化趋势

3. 整车能耗参数对比

对整车能耗进行比较分析，使用 Low-E 玻璃的车辆耗电量比使用隔热膜玻璃车辆耗电少 0.45~0.50kW·h，见表 17-2。

表 17-2　整车能耗试验结果

项目	A 车			B 车		
	Low-E	隔热膜	差值	Low-E	隔热膜	差值
续驶里程/km	74.05	69.64	4.41	72.50	69.50	3
截止 SOC（%）	80	80	0	80	80	0
百公里能耗/（kW·h/100km）	17.47	17.92	0.45	16.89	17.39	0.50

四、Low-E 玻璃降能耗经济性分析

（一）Low-E 玻璃降能耗效果与纯电续驶里程的关系

本章所进行的试验中，纯电续驶里程实际只达到70km。为了评估车辆不同续驶里程的降能耗效果，本章假设乘员舱温度稳定后，忽略电池热管理的影响，乘员舱热管理能耗维持不变。空调降温阶段能耗的差距与纯电续驶里程的大小无关，仍假设为0.16kW·h；温度稳定之后，Low-E 玻璃与隔热膜玻璃相比能耗下降0.44kW·h/100km。由此计算200km、300km、400km、500km高温续驶里程下，运用 Low-E 玻璃车辆相比于隔热玻璃达到相同的里程时可减少的电池装机电量，见表17-3。由结果可知，纯电续驶里程越长的车型，应用 Low-E 玻璃降能耗效果会越好，其带来的装机电池电量减少越多。

表17-3 Low-E 玻璃车辆不同续驶里程下降电量效果

续驶里程/km	200	300	400	500
下降电量/kW·h	0.93	1.37	1.81	2.25

注：1. 以上数据仅估算更换前风窗玻璃，若后风窗玻璃、车窗玻璃及天窗都使用 Low-E 玻璃，降电量效果会更明显。

2. 以上数据仅为 Low-E 玻璃与隔热膜玻璃对比效果，若 Low-E 玻璃与普通玻璃相比，降电量效果会更加明显。

（二）Low-E 玻璃降能耗的经济效益

根据市场价格，隔热膜前风窗玻璃单价约300元，Low-E 前风窗玻璃单价约400元。假设每减少1kW·h电量能节省800元，使用 Low-E 前风窗玻璃与隔热膜前风窗玻璃的不同续驶里程下的经济性效果见表17-4。因此，在长纯电续驶里程车辆上使用 Low-E 玻璃，经济效益非常可观。

表17-4 不同续驶里程下的经济性效果（Low-E 与隔热膜成本差）

续驶里程/km	80	200	300	400	500
降成本/元	260	644	996	1348	1700

五、研究结论与展望

通过对 Low-E 玻璃降能耗性能进行试验验证，可得出以下结论：

1) Low-E 玻璃应用于新能源汽车上具有降能耗的效果。以行驶距离70km

左右为例，使用 Low-E 前风窗玻璃的车辆能耗比使用隔热玻璃的车辆能耗降低 0.45~0.50kW·h/100km，纯电行驶里程越长，降能耗效果越明显。

2) Low-E 玻璃应用于新能源汽车上的降能耗效果也带来了良好的经济效益，并且纯电续驶里程越长，经济效益越高。

本章研究的 Low-E 前风窗玻璃适用于夏热冬暖地区。对寒冷地区的车辆，可参考寒冷地区建筑上 Low-E 玻璃的应用。例如，天津大学建筑学院的盖凯凯等人已开发出了一种适用于寒冷地区住宅上的 Low-E 真空中空复合玻璃。如果能将不同玻璃的多种性能结合，开发出能同时满足炎热和寒冷两种环境的低辐射玻璃，将带来新能源汽车降能耗技术革新，这也是当前汽车降能耗的重要研究方向。

参考文献

[1] 孙叶，刘锴. 里程焦虑对纯电动汽车使用意愿的影响 [J]. 武汉理工大学学报（交通科学与工程版），2017，41（1）：87-91.

[2] 张强. Low-E 玻璃在重庆地区的节能适用性研究 [D]. 重庆：重庆大学，2007.

[3] 潘伟. Low-E 中空玻璃节能原理的简述 [J]. 建筑节能，2007（1）：60-63.

[4] 盖凯凯. Low-E 真空中空复合玻璃的热工性能研究及其在寒冷地区住宅中的应用 [D]. 天津：天津大学，2012.

第18章　多能量源车辆的全局优化控制

许楠　睢岩　刘俏　孔岩

摘要：为应对能源短缺和环境污染问题，发展多能量源汽车是21世纪全球汽车工业的必然选择。其中涉及的车辆能量管理系统是需要关注的重要研究方向。目前，能量管理控制策略主要分为基于规则和基于优化两类。基于优化的策略在获得全局最优解和燃油经济性最大化方面表现突出，其中，动态规划（DP）是评价最优性的基准。DP策略面临四大挑战：标准化、实时应用、准确性和令人满意的驾驶性能。为了解决上述问题，建立了"信息层－物质层－能量层－动态规划"（IPE－DP）优化框架。具体来说，首先在信息层获取三个场景的全因素工况信息；然后对车辆进行建模，在物质层根据提出的"动/势能－车载能量"守恒框架确定车辆的可行工作模式；最后针对不同的信息获取场景，开发了全局寻域算法和执行依赖启发式动态规划（ADHDP）模型以获得最优解。本章最后介绍了能量管理的前景。

关键词：全局优化能量管理，工况信息，车辆动力系统，域搜索算法，多能量源车辆

一、前言

节约化石能源、合理利用可再生能源是人类社会可持续发展的必然要求。因此，低碳出行工具是人们的未来愿景和现实需求，也是世界汽车工业的主要发展方向之一。为了应对日益严峻的石油能源供需矛盾、环境污染和二氧化碳排放压力，世界各国政府纷纷提出了相应的汽车节能减排战略和法律。为有效实现"双碳"战略目标，中国汽车工业协会联合相关研究机构和专家制定了"2028年实现碳达峰，2050年近零排放，2060年实现碳中和"的汽车产业低碳化战略。根据欧盟2019/631号法规，从2020年1月起，新上市乘用车的平均二氧化碳排放量不得超过95g/km，轻型商用车的平均二氧化碳排放量不得超过147g/km。一旦超过这一目标，每辆车按照每克95欧元进行罚款；在加州所实施的零排放汽车法案与州长令的鼓励下，已有超过40万辆混合动力汽车上路行驶。

以插电式混合动力汽车（PHEV）为代表的多能量源汽车是汽车行业未来发展的重点方向之一。其中涉及的车辆能量管理技术因其在节能减排领域的突出表现而成为汽车研发的重点。基于规则的策略作为最基本的策略，因其简单实用而被广泛应用。然而，它无法获得全局最优解。为了使多能量源车辆（MEV）的燃油经济性有更好的表现，人们开发了基于优化的能量管理控制策略，主要包括瞬时优化和全局优化。动态规划（DP）作为一种典型的全局优化方法，可以获得理论上的最佳燃油经济性，为评估其他能量管理策略提供了基准。

然而，DP 在 MEV 上的实际应用面临四大挑战。

第一个挑战是 DP 控制策略的标准化问题，主要指建立统一的状态空间模型，实现车辆可行工作模式与驾驶工况的一一对应，构建统一化全局优化能量管理控制架构。对于固定的车辆模型，状态变量和控制变量的选择略有不同。例如，对于单轴混联插电式混合动力电动客车，Wang 等人选择电池的荷电状态（SOC）作为唯一的状态变量，发动机转矩（T_e）和电机转矩（T_m）作为独立的控制变量。Peng 和 He 等人的研究中，DP 模型有三个控制变量：T_e、n_e（发动机转速）和 T_m。

为解决 DP 的标准化问题，Zhou 等人基于电动汽车/混合动力汽车的工作模式建立了统一的 DP 状态空间模型。Xu 等人总结了 DP 控制策略的主要步骤和技术路线。为了在实时应用中实现卓越性能，Zhang 等人提出了一种新型的 PHEV 分层控制框架，其中包括通过迭代动态规划进行能量利用规划以及通过模型预测控制（MPC）进行能量利用管理。大部分研究主要从动力总成配置或协同控制策略的角度来规范 DP 问题。由于能量分配与信息场景和车辆构型相关，上述问题的重叠使得 DP 的求解过程变得复杂。为了快速获得最优解，本章将有机地整合车辆、信息和能量，从而更有效地规范 DP 控制流程。

第二个挑战是 DP 在 MEV 上的实时应用问题。一方面，DP 控制策略的实施依赖于对驾驶需求功率的事先了解，即应提前获取整个工况信息。为了避免未知驾驶循环对最优结果的不利影响，DP 方法通常与驾驶模式识别方法、MPC、速度预测或规则提取相结合。Zhang 等人基于驾驶模式识别和 DP，提出了 PHEV 的自适应能量管理，通过模糊逻辑控制器识别驾驶模式。在 MPC 框架下，Guo 等人提出了一种具有动态更新交通信息的自适应能量管理策略。通过深度神经网络预测短期速度，并应用 DP 计算每个 MPC 步骤的最佳能量分配。与此类似，在 Peng 等人的研究中，根据 DP 策略的最优结果，校准了基于规则的控制策略，以确保实时控制。Liu 等人从 DP 结果中提取三段控制规则，然后提出了基于规则的自适应控制策略。Li 等人分析了不同驾驶模式下 DP 的离线最优控制规则，并使用随机森林方法进行学习。

在智能交通系统（ITS）和汽车大数据的背景下，基本信息（车辆状态、道路状况和交通状况）和衍生数据（道路通行能力、驾驶风格或驾驶人行为）均可获得，这为全局优化能量管理提供了信息基础。有了提前获取的工况信息，就可以实现全局最优能量分配。

另一方面，随着控制变量数量的增加，DP 存在"维数诅咒"，由于耗时长、内存巨大，只能离线实现。对于传统 DP，在对状态变量进行离散化（网格化处理）后，根据状态转移方程反向计算成本函数，然后进行正向计算以寻找最优控制结果。然而，这导致了沉重的计算负担。此外，巨大的内存还体现在燃料消耗矩阵的存储上，这涉及三种不同的方法：点对点、高度稀疏矩阵和逐列稠密矩阵。为了在提高实时性的同时确保能量管理策略（EMS）的最优性，一种有效的方法是充分考虑当前和未来的道路交通信息，生成 SOC 参考轨迹。在交通信息的基础上，Lei 等人利用简化的 DP 来确定最佳 SOC 轨迹，计算速度快。在 Astarita 等人的研究中，SOC 参考轨迹仅由交通流的平均速度信息获得，并通过一阶低滤波器对浮动车数据进行平滑处理。如果将电池 SOC 限制在参考轨迹附近波动，则可以显著缩小搜索区域。因此，在行程信息确定的情况下，将通过尽可能缩小搜索区域来实现快速 DP 策略，以确保在令人满意的计算速度下获得最佳性能。

随着人工智能算法和数据处理技术的飞速发展，神经动态规划、深度学习、强化学习和自适应动态规划（ADP）作为数据驱动的控制策略，因其可以在线运行并逼近 DP 结果，从而显示出优越的性能。由于神经网络具有很强的自学习能力和适应性，ADP 方法可以自适应地逼近 DP 优化问题中的最优控制和最优成本函数，从而提高全局优化能量管理的实时性。它被认为是在不确定运行条件下提高车辆经济性的有效方法。因此，针对随机工况信息，本章将利用 ADP 方法在确保全局最优性的同时提高实时性。

第三个挑战是结果的准确性，主要是指获取全面准确的工况信息，减少插值泄漏造成的累积误差。在实际驾驶过程中，交通拥堵和交通信号灯等不可避免，这些都会极大地影响能量需求。得益于智能交通系统（ITS）、地理信息系统（GIS）和全球定位系统（GPS），获取的工况信息变得更加真实准确。Gong 等人基于交通信息，将 DP 应用于加强电荷消耗控制，结果显示，与基于规则的控制相比，燃油经济性显著提高。特别地，道路坡度对电池的充电和放电过程有很大影响，因此对车辆能耗有很大影响。Guo 等人提出了一种考虑道路坡度的 DP 方法。考虑到未来路线是未知的，Zeng 等人将道路坡度建模为马尔可夫链。不过，大多数文献只考虑了车速和坡度，没有涉及滑移率和总重量。为了获得更准确的驾驶动力需求，本章将提出全因素工况数据来模拟工况信息，包括车辆速度、坡度和滑移率。

在逆向计算过程中，如果终端状态不在离散网格上，则将利用线性插值来计算最优的成本函数，从而导致累积误差。基本的解决方法是尽可能缩小离散间隔，但这会增加计算负担。为了解决插值泄漏问题，Zhou 等人提出了一种水平集 DP 算法，它使用水平集函数来描述后向可达空间。为了避免插值计算，Zhou 等人设计了一种状态变量滤波器，将标准线性网格转换为非线性网格。为了获得网格化成本，Larsson 等人使用了局部近似（线性和二次样条），并得出了每个点的最佳转矩分配决策的解析解，这大大减少了内存需求。上述方法需要额外的模块，如近似成本函数或无效状态过滤，这增加了算法的复杂性。总之，尽量减少插值问题造成的累积误差，平衡计算精度和计算负担是关键点。

最后一个挑战是满足驾驶性能，主要指对换挡和发动机起停的限制。对于配备变速器的车辆来说，频繁换挡不仅会加速变速器的内部磨损，还会使驾驶人感到疲劳。此外，频繁起动和关闭发动机也会降低燃油经济性。为了获得最佳的发动机起停指令，人们开发了智能算法，如结合二次规划的遗传算法。与 DP 相比，它可以大大减少计算时间，但代价是需要对离散变量进行额外的模型近似。

为适应实际情况，在 DP 优化过程中应考虑发动机频繁起停问题、频繁换挡问题 和过大的瞬态转矩响应，以确保安全性、驾驶性和舒适性。然而，在以往的文献中，很少发现实时 EMS，包括优化控制框架中的发动机起停和档位选择。在之前的一些研究中可以发现两种主要方法：一种是在油耗标准中加入与换挡或发动机起停次数成比例的惩罚函数；另一种是在多标准成本函数中引入额外的附加成本，整合燃油消耗量和驾驶性能约束。多标准性能指标函数通常使用加权因子来调整单个标准之间的权重。加权因子的选取应以油耗系数为参考，并保证电池 SOC 在预设范围内。为了体现对车辆驾驶性能的考虑，Fan 等人在成本函数中加入了包含发动机起动/停止和换挡的惩罚函数。遗憾的是，一旦加权因子选择不当，就会对最优结果产生严重影响。为了避免加权系数对最优结果产生不利影响，本章将从全局的角度来处理上述约束条件。也就是说，相关的约束条件将被视为过滤掉不理想控制序列的限制条件。

为解决上述 MEV 的 DP 问题，基于信息和智能控制的能量管理技术以其卓越的性能脱颖而出。这类能量管理系统获取全因素工况信息，通过对车辆动力系统部件的利用，实现动力部件的功率控制，进而实现不同能源能量的合理分配，从而达到降低油耗、减少排放的目的。换言之，工况信息、车辆动力系统和能量分配是能量管理研究的三要素，三者相互作用、相辅相成，实现车辆能耗最优。因此，本章提出了用于 MEV 的全局优化能量管理的"信息层 – 物质层 – 能量层 – 动态规划"（IPE – DP）框架。该全局优化框架将车辆、信息和能量有机地结合在一起，实现了不同信息场景、不同车辆配置和能量转换的统一。

二、IPE – DP 全局优化能量管理控制架构

从本质上讲，车辆的全局优化能量管理是基于可用的工况信息，充分利用车辆的特性，进行全局最优能量分配。基于分层思想，提出了 IPE – DP 框架，有助于揭示全局能量管理的节能机制。

该框架包括三个主要层，即信息层、物质层和能量层，示意图如图 18 – 1 所示。

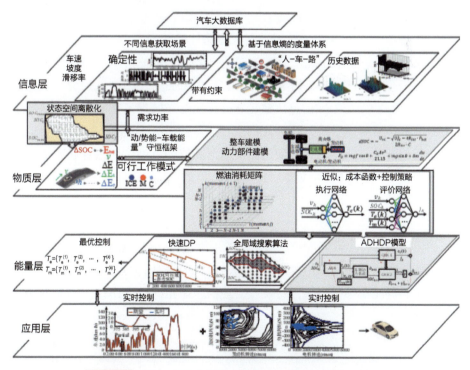

图 18 – 1　IPE – DP 分层式全局优化能量管理框架示意图

根据信息、物质和能量之间的关系，提出的框架具有以下特性：

1）若已知信息层所包含的工况信息与物质层所包含的车辆工作模式与动力系统参数，可基于该优化架构求解出在该工况信息下车辆的最优燃油经济性及对应的最优能耗分配。

2）若已知信息层所包含的工况信息和能量层所包含的相关能耗约束（电量消耗和油耗），可基于该优化架构匹配出在该工况信息与能量消耗约束下最佳车辆动力系统配置与工作模式。

3）若已知物质层所包含的车辆动力系统参数及工作模式和能量层所包含的相关能耗约束，可基于该优化架构求解出在此车辆配置和能量消耗约束下该路段的驾驶人经济驾驶方式，以及交通管制部门对交通信号设施的合理规划，以实现最佳交通流控制等。

三、信息层－获取全因素工况信息

为了获取更准确的功率需求，在信息层提供全因素工况信息。根据可获取工况信息的不确定性，从三种场景实现全因素工况信息的获取：

（1）确定型工况信息　对于具有固定路线的 MEV，可以借助 ITS、GIS 和 GPS 等充分地预先获取工况信息。相应地，可确定某一具体车辆构型在给定工况下的节能性能，进而将其作为衡量其他能量管理控制策略的基准。

（2）历史数据型工况信息　在足够的历史行车数据的支持下，构建各工况信息的状态转移概率矩阵，以此反映各工况信息的分布情况。

（3）约束型工况信息　下面将介绍如何获取约束型工况信息和历史数据型工况信息。

（一）约束型工况信息

考虑用熵这一参数来度量工况信息的不确定度，如果影响因素不是独立的，则必须使用联合熵来计算信息熵。然而，某些因素之间的联合概率密度很难获得，甚至不可能获得，因此，驾驶人、车辆和道路的约束由独立因素反映，以便后续计算。

1."人－车－路"因素

综合考虑驾驶风格、车辆动力性能、交通状况、道路状况，"人－车－路"全因素工况信息模型示意图如图 18－2 所示。

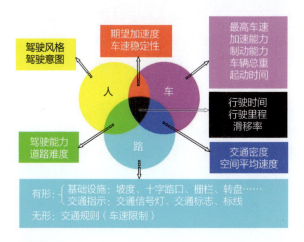

图18-2 "人-车-路"全因素工况信息模型示意图

如果只有工况信息的约束是已知的，则在每个时刻（或地理位置，下同）的工况信息的可能值会受到驾驶人、车辆或道路的约束或者相互组合的约束限制。

2. "人-车-路"约束

上述因素可以进行单一约束或形成组合约束。从驾驶人、车辆和道路三个方面来看，约束可分为以下几类：

（1）道路约束 一方面，有形约束是指具体物体施加的约束，包括设施和指示。

设施主要包括道路坡度和道路基础设施（包括栅栏、十字路口、转盘），道路基础设施主要依据自然地形条件形成。

1) 道路坡度和十字路口。假设不同的路线对应不同的道路坡度，则在固定行车路线上的道路坡度是可以获得的。对于固定道路，坡度是确定的，但在十字路口处，一旦行驶方向发生改变，道路坡度也随之发生改变。

2) 道路基础设施。当车辆遇到栅栏时，车速需降至0。在有交通信号灯的情况下，如何行驶与外部和内部信号灯有关。

从指示性标志的角度看，指示性标志主要包括交通信号灯、交通标志、标线。

1) 交通信号灯。当交通信号灯为红色或者黄色的时候，车速需要在停止线前降至0，除此之外，车辆以正常速度通过信号灯。如果可以提前获取交通信号灯的状况，则可以将整个周期分成多个阶段。

2）交通标志。在交通领域，交通标志包括警示标志、禁止标志、指示标志，根据道路限速标志，车速应限制在某一范围内。

3）标线。标线对车辆速度、行驶方向和变道条件（超车）施加限制。例如，当遇到白色菱形图案时，车辆必须减速并注意行人过马路。

另一方面，无形约束主要指交通规则等对车速的限制。如果没有限速标志，针对不同的道路，不同的国家或地区有不同的交通法规，这就造成了不同的限速。例如，根据我国的交通法规，对于没有中心线的道路，城市道路的限速为30km/h，公路的限速为40km/h。

基于上述规则，当车辆在特定道路上行驶时，存在最大或最小速度限制。

(2) 车辆约束　对于固定的车辆，平均速度主要受最高速度、加速能力和制动能力的影响。最大速度取决于各动力部件可以提供的最大功率。

加速能力一般体现在起步加速时间和超车加速时间上。根据行驶方程式，可以确定最大加速度（a_{dm}）。

制动能力主要与制动性能、轮胎、路面附着系数有关。最大减速度（a_{bm}）与制动强度（z）有关：$a_{bm} = zg$。

由于运动学通常包含怠速、加速、匀速和减速，因此考虑车辆的起动时间以表征车辆的动力性。

(3) "车－路"组合约束　当多辆车在某个区域行驶时，车辆速度会受到交通流量的影响，反映出该路段交通繁忙或畅通。

在不同时间段，基于空间速度调查，可以得到速度分布直方图和速度累积频率曲线，一般情况下，速度分布基本符合正态分布。也就是说，它满足以下概率密度函数：

$$p(v) = \frac{1}{\sqrt{2\pi}\sigma_s} e^{-\frac{(v-\bar{v}_s)^2}{2\sigma_s^2}} \qquad (18-1)$$

式中，$\bar{v}_s$ 为空间平均速度；σ_s 为标准差（方差），反映速度分布的离散化程度。

根据车速的累积频率曲线，85% 车速（所有车辆中85%在此车速以下行驶）被视为最高限速，以确保行车安全。15% 车速（所有车辆中有15%低于此速度）被视为减少拥堵的最低速度限制。

速度分布的标准差与85% 车速和第15% 车速之间的差具有以下近似关系：

$$S = \sigma \approx \frac{v_{85\%} - v_{15\%}}{2.07} \qquad (18-2)$$

即

$$\begin{cases} \int_{v_{\min}}^{v_{\max}} \frac{1}{\sqrt{2\pi}\,\sigma_s} e^{-\frac{(v-\bar{\bar{v}}_s)^2}{2\sigma_s^2}} dv = 70\% \\ \sigma_s \approx \dfrac{v_{\max}-v_{\min}}{2.07} \end{cases} \quad (18-3)$$

在此基础上，将交通流约束转化为速度约束。

（4）"人-车"组合约束　对不同的驾驶风格，车速稳定性及期望加速度（减速度）均有差异。以最大加速度（减速度）为基线，预期加速度（a_{de}）和预期减速度（a_{be}）可通过式（18-4）确定。

$$\begin{cases} a_{de}^l = \beta_l a_{dm} \\ a_{be}^l = \beta_l a_{bm} \end{cases} \quad (18-4)$$

式中，β 为不同驾驶风格对应的影响因子；角标"l"为驾驶风格，值为 0、1 或 2。

此外，对于不同的驾驶风格，速度稳定性是不同的，这对应于速度分布（σ_s）的离散化程度。

（5）"人-路"组合约束　根据驾驶里程和工龄，驾驶人的专业水平分为五个等级：初级、中级、高级、技师和高级技师。根据驾驶员职业分类，驾驶能力可分为五个等级，分别记为 1、2、3、4、5，值越高，驾驶能力越高。

由于道路的类型、性质和功能不同，不可能用一个标准对所有道路进行分类。首先对道路分类，然后根据技术标准进行分级。根据道路的特点和用途，将道路分为五个等级：城市道路、高速公路、矿山道路、森林道路和乡村道路。根据道路类型，道路难度可分为五个等级，分别记录为 1、2、3、4 和 5，值越高，道路难度越大。

综合考虑道路难度和驾驶能力，筛选出可行路线。筛选规则如下：

$$\text{route} = \begin{cases} 0, & p > q \\ 1, & p \leq q \end{cases} \quad (18-5)$$

式中，p 为道路类型；q 为驾驶能力；1 表示该道路类型可被选择，否则是不可行的。

（6）联合约束　根据驾驶能力和道路难度，可以选择出可行的路线。从起点到目的地，每条路线的行驶时间和里程都不一样。

此外，不同的路线对应于不同的附着系数。基于道路附着系数和速度范围，可以确定每个可行路线的滑移率的范围。

3. 工况信息约束

基于每条路线的行驶时间、里程和滑移率，可以根据不同的目标函数选择唯一的路线和车道。目标主要涉及最短行驶时间、最短行驶里程等。

从起点到目的地，这个区域所有可能的路线和相应的海拔都可以通过谷歌地图获得。通过设置参考点，可以得到每条路径的坡度，构成坡度集合 $\Theta_1 = \{\theta_1^1, \theta_1^2, \cdots, \theta_1^n\}$，$\Theta_2 = \{\theta_2^1, \theta_2^2, \cdots, \theta_2^n\}$，$\cdots$，$\Theta_L = \{\theta_L^1, \theta_L^2, \cdots, \theta_L^n\}$。其中，$\theta_i^k$ 为路线 i 在 k 位置（或时刻，下同）的坡度，Θ_L 为路线 L 的坡度集。

每条路线上的里程构成集合 $\Omega_L = \{l_1, l_2, \cdots, l_L\}$。基于速度限制，每条路线上的行驶时间由平均速度确定，平均速度构成集合 $\Omega_T = \{t_1, t_2, \cdots, t_T\}$。

通过最短的驾驶时间或最短的行驶里程，可以确定唯一的路线，在该道路上，坡度是固定的。

一旦确定了路线，通过整合关于"人-车-路"的约束，可以获得从起点到目的地的速度曲线（位置或时间，下同）。该曲线表示每个时刻的最大和最小速度。

如图 18-3 所示，约束用箭头表示，其有效范围用线段来表示（下同）。在施加约束的条件下，可以确定相应的速度-距离 ($v-x$) 曲线，可以转换为速度-时间 ($v-t$) 曲线。

行车路径一旦确定，路面类型也相应地确定了，即确定了道路附着系数。以某一间隔离散车速区间，得到对应的滑移率。

综上所述，得到了速度、滑移率和坡度，为确定物质层中的工作方式奠定了基础。

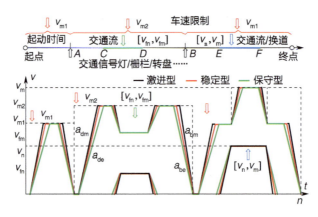

图 18-3　车速外廓线示意图

注：在该路段施加相关约束：A 点和 B 点为交通信号灯、栅栏、转盘等约束（车辆非通行状态），CD 段和 EF 段受交通流限制，分别对应交通拥堵路段 {限速 $[v_{fn}, v_{fm}]$} 和交通通畅路段 {换道，限速 $[v_n, v_m]$}，AB 段车速限速 v_{m2}，其他路段车速限速 v_{m1}。

（二）历史数据型工况信息

在一定时间内，车辆速度和路线选择（在多个路口）符合马尔可夫性。在大数据库中获取的历史驾驶数据的支持下，可以获得状态转移概率矩阵，以此反映各工况信息的分布情况。一般情况下，相对海拔和坡度可以被视为状态空间，生成坡度的状态转移矩阵。对于车速，由于驾驶循环的多样性，可以生成多个状态转移概率矩阵以提高预测精度。

一旦确定了路面类型，则相应地确定道路附着系数 ε。基于预测的车速，可以通过轮胎的魔术公式计算出滑移率。

四、物质层－整车建模和可行工作模式的确定

作为物质主体，车辆纵向动力学模型和动力部件（发动机、电机和电池）的建模是在物质层完成的。根据动力学方程，可以确定所需的功率。利用可用的工况信息、功率需求和状态矩阵，基于"动/势能－车载能量"守恒框架，在物质层确定了任意两个可达状态点之间的工作模式。

（一）系统框架和整车建模

1. 车辆动力系统

多能量源汽车通常由发动机、驱动电机、动力电池和电子控制系统组成，电子控制系统包括车辆控制单元、电池管理系统等。

以单电机（SEM）混合动力汽车为例介绍动力系统构型。根据电机相对于传统动力系统的位置，可以把单电机混动方案分为六大类，如图18-4所示，分别命名为 P_0（带传动启动/发电机）、P_1（单电机安装在曲轴上）、P_2（单电机安装在变速器输入端）、P_S（单电机安装在变速器内）、P_3（单电机安装在变速器输出端）、P_4（单电机安装在驱动桥上）。

一般情况下，发动机状态可以是开或关，电机状态可以是关、电动或发电，离合器状态可以是接合或分离。对于固定的车辆构型，一旦确定了发动机和电机的工作状态，离合器状态也就随之确定。结合各部件可能的工作状态就可以确定可行的工作模式。

不同车辆构型的可行工作模式见表18-1。由于结构的限制，无论 P_0 还是 P_1，由于发动机和电机的同步转动，电机都不能单独驱动车轮。也就是说，这两种构型不存在纯电动模式。

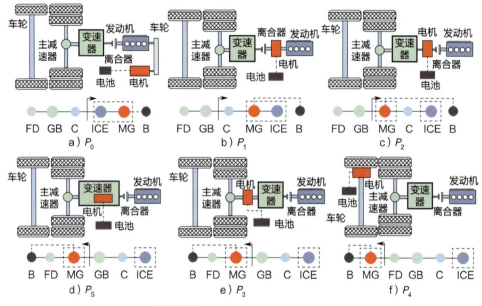

图18-4 单电机车辆构型拓扑图

FD—主减速器 GB—变速器 C—离合器 ICE—发动机 MG—电机 B—电池

表18-1 不同车辆构型的可行工作模式（P_0、P_1、P_2、P_3、P_4）

构型	P_0	P_1	P_2	P_3	P_4
动力学	$n_e = n_w\, i_g\, i_0$, $n_m = n_w\, i_g\, i_0$			$n_e = n_w\, i_g\, i_0$ $n_m = n_w\, i_0$	$n_e = n_w\, i_g\, i_0$ $n_m = n_w$
功率平衡	$P_{req} = P_e + P_{bat}$, $P_e = T_e n_e / 9550$, $P_m = T_m n_m \eta_m^i / 9550$				
工作模式	（状态/模式：车辆静止、再生制动或滑行、纯发动机、混合驱动、行车充电）			（状态/模式：车辆静止、纯电驱动、再生制动或滑行、纯发动机、混合驱动、行车充电）	

注：1. ×和灰色背景表示动力部件不工作；箭头指向电池表示电池正在充电，反之，箭头指向电机表示电池正在放电；表中示例为 P_1 构型和 P_2 构型的可行工作模式。

2. n_e 为发动机转速；n_m 为电机转速；n_w 为车轮转速；i_g 为变速器传动比；i_0 为主减速比。

一旦车速和车辆构型固定,就可以通过动力学方程得到相应的发动机转速和各挡位电机转速。

传动系统的功率平衡方程为

$$\begin{cases} P_{req} = P_e + P_{bat} \\ P_e = T_e n_e / 9550 \\ P_m = T_m n_m \eta_m^s / 9550 \end{cases} \quad (18-6)$$

式中,P_{req} 为需求功率;P_e 为发动机功率;P_{bat} 为电池功率;T_e、T_m、n_e、n_m、P_m 分别为发动机转矩、电机转矩、发动机转速、电机转速、电机功率;η_m 为电机效率,当 $s = -1$ 时,电机用作驱动电机,当 $s = 1$ 时,电机用作发电机。

2. 整车建模 – 需求功率

根据车辆的纵向动力学方程,需求功率 P_{req} 可表示为

$$P_{req} = F_t v \quad (18-7)$$

式中,F_t 为车辆牵引力;v 为车速,均为矢量。

3. 发动机模型

为了分析和评价燃油经济性,将发动机模型简化为准静态 MAP 图[⊖]:

$$M_e = Q_f(T_e, n_e) \quad (18-8)$$

式中,n_e 为发动机转速;T_e 为发动机转矩;M_e 为发动机油耗。

4. 电机模型

电机的效率表示为电机转速与电机转矩的关系:

$$\eta_m = f(T_m, n_m) \quad (18-9)$$

式中,η_m 为电机效率;n_m 为电机转速;T_m 为电机转矩,用作电动机时为正值,再生制动时为负值。

电机输出功率(P_m)可表示为

$$P_m = \begin{cases} T_m \omega_m / (9550 \eta_m), & 驱动电机 \\ T_m \omega_m \eta_m / 9550, & 发电机 \end{cases} \quad (18-10)$$

5. 电池模型

在不考虑温度变化和电池老化的情况下,采用一种简单有效的电池内阻模型(静态等效电路模型)计算电池功率(P_{bat}),内阻模型包括开路电压(U_o)和电池内阻(R_{int})。忽略电池热效应和电池瞬态,电池 SOC 可由式(18-11)计算。

⊖ MAP 图是指发动机在各种工况下所需的点火控制曲线图。

$$SOC_{k+1} = SOC_k - \frac{U_o(k) - \sqrt{U_o^2(k) - 4R_{int}(k)P_{bat}(k)}}{2R_{int}(k)C} \quad (18-11)$$

需要指出的是，改进后的电池模型也适用于所提出的框架。当 SOC 值在 0.2~0.9 之间时，开路电压与 SOC 之间存在线性关系，开路电压可拟合为 $U_o = A\,SOC + B$，其中，A 和 B 为经试验数据拟合的系数。

（二）"动/势能－车载能量"守恒框架

1. 节能框架介绍

当车辆行驶时，从节能的角度来看，能量分配本质上是动能、势能、化学能（包括电能）和热能之间的转换，分别对应于车辆的速度、海拔、电机所做的功（耗电量）和发动机所做的功（耗油量）。为了确定可行域中任意可达状态点之间的工作模式，可以将上述变量合理组合，形成动力系统可控部件的各种触发条件，从而确定相对应的唯一的工作模式。

在数学分析的基础上，在物质层提出了"动/势能－车载能量"守恒框架，确定了车辆的工作模式。

如图 18－5 所示，外部因素主要包括以下因素：

1) 车速对应的下一时刻与当前时刻之间的车辆动能变化（ΔE_k）。

2) 海拔对应的下一时刻与当前时刻之间的车辆势能变化（ΔE_p）。

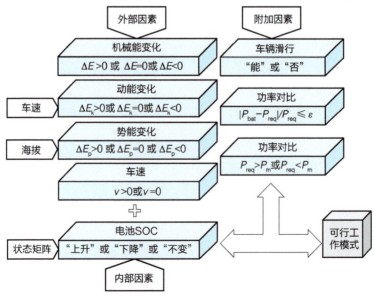

图 18－5 "动/势能－车载能量"守恒框架示意图

3) ΔE_k 和 ΔE_p 之和对应的下一时刻与当前时刻之间的总机械能变化（ΔE）。

4) 车辆速度。

内部因素主要是指车载能量，包括耗电量，体现在电池 SOC 的变化上。

考虑滑行条件和功率对比，附加因素主要包括：

1) 车辆能否滑行。

2) 需求功率与电机或发动机最大功率的对比。

上述因素可产生各种触发条件，每种触发条件对应动力系统可控部件的单一运行方式。它可以实现工作模式与驾驶工况的一一映射，为成本函数（即油耗矩阵）的确定奠定基础。

需要注意的是，所提出的节能框架适用于多能量源汽车和单能量源汽车。对于多能量源汽车，车载能量涉及油电混合、电-气混合或电-氢混合，转换是机械能与车载能量之间的转换。对于单能量源车辆，如纯电动汽车，车载能量为电能，能量守恒则为车辆自身机械能与电能之间的转化。

2. 确定可行工作模式

根据信息层中获取的车速和海拔，可以确定每一时刻的动能、势能和机械能的变化。

对于网状可行域，确定任意两个可达状态点之间的状态转移，对应电池电量。

为了减小插值问题引起的累积误差，采用抵消思想确定纯电动模式。当需求功率（P_{req}）和两个可达状态点之间的电池功率满足 $|P_{bat} - P_{req}|/P_{req} \leqslant \varepsilon$ 时，对应的工作模式为纯电动模式，否则就要通过插值来确定可达状态是否是纯电动模式了。因此，这种方法可以使更多的状态点落在网格上，避免插值计算，在一定程度上减小了由插值泄漏问题引起的累积误差。

对于带有 SEM 的混合动力汽车，SOC 的变化与电机功率直接相关，也就是说，可以基于 SOC 变化来判断电机的工作状态。如果 SOC 降低，则电机的工作状态为电动。如果 SOC 上升，则电机的运行状态为发电，如果 SOC 保持不变，则发动机处于起动状态而电机处于关闭状态。此外，将每一时刻需求功率与电机峰值功率之间的比视为区分纯电动模式和混合动力模式的附加条件。

基于"动/势能-车载能量"守恒框架，在每个触发条件下，可以确定动力系统可控部件的唯一可行工作模式。

五、能量层-最优能量分配

基于可用的工况信息和成本函数，在能量层完成最优能量分配。

（一）确定型工况信息下的最优解

对于固定路线的车辆，可以预先获取出行信息。一旦信息具有确定性，就可以通过确定性 DP（DDP）获得全局最优解。

1. DDP 公式

（1）状态空间方程　为了保证 DP 模型的马尔可夫性，考虑频繁换挡问题时必须将挡位状态作为状态变量。然后可以建立多能量源车辆 DP 模型的统一状态空间方程：

$$x_{k+1}=f(x_k,u_k),\ k=1,2,3\cdots \quad (18-12)$$

式中，x 为状态变量，$x=[SOC,v,G]$，v 为车速，G 为挡位；u 为控制变量，$u=[T_e,T_m,u_g]$，T_e 为发动机转矩，T_m 为电机转矩，u_g 为挡位变化（升挡、降挡或不变分别对应 1、-1、0）；$f(x_k,u_k)$ 为系统动力学函数，k 为时间。

对于无变速器的车辆，状态空间方程也统一表示为式（18-12），将 G 设置为常数值。

（2）约束条件　为确保电力元件的安全性，考虑状态变量和控制变量的物理约束。

$$\begin{cases} SOC_{min} \leqslant SOC(k) \leqslant SOC_{max} \\ P_{bat\_min} \leqslant P_{bat}(k) \leqslant P_{bat\_max} \\ T_{e\_min} \leqslant T_e(k) \leqslant T_{e\_max} \\ T_{m\_min} \leqslant T_m(k) \leqslant T_{m\_max} \\ u_g \in [0,1,-1] \end{cases} \quad (18-13)$$

式中，P_{bat} 为电池功率；下标 max 和 min 指的是每个变量的最大和最小极限。

此外，还考虑了额外的约束，以避免频繁换挡、频繁发动机起停以及发动机转矩的剧烈变化，即

$$\begin{cases} |T_e(k+1)-T_e(k)| \leqslant M \\ G(k+1)-G(k)=0\ 或\ \pm 1 \\ \Delta t_G \geqslant T_G \\ \Delta t_E \geqslant T_E \end{cases} \quad (18-14)$$

式中，M 为发动机转矩最大瞬时增量；Δt_G 为保持在某一挡位的时间；T_G 为挡位维持的最短时间；Δt_E 为发动机启动后的工作时间；T_E 为发动机允许的最小

工作时间。

（3）成本函数　多能量源车辆 DP 策略的目标是找到最优控制序列，以获得最优 SOC 轨迹，并在给定的驾驶循环内最小化燃油消耗。因此，DP 的优化目标可以表示为

$$J = \sum_{k=1}^{n} L(x_k, u_k) \qquad (18-15)$$

式中，L 为单步的瞬时成本；n 为总步数（即驾驶时间）。

根据最优性原理，每一步的最优成本函数可以视为该阶段的最小燃料消耗。DP 的基本递推方程为

$$J_k^*(x_k) = \min_{u_k} \left[\text{fuel}(x_k, u_k) + J_{k+1}^*(x_{k+1}) \right] \qquad (18-16)$$

$$u^*(k) = \arg \min_{u(k)} J_k[x(k)] \qquad (18-17)$$

式中，J_k^* 为第 k 步状态 x_k 处的最优成本函数；$u^* = \{u^*(1), u^*(2), \cdots, u^*(N-1)\}$，为最优控制序列；$\text{fuel}(\cdot)$ 为发动机转矩和发动机转速的函数，代表燃油消耗。

2. 更新油耗矩阵

对于发动机转矩和换挡的瞬态变化，可以通过更新油耗（重新定义为无穷大，即 inf）来直接消除不合理的状态点。然而，发动机频繁起停问题和频繁换挡问题是时间序列上的累积问题。在寻找最优解时，应从全局的角度剔除不合理的解。

根据发动机特性（瞬态图），当负载低于 30% 时，发动机不会进入增压区。发动机转矩的瞬态增量没有限制。相反，当负载大于 30% 时，发动机瞬态转矩不会发生剧烈变化。

假设发动机转矩的结果为 $T_e = \{T_e^1, T_e^2, \cdots, T_e^n\}$，则转矩增量为 $\Delta T_e = \{T_e^2 - T_e^1, T_e^3 - T_e^2, \cdots, T_e^n - T_e^{n-1}\} = \{\Delta T_e^1, \Delta T_e^2, \cdots, \Delta T_e^n\}$，如图 18-6a 所示。在 k 时刻，发动机最大转矩（$T_{e\max}$）可由外特性确定，如图 18-6b 所示。若所需功率与发动机最大允许功率之比大于 30%（$P_{\text{req}}^k / P_{\text{emax}}^k \geq 0.3$），且瞬时转矩增量与发动机最大允许转矩之比大于 60%（$\Delta T_e^k / T_{\text{emax}}^k \geq 0.6$），油耗被重新定义为无穷大（inf）。类似地，如图 18-6c 所示，如果瞬时换挡超过 1，则燃油消耗被重新定义为无穷大（inf）。

然后，通过添加发动机转矩瞬态变化和换挡的约束来更新燃油消耗矩阵。

3. DDP-最优 SOC 轨迹域

为了快速获得最优控制，提出了一种全局寻域算法，该算法以最优状态域的形式输出所有解。全局寻域算法主要包括以下步骤：

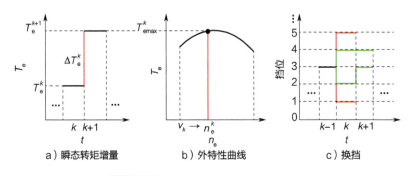

a) 瞬态转矩增量　　b) 外特性曲线　　c) 换挡

图 18-6　瞬态转矩增量及换挡示意图

（1）依次求解并存储每个状态点到起始点的最优成本　在能量层引入图论的思想，将油耗矩阵转化为各状态点之间的距离权重，即将最优能量分配问题转化为从起始状态（初始 SOC）到终止状态（终止 SOC）的最短路径问题。

从起点开始，依次求解每个状态点到起点的最优成本（即最短距离），存储在二维矩阵 $D(i, j)$ 中，即最优成本矩阵。最优值可以通过式（18-18）求解。

$$D(j, k+1) = \min\{D(i, k) + \text{fuel}(j, i, k, g) \mid s_k \in V - \{i\}\} \quad (18-18)$$

式中，$\text{fuel}(j, i, k, g)$ 为 g 挡位下从 k 时刻第 i 状态点到 $(k+1)$ 时刻第 j 状态点的油耗；$D(i, k)$ 为 k 时刻从起点到第 i 状态点的最优成本。

针对发动机频繁起停和频繁换挡问题，通过增加挡位约束和发动机起停约束来更新最优成本矩阵，具体流程见表 18-2。

表 18-2　计算最优成本矩阵时添加约束流程

算法 1：添加约束来更新最优成本矩阵
1. 设置时间 T_G，T_E 并初始化 $D(1, 1) = 0$ 2. For $k = 1:1:n$ 　　For $j = 1:1:\text{num}_{k+1}$ 　　　For $i = 1:1:\text{num}_k$ 　　　　For $g = GM_k:1:GN_k$ 　　　　　$s(i) = D(i, k) + \text{fuel}(j, i, k, g)$ 　　　　　记录 Δt_G，Δt_E ← 寻找控制矩阵：$[\text{gear}, T_e]$ 　　　　　If ($\Delta t_G < T_G \parallel \Delta t_E < T_E$) && $j > \max\{T_G, T_E\}$ 　　　　　　$s(i) = \inf$ 　　　　End 　　　End 　　　$D(j, k+1) = \min\{s(i)\}$ 　　End 　End End

注：n 为总行驶时间；num_k 为 k 时刻的状态点数量；num_{k+1} 为 $k+1$ 时刻状态点数量。

(2) 依次求解并存储每个状态点前一时刻的最优状态点　所有状态点都重新编号，并且每个时刻的每个状态点都按顺序编号。数字存储在一个二维矩阵 $\mathbf{SOC}_{\text{number}}(i, k)$ 中，即编号矩阵，对应的位置与 **SOC** 矩阵重合。

由于某些阶段存在相同的状态转变，而 DP 的解决方案是对不同阶段的成本函数进行累加计算，因此某些阶段存在多个相同的阶段成本函数（燃油消耗）。在求解从某一状态点到起点的最优成本函数（即最短距离）时，需要搜索所有最优状态点。

根据新的状态点编号，记录上一时刻最短路径（即最优成本函数）上状态点的序号，并存储在二维矩阵 **prev** 的相应列中，即最优编号矩阵，如图 18-7 所示。矩阵 **prev** 的维数取决于所有状态点 N 的数量，计算公式为 $N = \sum\limits_{k=1}^{n} \text{num}_k$。

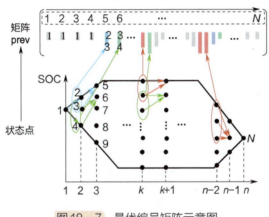

图 18-7　最优编号矩阵示意图

(3) 逆向搜索并存储各时刻的最优状态点　最后一个状态点是时刻 n 的最优状态点。从终点开始，可以查找矩阵 **prev** 最后一列存储的数字（Nun），即 $(n-1)$ 时刻的最优状态点，存储在一个二维矩阵 $\mathbf{P}(i, j)$ 的第 $(n-1)$ 列中，即最优状态矩阵。

然后，根据数字 Nun，可以查找矩阵 **prev** 的第（Nun）列中存储的数字，得到的编号就是 $(n-2)$ 时刻的最优状态点，存储在矩阵 $\mathbf{P}$ 的 $(n-2)$ 列中。如果此时存在多个数字 $\{\text{Nun}_1, \cdots, \text{Nun}_m\}$，则可以依次查找矩阵 **prev** 中存储的相应列的编号，并存储在矩阵 $\mathbf{P}$ 的第 $(n-2)$ 列中。以此类推，逆序搜索最优状态点，直至到达起始点。最优状态矩阵示意图如图 18-8 所示，它存储了每个时刻所有最优状态点的编号。

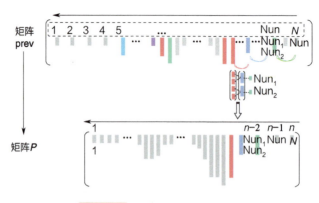

图18-8 最优状态矩阵示意图

（4）生成最优 SOC 轨迹域　为了获得所有最优 SOC 轨迹，将矩阵 P 中存储的状态点编号恢复为原始编号，该编号对应着每个最优状态点在 SOC 可行域中的位置。

以全球轻型车排放测试程序（WLTP）的中速段为例，基于所提出的全局寻域算法，可以搜索所有最优 SOC 轨迹上的所有状态点，如图 18-9 所示。xoz 平面和 yoz 平面的投影反映了 SOC 可行域中各最优状态点的位置。可以看出，所有的最优状态点形成了一个最优轨迹域。根据最优状态点的分布，等效最优状态（某一时刻）大多出现在减速或多次连续上升和下降的部分（一定范围内），

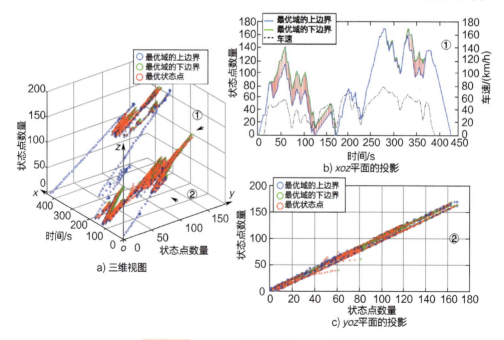

图18-9　WLTP 中速段最优 SOC 轨迹域

主要原因是相应部件对应多种可选工作模式，电池 SOC 可以在一定范围内波动，导致总油耗相同。而且，最优状态点在 SOC 可行域中的位置反映了最优 SOC 轨迹的总体趋势。此外，侧视图中最优状态点的疏密程度可以大致反映工况类型。

由于输出所有最优 SOC 轨迹并不容易，因此将所有最优状态点以最优域的形式输出，以提高计算效率，即生成最优 SOC 轨迹域以获得最优结果，为后续研究中快速 DP 的建立奠定基础。

4. DDP－快速 DP

为了有效提高全局优化算法的计算效率，直接的方法是尽可能减少可达状态点。基于最优 SOC 轨迹的统计规律，开发了快速 DP 以提高全局优化能量管理的实时适用性。

（1）生成参考 SOC 轨迹　对于给定的驾驶循环，可以将其分为多个运动片段。通过分析不同车型、不同速度分布下的最优 SOC 轨迹趋势，可以得出以下结论：

1）整个驾驶循环包含多个运动片段时，若每个运动片段的速度分布相似（低速、中速、高速），则最优 SOC 轨迹大致呈线性下降。

2）在整个驾驶循环中，若某一运动片段的速度分布明显高于其他运动片段时，最优 SOC 轨迹整体仍呈线性下降，但速度分布相对较高对应的运动片段的最优 SOC 轨迹大致为 V 形或倒 V 形。V 形的凹凸程度取决于车辆制动程度（紧急或平缓）及车辆所配置电机的功率大小，电机额定功率越大或紧急制动车速变化幅度越大，V 形凹凸程度越明显。

3）当行驶时间（或行驶里程）足够长或 SOC 范围足够大（电量足够）时，无论驾驶循环所属类型如何（城市、高速、城郊组合），最优 SOC 轨迹整体上都会大致呈线性下降。

需要指出的是，上述结论中 1）和 2）适用于整个工况驾驶时间不太长（$n < 2000s$）或 SOC 范围不太宽（$\delta = SOC_0 - SOC_f < 0.25$）的情况。

基于上述结论，DP 控制策略下最优 SOC 轨迹大致遵循线性下降规则。因此，设置一参考 SOC 轨迹 SOC_r，即

$$SOC_r(k) = SOC_0 - (SOC_0 - SOC_f)k/n \qquad (18-19)$$

式中，SOC_0 为初始 SOC；SOC_f 为终止 SOC；n 为总行驶时间；k 是时刻。

针对 P_2 乘用车，多个标准行驶循环下最优 SOC 轨迹与参考 SOC 轨迹之间的上下偏差见表 18-3。

表 18-3　最优 SOC 轨迹与参考 SOC 轨迹之间的上下偏差

工况	CSUDC	UDDS	NEDC	WLTP	HWEET
上偏差	0.008	0.0171	0.008	0.02	0.0115
下偏差	0.0056	0.0091	0.03	0.021	0.026

基于以上分析，可以得出，最优 SOC 轨迹与参考 SOC 轨迹之间的最大偏差基本不超过 0.03。特别地，如果速度分布比较均匀且速度较低（$v<60km/h$），则最大偏差基本不超过 0.01。

因此，通过在参考 SOC 的基础上扩大一定的允许偏差，可以形成条带搜索区域，以缩小状态搜索区域。根据平均速度、最高速度等，速度分布类型大致可分为低速、中速和高速（下同）三类。相应的 SOC 偏差（d_1，d_2，d_3）分别设置为 0.01、0.02 和 0.03。

（2）次优 SOC 轨迹域　为了保证理论最优状态点不超出搜索域的边界，提出了次优轨迹域，在一定程度上扩大了状态可行域。通过寻找次优域和最优域之间的潜在联系，可以在保证最优性的同时缩小状态变量的搜索域。

以最优 SOC 轨迹域（油耗最小）为基准，通过设置许可误差来确定次优轨迹域。考虑到次优成本可能存在于整个行程中的任何时刻，因此，需要预先设定与次优成本相对应的终止时刻。

根据误差，逆向寻优时查找容许误差范围内的次优状态，并计算累积误差，直至累积误差超出许可范围，具体流程见表 18-4。

表 18-4　次优域搜索算法流程

算法 2：逆向搜索
1. 设置误差范围 ε 与误差开始发生时刻 s
2. 找到从时刻 s 到终止时刻的最优状态域
3. For $j=s: -1:1$
针对当前时刻各状态点求次优解，并计算累积误差 E
If $E>\varepsilon$
break;
End
End→获取时刻 d（循环停止的时刻）
4. 找到从起始时刻到 d 时刻的最优状态域
5. 获取 SOC 的次优轨迹域

许可误差设置为 10%。在相同的典型驾驶循环下，次优域宽度相对于最优域宽度的扩展见表 18-5。

表 18-5 次优域宽度相对于最优域宽度的扩展

工况	CSUDC	UDDS	NEDC	WLTP	HWEET
扩展（%）	10.50	14.94	11.43	14.12	8.5

综合以上分析，次优域宽度相对于最优域宽度的扩展基本在 10%~15% 范围内。为了使统计规则更加通用，在不同车辆参数（同一类别）下进行模拟。结果表明，需要在原有规则（10%~15%）的基础上扩大 5%，才能使最优轨迹域不超过搜索域的边界。需要说明的是，不同类别的车辆对应着各自的统计规律。

以参考 SOC 轨迹为基准，基于统计规则，可以形成快速 DP 的简化状态可行域，详情如下：

步骤 1：根据速度分布确定 SOC 的最大偏差。

步骤 2：以参考 SOC 轨迹为基线，以偏差宽度为半径，初步形成条带搜索域。

步骤 3：引入工况信息限制最大充/放电电流，形成简化状态可行域，如图 18-10 所示。

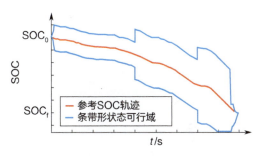

图 18-10 条带形状态可行域示意图

与传统的 DDP 相比，所提出的快速 DP 在保证全局最优性的同时提高了计算效率。由于算法的计算时间与计算设备的硬件配置有关，因此很难客观地评价计算效率。由于状态点数量（SOC）对 DP 算法的计算效率影响很大，因此采用 DP 算法所需的状态点数量来衡量快速 DP 的计算效率。

以 WLTP 和 UDDS 为例，假设在整个行程中预先获得速度限制和 SOC 范围，模拟结果见表 18-6。

表 18-6 快速 DP 模拟结果（$d\_SOC = 0.0001$，$SOC \in [0.6, 0.8]$）

工况	UDDS		WLTP	
算法	传统	快速 DP	传统	快速 DP
数量（状态点）	5001401	244891	6767208	399952
效率提升（%）	95.10		94.09	

在多个标准驾驶循环下，快速 DP 的计算效率可提高约 95%。它进一步说明了所提出方法（快速 DP）的有效性。

（二）不确定型工况信息下的 ADP 最优解

在行驶工况不确定的情况下，自适应 DP（ADP）被认为是提高车辆经济性的有效方法。

1. 确定效用函数

全局优化的目标是找到一组最优控制序列来最小化成本函数（J）：

$$J(x_k) = \sum_{i=k}^{\infty} \gamma^{k-i} U(k) \qquad (18-20)$$

式中，$U(k) = \text{fuel}(x_k, u_k)$，为效用函数；$\gamma$ 为折扣因子，反映不同阶段（时刻）奖励或惩罚对整体成本函数的影响。状态变量和控制变量的物理约束与式（18-18）和式（18-19）一致。

由此，可以得到 ADP 的基本递推方程：

$$J_k^*(x_k) = \min_{u_k} [U(x_k, u_k) + \gamma J_{k+1}^*(x_{k+1})] \qquad (18-21)$$

$$u_k^* = \arg\min_{u_k} [U(x_k, u_k) + \gamma J_{k+1}^*(x_{k+1})] \qquad (18-22)$$

为了确保最优性，生成参考 SOC 轨迹来限制 SOC 状态。考虑到实时优化时，车速信息会影响参考 SOC 实际轨迹，因此需要根据工况信息实时修正参考 SOC。在信息可获取范围内，道路坡度信息可通过 GPS 获得，车速信息受前方道路、交通信息等约束，以上工况信息作为车辆工作模式切换的依据，为参考 SOC 轨迹的实时更新提供信息基础。特别地，当车辆停车时，参考 SOC 将保持恒定；当车辆只能回收能量时，根据再生制动模式重新规划参考 SOC（能量回收率设置为 30%），如图 18-11 所示。

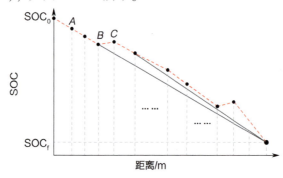

图 18-11　参考 SOC 轨迹实时更新示意图

2. 建立 ADHDP 模型

根据行驶方程式，可以确定车辆的功率需求。因此，采用 ADHDP 结构，如图 18-12 所示，包括一个执行网络和两个评价网络。

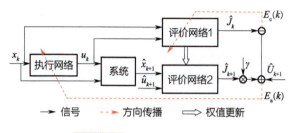

图 18-12 ADHDP 结构图

评价网络用于逼近最优值函数。两个评价网络只是时刻 k 和 $(k+1)$ 上的差异，只更新评价网络在 k 时刻的权值。成本为

$$\begin{cases} \text{input}\boldsymbol{C}_k = [u_k,\ x_k] \\ c_{h1}(k) = \text{input}\boldsymbol{C}_k \times \boldsymbol{W}_{c1}(k) + \boldsymbol{b}_{c1}(k) \\ c_{h2}(k) = \dfrac{1-\mathrm{e}^{-c_{h1}(k)}}{1+\mathrm{e}^{-c_{h1}(k)}} \\ \widehat{J}_k = c_{h2}(k) \times \boldsymbol{W}_{c2}(k) + \boldsymbol{b}_{c2}(k) \end{cases} \quad (18-23)$$

式中，$\boldsymbol{W}_{c1}$、$\boldsymbol{W}_{c2}$ 为两个相邻层之间的权值向量；$\boldsymbol{b}_{c1}$、$\boldsymbol{b}_{c2}$ 为两个相邻层之间的阈值向量。

采用最速梯度下降法更新权值，见式（18-24）。

$$\begin{cases} \Delta \boldsymbol{W}_{c2}(k) = -\boldsymbol{l}_c \times \boldsymbol{c}_{h2}^{\mathrm{T}}(k) \times \boldsymbol{e}_c(k) \\ \Delta \boldsymbol{b}_{c2}(k) = -\boldsymbol{l}_c \times \boldsymbol{e}_c(k) \\ \Delta \boldsymbol{W}_{c1}(k) = -\dfrac{1}{2}\boldsymbol{l}_c \cdot \boldsymbol{e}_c(k) \cdot \boldsymbol{x}_k^{\mathrm{T}} \cdot \{\boldsymbol{W}_{c2}^{\mathrm{T}}(k) \otimes [1-\boldsymbol{c}_{h2}(k) \otimes \boldsymbol{c}_{h2}(k)]\} \\ \Delta \boldsymbol{b}_{c1}(k) = -\dfrac{1}{2}\boldsymbol{l}_c \cdot \boldsymbol{e}_c(k) \cdot \{\boldsymbol{W}_{c2}^{\mathrm{T}}(k) \otimes [1-\boldsymbol{c}_{h2}(k) \otimes \boldsymbol{c}_{h2}(k)]\} \end{cases}$$

$$(18-24)$$

式中，$e_c(k) = \widehat{J}_k - (\beta \widehat{J}_{k+1} + \widehat{U}_{k+1})$，为评价网络的反馈；$l_c$ 为评价网络的学习率。

执行网络近似最优策略。在每一时刻，发动机转矩和电机转矩满足以下关系：

$$T_{\text{req}}(k) = [T_e(k) + T_m(k)]i_g(G_k)i_0 \quad (18-25)$$

式中，T_{req} 为需求转矩；i_g 为变速器传动比；i_0 为主减速比。

因此，执行网络仅输出发动机转矩，见式（18-26）：

$$\begin{cases} \boldsymbol{a}_{h1}(k) = \boldsymbol{x}_k \times \boldsymbol{W}_{a1}(k) + \boldsymbol{b}_{a1}(k) \\ \boldsymbol{a}_{h2}(k) = \dfrac{1 - e^{-a_{h1}(k)}}{1 + e^{-a_{h1}(k)}} \\ \boldsymbol{a}_{h3}(k) = \boldsymbol{a}_{h2}(k) \times \boldsymbol{W}_{a2}(k) + \boldsymbol{b}_{a2}(k) \\ \boldsymbol{u}_k(k) = \dfrac{1}{1 + e^{-a_{h3}(k)}} \end{cases} \quad (18-26)$$

式中，$\boldsymbol{W}_{a1}$、$\boldsymbol{W}_{a2}$ 为两个相邻层之间的权值向量；$\boldsymbol{b}_{a1}$、$\boldsymbol{b}_{a2}$ 为两个相邻层之间的阈值向量。

执行网络更新权值向量以最小化成本 J_k。使用梯度下降算法，权值向量 $\boldsymbol{W}_{a1}$、$\boldsymbol{W}_{a2}$ 更新见式（18-27）。

$$\begin{cases} \Delta \boldsymbol{W}_{a2}(k) = -\dfrac{1}{2} l_a \cdot \boldsymbol{a}_{h3}^T(k) \times \{\boldsymbol{W}_{c2}^T(k) \otimes [1 - \boldsymbol{c}_{h2}(k) \otimes \boldsymbol{c}_{h2}(k)]\} \times \boldsymbol{W}_{c1u}^T(k) \times \boldsymbol{u}_k(1 - \boldsymbol{u}_k) \\ \Delta \boldsymbol{b}_{a2}(k) = -\dfrac{1}{2} l_a \cdot \{\boldsymbol{W}_{c2}^T(k) \otimes [1 - \boldsymbol{c}_{h2}(k) \otimes \boldsymbol{c}_{h2}(k)]\} \times \boldsymbol{W}_{c1u}^T(k) \\ \Delta \boldsymbol{W}_{a1}(k) = -\dfrac{1}{4} l_a \cdot \boldsymbol{x}_k^T \{[(\boldsymbol{W}_{c2}^T(k) \otimes [1 - \boldsymbol{c}_{h2}(k) \otimes \boldsymbol{c}_{h2}(k)]) \boldsymbol{W}_{c1u}^T(k) \boldsymbol{u}_k(1 - \boldsymbol{u}_k) \boldsymbol{W}_{a2}^T(k)] \otimes [1 - \boldsymbol{a}_{h2}(k) \otimes \boldsymbol{a}_{h2}(k)]\} \\ \Delta \boldsymbol{b}_{a1}(k) = -\dfrac{1}{2} l_a \{[(\boldsymbol{W}_{c2}^T(k) \otimes [1 - \boldsymbol{c}_{h2}(k) \otimes \boldsymbol{c}_{h2}(k)]) \boldsymbol{W}_{c1u}^T(k) \boldsymbol{u}_k(1 - \boldsymbol{u}_k) \boldsymbol{W}_{a2}^T(k)] \otimes [1 - \boldsymbol{a}_{h2}(k) \otimes \boldsymbol{a}_{h2}(k)]\} \end{cases}$$

$$(18-27)$$

式中，l_a 为执行网络的学习率。

3. 历史数据型工况信息下的 ADP 求解

根据已有的历史行车数据，可以获得不同速度分布下的 DP 结果。通过观察 DP 行为，可以提取不同速度分布下的换挡规律和参考 SOC 轨迹。车辆速度、加速度和功率需求被视为规则提取（MAP 生成）的基础。

在一定时间内，车速符合马尔可夫性。将车速和加速度作为状态变量，车速的状态转移概率矩阵元素可以定义为

$$T_{ij} = P\left[a_{k+m} = \bar{a}_j \mid V_{k+m-1} = \bar{V}_i\right] \quad (18-28)$$

式中，$i \in \{1, 2, \cdots, pp\}$，为速度状态；$j \in \{1, 2, \cdots, qq\}$，为加速度状态；$V_{k+m-1}$ 为 k 时刻的速度状态；a_{k+m} 为 $(k+1)$ 时刻的加速度状态；$m \in \{1, 2, \cdots, L_p\}$，$L_p$ 为预测时间。

对于 ADHDP 模型，需要预测接下来 2s 的车速（v_{k+1}，v_{k+2}），然后可以通过提取的规则确定当前时刻和下一时刻的挡位（G_k，G_{k+1}）。ADHDP 算法控制流程见表 18-7。

表 18-7 历史数据型工况信息下的 ADHDP 算法控制流程

算法 3：ADHDP 算法的控制流程
参数初始化： γ、T_c、T_a、l_c、l_a、n、W_{c1}、W_{c2}、b_{c1}、b_{c2}、W_{a1}、W_{a2}、b_{a1}、b_{a2}、x_0 **For** $k=1:1:n$ **Step 1**：评估控制和成本函数 $[v_k, \text{SOC}_k] \to \text{running (14)}, T_e(k) \to T_m(k)$ $[v_k, \text{SOC}_k, T_e(k), T_m(k), G_k] \to \text{calculate } [\widehat{v_{k+1}}, \widehat{\text{SOC}_{k+1}}]$ $[\widehat{v_{k+1}}, \widehat{\text{SOC}_{k+1}}] \to \text{running (14)}, \widehat{T_e}(k+1) \to \widehat{T_m}(k+1)$ $[v_k, \text{SOC}_k, T_e(k), T_m(k)]_{k,k+1} \to \text{running (11)}, \widehat{J_k}, \widehat{J_{k+1}}$ $\widehat{U_{k+1}} = \text{fuel}(\widehat{T_e}(k+1), \widehat{n_e}(k+1))$ $E_c(k) = \frac{1}{2}e_c^2(k), \; e_c(k) = \widehat{J_k} - (\beta \widehat{J_{k+1}} + \widehat{U_{k+1}})$ $\Delta E_a(k) = \left| E_a(k) - E_a(k-1) \right|, \; E_a(k) = \widehat{J_k}$ **Step 2**：最优控制 **While** $(E_c(k) > T_c) \; \&\& \; (\Delta E_a(k) > T_a)$ **do** Update $W_{c1}(k)$、$W_{c2}(k)$、$b_{c1}(k)$、$b_{c2}(k)$ Update $W_{a1}(k)$、$W_{a2}(k)$、$b_{a1}(k)$、$b_{a2}(k)$ **Step 1**：评估控制和成本函数 $\to E_c(k), \Delta E_a(k)$ **End** **End** $\to$ **Output**：W_{c1}、W_{c2}、W_{a1}、W_{a2}、$u_k^* = \widehat{u_k}$

4. 约束型工况信息下的 ADP 求解

与历史数据型工况信息不同，约束型工况信息存在多种可达速度状态。通过将车辆速度按一定间隔（d）离散化，可以形成未来行驶状况的数据集：

$$\boldsymbol{\Omega} = \begin{bmatrix} (v_k^1, v_{k+1}^1) & \cdots & (v_k^1, v_{k+1}^q) \\ \vdots & \ddots & \vdots \\ (v_k^p, v_{k+1}^1) & \cdots & (v_k^p, v_{k+1}^q) \end{bmatrix} \quad (18-29)$$

式中，p 为当前时刻可达速度状态的数量；q 为下一时刻可达速度状态的数量。

参考 SOC 可以基于线性下降规则生成。由于换挡规律无法提取，最优挡位由三个 ADHDP 确定。与算法 3 类似，ADHDP 在有约束信息下的控制流程见表 18-8。

表 18-8 约束型工况信息下的 ADHDP 算法控制流程

算法 4：ADHDP 算法的控制流程
参数初始化： γ、T_c、T_a、l_c、l_a、n、W_{c1}、W_{c2}、b_{c1}、b_{c2}、W_{a1}、W_{a2}、b_{a1}、b_{a2}、x_0 For $k = 1:1:n$ For $i = 1:d:v_p$ For $j = 1:d:v_q$ $v_k = i$, $v_{k+1} = j \to$ 确定 $T_{req}(k)$、$T_{req}(k+1)$ For $l = -1:1:1$ $u_g^l(k) = l \to G_k^l = G_{k-1} + u_g^l(k)$ **Step 1**：评估控制和成本 $\to E_c^l(k)$，$\Delta E_a^l(k)$ **Step 2**：最优控制   While$(E_c^l(k) > T_c)$ && $(\Delta E_a^l(k) > T_a)$ do   Update $W_{c1}^l(k)$，$W_{c2}^l(k)$，$b_{c1}^l(k)$，$b_{c2}^l(k)$ Update $W_{a1}^l(k)$，$W_{a2}^l(k)$，$b_{a1}^l(k)$，$b_{a2}^l(k)$ **Step 1**：评估控制和成本 $\to E_c^l(k)$，$\Delta E_a^l(k)$ End $\to$ Output：$W_{c1}^l(k)$，$W_{c2}^l(k)$，$W_{a1}^l(k)$，$W_{a2}^l(k)$，$U_k^l(i,j)$，$J_k^l(i,j)$ End $J_k(i,j) = \min\{J_k^l(i,j)\} \to$ Output：$G_k(i,j)$，$u_g^k(i,j)$ End   End $\min\{J_k(i,j)\} \to$ Output：$x_k^* = [v_k^*, SOC_k^*, G_k^*]$，$u_k^* = [T_e^*, T_m^*, u_g^*(k)]$ End

六、总结和展望

（一）总结

针对 DP 的主要问题，提出了"信息层 – 物质层 – 能量层 – 动态规划"（IPE – DP）的全局优化框架，将车辆、信息和能量有机地结合在一起。

本章提出的框架优势主要体现在以下几个方面：

1. 标准化

该框架（IPE – DP）将信息、物质和能量有机地结合在一起，可以规范 DP 策略的优化过程，实现不同信息场景、不同车辆配置和能量转换的统一。具体来说，对于确定性工况信息，物质层提出的"动/势能 – 车载能量"守恒框架实现了驾驶条件与可行工作模式之间的一一映射，即每个条件对应唯一的工作模式。

2. 准确性

一方面,信息层获取了包括车速、坡度和滑移率在内的全因素工况信息,为能量管理提供了更全面、更准确的驾驶功率需求。另一方面,开发了全局寻域算法获得所有最优解。

3. 保证驾驶性和舒适性

在能量层,DP 优化过程中要考虑发动机频繁起停问题、频繁换挡问题和过大的瞬态转矩响应,以确保安全性、驾驶性和舒适性。对挡位状态和发动机状态的考虑可以确保 DP 模型满足马尔可夫性。

4. 实时应用

本章所提出的方法可以有效减轻计算负担,提高全局能量管理的实时性。一方面,在确定性工况信息下,基于参考 SOC 轨迹使用快速 DP 方法。这种方法有助于快速获得最优控制,然后提取规则或生成实时应用 MAP。另一方面,在运行条件不确定的情况下,利用 ADP 方法实现全局能量管理的在线应用。

(二)展望

未来,能量管理还有很长的路要走。为了将能量管理策略应用到实际车辆中,应进一步缩短算法的计算时间;实时应用的本质是预测和优化,但预测精度和设计参数等因素会影响策略的控制性能。保证预测的准确性和由此产生的能量管理最优性也是需要考虑的问题。

5G 通信、车联网(IoV)和大数据等技术的逐渐成熟为能量管理研究带来了新的机遇。随着智能交通和车联网技术的不断发展,每天行驶在道路上的车辆可以通过特定的设备和方法记录大量的工况数据,车辆之间也可以进行信息交换。研究不再局限于固定的车辆,而是可以着眼于一定区域内的所有车辆,开展全局优化的区域交通能量管理,对区域内的所有车辆实施车辆调度,在缓解交通拥堵的同时降低区域交通能耗和排放。除了考虑区域能耗,汽车如何充电也很重要。多能源汽车与电网密不可分。多能量源汽车数量的增加带来了汽车用电量和用电负荷的增加,成为未来用电负荷增长的重要助推力之一。日益增长的用电负荷需求与落后的电网扩容改造之间的矛盾日益突出。考虑到车辆的灵活性,充电的时间和空间是可以调整的。因此,可以开发基于全局车辆时空负荷特性的充电能量管理,对电网负荷曲线进行削峰填谷,缓解电网充电压力。

从狭义的车辆角度看，节能减排是减少车辆行驶过程中的能耗和排放，而从广义的能源角度看，则要从车辆能源的源头抓起。例如，对于物流企业来说，能耗成本所占比重可达 30% 甚至更高，降本增效是行业长期关注的问题。如果能将可再生能源供电系统与全局能量管理相结合，规划多能源物流车辆的运行和充电，就能同时满足交通运输业的低碳需求、区域可再生能源的消纳需求和物流车辆降本增效的需求。

参考文献

［1］ The United Nations. Sustainable Development Goals［EB/OL］.（2015 – 09 – 25）［2022 – 06 – 13］. https：//www. un. org/sustainabledevelopment/zh/sustainable-development-goals/.

［2］ WIRASINGHA S G, EMADI A. Classification and review of control strategies for plug-in hybrid electric vehicles［J］. IEEE Transactions on Vehicular Technology, 2011, 60（1）：111 – 122.

［3］ The State Council Information Office of the People's Republic of China. Energy in China's New Era［EB/OL］.（2020 – 12 – 21）［2022 – 06 – 13］. http：//www. scio. gov. cn/zfbps/ndhf/42312/Document/1695299/1695299. htm.

［4］ 中国汽车工业协会、中国汽车技术研究中心有限公司、丰田汽车公司、中国汽车工业发展报告（2020）［M］. 北京：社会科学文献出版社，2020.

［5］ The European Parliament, The Council. REGULATION（EU）2019/631［Z］. 2019.

［6］ SHI J, LIU B, ZHOU W. Introduction to the California zero emission vehicle act［J］. Auto Industry Research, 2015,（8）：15 – 16.

［7］ SORRENTINO M, RIZZO G, ARSIE I. Analysis of a rule-based control strategy for on-board energy management of series hybrid vehicles［J］. Control Engineering Practice, 2011, 19（12）：1433 – 1441.

［8］ BANVAIT H, ANWAR S, CHEN Y B. A rule-based energy management strategy for plug-in hybrid electric vehicle（PHEV）［C］//Proceedings of the American Control Conference. New York：IEEE, 2009：3938 – 3943.

［9］ ZHANG B Z, MI C C, ZHANG M Y. Charge-depleting control strategies and fuel optimization of blended-mode plug-in hybrid electric vehicles［J］. IEEE Transactions on Vehicular Technology, 2011, 60（4）：1516 – 1525.

［10］ SCIARRETTA A, GUZZELLA L. Control of hybrid electric vehicles［J］. IEEE Control Systems Magazine, 2007, 27（2）：60 – 70.

［11］ BERTSEKAS D P. Dynamic Programming and Optimal Control（2 Vols.）［M］. Cambridge：Athena Scientific, 2012.

［12］ SONG Z Y, HOFMANN H, LI J Q, et al. Optimization for a hybrid energy storage system in electric vehicles using dynamic programming approach [J]. Applied Energy, 2015, 139: 151-162.

[13] BORHAN H, VAHIDI A, PHILLIPS A M, et al. MPC-based energy management of a power-split hybrid electric vehicle [J]. IEEE Transactions on Control Systems Technology, 2012, 20 (3): 593-603.

[14] REZAEI A, BURL J B, SOLOUK A, et al. Catch energy saving opportunity (CESO), an instantaneous optimal energy management strategy for series hybrid electric vehicles [J]. Applied Energy, 2017, 208: 655-665.

[15] LI L, YANG C, ZHANG Y H, et al. Correctional DP-based energy management strategy of plug-in hybrid electric bus for city-bus route [J]. IEEE Transactions on Vehicular Technology, 2015, 64 (7): 2792-2803.

[16] LIN C C, PENG H, GRIZZLE J W, et al. Power management strategy for a parallel hybrid electric truck [J]. IEEE Transactions on Control Systems Technology, 2003, 11 (6): 839-848.

[17] CHEN B C, WU Y Y, TSAI H C. Design and analysis of power management strategy for range extended electric vehicle using dynamic programming [J]. Applied Energy, 2014, 113: 1764-1774.

[18] GONG Q M, LI Y Y, PENG Z R. Trip based power management of plug-in hybrid electric vehicle with two-scale dynamic programming [C] //Proceedings of the IEEE Vehicle Power and Propulsion Conference (VPPC). New York: IEEE, 2007: 12-19.

[19] ZOU Y, LIU T, SUN F C, et al. Comparative study of dynamic programming and Pontryagin's Minimum Principle on energy management for a parallel hybrid electric vehicle [J]. Energies, 2013, 6 (4): 2305-2318.

[20] ZHANG C, VAHIDI A. Route preview in energy management of plug-in hybrid vehicles [J]. IEEE Transactions on Control Systems Technology, 2012, 20 (2): 546-553.

[21] WANG H, HUANG Y J, KHAJEPOUR A, et al. Model predictive control-based energy management strategy for a series hybrid electric tracked vehicle [J]. Applied Energy, 2016, 182: 105-114.

[22] WANG X M, HE H W, SUN F C, et al. Application study on the dynamic programming algorithm for energy management of plug-in hybrid electric vehicles [J]. Energies, 2015, 8 (4): 3225-3244.

[23] PENG J K, HE H W, XIONG R. Rule based energy management strategy for a series-parallel plug-in hybrid electric bus optimized by dynamic programming [J]. Applied Energy, 2017, 185: 1633-1643.

[24] HE H W, TANG H L, WANG X M. Global optimal energy management strategy research for a plug-in series-parallel hybrid electric bus by using dynamic programming [J]. Mathematical

Problems in Engineering, 2013, 14: 708261.

[25] ZHOU W, YANG L, CAI Y S, et al. Dynamic programming for new energy vehicle based on their work modes part I: Electric vehicles and hybrid electric vehicles [J]. Journal of Power Sources, 2018, 406: 151-166.

[26] XU N, KONG Y, CHU L, et al. Towards a smarter energy management system for hybrid vehicles: A comprehensive review of control strategies [J]. Applied Sciences-Basel, 2019, 9 (10): 2026.

[27] ZHANG Y J, GUO C, LI G, et al. Cooperative control strategy for plug-in hybrid electric vehicles based on a hierarchical framework with fast calculation [J]. Journal of Cleaner Production, 2020, 251: 119627.

[28] POLIMENI S, MERALDI L, MORETTI L, et al. Development and experimental validation of hierarchical energy management system based on stochastic model predictive control for off-grid microgrids [J]. Advances in Applied Energy, 2021, 2: 100028.

[29] ZHANG S, XIONG R. Adaptive energy management of a plug-in hybrid electric vehicle based on driving pattern recognition and dynamic programming [J]. Applied Energy, 2015, 155: 68-78.

[30] GUO J Q, HE H W, PENG J K, et al. A novel MPC-based adaptive energy management strategy in plug-in hybrid electric vehicles [J]. Energy, 2019, 175: 378-392.

[31] PENG J K, HE H W, XIONG R. Study on energy management strategies for series-parallel plug-in hybrid electric buses [J]. Energy Procedia, 2015, 75: 1926-1931.

[32] LIU C, WANG Y J, WANG L, et al. Load-adaptive real-time energy management strategy for battery/ultracapacitor hybrid energy storage system using dynamic programming optimization [J]. Journal of Power Sources, 2019, 438: 227024.

[33] LI M C, WANG L, WANG Y J, et al. Sizing optimization and energy management strategy for hybrid energy storage system using multiobjective optimization and random forests [J]. IEEE Transactions on Power Electronics, 2021, 36 (10): 11421-11430.

[34] MCQUEEN B, MCQUEEN J. Intelligent transportation systems architectures [M]. Boston: Artech House, 2003.

[35] TIAN H, LI S E, WANG X, et al. Data-driven hierarchical control for online energy management of plug-in hybrid electric city bus [J]. Energy, 2018, 142: 55-67.

[36] BOROZAN S, GIANNELOS S, STRBAC G. Strategic network expansion planning with electric vehicle smart charging concepts as investment options [J]. Advances in Applied Energy, 2021, 5: 100077.

[37] ZHANG P, ZHOU J Y. Higher-order nonlinear discrete approximate iteration on the continuing dynamic programming [J]. IISME, 2012, 459: 571-574.

[38] VINOT E. Time reduction of the dynamic programming computation in the case of hybrid vehicle [J]. International Journal of Applied Electromagnetics and Mechanics, 2017, 53: 213-227.

[39] ZHANG Y J, GUO C, LIU Y G, et al. A novel strategy for power sources management in connected plug-in hybrid electric vehicles based on mobile edge computation framework [J]. Journal of Power Sources, 2020, 477 (30): 228650.

[40] LEI Z Z, QIN D T, HOU L L, et al. An adaptive equivalent consumption minimization strategy for plugin hybrid electric vehicles based on traffic information [J]. Energy, 2020, 190: 116409.

[41] ASTARITA V, GIOFRE V P, GUIDO G, et al. A single intersection cooperative-competitive paradigm in real time traffic signal settings based on floating car data [J]. Energies, 2019, 12 (3): 1 – 22.

[42] LI G P, ZHANG J L, HE H W. Battery SOC constraint comparison for predictive energy management of plug-in hybrid electric bus [J]. Applied Energy, 2017, 194: 578 – 587.

[43] CHEN Z, MI C C, XU J, et al. Energy management for a power-split plug-in hybrid electric vehicle based on dynamic programming and neural networks [J]. IEEE Transactions on Vehicular Technology, 2014, 63 (4): 1567 – 1580.

[44] LIU T, TANG X L, WANG H, et al. Adaptive hierarchical energy management design for a plug-in hybrid electric vehicle [J]. IEEE Transactions on Vehicular Technology, 2019, 68 (12): 11513 – 11522.

[45] LIU T, HU X S, LI S E, et al. Reinforcement learning optimized look-ahead energy management of a parallel hybrid electric vehicle [J]. IEEE-ASME Transactions on Mechatronics, 2017, 22 (4): 1497 – 1507.

[46] LI G Q, GORGES D. Ecological adaptive cruise control and energy management strategy for hybrid electric vehicles based on heuristic dynamic programming [J]. IEEE Transactions on Intelligent Transportation Systems, 2019, 20 (9): 3526 – 3535.

[47] LIU J C, CHEN Y Z, ZHAN J Y, et al. Heuristic dynamic programming based online energy management strategy for plug-in hybrid electric vehicles [J]. IEEE Transactions on Vehicular Technology, 2019, 68 (5): 4479 – 4493.

[48] SUN H C, FU Z M, TAO F Z, et al. Data-driven reinforcement-learning-based hierarchical energy management strategy for fuel cell/battery/ultracapacitor hybrid electric vehicles [J]. Journal of Power Sources, 2020, 455: 227964.

[49] ZHOU W, ZHANG C N, LI J Q. Analysis and comparison of optimal power management strategies for a series plug-in hybrid school bus via dynamic programming [J]. International Journal of Vehicle Design, 2015, 69 (1 – 4): 113 – 131.

[50] AGARWAL P. Internet GIS: Distributed geographic information services for the Internet and wireless networks [J]. Professional Geographer, 2004, 56 (2): 313 – 315.

[51] RAMADAN H S, BECHERIF M, CLAUDE F. Energy management improvement of hybrid electric vehicles via combined GPS/rule-based methodology [J]. IEEE Transactions on

Automation Science and Engineering, 2017, 14 (2): 586-597.

[52] GONG Q M, LI Y Y, PENG Z R. Trip-based optimal power management of plug-in hybrid electric vehicles [J]. IEEE Transactions on Vehicular Technology, 2008, 57 (6): 3393-3401.

[53] GUO J Q, HE H W, SUN C. ARIMA-based road gradient and vehicle velocity prediction for hybrid electric vehicle energy management [J]. IEEE Transactions on Vehicular Technology, 2019, 68 (6): 5309-5320.

[54] ZENG X R, WANG J M. A parallel hybrid electric vehicle energy management strategy using stochastic model predictive control with road grade preview [J]. IEEE Transactions on Control Systems Technology, 2015, 23 (6): 2416-2423.

[55] LARSSON V, JOHANNESSON L, EGARDT B. Analytic solutions to the dynamic programming subproblem in hybrid vehicle energy management [J]. IEEE Transactions on Vehicular Technology, 2015, 64 (4): 1458-1467.

[56] CHEN Z, WU Y T, GUO N Y, et al. Energy management for plug-in hybrid electric vehicles based on quadratic programming with optimized engine on-off sequence [C] //IECON 2017 - 43rd Annual Conference of the IEEE Industrial Electronics Society IEEE, New York: 2017: 7134-7139.

[57] ELBERT P, NUSCH T, RITTER A, et al. Engine on/off control for the energy management of a serial hybrid electric bus via convex optimization [J]. IEEE Transactions on Vehicular Technology, 2014, 63 (8): 3549-3559.

[58] PU J, YIN C. Optimal control of fuel economy in parallel hybrid electric vehicles [J]. Proceedings of the Institution of Mechanical Engineers, Part D: Journal of Automobile Engineering, 2007, 221 (9): 1097-1106.

[59] OPILA D F, WANG X Y, MCGEE R, et al. An energy management controller to optimally trade off fuel economy and drivability for hybrid vehicles [J]. IEEE Transactions on Control Systems Technology, 2012, 20 (6): 1490-1505.

[60] NGO D V, HOFMAN T, STEINBUCH M, et al. Analyzing the performance index for a hybrid electric vehicle [C] // Proceedings of the 2011 American Control Conference. New York: IEEE, 2011: 4592-4597.

[61] FU J T, SONG S Z, FU Z M, et al. Real-time implementation of optimal control considering gear shifting and engine starting for parallel hybrid electric vehicle based on dynamic programming [J]. Optimization and Control Applications & Methods, 2018, 39: 757-773.

[62] THOMAS M P, GUILLAUME C, AHMED K C, et al. Implementation of an energy management strategy for hybrid electric vehicles including drivability constraint [J]. IEEE Transactions on Vehicular Technology, 2016, 65 (8): 5918-5929.

[63] FAN L K, ZHANG Y T, DOU H S, et al. Design of an integrated energy management strategy for a plug-in hybrid electric bus [J]. Journal of Power Sources, 2020, 448: 227391.

[64] XU N, KONG Y, YAN J Y, et al. Global optimization energy management for multi-energy source vehicles based on "Information layer-Physical layer-Energy layer-Dynamic programming" (IPE-DP) [J]. Applied Energy, 2022, 312: 118668.

[65] KONG Y, XU N, ZHANG Y J, et al. Acquisition of full-factor trip information for global optimization energy management in multi-energy source vehicles and the measure of the amount of information to be transmitted [J]. Energy, 2021, 236: 121423.

[66] The State Council of the People's Republic of China. The law of the people's republic of China on road traffic safety [Z]. 2003.

[67] The State Council of the People's Republic of China. The regulation on the implementation of the law of the people's republic of China on road traffic safety [Z]. 2004.

[68] GAZIS D. Traffic theory [M]. Boston: Kluwer Academic Publishers, 2002.

[69] RAY L. Nonlinear tire force estimation and road friction identification: Simulation and experiments [J]. Automatica, 1997, 33 (10): 1819–1833.

[70] YANG Y L, HU X S, PEI H X, et al. Comparison of power-split and parallel hybrid powertrain architectures with a single electric machine: Dynamic programming approach [J]. Applied Energy, 2016, 168: 683–690.

[71] HE H W, ZHANG X W, XIONG R, et al. Online model-based estimation of state-of-charge and open-circuit voltage of lithium-ion batteries in electric vehicles [J]. Energy, 2012, 39 (1): 310–318.

[72] EICHI H R, BARONTI F, CHOW M Y. Online Adaptive Parameter Identification and State-of-Charge Coestimation for Lithium-Polymer Battery Cells [J]. IEEE Transactions on Industrial Electronics, 2014, 61 (4): 2053–2061.

[73] BELLMAN R. Dynamic Programming [M]. Princeton: Princeton University Press, 1957.

2024

中国汽车综合测评
技术研究报告

附录
中国汽车指数测评统计表

一、C-IASI 中国保险汽车安全指数测评成绩（2023 年）

年度	序号	品牌	车型	车辆型号	耐撞性与维修经济性	车内乘员	车外行人	辅助安全
2023	1	广汽丰田	赛那 MPV	GTM6521SHEVR（2021 款舒适版）	M	G	G	G
	2	广汽本田	皓影	GHA6471RAC6A（2023 款 240TURBO 精英版）	M	G	G	G*
	3	理想	L7	LXA6502SHEVX1（2023 款 Pro）	M	G	G	G
	4	宝马	X1	BMW6462AS（2023 款 sDrive20Li X 设计套装）	M	G	G	G
	5	上汽	飞凡 R7	CSA6493YBEV1（2023 款后驱屏霸版）	M	G	G	G
	6	起亚	狮铂拓界	YQZ6472TE6（2023 款 1.5T 豪华版）	P	A	A	G*
	7	广汽	传祺 GS8	GAC6501DA6C（2022 款领航两驱豪华智联版）	P	G	G	G
	8	一汽丰田	凌放	CA64812G（2023 款 2.0L 进取两驱版）	P	G	G	G
	9	北京奔驰	C 级	BJ7154PEL（2023 款 C200L 运动轿车）	M	G	G	G
	10	东风本田	CR-V	DHW6471R3CSF（2023 款两驱活力版）	M	G	G	G*
	11	比亚迪	海豹	BYD7006BEVA（2023 款冠军版 550km 精英）	M	G	G	G
	12	合众	哪吒 S	THZ7150SHEVS401（2022 款 1160 小版）	M	G	G	G
	13	长城	山海炮	CC1030RS22A（2023 款极途版基础版）	A	G	G	G
	14	长安	欧尚 Z6	SC6471DBD6（2023 款蓝鲸 1.5T 智尊型）	P	G	G	G*
	15	北京现代	沐飒	BH7200MAAS（2023 款 2.0LGLS 领先版）	M	G	G	G*
	16	长安马自达	CX-50	CAM6480B（2023 款 2.0L6AT 驭行版）	M	G	G	G
	17	岚图	追光	EQ7000AL1F2BEV（2023 款标准续航版）	P	G	G	G
	18	精灵	smart #3	JL7000BEV52（2017 款 Pro＋版）	P	G	G	G*
	19	一汽奥迪	Q4 e-tron	FV6469AABEV（2023 款 40 e-tron 创行版）	A	G	G	G
	20	上汽大众	朗逸新锐	SVW71527CD（2023 款 1.5L 手动新逸版）	G	G	G	G*
	21	别克	E5	SGM6491BABEV（2023 款智享标准续航版）	P	G	G	G
	22	智己	LS7	CSA6501LBEV5（2023 款 Urban Fit）	M	G	G	G
	23	长安福特	锐界 L	CAF6500B61（2023 款 2.0T EcoBoost 两驱五座时尚型）	A	G	G	G
	24	东风日产	逍客	DFL7130VTTL1（2023 款 精英版）	P	G	G	G*
	25	奇瑞	星途瑶光	SQR6480T22TBG（2023 款 两驱舒享版）	M	G	G	G*
	26	广汽本田	雅阁	2023 款锐·T 动 舒适版（GHA7151AAC6A）	M	G	G	G*
	27	东风本田	INSPIRE	2023 款典雅版（DHW7151CUCSF）	M	G	G	G
	28	广汽丰田	锋兰达	2023 款智能电混双擎 领先版（GTM7200VHEVR）	M	G	G	G
	29	北汽	极石 01	2023 款全能 7 座版（BAW6510MB6SHEV）	M	G	G	G
	30	东风日产	ARIYA 艾睿雅	2023 款 500（DFL6460NAU4BEV）	M	G	G	G
	31	阿维塔	阿维塔 12	2023 款 700 三激光后驱奢享版（SC7001GBABEV）	M	G	A	G
	32	红旗	HS7	2023 款 2.0T 旗悦版（CA6500HA6T）	P	G	G	G*
	33	江铃福特	游骑侠 Ranger	2023 款山林-两驱手动版（JX1036PSF6）	M	G	G	G*
	34	一汽大众	ID.7 VIZZION	2024 款 AIR（FV7007AABEV）	A	G	G	G
	35	长城	魏牌蓝山	2023 款 两驱长续航版（CC6520BP00DPHEV）	M	G	G	G

二、IVISTA中国智能汽车指数测评成绩（2023年）

年度	序号	品牌	车型	年款	智能安全	智能行车	智能交互	智能泊车	智能能效
2023	1	理想	L9	2022款 Max	G	G+	G	G	—
	2	比亚迪	护卫舰07	2023款175km 四驱旗舰型	G	G	G	G	G
	3	哪吒	哪吒V	2022款潮400	M	A	G	M	A
	4	极狐	阿尔法S	2022款HI 高阶版	G	G+	G	A	G
	5	零跑	C11	2021款性能版	G	G	G	G	A
	6	上汽大众	凌渡L	2022款280TSI DSG 热辣旗舰版	G	A	G	A	—
	7	福特	玛斯丹	Mach–E 2021款跃世后驱版（标准续航）	G	A	A	—	A
	8	广汽本田	e：NP1 极湃1	2022款510km 绽极版	G	A	G	A	M
	9	蔚来	ES7	2022款75kW·h	G	G+	G	G	G
	10	长安福特	蒙迪欧	2022款改款EcoBoost 245 至尊型	G	G	G	—	—
	11	极氪	001	2023款WE版 100kWh	G	G	G	—	G
	12	路虎	发现运动版	2022款2改款249PS R–Dynamic SE 性能科技版	G	A	M	—	—
	13	欧拉	闪电猫	2022款705km 长续航版	G	G	G	G	G
	14	阿维塔	11	2022款长续航双电机奢享版	G	G+	G	G	G
	15	哪吒	S	2022款增程版1160km 后驱小版	G	G	G	G	G
	16	东风本田	CR–V	2023款240TURBO 四驱甄享5座版	G	G	G	G	G
	17	奔驰	EQB	2022款350 4MATIC	G	A	A	M	A
	18	传祺	E9	2023款宗师	G	G	G	A	G
	19	福特	锐界L	2023款2.0TEcoBoost 两驱五座时尚型	G	G	G	G	G
	20	日产	ARIYA 艾睿雅	2022款四驱高性能项配版	G	G	G	P	A
	21	特斯拉	MODEL 3	2023款长续航焕新版 双电机全轮驱动	G	G	G	—	G
	22	智己	LS7	2023款77kW·h Urban Fit 后驱版	G	G+	G	G	G
	23	EXEED星途	瑶光	2023款400T 四驱奢享版	G	G	G	G	G
	24	smart	精灵#3	2023款BRABUS 性能版	G	G	G	G	G
	25	宝马	3系	2023款325Li M 运动曜夜套装	G	G	G	M	G
	26	别克	世纪	2023款 六座蕴世版	G	G+	G	A	G
	27	传祺	GS8	2022款领航系列2.0TGDI 四驱至尊版	G	A	G	M	G
	28	雷克萨斯	UX	2022款260h F SPORT版	G	G	A	—	—
	29	深蓝	SL03i	2023款705Max 纯电版	G	G+	G	G	G
	30	小鹏	G6	2023款580 长续航 Max	G	G+	G	G	G

三、C-AHI 中国汽车健康指数测评成绩（2023 年）

年度	序号	品牌	车型	车辆型号	车内挥发性有机物 VOC 车内气味强度 VOI	车辆电磁辐射（EMR）	车内颗粒物（PM）	车内致敏物风险（VAR）
2023	1	广汽本田	极湃 1	2022 款 510km 绽极版	四星	五星	三星	四星
	2	比亚迪	护卫舰 07	2023 款 175km 四驱旗舰型	五星	五星	五星	五星
	3	极狐	阿尔法 S	2022 款 华为 HI 高阶版	五星	五星	五星	五星
	4	理想	L8	2023 款 Pro	五星	五星	五星	五星
	5	上汽大众	凌渡 L	2022 款 280TSI DSG 热辣版	五星	五星	五星	五星
	6	长安福特	蒙迪欧	2022 款 EcoBoost 245 时尚型	五星	五星	五星	五星
	7	长城	欧拉好猫	2022 款莫兰迪版 400km 标准续航 豪华型	五星	五星	五星	五星
	8	理想	L7	Pro 版	五星	五星	五星	五星
	9	路虎	发现运动版	2022 款改款 249PS R—Dynamic SE 性能科技版 5 座	四星	五星	四星	四星
	10	长城	欧拉闪电猫	2022 款 705km 长续航版	五星	五星	五星	五星
	11	东风日产	Ariya	2022 款四驱高性能顶版	四星	五星	五星	五星
	12	福特	玛斯丹	Mach-E 2021 款跃世后驱版（标准续航）	五星	四星	三星	五星
	13	零跑	C11	2023 款 500 舒享版	五星	五星	五星	五星
	14	吉利	极氪 009	2022 款 WE 版	五星	五星	五星	五星
	15	smart	精灵#3	2023 款 BRABUS 性能版	五星	五星	五星	五星
	16	阿维塔	阿维塔 11	2022 款长续航双电机奢享版	五星	五星	五星	五星
	17	华晨宝马	3 系	2023 款 325Li M 运动曜夜套装	四星	五星	五星	四星
	18	北京奔驰	奔驰 EQB	2022 款 350 4MATIC	五星	五星	四星	四星
	19	东风本田	CR-V	2023 款两驱活力版	五星	五星	五星	五星
	20	广汽传祺	E9	2023 款 E9 宗师	五星	五星	五星	五星
	21	极狐	考拉	2023 款亲子版 Pro	五星	五星	五星	五星
	22	捷途	旅行者	四驱穿越 Pro	五星	五星	五星	五星
	23	东风	岚图追光	2023 款标准续航版	五星	五星	五星	五星
	24	丰田	雷克萨斯 UX	UX 260h F SPORT 版	四星	四星	一星	五星
	25	特斯拉	特斯拉 Model3	长续航焕新版 双电机全轮驱动（19in 轮毂）	五星	五星	五星	五星
	26	蔚来	ES7	2022 款 75kW·h	五星	五星	五星	五星
	27	智己	LS7	2023 款 Urban Fit 后驱版	五星	五星	五星	五星
	28	东风	岚图 Free	2022 款 DNA Design 纯电版	五星	五星	四星	五星
	29	北京奔驰	奔驰 C 级	2023 款 C200L 运动轿车	四星	五星	五星	五星
	30	合众	哪吒 S	2022 款 1160 小版（增程）	四星	四星	五星	四星
	31	广汽传祺	GS8	2022 款领航系列 2.0TGDI 四驱至尊版	五星	五星	五星	五星
	32	长安福特	锐界 L	两驱五座时尚型	五星	五星	五星	五星
	33	奇瑞	星途瑶光	2023 款 400T 四驱奢享版	五星	五星	五星	五星
	34	小鹏	G6	2023 款 580 长续航 Max	四星	五星	五星	五星
	35	上汽大众	朗逸新锐	2023 款 1.5L 手动 新逸版	五星	五星	五星	五星